Hoegg · SchulRecht! für schulische Führungskräfte

Günther Hoegg

SchulRecht!

für schulische Führungskräfte

2. Auflage

BELTZ

Dr. jur. *Günther Hoegg* ist Jurist, ausgebildeter Lehrer und war über 30 Jahre in der Schule tätig. Veröffentlichungen und Seminare zum Schulrecht sowie Lehrtätigkeiten an mehreren Universitäten weisen ihn als Schulrechtexperten aus.

Dieses Buch ist auch als E-Book erhältlich
(ISBN 978-3-407-29486-9)

2., aktualisierte und überarbeitete Auflage 2016

Lektorat: Larissa Schönknecht

Werderstraße 10, 69469 Weinheim
www.beltz.de

Herstellung: Lore Amann
Gesamtherstellung: Beltz Bad Langensalza GmbH, Bad Langensalza
Umschlaggestaltung: glas ag, Seeheim-Jugenheim
Umschlagabbildung: Sandor Jackal, Fotolia
Vignetten: Roland Bühs, Bremen
Printed in Germany

ISBN 978-3-407-63014-8

Inhalt

Abkürzungsverzeichnis ... 7
Vorwort ... 9

I. Juristisches Grundwissen ... 11
1. Kommentar und Zitierweise ... 11
2. Rechtsnormen, Bindungswirkung und Verwaltungsakt ... 13
3. Einschlägige Norm, Subsumtion und Auslegung ... 20
4. Strafrechtliche Überlegungen ... 27

II. Leitung von Konferenzen ... 33
1. Vorbereitung ... 33
2. Aufgaben des Konferenzleiters ... 36
3. Wahlen ... 45
4. Behandlung der TOP und Abstimmungen ... 49
5. Geschäftsordnungsanträge ... 54
6. Sonstige Aspekte ... 57
7. Checkliste zur Durchführung einer Konferenz ... 58

III. Schulfahrten ... 59
1. Elternabend ... 60
2. Genehmigung, Anmeldung, Bezahlung ... 64
3. Probleme vor Ort ... 68
4. Checkliste für die Organisation einer Klassenfahrt ... 71

IV. Beamtenrecht / Personalrecht ... 73
1. Allgemeines ... 73
2. Arbeitszeit und Personallenkungsmaßnahmen ... 78
3. Entlassung ... 86
4. Beurteilung, Beförderung und Konkurrentenklage ... 91
5. Umgang mit schwierigen Kollegen ... 100
6. Personalvertretungsrecht ... 119

V. Versicherungsrecht ... 133
1. Vorbemerkungen ... 133
2. Das Kleingedruckte ... 137
3. Die Schadensvarianten ... 139
4. Drei kritische Fälle ... 143

VI. Ordnungsmaßnahmen ... 149
1. Ermittlung und Vernehmung ... 151
2. Der Anwalt der Gegenseite ... 158
3. Gebilligte Ordnungsmaßnahmen – Übersicht ... 162
4. Rechtsbehelfe gegen die Verwaltung ... 167

VII. Schule und Geld ... 173
1. Finanzmittel der Schule ... 174
2. Haushalts- und Rechnungswesen ... 180
3. Grundlagen der Doppik ... 186
4. Kassenwesen ... 190

VIII. Vermischtes ... 197
1. Datenschutz ... 197
2. Urheberrecht ... 203
3. Religiöse Ansprüche ... 210
4. Grundregeln des Prüfungsrechts ... 211
5. Kompetenzen der Schulordnung ... 220

IX. Anhang ... 227
1. Information zur Klassenfahrt ... 227
2. Einverständnis zur Klassenfahrt ... 228
3. Gesundheitsbogen ... 229
4. Zustimmung zu ärztlicher Versorgung im Notfall ... 230
5. Einladung Schüler / Eltern zur Konferenz (Ordnungsmaßnahme) ... 231
6. Beschluss der Konferenz über Ordnungsmaßnahme ... 232
7. Unterrichtung / Belehrung des Kollegen (Disziplinarmaßnahme) ... 233
8. Ladung eines Kollegen zur Anhörung (Disziplinarmaßnahme) ... 234
9. Kenntnisnahme Datenschutz ... 235
10. Merkblatt zur Verpflichtungserklärung (gemäß LDSG) ... 236
11. Belehrung Hygieneverordnung ... 237

X. Stichwortverzeichnis ... 239

! **Sie finden alle Kopiervorlagen im Anhang auch zum Download im Internet. Näheres auf S. 226.**

Abkürzungsverzeichnis

a. A.	anderer Ansicht
a. a. O.	am angegebenen Ort
BBG	Bundesbeamtengesetz
BDG	Bundesdisziplinargesetz
BDO	Bundesdisziplinarordnung
BDSG	Bundesdatenschutzgesetz
BezReg.	Bezirksregierung
BGB	Bürgerliches Gesetzbuch
BGH	Bundesgerichtshof
BGHZ	Entscheidungssammlung des BGH in Zivilsachen (zitiert nach Band und Seite)
BPersVG	Bundespersonalvertretungsgesetz
BRAGO	Bundesrechtsanwaltsgebührenordnung
BRKG	Bundesreisekostengesetz
BRRG	Beamtenrechtsrahmengesetz
BVerfG	Bundesverfassungsgericht
BVerfGE	Entscheidungssammlung des BVerfG (zitiert nach Band und Seite)
BVerwG	Bundesverwaltungsgericht
BVerwGE	Entscheidungssammlung des BVerwG (zitiert nach Band und Seite)
DSG	Datenschutzgesetz
Erl.	Erlass
ErzBer.	Erziehungsberechtigte(r)
EuGH	Europäischer Gerichtshof
Fako	Fachkonferenz
G	Gesetz oder Gericht
GG	Grundgesetz
Geko	Gesamtkonferenz
GR	Grundrecht(e)
GuV	Gewinn-und-Verlust-Rechnung

GUV	Gemeindeunfallversicherung
HA	Hausaufgaben
i. e. S.	im engeren Sinne
i. d. R.	in der Regel
i. w. S.	im weiteren Sinne
KL	Klassenlehrer
KLR	Kosten-Leistungs-Rechnung
KM	Kultusminister, auch MK abgekürzt, s. u.
KMK	Kultusministerkonferenz
Komm.	Kommentar
KSA	Kommunaler Schadensausgleich
MK	Ministerium für Bildung und Kultur, Kultusministerium
NJW	Neue Juristische Wochenschrift (zitiert nach Jahr und Seite)
NKR	Neues Kommunales Rechnungswesen
OWiG	Ordnungswidrigkeitengesetz
PersVG	Personalvertretungsgesetz
RA	Rechtsanwalt
RRL	Rahmenrichtlinien
RVO	Rechtsverordnung
SchG	Schulgesetz
SL	Schulleiter
SPE	Schul- und prüfungsrechtliche Entscheidungssammlung
StGB	Strafgesetzbuch
StPO	Strafprozessordnung
SV	Schülervertretung
SVBl.	Schulverwaltungsblatt, bei eindeutiger Zuordnung des Bundeslandes
TB(M)	Tatbestand(smerkmal)
UrhG	Urhebergesetz
UrhR	Urheberrecht
VA, VAe	Verwaltungsakt(e)
VG	Verwaltungsgericht
VGH	Verwaltungsgerichtshof
VO	Verordnung
VwGO	Verwaltungsgerichtsordnung
VwVfG	Verwaltungsverfahrensgesetz

Vorwort

Seit dem Erscheinen der ersten Auflage sind fünf Jahre vergangen. In dieser Zeit hat es einige wichtige Gerichtsentscheidungen zum Schulrecht gegeben, die eine Überarbeitung notwendig machten: Neben dem 2. Kopftuchurteil des BVerfG hat der BGH die Beweislast für Lehrkräfte (zu deren Lasten) umgekehrt, zur Befreiung vom Unterricht aus religiösen Gründen gab es gleich mehrere Urteil des BVerwG, um nur die wichtigsten Veränderungen zu nennen.

Geschrieben ist das Buch nach wie vor für Lehrkräfte, die bereits zum schulischen Führungspersonal gehören oder demnächst dazugehören wollen. Als solche müssen sie Konferenzen leiten, andere Kollegen* beurteilen oder schulische Gelder verwalten und abrechnen. Sie sind Mitglied im Personalrat, Leiter einer Fachschaft oder leiten eine Klasse und müssen z. B. Verfahren über Ordnungsmaßnahmen durchführen.

Für solches Führungspersonal werden in diesem Buch Aspekte, die im Grundwerk nur kurz behandelt werden, deutlich ausführlicher dargestellt, daneben werden Themen behandelt, die den durchschnittlichen Lehrer kaum berühren, die jedoch für schulische Führungskräfte zentral sind. Dabei werden nicht möglichst viele Themen kurz abgehandelt, sondern nur die wichtigsten, diese aber sehr konkret, bis in die Details – und mit vielen Tipps. Das Buch ähnelt deshalb nicht der umfangreichen Gebrauchsanweisung eines Autos, sondern eher einem Ratgeber im Sinne von »So helfe ich mir selbst«.

Wer sich auskennt, der weiß, dass Ausbildungsgänge für schulisches Führungspersonal recht dünn gesät sind. Lehrgänge für Leiter der Fachschaften (Fachobleute), für Stundenplaner, Oberstufenkoordinatoren oder für Verwalter der schulischen Mittel sind schwer zu finden. In der Regel ist es so, dass man in die Funktion hineingeworfen wird und zusehen muss, wie man über die Runden kommt. Wer Glück hat, wird vom Vorgänger einigermaßen sorgfältig in das Amt eingewiesen, alle anderen haben eben Pech und müssen sich die Materie selbst erarbeiten. Dass man dabei Fehler macht, ist völlig klar. Aber es gibt schwerwiegende Fehler, die man unbedingt vermeiden sollte.

* Dieses Buch verwendet aus Gründen der besseren Lesbarkeit vorwiegend die männliche Sprachform. Natürlich sind Frauen immer mitgemeint.

Das Ziel des Buches ist also, Sie in die wichtigsten Bereiche so einzuweisen, dass Sie ohne gravierende Fehler über die ersten Monate kommen.

Das Buch ist so geschrieben, dass die einzelnen Kapitel unabhängig voneinander lesbar sind. Sie können also gleich in das Kapitel einsteigen, das Sie am meisten interessiert.

Sollten Sie allerdings feststellen, dass Sie Schwierigkeiten haben, juristische Begründungen nachzuvollziehen, empfiehlt es sich, mit dem Kapitel »Juristisches Grundwissen« zu beginnen. Denn erst wenn Sie wissen, wie Juristen denken und schreiben, sind Sie in der Lage, die Aussage eines juristischen Textes richtig zu verstehen. Und genau darum geht es, das erwartet man von Ihnen als Führungskraft: mehr als die allgemein übliche unverbindliche Aussage aus dem Lehrerzimmer, sondern etwas Präzises, worauf man sich als Kollege verlassen kann.

Da die Bundesländer ihr jeweiliges Schulrecht kaum mit dem der anderen abstimmen, ist eine Behandlung aller Bundesländer bis ins letzte Detail nicht möglich. Trotzdem kann die hier vorliegende komprimierte Darstellung ein verlässlicher Wegweiser zur Lösung schulrechtlicher Probleme sein. Dabei ist mein Ansatz immer das Worst-case-Szenario, also die Behandlung des schwierigsten Falles.

Das Kapitel über das schulische Haushaltsrecht, das für mich ein Buch mit sieben Siegeln ist, wäre nicht möglich gewesen ohne die Unterstützung eines externen Experten. Zu danken ist deshalb Oliver Emde von der Berufschule Korbach, der den Teil des schulischen Haushaltsrechts auf den neuesten Stand gebracht hat. Für die kritisch-konstruktive Durchsicht des Manuskripts danke ich meiner Frau.

Rechtsprechung und Literatur sind bis April 2016 berücksichtigt. Für Berichtigungen und Verbesserungsvorschläge bin ich auf meiner Internetseite www.Lehrerslieb-ling.de dankbar.

Günther Hoegg

I. Juristisches Grundwissen

Schulrechtliche Kenntnisse haben einen großen praktischen Gebrauchsnutzen. Denn weil Sie als Führungskraft oftmals zügig entscheiden müssen, benötigen Sie ein hohes Maß an Präsenzwissen. Dafür aber bringt das Ansammeln von punktuellem Wissen nur wenig. Günstiger ist es, den »roten Faden« des Schulrechts zu verstehen. Nur dann ist man in der Lage, selbstständig eine korrekte rechtliche Würdigung vorzunehmen. Das ist gar nicht so schwierig, wie es zunächst scheint. Denn in allen Rechtsgebieten gelten glücklicherweise die gleichen Prinzipien. Die Methoden und Regeln der juristischen Argumentation sind in allen Bereichen gleich oder zumindest sehr ähnlich. Wer über dieses Grundwissen verfügt, ist vor Fehlentscheidungen geschützt.

1. Kommentar und Zitierweise

Ausgangspunkt ist für Sie natürlich das Schulgesetz (für den Personalrat das Personalvertretungsgesetz) Ihres Landes, das Sie vermutlich schon irgendwo im Regal stehen haben. Allerdings sollten Sie ruhig einige Euro mehr anlegen und sich eine **kommentierte Fassung** des Gesetzes (kurz: einen »Kommentar«) kaufen. Warum?

Das reine Gesetz, also das Schulgesetz Ihres Landes, wird Ihnen als juristischer Laie wenig helfen, da Sie im Gesetz ständig sogenannte »unbestimmte Rechtsbegriffe« finden werden, die in Ihren Augen mehrdeutig, schwammig oder gar nichtssagend sind. Wissen Sie beispielsweise, was Ihr Schulgesetz unter »allgemein anerkannten pädagogischen Grundsätzen« oder »angemessenen« Maßnahmen bei den Ordnungsmaßnahmen versteht? Das Gesetz allein trifft hierüber leider keine Aussage, aber der Kommentar sagt und erklärt es Ihnen: Hier finden Sie die **Auslegung von unbestimmten Rechtsbegriffen** durch die (qualifizierten) Verfasser, die Schulverwaltung und die Rechtsprechung. Selbstverständlich finden Sie im Kommentar auch den Originaltext Ihres Schulgesetzes, darüber hinaus aber auch die wichtigste Rechtsprechung der Gerichte zu den einzelnen Paragraphen, sodass Sie nach der Lektüre einer Entscheidung im Kommentar gut abschätzen können, wie man wohl in dem konkreten Fall, der Sie interessiert, entscheiden würde.

Auch der Anwalt, den die Eltern eines Problemschülers beauftragen, wird in den Kommentar schauen, bevor er Ihnen bzw. der Schule gegenüber »auf den Busch klopft«. Da ist es gut zu wissen, wie die Gerichte in der Vergangenheit in ähnlichen Fällen entschieden haben und wer vermutlich recht bekommen wird. Glauben Sie bitte nicht, dass Sie Kommentare zu den Gesetzen und Erlassen kostenlos im Internet finden: Die Erstellung eines Kommentars erfordert umfangreiches Fachwissen und sehr viel Arbeit, wofür die Autoren ihren gerechten Lohn bekommen wollen. Gönnen Sie sich also irgendwann einen Kommentar (Kostenpunkt: etwa 60 Euro), er spart Ihnen Zeit und Nerven – und Sie können ihn steuerlich absetzen.

Im Folgenden möchte ich Ihnen kurz erklären, wie Juristen zitieren oder auf Textstellen verweisen. Sie machen es anders als Pädagogen, nämlich deutlich kürzer und knapper und sparen dadurch Zeit. Zudem hat dieses Vorgehen noch einen weiteren Vorteil: Eingeweihte verstehen diese Kurzformen sofort, juristische Laien benötigen fachkundige Unterstützung. Schließlich soll nicht jeder Laie sofort die angegebene Quelle finden. Wofür hat man schließlich jahrelang Jura studiert?

Am Anfang des Buches findet sich ein Abkürzungsverzeichnis, aber das allein hilft Ihnen wegen der besonderen Zitierweise nicht unbedingt weiter, deswegen die wichtigsten Formen der Zitation gesammelt hier:

- **Galas: NSchGKomm. § 62, 2c** bedeutet: Im Kommentar von Galas und anderen über das Niedersächsische Schulgesetz findet sich zum § 62 der Abschnitt 2c, in dem die gemeinte Textstelle steckt. Häufig wird in den wichtigen Kommentaren mit Randnummern (Rdnr.) gearbeitet, die das Auffinden der entscheidenden Textstelle deutlich erleichtern.
- **Battis: BBG-Komm. § 66, Rdnr. 11** bedeutet: Im Kommentar von Battis zum Bundesbeamtengesetz findet sich das Entscheidende im § 66, und zwar unter der Randnummer 11. Die ganz großen Köpfe des Rechts werden z. T. noch stärker abgekürzt, z. B. Battis § 52, Rn. 8. Dass Battis der König des Beamtenrechts ist, muss man eben wissen. Und dass der »Palandt« der maßgebliche Kommentar für das BGB ist, weiß natürlich auch jeder Jurist. Aber es geht noch eine Stufe kürzer:
- **v. Münch / Kunig, Art. 5, Rdnr. 4,** bedeutet: im Kommentar der beiden Herren zum Grundgesetz, dort Artikel 5, und zwar die Randnummer 4.
- **SVBl. NRW 1982, 145** bedeutet: Es geht um das nordrhein-westfälische Schulverwaltungsblatt, das zentrale Blatt für das Schulrecht in NRW. Im Jahrgangsband des Jahres 1982 beginnt auf Seite 145 die Regelung, um die es geht. Wenn klar ist, dass es genau dieses Schulverwaltungsblatt geht, so kann das ergänzende »NRW« auch

wegfallen. Bei den Veröffentlichungen Ihres Bundeslandes wird vermutlich die vorangestellte Bezeichnung des Bundeslandes häufig fehlen, weil jeder weiß, was gemeint ist.

- **BVerfGE 47, 71 (74)** bedeutet: Es ist eine Entscheidung aus der Sammlung des Bundesverfassungsgerichts, und zwar aus dem 47. Band. Die Entscheidung beginnt auf Seite 71, die angesprochene Textstelle befindet sich auf Seite 74.
- **BVerwGE 27, 87 (Endiviensalat)** bedeutet: Ähnlich wie oben beim BVerfG, nur dass jetzt mit einem Stichwort der Fall angegeben ist. Beim angegebenen Fall ging es um infizierten Endiviensalat, für den der Innenminister von Baden-Württemberg ein Verkaufsverbot erließ. Viele zentrale Urteile werden unter Juristen nur mit einem Schlagwort bezeichnet. So z. B. auch der »Falknerjagdschein«, auf den Sie bei den Ordnungsmaßnahmen wieder treffen werden.
- **NJW 2004, 1321** bedeutet: In der Neuen Juristischen Wochenschrift, der wichtigsten Fachzeitschrift für Juristen, findet sich ein Urteil (oder Aufsatz) abgedruckt, und zwar im Jahrgangsband des Jahres 2004, beginnend auf Seite 1321.
- **§ 35 II 1 VwGO** heißt: § 35, Absatz II, Satz 1 der Verwaltungsgerichtsordnung.

So viel zur Zitierweise der Juristen, die Sie kennen sollten, um nicht darüber zu stolpern, wenn Sie ein Urteil oder einen Kommentar nachlesen wollen. Das wird sich nicht vermeiden lassen, denn Sie haben es als schulische Führungskraft heute mit deutlich mehr Verordnungen, aber auch mit mehr Schülern und Eltern zu tun, die auf ihre tatsächlichen oder vermeintlichen Rechte pochen.

Sie und Ihre Schule werden verstärkt mit Rechtsanwälten konfrontiert, da viele Eltern mittlerweile eine Rechtsschutzversicherung besitzen, in die sie jahrelang eingezahlt haben und von der sie nun auch einmal Unterstützung haben wollen, z. B. wenn ihr Sprössling nicht versetzt wird.

Allerdings nehmen die meisten Eltern keinen Fachanwalt für Verwaltungsrecht (achten Sie auf den Briefkopf!), sondern den Anwalt, den sie bei ihren Nachbarschaftsstreitigkeiten oder Problemen mit ihrem Gebrauchtwagen bemühen. Deshalb haben Sie nach dem Durcharbeiten des Buches eine echte Chance, Ihre Position so zu untermauern, dass sie juristisch wasserdicht ist.

2. Rechtsnormen, Bindungswirkung und Verwaltungsakt

Vor diesem Kapitel sollten Sie ausgeruht sein, denn es folgen einige trockene Seiten, die ich Ihnen leider nicht ersparen kann, weil hier wichtige juristische Grundlagen behandelt werden, die Sie einfach kennen müssen. Deshalb sollten Sie diesen Teil auch nicht überspringen. Ich werde versuchen, so gut ich kann, das Ganze ein wenig aufzulockern, um es leichter verdaulich zu machen.

2.1 Die Normenhierarchie

Wie Sie wissen, sind nicht alle Rechtsnormen gleichwertig, sondern es gibt eine Rangfolge, die ich Ihnen gleich vorstellen werde. Vorher jedoch sollen Sie erfahren, wie alle Vorschriften und Gesetze aufgebaut sind: Man beginnt in der Regel mit dem **Allgemeinen Teil**, der die **Aufgaben** und allgemeine Zielrichtung der Normen beschreibt.

Erst dann folgt der **Besondere Teil** mit Einzelfragen. Bei längeren Regelungen werden Sinneinheiten des Besonderen Teils zusammengefasst, etwa Allgemeines zum Wahlverfahren. Mit Flüchtigkeitsfehlern und Überregelungen muss man leider rechnen. Häufig kommt es vor, dass in einem Paragraphen auf vorangegangene oder noch folgende verwiesen wird, sodass sich die Aussage der eigentlichen Norm nur durch Lesen der Verweisnormen erschließen lässt. Im schlimmsten Fall müssen dafür ganze Paragraphenketten gebildet werden.

Rechtsnormen in absteigender Wichtigkeit

- Verfassung (Bund und Bundesland)
- (formelles) Gesetz
- Rechtsverordnung
- Verwaltungsvorschrift (Erlass, Verfügung)
- Satzung

Wenn wir das internationale europäische Recht ausklammern, weil es im Moment für das Schulrecht noch ziemlich unerheblich ist, so kommen wir zuerst zur ranghöchsten Normebene in Deutschland, die über dem (einfachen) Gesetz steht.

Die Verfassung

Es gibt eine Verfassung des Bundes (Grundgesetz) und darunter für jedes Bundesland eine (Landes-)Verfassung. Die Verfassungen sind auch Gesetze, stehen aber über dem einfachen Gesetz. In den Verfassungen legen der Bund (Grundgesetz) bzw. das Land (Landesverfassung) die großen Linien ihrer Politik fest.

Das Gesetz

Da das einfache Gesetz unter der übergeordneten Landesverfassung angesiedelt ist, darf es nicht im Widerspruch zu ihr stehen. Dieses Prinzip der Widerspruchsfreiheit zur höheren Norm gilt für alle Rechtsnormen, nicht nur für Gesetze.

Aber nicht jede rechtliche Norm ist ein »Gesetz«, auch wenn ein Paragraphenzeichen davorsteht. Diese Unterscheidung zwischen dem Oberbegriff »Rechtsnorm« und einem »Gesetz« ist manchmal entscheidend. Wenn Otto Normalverbraucher die Müllordnung seiner Stadt für ein Gesetz hält, weil sie in einzelne Paragraphen unterteilt ist, liegt er falsch. Die Frage, ob etwas ein Gesetz ist, hängt davon ab, wer es erlassen hat. Ein (richtiges oder »**förmliches**«) Gesetz muss **vom Parlament erlassen** werden, es benötigt also die mehrheitliche Zustimmung der Volksvertreter. Da diese durch die Bevölkerung gewählt werden, verkörpert das förmliche Gesetz indirekt den Willen der jeweiligen Bevölkerung.

Was muss in (förmlichen) Gesetzen geregelt werden? Alles, was **wesentlich** ist, so das Bundesverfassungsgericht und es nennt diesen Grundsatz das **Wesentlichkeitsprinzip**. Das bedeutet: Sachverhalte, die wesentlich für die Schule sind, dürfen nicht vom Kultusminister allein geregelt werden, sondern benötigen die Zustimmung des jeweiligen Landesparlaments. Ein Minister kann folglich kein Gesetz erlassen, wie es oft verkürzend aber falsch gesagt wird. Er kann es höchstens dem Parlament vorschlagen und hoffen, dass die Mehrheit der Volksvertreter seinem Gesetzesvorschlag zustimmt.

Wesentlich für die Schule ist es z. B., welche Schulformen es gibt, welche Befugnisse die Konferenzen haben oder welche Ordnungsmaßnahmen man gegen störende Schüler verhängen kann. Deshalb müssen diese Punkte per Gesetz geregelt werden – und sie sind es auch. Auch die Frage, ob eine muslimische Lehrerin im Unterricht ein Kopftuch tragen darf, wurde im September 2003 vom Bundesverfassungsgericht für so wesentlich gehalten, dass es die Verabschiedung eines Landes**gesetzes** forderte, um den Sachverhalt rechtmäßig zu regeln. Dass ein solches Gesetz nun (2015, 2. Kopftuchurteil) vom BVerfG für zu streng gehalten wurde, ist eine andere Sache, auf die ich noch eingehen werde.

Die Rechtsverordnung

Wenn es wesentliche Dinge gibt, dann muss es auch unwesentliche geben. Diese darf der Kultusminister in eigener Zuständigkeit regeln, **sofern das Parlament ihn dazu ermächtigt hat**. Diese Ermächtigung muss im Gesetz vermerkt sein. Eine von vielen Ermächtigungen im Schulgesetz betrifft die Ferien. Der Kultusminister wird dort ermächtigt, die Ferienzeiträume selbstständig zu regeln. Dies macht er regelmäßig über die sogenannten Rechtsverordnungen, die die 3. Ebene der Rechtsnormen darstellen.

So viel zu den Rechtsverordnungen. Wurden sie korrekt über eine Ermächtigung erlassen und widersprechen nicht dem übergeordneten Gesetz, so sind sie für die Lehrkraft genauso bindend wie ein Gesetz. Die Juristen sprechen dann, um diejenigen zu verwirren, die sich auf ihr Gebiet wagen, von einem »materiellen« Gesetz, obwohl es kein echtes Gesetz (über Parlament), sondern »nur« eine Verordnung ist.

Die Verwaltungsvorschrift

Knapp unterhalb der Rechtsverordnung steht die Verwaltungsvorschrift, deren bekannteste Form der **Erlass** (oder die **Verfügung**) ist. Der Erlass ist streng genommen keine eigene Rechtsnorm, sondern eine behördeninterne Weisung zu Detailfragen, in welcher der Kultusminister seine Auslegung bestimmter Normen darlegt und regelt, wie diese zu befolgen sind. Erlasse sind erforderlich, um die massenhaft auftretenden Probleme in der Schule einigermaßen einheitlich zu regeln. Wenn sich die Bedingungen ändern, dann ist eine Erlassänderung das flexibelste Mittel, um die Entscheidungsprozesse einheitlich zu steuern. Alle für die Schule wichtigen Erlasse sind im Schulverwaltungsblatt abgedruckt, dessen Lektüre für Lehrer verpflichtend ist, um über aktuelle Regelungen auf dem Laufenden zu sein. Eine gute Möglichkeit, Verordnungen und Erlasse des Kultusministeriums zu finden, sind heute Vorschriften- und Informationssysteme im Internet.

Die **Verfügung** steht wieder etwas darunter und ist eine Verwaltungsvorschrift einer nachgeordneten Behörde (z. B. der Bezirksregierung oder Landesschulbehörde), in der Organisations- oder Verfahrensfragen festgelegt werden.

Weder Erlass noch Verfügung, sondern nur die persönliche Meinungsäußerung des Kultusministers oder eine Stellungnahme seiner leitenden Beamten liegt vor, wenn diese nur mit ihrem Namen, nicht aber als »der Kultusminister« firmieren. Allerdings kann immer wieder beobachtet werden, dass Lehrer, aber auch Schulleiter, solche persönlichen Äußerungen für verbindlich halten. Genau deshalb werden sie ja auch abgegeben.

Die Satzung

Abschließend sei noch erwähnt, dass es unterhalb der Rechtsverordnung noch die Satzungen der Städte und Gemeinden gibt, die eigenständig Rechtsnormen erlassen dürfen. Hierzu gehört z. B. die Müllregelung Ihrer Stadt bzw. Gemeinde, aber auch die Hausordnung Ihrer Schule. Denn da der Schulträger in vielen Dingen autonom ist, ist er befugt, für seine Anstalten eine Benutzungsordnung herauszugeben.

Die Schulordnung Ihrer Schule hingegen liegt auch auf dieser Ebene, wird aber von einigen Juristen als »Sonderverordnung« eingestuft. Die Frage, wo die Schulordnung juristisch genau zuzuordnen ist, braucht uns an dieser Stelle nicht zu beschäftigen. Das folgt weiter hinten (S. 220 f.).

> **Wichtig! Jede Regelung muss mit den übergeordneten Regelungen im Einklang stehen.**

Die unteren Ebenen dürfen präzisieren, indem sie die Umsetzung regeln, sie dürfen aber nicht der übergeordneten Rechtsnorm widersprechen oder diese aushöhlen. Wenn also der Kultusminister über einen Erlass regeln würde, dass die Noten der Schüler nicht mehr durch die Lehrkräfte, sondern durch die Konferenzen festgelegt werden sollen, so wäre dies rechtswidrig und damit unwirksam, weil es dem übergeordneten Gesetz widerspricht.

Neben den aufgezählten gibt es als weitere Rechtsquelle noch das Gewohnheitsrecht, das nirgendwo in einem Gesetz fixiert ist, das aber von der Rechtsprechung trotzdem anerkannt wird. Damit jedoch etwas als Gewohnheitsrecht gültig wird, muss eine Regelung erstens sehr lange (mindestens zehn Jahre) und zweitens unwidersprochen gelten. Diese Rechtsquelle ist nicht so unwichtig, wie sie vielleicht scheint. Denn es gibt eine ganze Reihe von Dingen, die nirgendwo als Gesetz (oder Verordnung) niedergeschrieben sind, die aber gleichwohl gelten. Der wichtige Grundsatz der Verhältnismäßigkeit (S. 166) ist eine solche Regelung, der juristische Laien regelmäßig ratlos lässt, weil er nirgendwo als Gesetz fixiert ist. Trotzdem bestätigen ihn die höchsten Gerichte seit Jahrzehnten immer wieder.

Neben den Rechtsnormen gibt es noch:
KMK (Kultusministerkonferenz, eigentlich »Ständige Konferenz der Kultusminister der Länder«): Damit hier ein Beschluss gefasst werden kann, ist zunächst die Einstimmigkeit notwendig, aber auch dann ist der Beschluss für die Länder noch nicht bindend, sondern erst, wenn das jeweilige Landesparlament den Beschluss akzeptiert und übernommen hat.
LAK (Länderabkommen): Hier einigen sich die Ministerpräsidenten z. B. über die gegenseitige Anerkennung von Prüfungen.
BLK (Bund-Länder-Kommission, Art. 91b GG): Sie dient der Abstimmung in Bildungsfragen zwischen Bund und Ländern.

2.2 Die sprachliche Bindungswirkung

Lassen Sie mich nun einen Punkt behandeln, der vielen Lehrern, aber auch Eltern und Schülern Probleme bereitet: Es geht um die unterschiedliche sprachliche Bindungswirkung der Rechtsnormen, d. h. um die Auslegung der Formulierungen, die nämlich z. T. erheblich vom alltäglichen Sprachverständnis abweicht.

Die **Muss-Regelung** verkörpert die stärkste rechtliche Bindung und lässt dem Adressaten keinen Spielraum. Sie taucht nicht nur bei »muss« auf, sondern auch in Formulierungen wie »es ist zu …«, »die Schule hat zu …«. Mit der Auslegung dieser Regelung gibt es kaum Schwierigkeiten, sie wird verstanden.

Die **Soll-Regelung** ist in der Praxis problematischer. Vielfach wird sie so interpretiert, dass der Lehrer etwas machen soll, wenn es sich denn mühelos einrichten lässt. Falls es aber schwierig sein sollte, braucht er sich nicht daran zu halten. Diese Auffassung ist schlichtweg falsch. Dass viele Lehrer die tatsächlich stärkere rechtliche Verpflichtung (aus verständlichem Grund) nicht wahrhaben wollen und diese Regelung wie die unverbindlichere Kann-Regelung zu ihren Gunsten auslegen, ändert nichts daran. Falls ein Kollege Ihnen hierbei widerspricht, dann sollten Sie mit ihm wetten und verdient gewinnen, wenn Sie das Folgende verstehen:

> ! **»Soll« bedeutet (grundsätzlich) »muss«.**
> Nur in seltenen Ausnahmefällen sind **begründete** Abweichungen möglich.

Was heißt das nun konkret? Nehmen wir als typisches Beispiel die (häufig verspätete) Rückgabe von Klassenarbeiten in der Mittelstufe. Diese Arbeiten **sollen** innerhalb von zwei Wochen (in NRW drei Wochen) zurückgegeben werden. Das bedeutet im Kern nichts anderes, als dass die Arbeiten grundsätzlich innerhalb der vorgegebenen Frist zurückgegeben werden **müssen**. Überlegen Sie bitte einmal, was so außergewöhnliche Umstände sein könnten, damit eine begründete Ausnahme vorliegt und eine Lehrkraft die Arbeit erst **nach** dem Verstreichen der vorgegebenen Frist zurückgeben müsste.

Eine plötzliche schwere Krankheit könnte ein solcher Grund sein, auch ein Todesfall in der Familie, um den man sich zu kümmern hat. Nicht dazu gehören jedoch Belastungen durch Klassenfahrten, das Abitur oder andere Klausuren, da diese nicht ungewöhnlich sind und zudem **nicht überraschend** auftauchen. Es tut mir leid, wenn ich säumigen Kollegen an dieser Stelle keine günstigere Auskunft geben kann. Aber so ist die Rechtslage bei juristisch korrekter Deutung der »Soll-Regelung«.

Nun noch eine gute Nachricht: Was ist mit den Ferien? Läuft da die Zwei-Wochen-Frist weiter oder stellen die Ferien eine »Auszeit« dar? Abgesehen von angestellten Lehrkräften (z. B. in den neuen Bundesländern), bei denen über einen Urlaubsantrag genau festgelegt ist, wann sie ihren gesetzlichen Urlaubsanspruch verwirklichen, gilt: Es zählen nur die Tage, in denen Schule stattfindet, in den Ferien können Lehrkräfte sich erholen oder fortbilden, niemand kann verlangen, dass eine Lehrkraft ihre Klassenarbeiten z. B. mit in die Weihnachtsferien nimmt.

Die **Kann-Regelung** besitzt die geringste Bindungswirkung. Sie lässt dem Adressaten den größten Spielraum bei seinen Entscheidungen. Da Gesetze und Verordnungen abstrakt sind und keine Einzelfälle berücksichtigen, ist es sinnvoll, der Schule bzw. dem Lehrer ein Ermessen einzuräumen, damit er auf unterschiedliche Einzelfälle (pädagogisch) flexibel reagieren kann. Diesen Spielraum nennt der Jurist »**Ermessen**«. Es eröffnet aber **keine freie Wahlmöglichkeit**, sondern das Ermessen muss »**pflichtgemäß**« ausgeübt werden.

Es ist deshalb keine freie Wahlmöglichkeit, sondern es muss **sachliche** (das heißt: fachliche oder pädagogische) **Gründe** für die Entscheidung der Lehrkraft geben. So liegt es beispielsweise in ihrem Ermessen, Fehler bei Ausländern mit Sprachschwierigkeiten geringer zu gewichten oder für schwache Schüler die Hausaufgabe zu vereinfachen. Es wäre aber ein »Ermessensfehlgebrauch«, diese Maßnahmen für alle Schüler mit Markenturnschuhen oder für alle Schüler mit roten Haaren anzuordnen, denn hier kämen keine sachlichen, sondern, wie die Juristen sagen, »sachfremde« Gründe zum Tragen.

2.3 Der Verwaltungsakt

Der zentrale Begriff für das Schulrecht ist der Verwaltungsakt (VA). Von der unwichtig klingenden Frage, ob etwas ein VA ist, hängt im Verwaltungsrecht und damit auch im Schulrecht als Teil des Verwaltungsrechts ziemlich viel ab. Wir könnten folgende Kette bilden: Verfassung → Gesetz → Rechtsverordnung → Erlass → Verwaltungsakt.

Das heißt: Die Sachentscheidung eines Verwaltungsaktes muss durch das höherrangige Recht gedeckt sein.

Falls Sie die reine Definition des Verwaltungsakts genießen wollen, sollten Sie sich den § 35 VwVfG anschauen, am besten gleich die kommentierte Fassung, damit Sie die unbestimmten Begriffe verstehen. Selbst für schulisches Führungspersonal reicht an dieser Stelle eine verkürzte und etwas vereinfachte Definition.

Definition Verwaltungsakt

Ein Verwaltungsakt ist jede **erhebliche Entscheidung**, die eine **Behörde** zur Regelung eines **Einzelfalles** erlässt, die auf **Rechtswirkung nach außen** gerichtet ist.

Unter Rechtswirkung »nach außen« versteht man eine Entscheidung der Behörde gegen einen »außerhalb stehenden« Bürger. Damit jedoch eine Entscheidung als Verwaltungsakt eingestuft wird, müssen nicht nur eine oder zwei, sondern **alle oben genannten** Bedingungen erfüllt sein. Alles klar? Prüfen wir, ob Sie es im Prinzip verstanden haben.

Verwaltungsakt oder nicht?

- **Wie ist es mit der Äußerung eines Lehrers gegenüber einem Schüler**, den er mit »Du dämlicher Esel« tituliert? Kein Verwaltungsakt, da eine Beschimpfung keine Entscheidung ist und damit auch keine Rechtswirkung vorliegt.
- **Was ist mit der Note einer einzelnen Klassenarbeit?** Eine einzelne Klassenarbeit stellt keinen Verwaltungsakt dar. Es liegt zwar eine Entscheidung in einem Einzelfall vor, auch geht die Wirkung von der Behörde nach außen, nämlich zu einem Schüler. Allerdings entfaltet die Klassenarbeit, weil sie als einzelne Arbeit **nicht erheblich** ist, keine unmittelbare Rechtswirkung.
- **Wie schätzen Sie eine Ordnungsmaßnahme (zweiwöchiger Schulausschluss) ein?** Ja, es handelt sich um einen Verwaltungsakt. Es liegt eine erhebliche Entscheidung in einem Einzelfall vor und die Rechtswirkung geht von der Behörde nach außen, eben auf den Schüler.
- **Was halten Sie von der Nichtversetzung eines Schülers durch die Klassenkonferenz zum Ende des Schuljahres?** Sie stellt einen Verwaltungsakt dar. Die Entscheidung entfaltet Rechtswirkung nach außen (auf den Schüler), sie regelt einen Einzelfall und ist erheblich.

Warum ist die Frage, ob etwas ein Verwaltungsakt ist, so bedeutend? Ganz einfach: Nur gegen einen Verwaltungsakt sind die »starken« Mittel des Widerspruchs und der Anfechtungsklage (des Betroffenen) rechtlich zulässig. Das heißt im Klartext: Die schlechte Note einer Klassenarbeit bzw. einer Klausur kann vom Schüler oder seinen Eltern **nicht mit Widerspruch und Klage angefochten** werden, nicht einmal das

Halbjahreszeugnis. Als kritischer Leser haben Sie sich vielleicht die Frage gestellt, was denn mit Arbeiten ist, von denen das Bestehen einer Prüfung abhängt. Richtig, solche hervorgehobenen Prüfungsarbeiten sind tatsächlich Verwaltungsakte. Es hängt also immer davon ab, welche Auswirkung die Arbeit hat.

Bitte unterscheiden! Die »harten« Rechtsmittel (Widerspruch und Klage) sind nur gegen Verwaltungsakte zulässig. Allerdings können Schüler und Eltern sich immer **beschweren.** Das ist nicht nur im Petitionsrecht festgelegt (Art. 17 GG), sondern juristisch auch etwas anderes. Machen wir es konkret: Die Eltern eines Schülers beschweren sich gegen die Fünf in einer Klassenarbeit, die ein Kollege vergeben hat. Dann findet eine schulinterne **Abhilfeprüfung** statt, in der die Schulleitung, evtl. unterstützt durch den Leiter der Fachschaft, die Arbeit noch einmal überprüft. Stellt man dabei einen Fehler fest, so wird dieser korrigiert und der Beschwerde wird stattgegeben. Ist die Arbeit jedoch fehlerfrei korrigiert, wird die Beschwerde von der Schulleitung zurückgewiesen. Falls dies die Eltern nicht überzeugt, können sie sich noch an die vorgesetzte Schulbehörde werden, die die Entscheidung der Schulleitung nochmal überprüft – aber dann ist Schluss. Schüler und Eltern haben also bei unwichtigeren Entscheidungen die Möglichkeit, sich behördenintern zu beschweren, können dagegen aber nicht vor Gericht klagen.

3. Einschlägige Norm, Subsumtion und Auslegung

Hier kommt der erste Schub der juristischen Grundtechniken, mit denen die Juristen ihre Fälle entscheiden. Sie werden feststellen, dass die Verfahren gar nicht so schwierig sind. Und nach dem Lesen dieses Kapitels können Sie an geeigneter Stelle beiläufig sagen: »Die **einschlägige Norm** hierfür ist der § 238« oder »Die **Subsumtion** führt zu dem Ergebnis …« oder »Die **Auslegung** zeigt ganz deutlich …«.

3.1 Die einschlägige Norm

Zunächst muss man jedoch herausfinden, welche Rechtsnorm (Gesetz, Verordnung, Erlass) zum Sachverhalt passt, den es zu klären gilt. Wenn eine Rechtsnorm den Sachverhalt erfasst, sagen die Juristen, die Norm sei **»einschlägig«**, ein schöner Begriff, den Sie ruhig verwenden sollten, damit man erkennt, dass Sie sich in der Materie auskennen. Die »einschlägige« Norm zu finden, ist deshalb schon »die halbe Miete«.

Als schulische Führungskraft werden Sie manchmal vor dem Problem stehen, die einschlägige Rechtsnorm zu finden. Als Leiter einer Fachschaft könnten Sie den Fachberater und als Schulleiter könnten Sie theoretisch den Rechtsdezernenten des Kultusministeriums anrufen. Aber man hat ja auch seinen Stolz und möchte nicht übermäßig unwissend erscheinen.

Also geht man erst einmal selbst daran. Dazu gibt es folgende Möglichkeiten: Schauen Sie ins Schulgesetz, und zwar in eine kommentierte Fassung. Im Stichwortverzeichnis finden Sie den Paragraphen des Gesetzes, der diesen Bereich abdeckt. Sollte es ein Detailproblem sein, so werden Sie in der Kommentierung einen Hinweis auf die einschlägige Verordnung finden. Alle Verordnungen und Erlasse der Schule sind sowohl im Gesetzesblatt als auch im Schulverwaltungsblatt Ihres Bundeslandes veröffentlicht. Im Kommentar werden Sie das Jahr der Veröffentlichung und die Seitenzahl finden, auf der die Regelung beginnt.

Im Zeitalter des Internets haben Sie natürlich auch die Möglichkeit, sich auf die Homepage Ihres Kultusministeriums zu begeben und dort gezielt die Rechtsnorm zu suchen, die für Ihr Problem einschlägig ist. Aber Vorsicht, der Internetbereich des Kultusministeriums ist nur so gut, wie die Personen, die diesen Bereich bearbeiten bzw. pflegen. Leider sind viele Seiten der großen Institutionen nicht so aktuell, wie man glaubt. Wenn Sie also zu Ihrem Suchbegriff nichts finden, bedeutet das noch lange nicht, dass es dazu nichts gibt. Dann sollten Sie es doch einmal auf dem traditionellen Wege des Schulverwaltungsblattes versuchen.

Lassen Sie uns jetzt davon ausgehen, dass Sie nach einigem Suchen fündig geworden sind. Das Problem: Ihre Frage wird im Schulgesetz sehr vage und multi-interpretabel, im Erlass aber präzise und restriktiv beantwortet wird. Was gilt denn nun? Grundsätzlich gilt:

! Die speziellere Regelung verdrängt die allgemeine.

Die Verordnung (der Erlass) präzisiert das allgemeinere Gesetz. Wenn also eine (zutreffende) Spezialregelung existiert, muss sie auch angewendet werden. Man darf sich nicht dumm stellen und nur die höherrangige, allgemeinere Regelung zur Kenntnis nehmen, weil diese den eigenen Interessen entspricht.

Dennoch lohnt sich ein Blick in die übergeordnete Norm, und zwar auch dann, wenn man die Verordnung auf Anhieb gefunden haben sollte. Man bekommt nämlich eine Vorstellung davon, welche »Marschrichtung« der Gesetzgeber im Auge hat. Und das kann für die Auslegung von unklaren Begriffen hilfreich sein. Wie auch immer, lassen Sie uns einmal davon ausgehen, dass Sie die einschlägige Rechtsnorm endlich gefunden haben.

Bei aller Freude darüber sollten Sie einen Tipp unbedingt beherzigen: Schauen Sie sich die Regelungen davor und dahinter an. Denn häufiger, als dem Suchenden lieb ist, finden sich darin wichtige Einschränkungen oder Ausnahmen. Mehr zu diesem Aspekt gleich bei der systematischen Auslegung (3.3.2.).

3.2 Die Subsumtion

Nun zur juristischen »Königstechnik«, der Subsumtion. Auch hier werden Sie feststellen, dass das Grundprinzip gar nicht so kompliziert ist. »Subsumere« bedeutet wörtlich »darunterziehen«. Gemeint ist damit die Prüfung, ob der Ihnen vorliegende Fall von der gefundenen Rechtsnorm abgedeckt wird. Denn erst wenn dies gegeben ist, »greift« die Rechtsnorm und die vorgesehene Rechtsfolge tritt ein.

Jede Rechtsnorm (Gesetz, Erlass) besteht grundsätzlich aus zwei Teilen, und zwar dem sogenannten **»Tatbestand«** und der dazu gehörigen **Rechtsfolge**. Beide Teile stehen in einer konditionalen Verbindung, also: **Wenn Tatbestand, dann Rechtsfolge**: Erst wenn der Tatbestand (vollständig) erfüllt ist, tritt die Rechtsfolge ein.

Nun besteht ein Tatbestand meist nicht nur aus einer Voraussetzung, sondern aus mehreren **Tatbestandsmerkmalen**, die alle erfüllt sein müssen und die durch »und« oder durch »oder« verknüpft sein können. Bei einer Oder-Verknüpfung reicht es natürlich aus, wenn eines der geforderten Merkmale vorliegt, bei einer Und-Verknüpfung müssen hingegen **alle** Merkmale erfüllt sein. Bevor Sie das Buch jetzt entnervt beiseitelegen, zeige ich Ihnen die Subsumtion an einem einfachen Beispiel aus dem Strafrecht. Dann wird vermutlich alles gleich viel klarer.

Nehmen wir folgenden Fall: Neffe N besucht seine Tante T und sieht dort eine Brosche herumliegen, die er heimlich an sich nimmt, um sie zu verkaufen. Natürlich ahnen Sie, welcher Paragraph »einschlägig« sein könnte, es ist der Diebstahlsparagraph (§ 242 StGB). Als stark vereinfachter Konditionalsatz lautet er: **Wenn** jemand etwas stiehlt (das ist der Tatbestand), **dann** wird er mit Gefängnis bestraft (das ist die Rechtsfolge). Nun der genaue Wortlaut des § 242 StGB: »Wer eine fremde bewegliche Sache einem anderen in der Absicht wegnimmt, sich dieselbe rechtswidrig zuzueignen (das ist der **Tatbestand mit seinen Merkmalen**), wird mit Freiheitsstrafe bis zu 5 Jahren (oder Geldstrafe) bestraft (das ist die **Rechtsfolge**).«

Nun zeige ich Ihnen, wie man **subsumiert**, indem man **jedes Merkmal des Tatbestands** (und sei es auch noch so banal!) mit dem Fall vergleicht. Und nur, wenn das jeweilige Merkmal erfüllt ist, darf weitergeprüft werden, ansonsten muss die Prüfung abgebrochen werden. Es ist also unzulässig, eine »Mehrheitsentscheidung« zu fällen, wenn die meisten, aber eben nicht alle Tatbestandsmerkmale erfüllt sind. Aber fangen wir einfach mal mit unserer Subsumtion an.

Tatbestandsmerkmal	Entscheidung	Begründung
Gibt es einen »Wer«?	Ja	N ist eine Person.
Gibt es eine Sache?	Ja	Brosche ist ein körperliches Ding.
Ist sie fremd?	Ja	Brosche gehört N nicht.
Ist sie beweglich?	Ja	Brosche ist beweglich.
Gibt es einen »anderen«?	Ja	Tante
Gibt es eine Wegnahme?	Ja	Nimmt die Brosche weg.
War die rechtswidrig?	Ja	N durfte das nicht.
Gibt es Zueignungsabsicht?	Ja	N bringt die Brosche an sich und will sie für sich nutzen.

Damit ist die Subsumtion beendet und alle notwenigen Tatbestandsmerkmale sind erfüllt. Jetzt folgt das Ergebnis. Also: N hat einen Diebstahl (gem. § 242 StGB) begangen. Das war es schon. Eigentlich gar nicht so schwierig. Oder? Wenn Sie nicht wissen, wie ein Tatbestandsmerkmal (Was heißt z. B. »sich zueignen«?) auszulegen ist, hilft der Kommentar oder Sie müssen den Begriff selbst auslegen. Das kommt gleich nach dem nächsten Beispiel.

Nun eine Subsumtion aus dem Schulrecht: Ein Schüler macht fast nie seine Hausaufgaben, die der Lehrer ihm aufgibt. Ist gegen ihn die Verhängung einer Ordnungsmaßnahme nach Ihrem Schulgesetz zulässig? Im einschlägigen Paragraphen steht manchmal die Rechtsfolge ganz vorn, dann erst folgt der Tatbestand. Das macht der Gesetzgeber gelegentlich, was aber nichts am Prinzip ändert.

Der Konditionalsatz in Ihrem Schulgesetz könnte wie folgt lauten: Ordnungsmaßnahmen sind zulässig, **wenn** Schüler ihre Pflichten grob verletzen. Dann folgt eine Aufzählung (Oder-Verknüpfung) von Beispielen für grobe Pflichtverletzungen, unter denen sich z. B. auch der Punkt »die geforderten Leistungen verweigern« befindet. Was meinen Sie, werden die Tatbestandsmerkmale erfüllt? Natürlich, denn:

Tatbestandsmerkmal	Entscheidung	Begründung
Schüler?	Ja	X.
Leistungen?	Ja	Hausaufgaben sind Leistungen.
gefordert?	Ja	Lehrer hat sie verlangt.
verweigert?	Ja	Schüler hat sie nicht gemacht.

Da alle Tatbestandsmerkmale erfüllt sind, der Schüler also seine Pflichten grob verletzt hat, ist eine Ordnungsmaßnahme zulässig. Wobei allerdings noch nichts darüber gesagt ist, **welche** der möglichen Ordnungsmaßnahmen zulässig ist, denn das richtet sich nach dem Grundsatz der Verhältnismäßigkeit. Doch dazu weiter hinten mehr (S. 166). So, das war es zur Subsumtion.

Eingangs hatte ich gesagt, der Tatbestand müsse erfüllt sein, damit die Rechtsfolge eintritt. Das war etwas verkürzt, damit Sie das Grundprinzip schneller verstehen. Damit jemand zahlen muss oder bestraft werden kann, müssen allerdings noch zwei weitere Elemente hinzutreten: die **Rechtswidrigkeit** und die **Schuld** des Betreffenden. Die ausführliche Prüfung dieser beiden Punkte finden Sie gleich hinter der Auslegung (S. 27: Strafrechtliche Überlegungen).

3.3 Die Auslegung

Warum müssen Normen überhaupt ausgelegt werden? Denn da der Herausgeber der Normen sich auch an juristische Laien wendet, ist diesen nicht klar, warum jener sich nicht so ausdrückt, dass jeder versteht, was gemeint ist.

Juristische Normen sollen jedoch nicht nur **einen** Sachverhalt regeln, sondern unendlich viele. Dies führt zu einer gedanklichen und sprachlichen Abstraktion, die sich in unbestimmten Rechtsbegriffen niederschlägt. Die vage gefassten Begriffe sind also keine Schlamperei des Normgebers, sondern hängen damit zusammen, möglichst viele Fälle mit einem Begriff abzudecken. Wie das Leben so spielt, können wir sicher sein, dass Ihr zu lösender Fall gerade nicht im Kernbereich des Begriffs liegt, sondern irgendwo am Rande. Das ist der Moment, in dem die Juristen frohlocken, weil sie nämlich wissen, wie man das Problem löst, und Sie (noch) nicht.

Über die Auslegung wird ermittelt, ob der Fall, der entschieden werden soll, von der Norm gedeckt ist. Die Auslegung der zentralen Begriffe findet man im Kommentar. Aber sogar ohne Kommentar kann man mit etwas Überlegung die Auslegung eines unbestimmten Begriffs selbstständig finden. An einem Beispiel, das nichts mit dem Schulrecht zu tun hat, das aber für meine didaktische Absicht perfekt ist, möchte ich Ihnen kurz zeigen, wie das geht. Es ist nämlich gar nicht so schwierig.

Dazu gehen wir in eine Universitätsstadt, und zwar zu Wohnwagen-Willi. Dieser Student lebt aufgrund akuten Wohnraummangels in einem Wohnwagen auf dem Parkplatz der Universität (mit deren Einwilligung). Willi hat vom Grundgesetz und dessen Artikel 13 gehört, der die **Unverletzlichkeit der Wohnung** garantiert. Vertrauensvoll wendet er sich an Sie und möchte wissen, ob sein Wohnwagen eine »Wohnung« im Sinne des Gesetzes (Art. 13 GG) ist. Sie merken vielleicht in diesem Augenblick, dass der Begriff der »Wohnung« gar nicht so eindeutig ist. Um einen unbestimmten Begriff zu klären, unterscheiden die Juristen nun vier Arten der Auslegung:

1. Man beginnt mit der **grammatischen Auslegung**, gemeint ist eigentlich die semantische Auslegung nach dem Wortsinn. Man versucht also zu klären, was man sprachlich unter einer »Wohnung« versteht. Dies dürfte ein umgrenzter Raum sein, in dem jemand sich häufig aufhält, in dem er schläft, in dem er lebt. Vielleicht so etwas wie ein »Dach über dem Kopf«. Diese Art der Auslegung ist auch deshalb wichtig, weil manche Wörter juristisch eine andere Bedeutung besitzen als in der Umgangssprache. Klären wir es am Beispiel von Miete und Leihe. Wenn der Durchschnittsbürger von einem Bootsverleih, einem Leihwagen oder einem Videoverleih spricht, dann meint er eigentlich das Mieten dieser Gegenstände. Denn juristisch ist eine Leihe das kostenlose Überlassen einer Sache – bei der Miete muss man für die Nutzung zahlen.

2. Falls die grammatische Auslegung nicht weiterhilft, wendet man sich der **systematischen Auslegung zu**, d.h. die Auslegung aus dem Zusammenhang der Rechtsnormen. Dazu schaut man sich die gesetzlichen Regelungen davor und dahinter an, aus denen oft der Zusammenhang deutlich wird, wie das fragliche Wort zu verstehen ist.

Um Ihnen zu zeigen, wie entscheidend manchmal die systematische Betrachtung ist, gehe ich mit Ihnen ins BGB. Schaut man sich isoliert den § 110 des BGB (»Taschengeldparagraph«) an, so steht dort sinngemäß, dass ein Minderjähriger mit seinem Taschengeld machen kann, was er will. Der Begriff »Minderjähriger« scheint eigentlich völlig klar: Das sind alle, die noch nicht 18 Jahre alt sind. Nun könnte man glauben, ein Fünfjähriger, der Taschengeld bekommt, könne mit seinem Geld kaufen, was er will. Das ist falsch, was aber erst in der systematischen Betrachtung deutlich wird.

Das BGB fängt im § 104 mit den Geschäfts**unfähigen** an, also Kindern bis zum Ende des siebten Lebensjahres. Ab dem § 106 kommen dann die **beschränkt** Geschäftsfähigen, also die Kinder, die das siebte, aber noch nicht das 18. Lebensjahr vollendet haben. Und nun erst wird es klar: Der § 110 bezieht sich eben **nicht auf alle** Minderjährigen, sondern nur auf diejenigen, die mindestens sieben Jahre alt sind. Wer sich hier nicht die Paragraphen davor, sondern sich nur isoliert den § 110 angeschaut hat, der würde die falsche Entscheidung treffen.

Für unseren Fall mit Wohnwagen-Willi bedeutet dies, dass man sich die Artikel des GG anschauen müsste, die vor und hinter dem Art. 13 GG stehen. Aus den Freiheitsrechten, die davor oder dahinter genannt werden (Freizügigkeit, Berufsfreiheit, Recht auf Eigentum), lässt sich leider nichts für die Auslegung des Wortes »Wohnung« entnehmen. Aber wir sind ja noch nicht am Ende.

3. Falls auch der systematische Ansatz keine Klärung bringt, versucht man die **historische Auslegung**. Für Willis Problem bedeutet das: Man fragt, wie die Situation zum Entstehungszeitpunkt des Gesetzes, also hier des GG, war. 1949 war die Wohnungssituation eine völlig andere. Die Studenten wohnten bei ihren Eltern oder zur Untermiete. Wohnwagen gab es kaum, sodass verständlicherweise beim Entwurf des Grundgesetzes niemand an diese Eventualität gedacht hat. Die Erforschung des historischen Kontextes ist recht aufwendig und dürfte deshalb für Sie im schulischen Alltag ausscheiden.

4. Dafür wird die letzte Methode der Auslegung umso wichtiger: die »teleologische«. Hierbei untersucht man den **Normzweck und** fragt: »Was wollte der Gesetzgeber mit dieser Rechtsnorm bezwecken? Welches Ziel hatte er vor Augen?« Wahrscheinlich wollten die Schöpfer der Verfassung mit dem Art. 13 GG sicherstellen, dass jeder einen Platz hat, wo er ungestört ist, das Hausrecht besitzt und die Staatsmacht grundsätzlich keinen Zutritt hat. Wenn man diesen Zweck zugrunde legt, kommt man zu dem Ergebnis: Auch der Wohnwagen von Wohnwagen-Willi muss als »Wohnung« im Sinne des GG angesehen werden.

Wenn Sie dem eben Gesagten folgen konnten, haben Sie den Begriff »Wohnung« juristisch korrekt ausgelegt, und zwar ohne einen Kommentar. Man kann also einen Begriff notfalls auch selbst auslegen, aber ein Blick in den Kommentar ist natürlich bequemer.

3.4 Prinzipien der »Harmonisierung«

Diese sind keine echten Methoden der Auslegung, sondern Tipps aus der juristischen Trickkiste, mit denen man gewünschte Ergebnisse, die man für vertretbar hält, bei Bedarf stützen kann.

Das erste Prinzip ist die **Ausgangsvermutung** zugunsten Ihres rechtmäßigen Verwaltungshandelns. Lassen Sie uns dafür einmal Folgendes annehmen: Sie haben eine Entscheidung gefällt, die von Schülern oder Eltern angegriffen wird. Für Sie als Entscheidenden spricht zunächst: Man kann grundsätzlich davon ausgehen, dass die Schule als Teil der staatlichen Verwaltung rechtsstaatlich handelt. Mit dieser Annahme ist die Beweislast zu Ihren Gunsten formuliert. Wer diese Vermutungen widerlegen will, muss hierfür Gründe nennen. **Und diese müssen schlüssig sein**. Gelingt dies nicht, kann der Verwaltung bzw. Ihnen ein Rechtsverstoß nicht nachgewiesen werden.

Das zweite Prinzip ist die **korrigierende** gesetzeskonforme Auslegung. Angesichts des langen Weges von einer Landesverfassung bis zum konkreten Erlass ist es gar nicht so selten, dass gesetzliche Ziele verändert wurden. Oder aber die Bedingungen der zu regelnden Materie haben sich grundlegend gewandelt. Würde man das nicht berücksichtigen, käme man bei klarem Sachverhalt und klarer Erlasslage zu einem pädagogisch oder administrativ völlig unsinnigen Ergebnis. Deshalb schreitet man zur harmonisierenden Auslegung, die Ihnen die Möglichkeit gibt, das untergesetzliche Recht anzugleichen. Man unterstellt dem Erlass (wegen der Rechtmäßigkeit allen Verwaltungshandelns!), dass er nur so gemeint sein kann, wie es dem höherrangigen Recht entspricht. Aber Vorsicht: Lediglich vom Biegen ist hier die Rede, nicht aber vom Brechen – und man braucht nachvollziehbare Begründungen für diese Auslegung.
Manchmal glaubt man, ein Problem sei nicht geregelt, weil der Normgeber es vergessen hat. Das muss aber keineswegs so sein. Echte Regelungslücken sind ausgesprochen selten. Vielleicht haben Sie ja nicht gründlich genug gesucht. Falls ein Problem tatsächlich nicht geregelt sein sollte, hat der Normgeber es vielleicht nicht regeln **wollen**. Um der Schule einen möglichst großen Ermessensspielraum zu lassen, ist auch das möglich. Falls Sie also trotz gründlicher Suche nichts finden, so ist das kein Grund

zum Verzweifeln. Freuen Sie sich lieber darüber, dass Sie (im Rahmen der Gesetze) einen der wenigen Spielräume gefunden haben.

4. Strafrechtliche Überlegungen

Vermutlich haben Sie sich zunächst das Kapitel herausgesucht, das Sie am meisten interessiert und sind nicht über das chronologische Lesen des Buches an diese Stelle gekommen, sondern durch einen der zahlreichen Verweise. Schließlich gibt es einige Kapitel im Buch, in denen strafrechtliche Überlegungen eine zentrale Rolle spielen, so z. B. beim Disziplinarrecht der Beamten, bei Ordnungsmaßnahmen gegen Schüler, bei Aufsicht und Haftung bzw. beim Versicherungsrecht. Um die wichtigen Punktes des Strafrechts nicht in jedem dieser Kapitel zu wiederholen, was das Buch dicker (und teurer) gemacht hätte, werden sie an einer Stelle abgehandelt. Und zwar hier.

An einigen Fällen werde ich die wichtigsten strafrechtlichen Aspekte durchspielen und erklären. Lassen Sie uns als Ausgangsfall einmal annehmen, ein großer, kräftiger Schüler (Marvin) habe einen kleineren (Lukas) geschlagen. Aber das gleich folgende Grundprinzip würde auch gelten, wenn ein Kollege einen Schüler geschlagen oder bestohlen hat oder wenn ein Schüler einem anderen die Jacke zerreißt. Denn das ist das Schöne an der Jurisprudenz: Wenn man das System verstanden hat, kann man im Prinzip jeden Fall damit lösen. Nun wieder zu unserem Ausgangsfall: Ein Schüler hat einen anderen geschlagen und dabei verletzt. Und nun kommen die drei großen Prüfungsschritte.

Die drei Prüfungsschritte

1. **Tatbestand?**
2. **Rechtswidrigkeit?**
3. **Schuld?**

Erst wenn alle drei Fragen bejaht worden sind, tritt die Rechtsfolge ein, z. B. die Verhängung einer Ordnungsmaßnahme.

1. Der **Tatbestand** eines Verstoßes muss erfüllt sein. Dahinter steht die Frage, gegen welche Rechtsnorm der Schüler verstoßen hat, welche Norm also einschlägig ist. Das ist zum einen natürlich das Schulgesetz, in dem Ordnungsmaßnahmen vorgesehen sind, falls ein Schüler die Sicherheit der anderen gefährdet. Darüber hinaus liegt aber auch eine (einfache) Körperverletzung nach § 223 StGB vor. Die Erfüllung eines Tatbestandes ist in der Regel der einfachste Prüfungsschritt, wenn der Sachverhalt geklärt ist. Zur Überprüfung des Tatbestandes greift man auf das Verfahren der Subsumtion (S. 22) zurück. Und natürlich hat Marvin eine Körperverletzung begangen. Falls es

Probleme mit der Glaubwürdigkeit eines Beteiligten gibt, schauen Sie bitte in das Kapitel über die Vernehmung (S. 151).

2. Bei der Frage der **Rechtswidrigkeit** geht es darum, ob das Handeln zulässig war. Verkürzt: **Durfte der Betreffende das tun?** Im Regelfall durfte der Betreffende die Dinge, die man ihm vorwirft, nicht tun. Aber es gibt Ausnahmen, sogenannte »**Rechtfertigungsgründe**«, die Sie kennen sollten. Der offensichtlichste ist die Einwilligung: Wenn Sie zum Zahnarzt gehen und sich einen Zahn ziehen lassen, dann verwirklicht der Zahnarzt juristisch den Tatbestand der Körperverletzung. Er wird aber nicht strafrechtlich belangt, da Sie eingewilligt haben. Folglich **durfte** er an Ihnen eine »Körperverletzung« begehen und handelte nicht rechtswidrig.

Ein weiterer Rechtfertigungsgrund ist die Notwehr (§ 32 StGB) bzw. die **Nothilfe** (auch § 32 StGB). Diese liegt vor, wenn z. B. eine Lehrkraft als letztes Mittel körperliche Gewalt anwendet, um nicht sich selbst, sondern einem schwächeren Schüler zu helfen.

Zurück zu unserem großen Schüler (Marvin), der einen kleinen (Lukas) geschlagen hat. Marvin trägt nämlich vor, der kleine Lukas habe ihn grob beleidigt und er habe sich nur gegen diese Ehrverletzung »gewehrt«. Das ist zwar unwahrscheinlich, aber nicht unmöglich. Deshalb muss diese Behauptung widerlegt werden.

Marvin bezieht sich mit seiner Argumentation auf die gesetzlich verbriefte Notwehr, die es jedermann erlaubt, sich gegen Angriffe zur Wehr zu setzen. Allerdings gilt die Notwehr nur unter ganz bestimmten Bedingungen, die nicht immer bekannt sind und die erklärt werden sollen, um sie Marvin entgegenzuhalten. Damit Sie nicht das StGB (§ 32) herausholen müssen, sei hier der Notwehrparagraph leicht abgewandelt, aber sinnrichtig kurz zitiert:

> **!** **Eine gerechtfertigte Notwehr liegt vor, wenn sich jemand gegen einen gegenwärtigen Angriff in erforderlicher Weise verteidigt.**

Um es etwas spannender zu machen, gehen wir einmal davon aus, dass der kleine Lukas tatsächlich Marvin beleidigt hätte (»Du Russensau!«). Der Begriff »**gegenwärtig**« aus dem Notwehrparagraphen bedeutet: Der Angriff muss gerade erfolgen oder unmittelbar bevorstehen. Die ausgesprochene Beleidigung ist tatsächlich ein gegenwärtiger Angriff (auf die Ehre). Es mangelt allerdings an der zweiten Bedingung, der **Erforderlichkeit**. Diese umfasst zum einen die Angemessenheit der Verteidigung, d. h. die Verteidigung muss ungefähr die gleiche Intensität haben wie der Angriff. Und schon daran fehlt es. Auf eine verbale Beleidigung mit Schlägen zu reagieren ist unangemessen und damit **nicht durch Notwehr gedeckt**.

Aber es geht noch weiter: Der Notwehrparagraph wurde geschaffen, um Bürgern das Recht zu geben, sich gegen Angriffe zu wehren, **wenn keine Polizei in der Nähe ist, es also keine andere Möglichkeit gibt, sich Hilfe zu verschaffen**. Kein Bürger wäre berechtigt, Notwehr anzuwenden, wenn Polizei in der Nähe wäre, die man um

Hilfe bitten könnte. Und genau mit diesem Argument kann Marvins Einlassung, er habe sich »nur gewehrt«, widerlegt werden.

Die Schüler sind in der Schule nicht in der freien Wildbahn, in der sie allein ums Überleben kämpfen müssten. Sie stehen unter der Aufsicht vieler Lehrkräfte. Selbst wenn der Pausenhof von nur einer Lehrkraft beaufsichtigt würde, wäre es für Marvin zumutbar, **sich an diese Lehrkraft zu wenden**, falls er beleidigt wird. Aus diesem Grund gibt es für einen Schüler fast nie einen Grund, sich durch körperliche Gewalt selbst zu verteidigen, schon gar nicht gegen verbale Attacken.

Schüler, die sich nicht an die Regeln halten, können und dürfen **nur von Lehrkräften gemaßregelt** werden, alles andere wäre unzulässige Selbstjustiz. Juristisch nennt man die alleinige Befugnis, Maßnahmen gegen Störer zu verhängen, das **»Gewaltmonopol«**, das immer bei den staatlichen Institutionen liegt. Marvins scheinbar so griffiges Argument ist damit hinfällig.

Warum wird das Ganze so ausführlich behandelt? Weil das Argument, der andere habe angefangen und man selbst sich nur gewehrt, immer wieder als vermeintliche Rechtfertigung kommt. Und wer nicht die Feinheiten des Notwehrparagraphen kennt, steht dieser Argumentation von Schülern oft hilflos gegenüber.

Da wir gerade dabei sind, klären wir auch gleich den sogenannten **Notwehrexzess**. Der liegt vor, sobald jemand die Grenzen der Notwehr überschreitet. Das kann straffrei sein, wenn der Betreffende durch **große Angst** verwirrt ist (§ 33 StGB). Die gerne von den Betreffenden angeführten Gefühlsregungen wie Zorn oder Wut (über die Beleidigung) kommen nach den großen Kommentaren nicht in Betracht. Neben diesem häufigsten Rechtfertigungsgrund, Notwehr bzw. Nothilfe, gibt es noch weitere **Rechtfertigungsgründe**, die Sie als ermittelnde Lehrkraft bzw. als Schulleiter kennen sollten. Es sind dies:

- rechtfertigender Notstand (§ 34 StGB)
- Selbsthilfe, um eigenes Recht durchzusetzen (§§ 229, 859 ff. BGB)

Etwas verkürzt erklärt: Beim **Notstand** verletzt man ein geringes Recht, um eine große Gefahr abzuwenden (Stehlen einer warmen Jacke, um nicht zu erfrieren). Bei der **Selbsthilfe** sichert man selbst sein Recht, wenn in dieser Situation staatliche Hilfe nicht zu erhalten ist. So darf man z. B. einen Unbekannten festhalten, der mit dem eigenen gestohlenen Rad wegfahren will, falls keine Polizei in der Nähe ist.

3. Die dritte Stufe der Prüfung umfasst die **Schuld**. Denn nicht jeder Schaden ist verschuldet, sondern es gibt ebenso Schäden, die unverschuldet sind. Derjenige, der einen Herzinfarkt erleidet und beim Zusammenbrechen etwas beschädigt, handelt ohne Schuld. Hingegen ist das **Vergessen** einer verpflichtenden Handlung sehr wohl schuldhaft, und zwar fahrlässig. Um die Schuld zu bejahen und entsprechende Maßnahmen einzuleiten, muss der Schaden folglich durch ein **vorwerfbares** Verhalten des Betreffenden verursacht worden sein. Und damit kommen wir (etwas vereinfacht) zu den vier Stufen der Schuld, zwei zählen zum Vorsatz, zwei zur Fahrlässigkeit.

Die vier Stufen der Schuld

- **direkter Vorsatz (Absicht)**
- **bedingter Vorsatz**
- **grobe Fahrlässigkeit**
- **leichte Fahrlässigkeit**

Fangen wir mit der schwersten Schuld an, dem **direkten Vorsatz**. Hier hat jemand einen Schaden im Blick und **weiß** (erstes Kriterium), dass er diesen durch ein bestimmtes Verhalten auslösen kann. Er denkt sich: »Das **will** ich!«, und hat damit auch das zweite Kriterium (wollen) erfüllt. Ein Schüler weiß, dass er mit einem Faustschlag einen anderen verletzen kann – und das will er auch. Dass hier bestraft wird oder gezahlt werden muss, leuchtet jedem ein. Hier würde auch keine Versicherung für den Schädiger einspringen.

Die nächste Stufe ist der sogenannte **bedingte Vorsatz**, der etwas schwieriger zu verstehen ist. Die Juristen sagen: Der Täter nimmt den (negativen) Erfolg »billigend in Kauf«. Mein Beispiel hierfür stammt aus dem Strafrecht, weil es die Denkweise des Täters besonders gut veranschaulicht. Stellen Sie sich einen Einbrecher vor, der bei der Tat von der Polizei gestellt wird. Er flieht, wird aber von einem Polizisten verfolgt, der ihm immer näher kommt. Der Einbrecher dreht sich um und schießt, um den Verfolger abzuschütteln und trifft den Polizisten tödlich. Das war (nur) bedingter Vorsatz. Denn das Hauptziel des Einbrechers ist nicht, den Polizisten zu töten, aber er nimmt die Tötung in Kauf. Der Gedanke im Kopf des Täters lautet: **»Na, wenn schon!«**

In der Schule wäre dies der Fall, wenn Marvin den kleinen Lukas zu Boden stößt, um ihm seine neue Jacke wegzureißen. Das Hauptziel ist zwar der Raub der Jacke, aber wenn sich Lukas dabei verletzt, ist es auch egal.

Nun wird es interessant, weil wir zur **Fahrlässigkeit kommen**, wo sich mit Abstand die meisten Fälle von Schülern und Lehrern finden, die schuldhaft handeln.

Fangen wir mit der **groben (bewussten) Fahrlässigkeit** an. Sie liegt immer dann vor, wenn der Täter in hohem Maße **die erforderliche Sorgfalt außer Acht lässt**. Das nennt man »Leichtsinn« und ist immer dann der Fall, wenn der Täter sich denkt: **»Es wird schon nichts passieren!«** Vielleicht sind Sie einigermaßen betroffen, dass dieser Gedanke bereits die grobe Fahrlässigkeit verkörpern soll, denn natürlich haben Sie diese Überlegung während Ihrer Tätigkeit in der Schule sicher mehr als einmal gehabt. Ihnen war nur nicht klar, dass die Juristen Ihnen daraus einen so starken Vorwurf machen würden. Ich versuche Ihnen zu erklären, was so schlimm an diesem Gedanken ist.

Wer die Einstellung vertritt: »Es wird schon nichts passieren!«, dem ist **bewusst**, dass etwas passieren kann. Er sieht eine konkrete Gefahr bereits vor seinem geistigen Auge. Trotzdem begeht er die gefährliche Handlung, worauf der Schaden eintritt. Das läge z. B. vor, wenn Marvin mit einem Schneeball auf Lukas geworfen hätte. Denn Marvin vertraute darauf, dass er »Glück« haben und nicht das Auge von Lukas treffen würde. Allerdings kann ein Kriterium wie »Glück« keine Grundlage für gefährliche Handlungen sein, nicht einmal für jugendliche Schüler. Und wenn es hart auf hart kommt, wird der mit der Sache befasste Jurist sagen: »Das hätte der Betreffende aber vermeiden müssen, weil er die mögliche Gefahr gesehen hat!«

Die letzte Stufe des schuldhaften Handelns ist die **leichte (unbewusste) Fahrlässigkeit**. Der Täter sieht die Gefahr nicht, deshalb gibt es hier keinen Gedanken im Kopf, den ich Ihnen zeigen könnte. Warum der Betreffende die Gefahr, die dann eingetreten ist, und einen Schaden verursacht hat, nicht gesehen hat, kann verschiedene Ursachen haben. Die häufigste Variante ist das Vergessen von schadensmindernden Maßnahmen, z. B. die Pausenaufsicht wahrzunehmen. Grob gesprochen sind hier die sehr jungen und nicht ganz so hellen Schüler und Kollegen etwas besser dran als die erfahrenen und intelligenten.

So, das waren in knapper Form die vier Stufen der Schuld. Bitte vergessen Sie nicht: Auch das fahrlässige Handeln stellt schuldhaftes Handeln dar, für das man haften, d. h. zahlen muss, wenn man keine Versicherung hat.

Wenn der Tatbestand eines Delikts verwirklicht ist, wird dies in der Regel schuldhaft geschehen sein, aber nicht immer. Auch hier gibt es Ausnahmen, die sogenannten **Schuldausschließungsgründe**, die Sie als schulische Führungskraft kennen sollten.

Schuldausschließungsgründe

- die verminderte oder völlige Schuldunfähigkeit (§§ 20 und 21 StGB)
- der Notwehrexzess (§ 33 StGB)
- der entschuldigende Notstand (§ 35 StGB)
- der Verbotsirrtum (§ 17 StGB)

Die völlige Schuldunfähigkeit (§ 20 StGB) ist gegeben, wenn der Betreffende wegen seelischer Störungen das Unrecht seines Vergehens nicht einsehen kann. In diesem Fall dürfte keine Strafe verhängt werden, weil der Betreffende krank ist und man ihm daraus keinen Vorwurf machen kann. Das aber wird in der Praxis nur sehr selten der Fall sein. Häufiger wird man auf die **verminderte Schuldfähigkeit** treffen. Hier bleibt der Vorwurf bestehen, er wird aber aufgrund der besonderen Umstände gemildert, was folglich auch bei der Zumessung einer Maßnahme berücksichtigt werden muss. Die verminderte Schuldfähigkeit kann durch leichte psychische Störungen (z. B. Borderline-Syndrom, gespaltene Persönlichkeit, Alkoholrausch, Drogen oder Medikamente) begründet werden.

Wechseln wir kurz in den Bereich der Lehrkräfte: Die Tatsache, dass ein Kollege drogenabhängig oder Gewohnheitstrinker ist, begründet **für sich allein** noch keine verminderte Schuldfähigkeit. Diese liegt nur vor, wenn dadurch schwere Persönlichkeitsveränderungen eingetreten sind. Eine Feststellung hierüber kann nur ein Gutachter treffen. Für den Vorgesetzten ist es aber wichtig, eine potenzielle Schuldminderung zu erkennen.

Eine andere Möglichkeit zur Schuldminderung liegt in sogenannten **Affekthandlungen**. Nun wird der Begriff des »Affekts« von Anwälten gerne als Entschuldigung ihrer Klienten ins Feld geführt, sodass eine Klärung notwendig ist. Der Begriff des Affekts ist nicht präzise zu bestimmen, sondern umfasst eine Vielzahl von Erlebnis- und Reaktionsqualitäten. Um es etwas griffiger zu formulieren: Nach herrschender Meinung spricht **für** einen Affekt, wenn ein **inneres Zerbrechen** unterstellt werden kann, das eine **Explosion,** einen Aggressionsschub auslöst. Auch »asthenische Affekte« wie Angst oder Panik lassen auf eine Affekthandlung schließen. **Gegen** einen Affekt sprechen jedoch Verstöße, bei denen eine gründliche Vorbereitung, Planung oder eine komplexe Durchführung vorliegt. Ein affektbedingter Diebstahl ist deshalb kaum denkbar. Das heißt, schon die Art des Verstoßes zeigt demnach in Richtung Affekt – oder auch nicht.

Der **entschuldigende** Notstand (§ 35 StGB) ist eine selten vorkommende Erweiterung des Notwehrparagraphen, die eine nicht anders abwendbare Gefahr als Grundlage hat. Die würde vorliegen, falls ein Lehrer geheime Prüfungsaufgaben verrät, weil man sein Kind entführt hat. Der Handelnde steht dabei unter einem solchen Druck, dass ihm ein normgemäßes Verhalten nicht zugemutet werden kann.

Deutlich häufiger wird als Entschuldigung der **Verbotsirrtum** (§ 17 StGB) geltend gemacht. Er greift jedoch nicht schon dadurch, dass der Betreffende sagt: »Das habe ich nicht gewusst!« Zum einen gilt der alte Grundsatz: Unwissenheit schützt vor Strafe **nicht**. Wäre dies anders, könnte jeder sich darauf berufen, man habe ihm das Strafgesetzbuch nicht vorgelesen – und er wäre dadurch entschuldigt. Es spielt also keine Rolle, ob man die Norm kannte, gegen die man verstoßen hat. Zudem sind alle Lehrkräfte verpflichtet, die Normen ihres Berufsrechts zu kennen. Nach diesen beiden Einschränkungen stellt sich die Frage, welche Möglichkeit dann noch bleibt, um sich wirksam über dieses Argument zu entschuldigen.

Ein Verbotsirrtum liegt immer dann vor, wenn ein Lehrer etwas Verbotenes tut, von dem er fälschlicherweise meint, es sei erlaubt. **Entschuldigend** wirkt der Verbotsirrtum allerdings nur dann, falls der Betreffende den Irrtum **nicht vermeiden konnte**. Sie sehen also, an die Entschuldigung über den Irrtum werden sehr hohe Anforderungen gestellt. Ein Beispiel hierfür folgt beim Disziplinarrecht (S. 115).

Mit diesen Ausführungen zu möglichen Entschuldigungsgründen haben wir die drei Stufen von Tatbestand, Rechtswidrigkeit und Schuld abgearbeitet. Sie werden feststellen, dass diese Punkte immer wieder auftauchen.

II. Leitung von Konferenzen

Natürlich haben Sie selbst bereits schon an unzähligen Konferenzen teilgenommen, vermutlich sogar schon einige geleitet. Das ist immer so lange kein Problem, wie alles glatt läuft. Falls es jedoch Schwierigkeiten gibt, wird der Unterschied zwischen denjenigen, die sich in der Materie auskennen, und denjenigen, die sich durchwursteln, deutlich sichtbar.

Vor ihrem geistigen Auge wird gleich eine Konferenz ablaufen, in der es viele Probleme gibt. Denn was hätten Sie davon, wenn ich Ihnen den störungsfreien Ablauf einer Konferenz aufzeigen würde? Gar nichts. Also simuliere ich Schwierigkeiten und zeige Ihnen, wie Sie diese meistern. Am Ende des Kapitels (S. 58) finden Sie eine Checkliste für die Durchführung von Konferenzen. In diesem Zusammenhang sollten Sie den Kollegen verdeutlichen: **Konferenzen sind etwas anderes als Dienstbesprechungen**, die wesentlich formloser ablaufen können. Aber lassen Sie uns nun für unsere Beispielskonferenz annehmen: Sie haben nicht nur die Leitung, sondern Sie haben mit einigen Kollegen auch ein Interesse daran, dass eine bestimmte Entscheidung gefällt wird. Allerdings gibt es eine starke Opposition im Kollegium, die versuchen wird, die Unentschlossenen auf ihre Seite zu bringen.

1. Vorbereitung

Durch entsprechende Vorbereitungen ist es möglich, für den Verlauf der Konferenz optimale Bedingungen zu erzielen und Problemen aus dem Wege zu gehen. Allerdings kennen auch Sie vermutlich Konferenzen, die anders abliefen, als vorher angenommen. Das zeigt, dass neben der eigentlichen Diskussion und Abstimmung offensichtlich auch andere Dinge über Erfolg oder Misserfolg bei einzelnen Tagesordnungspunkten entscheiden. Nicht zu unterschätzen ist die Atmosphäre des Sitzungsraumes. Ein gemütlicher, ansprechender Raum fördert eine entspannte Stimmung und führt in der Regel zu weniger Widerspruch. Ein zu großer Raum wirkt ungemütlich und hat oft eine schlechte Akustik, die Geräuschbelästigungen begünstigt. Gerade wenn diese sich häufen, führen sie zu Unruhe bei den Teilnehmern und Irritation beim Versammlungsleiter.

Sofern die Satzung nichts anderes regelt, ist die Konferenzleitung zuständig für die Einberufung eines Gremiums. Fast alle Konferenzordnungen lassen es aber zu, dass eine Sitzung auch von den Mitgliedern gefordert werden kann. In der Regel ist dafür mindestens die Hälfte der Mitglieder notwendig. Wird eine Konferenz von den Mitgliedern verlangt, so hat der Konferenzleiter ein Problem: Entweder hat er die Zeichen der Zeit nicht erkannt, oder man will Punkte auf die Tagesordnung bringen, die ihm nicht genehm oder sogar gegen ihn gerichtet sind.

Da die Einberufung durch den Leiter der Konferenz stattfindet, hat er durchaus Möglichkeiten, um zu reagieren. Eine Möglichkeit ist, den Termin auf einen ungünstigen Zeitpunkt zu legen, z. B. während eines interessanten Fußballspiels.

Um der unerwünschten außerordentlichen Konferenz einen abschreckenden Charakter zu verleihen, kann man unerfreuliche Punkte mit auf die Tagesordnung setzen, damit einige Mitglieder lieber zu Hause bleiben. Das dem Konferenzleiter unangenehme Thema sollte weit unten auf der Tagesordnung stehen, denn dann sind die Teilnehmer müde und werden fast allem zustimmen, damit man schnell zum Ende kommt.

Um zu vermeiden, dass die Tagesordnung zu Beginn der Konferenz umgestellt wird, gibt es die Möglichkeit, für den kritischen Punkt einen Referenten einzuladen, der zu dem Thema etwas sagen soll. Wenn der Referent erst für den späteren Zeitpunkt bestellt wurde, ist es kaum möglich, den unangenehmen Punkt an den Anfang der Tagesordnung zu bringen.

1.1 Die Einladung

Jede Einladung zu einer Konferenz muss enthalten:

- Name des Veranstalters bzw. des Einladenden
- Datum der Einladung
- Adressatenkreis
- das Wort »Einladung«
- genaue Bezeichnung der Veranstaltung, also Schulkonferenz, Gesamtkonferenz oder Personalversammlung
- Tag der Veranstaltung
- Beginn der Veranstaltung

- Ort der Veranstaltung
- Tagesordnung
- Unterschrift des Einladenden

Der Einladende hat dafür zu sorgen, dass die vorgegebenen Fristen eingehalten werden. Beim Inlandsbrief ist eine Laufzeit von zwei Tagen ausreichend. Entscheidend ist, dass alle Eingeladenen die **Gelegenheit** hatten, von der Einladung rechtzeitig Kenntnis zu haben. Ob sie die Gelegenheit wahrnehmen, ist eine andere Sache.

Die Einladung muss **allen** Mitgliedern zugehen, auch denen, die wegen Urlaub oder Krankheit verhindert sind. Denn sobald ein Mitglied nicht eingeladen wird, stellt dies eine Verletzung seiner Rechte dar, was im Extremfall die in der Versammlung getroffenen Beschlüsse unwirksam werden lässt, falls seine Anwesenheit oder seine Redebeiträge für die Beschlussfassung ausschlaggebend sein können.

In der Schule ist zu unterscheiden zwischen Versammlungen, bei denen die Teilnahme freiwillig (z. B. Personalversammlungen), und solchen, bei denen die Teilnahme verpflichtend ist, wie Fachkonferenz, Dienstbesprechung, Gesamtkonferenz. Bei Letzteren haben Fehlende entweder vorher um Entschuldigung für ihr Fehlen zu bitten oder im Falle eines unvorhergesehenen Fehlens, z. B. plötzlicher Krankheit, unverzüglich den Grund für ihr Fehlen nachzureichen und dafür nachträglich um Entschuldigung zu bitten.

1.2 Die Tagesordnung

Die Tagesordnung mit den Tagesordnungspunkten (abgekürzt TOP) soll sicherstellen, dass die Mitglieder über die zu verhandelnden Inhalte informiert sind und sich darauf vorbereiten können. Die TOP müssen deshalb angeben, welcher Sachverhalt sich hinter ihnen verbirgt. Unzulässig wäre es, wichtige TOP hinter pauschalen Begriffen oder gar im Punkt »Verschiedenes« zu verstecken.

Grundsätzlich ist es sinnvoll, dringende oder problemlose Anträge an den Anfang zu stellen. Bei den dringenden deshalb, damit sichergestellt ist, dass sie auf jeden Fall behandelt werden, bei den unproblematischen, damit sie im Laufe der Sitzung auf jeden Fall erledigt werden und eine positive Grundstimmung erzeugt wird. Die Mitglieder haben das Gefühl, man kommt voran, weil der Versammlungsleiter die Konferenz im Griff hat. Selbstredend sind die Tagesordnungspunkte logisch aufeinander zu beziehen. Man kann schlecht über die Einrichtung eines neuen Computerraums diskutieren, wenn nicht zuvor geklärt wurde, ob die dafür benötigten Mittel bereitstehen.

1.3 Beginn der Konferenz

Vor dem Eintreffen der ersten Teilnehmer sollten Sie sich darüber klar sein, wer an der Konferenz teilnehmen darf. Denn es ist schwierig, ungebetene Gäste nach Beginn der Sitzung oder gar während hitziger Sachdebatten hinauszubitten. Schulische Konferenzen sind grundsätzlich **nicht öffentlich**. Es ist also für Teilnehmer nicht zulässig, irgendwelche Gäste mitzubringen, selbst wenn diese nur zuhören wollen.

Wir waren davon ausgegangen, dass es bei der anstehenden Konferenz einen kritischen Tagesordnungspunkt gibt, bei dem nicht klar ist, wie die Abstimmung ausgehen wird. Um die Debatte zu Ihren Gunsten zu beeinflussen, können Sie Folgendes tun: Lassen Sie den Großteil der Kollegen, die ebenfalls Ihre Position vertreten, auf den **vorderen** Sitzen Platz nehmen, allerdings nicht zu geballt. Der Vorteil: Die Wortmeldungen dieser Teilnehmer sind nicht zu übersehen, und zwar nicht nur vom Diskussionsleiter, sondern auch von den anderen Teilnehmern. Später, bei der entscheidenden Abstimmung, entfalten die erhobenen Arme, wenn die Unentschlossenen sie sehen, ihre Wirkung. Gehen sie jedoch hinter den Unentschlossenen hoch, so entfällt die optische Wirkung. Zudem ist es für Sie als Konferenzleiter bestärkend, in die Gesichter von Kollegen zu schauen, die Sie auf Ihrer Seite wissen.

Die Wirkung auf andere verringert sich, wenn die Unterstützer alle geballt in einer Ecke sitzen. Psychologisch viel günstiger ist es, wenn die gewünschte Meinung quasi aus unterschiedlichen Ecken bestätigt wird.

2. Aufgaben des Konferenzleiters

Das Versammlungsgesetz besagt, dass jede (öffentliche) Versammlung einen Leiter haben muss. In der Schule sind dies der Schulleiter, der Leiter der Fachschaft oder der Personalratsvorsitzende. Die Stellung des Konferenzleiters ist recht stark, denn seine Maßnahmen zur Steuerung des Ablaufs sind nicht anfechtbar. Lediglich die in der Sache gefassten **Beschlüsse** sind unter Umständen anfechtbar. Auch die überraschende Abwahl eines gewählten Konferenzleiters ist nicht vorgesehen. Kraft Gewohnheitsrechts bleibt der Konferenzleiter bis zum Ende der Sitzung im Amt, erst danach ist eine Abwahl möglich, falls dies die Konferenzordnung zulässt.

Der Leiter einer Konferenz erfüllt in der Versammlung eine dreifache Funktion: eine lenkende, eine ordnende und eine juristische. Beginnen wir mit der juristischen. Es mag nebensächlich klingen, aber das Eröffnen und Beenden einer Konferenz ist **juristisch** ein wichtiger Akt. Denn nur zwischen diesen beiden (vom Leiter gesetzten) Zeitpunkten sind Beschlüsse möglich. Mit der Eröffnung der Konferenz geht auch das **Hausrecht** auf den Leiter über. Wer den Anordnungen des Sitzungsleiters nicht Folge leistet, kann von der Sitzung ausgeschlossen oder des Raumes verwiesen werden.

Der Konferenzleiter ist zudem für die Aufrechterhaltung der **Ordnung**, für die kor-

rekte Abwicklung des Verfahrens verantwortlich. Um den geordneten Ablauf zu gewährleisten, stehen dem Leiter folgende abgestufte Maßnahmen zur Verfügung:
- Ermahnung bzw. Rüge
- Ordnungsruf
- Wortentzug
- Verweisung aus dem Raum
- Unterbrechung der Sitzung
- Abbruch der Konferenz (als letztes Mittel)

Der Vorsitzende kann einen Redner **zur Ordnung rufen**, wenn dieser
- nicht zur Sache spricht,
- die festgesetzte Redezeit überschreitet oder
- persönliche Angriffe oder Beleidigungen vorträgt.

Der **Ordnungsruf** ist ein deutlich stärkeres Mittel als die einfache Ermahnung. Um dies deutlich zu machen, muss er den Begriff »Ordnung« enthalten, also: »Kollege X., ich rufe Sie zur **Ordnung**!« Der Ordnungsruf und sein Anlass **dürfen von den nachfolgenden Rednern nicht behandelt** werden. Reagiert der Betreffende auch nach einem zweiten Ordnungsruf nicht, so sollte er darauf hingewiesen werden, dass ihm mit dem dritten Ordnungsruf das Wort entzogen oder er (in ganz seltenen Fällen) aus dem Raum verwiesen wird.

Der Wortentzug gilt grundsätzlich nur für die Diskussion über den gerade behandelten Antrag oder Tagesordnungspunkt. Trotz Wortentzugs behält der Betreffende aber das Recht, sich zu späteren TOP wieder zu äußern oder Anträge zu stellen. Ein Wortentzug **ohne** vorherige Abmahnung ist zulässig bei dem Versuch, im Rahmen eines Geschäftsordnungsantrags **zur Sache** zu sprechen.

Gerät eine Konferenz so außer Kontrolle, dass eine ordnungsgemäße Durchführung nicht mehr möglich ist, so hat der Leiter die Möglichkeit, die Versammlung zu schließen, z.B. durch die Worte »Die Konferenz ist geschlossen!«. Es ist günstig, dies mit dem eigenen Verlassen des Vorstandstisches bzw. des Raumes zu koppeln. Alles, was nun folgt, ist nicht mehr Bestandteil der Konferenz. Allerdings sollte der Abbruch nur die letzte Möglichkeit sein, von der man als Konferenzleiter Gebrauch macht.

Die sogenannte **Lenkungsfunktion** des Konferenzleiters ist schwächer und besteht darin, der Konferenz eine Richtung zu geben und sie inhaltlich zu führen. Der Leiter kann Vorschläge zum Verfahren machen oder Redezeitbegrenzung vorschlagen oder von der Rednerliste abweichen, indem er direkte Erwiderung zu einem Beitrag zulässt. **Außerdem kann er jederzeit selbst das Wort ergreifen, um die Debatte zu strukturieren**. Dazu gehört es auch, Ergebnisse oder Zwischenergebnisse zusammenzufassen, mögliche Konsequenzen aufzuzeigen oder bei Anträgen sprachliche Formulierungshilfe zu leisten. Natürlich sind all diese Möglichkeiten ebenfalls dazu geeignet, unerwünschte Diskussionen abzukürzen oder beim Gliedern und Zusammenfassen eigene Argumente einzuführen.

2.1 Die Eröffnung der Konferenz

Mit der formellen Eröffnung beginnt der rechtserhebliche Teil der Konferenz. Dieser Zeitpunkt ist daher, ebenso wie das Ende, im Protokoll festzuhalten. Fehlende Teilnehmer werden im Protokoll oder einer separaten Anlage festgehalten. Dies geschieht einmal, um festzustellen, von wem noch Entschuldigungen für das Fehlen zu erwarten sind, zum anderen, um die Beschlussfähigkeit festzustellen. Zu spät erscheinende Teilnehmer werden im Protokoll vermerkt, Gleiches gilt für Kollegen, die aus dringenden Gründen die Konferenz vorzeitig verlassen müssen.

> **!** **Tipp:** **Zu spät Kommende sollten nicht öffentlich zur Rede gestellt, sondern mit einem kurzen »Später!« auf einen freien Platz verwiesen werden. Machen Sie deutlich, dass Ihnen der geplante Ablauf der Konferenz wichtiger ist als ein Nachzügler.**

Auf jeden Fall sollten Sie pünktlich beginnen und nicht diejenigen warten lassen, die pflichtgemäß rechtzeitig erschienen sind. Denn das wäre die falsche Botschaft.

> **!** **Tipp:** **Wer weiß, dass bestimmte Teilnehmer zu spät erscheinen, kann einen pünktlichen Beginn nutzen, um schnell das Protokoll der letzten Sitzung oder eine heikle Tagesordnung genehmigen zu lassen.**

Die Eröffnung sollte das Wort »eröffnen« in irgendeiner Form enthalten, um unmissverständlich den Beginn zu markieren, also: »Ich eröffne die heutige Konferenz.« Sinnvoll ist es auch, gleich zu Beginn festzustellen, dass die Einladung form- und fristgerecht erfolgt ist. Erhebt sich hiergegen kein Widerspruch, so gilt diese Feststellung als genehmigt.

Wie schon gesagt, sind Konferenzen nicht öffentlich, **auch nicht schulöffentlich**. Es können aber Gäste geladen werden, um z. B. zu einem bestimmten Sachverhalt zu referieren. Diese sollten kurz vorgestellt bzw. begrüßt werden. Falls mehrere Gäste geladen sind, ist der Ranghöchste zuerst zu begrüßen. Ebenfalls an den Beginn – und nicht etwa unter Verschiedenes – gehören Beförderungen und Gratulationen.

Günstig ist es auch, eine Angabe über die ungefähre Dauer der Konferenz zu machen. Dies erleichtert später eine mögliche Begrenzung der Redezeit oder die Verkürzung unangenehmer Diskussionen.

2.2 Feststellung der Beschlussfähigkeit

Sie wird erreicht, wenn ein bestimmter Anteil der stimmberechtigten Mitglieder, in der Regel 50 Prozent, anwesend ist. Da schulische Konferenzen verpflichtende Dienstveranstaltungen darstellen, wird die Beschlussfähigkeit in fast allen Fällen gegeben sein. Gerade in der Schule ist die Unterscheidung zwischen stimmberechtigten und nicht stimmberechtigten Mitgliedern wichtig, da Eltern- und Schülervertreter zwar in vielen Gremien zugelassen sind und Rederecht besitzen, nicht aber in jedem Fall Stimmrecht, so z. B. bei Versetzungen.

Auf jeden Fall sollten Sie als Konferenzleitung zum Beginn der Veranstaltung durch Augenschein oder durch Auszählen feststellen, dass die Beschlussfähigkeit gegeben ist, und dafür sorgen, dass dies auch im Protokoll festgehalten wird. Die Beschlussfähigkeit gilt dann für die gesamte Konferenz und muss nicht vor Abstimmungen erneut festgestellt werden. Etwas anderes gilt nur, wenn einige Teilnehmer die Konferenz vor wichtigen Entscheidungen verlassen (müssen) und die Beschlussfähigkeit angezweifelt wird. Wird **nach** einer Entscheidung der Konferenz die Beschlussfähigkeit bestritten und als nicht gegeben festgestellt, so hat dies keinerlei Auswirkungen auf die davor gefassten Beschlüsse. Sie bleiben wirksam.

Bei Feststellung der Beschluss**un**fähigkeit sollte die Konferenzleitung die Versammlung unterbrechen oder aufheben, da nun keine verbindlichen Beschlüsse mehr gefasst werden können. Allenfalls könnte debattiert und ein Meinungsbild zu einem Sachverhalt erstellt werden.

2.3 Wahl bzw. Festlegung des Protokollführers

Spätestens an dieser Stelle sollte festgelegt werden, wer das Protokoll führt. Dies muss nicht über eine Wahl, sondern kann in alphabetischer Reihenfolge geschehen, sofern es dagegen keinen Widerspruch gibt. Allerdings sollte klar sein, dass die Protokollierung von problematischen Sachverhalten und Abstimmungen eine verantwortungsvolle Tätigkeit ist. Gerade bei umstrittenen Tagesordnungspunkten sollten Sie als Leiter darauf achten, jemanden mit dieser Aufgabe zu betrauen, der vertrauenswürdig ist und auch von der Gegenseite akzeptiert wird.

In einigen Fachgruppen / Fachschaften ist es so, dass der Leiter der Fachschaft / Fachobmann selbst das Protokoll führt. Das ist möglich, und die übrigen Kollegen werden sich freuen, dass nicht sie diese Aufgabe erfüllen müssen. Allerdings kann dieses Entgegenkommen auch den Anschein der Manipulation erwecken. Sie sollten also prüfen, wann es sinnvoll ist, auf diese Lösung zu verzichten. Zudem sollten Sie bedenken, dass es kaum möglich ist, die Konferenz zu leiten, sich an der Diskussion zu beteiligen und gleichzeitig noch ein Protokoll zu führen.

2.4 Die Genehmigung der Tagesordnung

In der Regel wird sie von den Kollegen »abgenickt«, bei strittigen Themen kann sich dieser Punkt aber über etliche Zeit hinziehen. Zum einen geht es um die Reihenfolge der aufgeführten TOP, zum anderen um die Streichung bzw. Vertagung oder die Aufnahme von neuen TOP. Die Reihenfolge der TOP hat erhebliche Bedeutung. Wer eine bestimmte Sache durchsetzen möchte, wird sie in der Regel hinten platzieren, wenn die Teilnehmer müde sind und nach Hause wollen. Wer einen Antrag abschmettern möchte, wird einen vorderen Platz bevorzugen, wenn die Teilnehmer noch munter und diskussionsfreudig sind.

Zwar hat die Konferenzleitung das Vorschlagsrecht für die Tagesordnung, der endgültige Ablauf wird jedoch durch die Mehrheit der Teilnehmer bestimmt. Da dies nicht jedem klar ist, führen einige Konferenzleiter den Punkt »Genehmigung der Tagesordnung« nicht in der Einladung bzw. in der Tagesordnung selbst auf. Das ist möglich, aber es muss auf jeden Fall gefragt werden, wer der vorgeschlagenen Tagesordnung zustimmt bzw. ob es Widerspruch dagegen gibt.

Etwaige Änderungswünsche (Änderung der Reihenfolge, Absetzen eines TOP) stellen Anträge zum Verfahren dar und erfordern eine einfache Mehrheit. Geht man davon aus, dass die Teilnehmer sich anhand der Einladung (mit der vorgeschlagenen Tagesordnung) auf die anstehenden Punkte vorbereitet haben, so stellt eine Änderung der Reihenfolge kein großes Problem dar. Auch die Vertagung eines Punktes auf einen späteren Zeitpunkt ist unbedenklich. Dadurch bleibt dann noch mehr Zeit, um sich auf den TOP vorzubereiten.

Eine völlig andere Situation liegt jedoch vor, wenn kurz vor der Konferenz, im schlimmsten Fall direkt in der Konferenz, ein **neuer Punkt** in die Tagesordnung aufgenommen und darüber beschlossen werden soll (**Initiativantrag** oder **Dringlichkeitsantrag**). Denn jetzt fehlt die Zeit, sich ausführlich und unvoreingenommen mit dem Antrag zu beschäftigen. Die Teilnehmer sind auf das angewiesen, was ihnen in der Konferenz an ausgewählten Informationen präsentiert wird. Eine ruhige Überlegung ist in dieser Situation, in der meist auch kontrovers diskutiert wird, nicht möglich. Aus diesem Grund fordern die meisten Satzungen **mindestens eine Zweidrittelmehrheit**, einige sogar die Einstimmigkeit, um völlig neue Punkte im letzten Moment auf die Tagesordnung zu setzen.

Unzulässig ist es immer dann, wenn die Konferenzordnung Ihres Landes ausnahmslos **Fristen** für Anträge zur Tagesordnung vorsieht. Die Dringlichkeitsanträge sind also nur zulässig, wenn sie in der Konferenzordnung vorgesehen sind. Aber selbst wenn Dringlichkeitsanträge zulässig sind, können die daraufhin gefassten Beschlüsse unter Umständen nicht wirksam sein, so der BGH in einer Entscheidung aus dem Jahre 1986 (NJW 1987, 1811). Die Begründung: Wenn wesentliche Punkte **nicht** auf der Einladung stehen, können die Teilnehmer sich nicht darauf vorbereiten und momentane **Zufallsmehrheiten** geben den Ausschlag für etwaige Beschlüsse.

Aus genau diesem Grund werden Dringlichkeitsanträge gerne genutzt, um irgendwelche Entscheidungen »durchzudrücken«. Manche Antragsteller machen dies, indem sie die Dringlichkeit mit einem knappen Termin des Kultusministeriums begründen, vor allem aber, weil sie anführen, den Kollegen so eine weitere Konferenz zu ersparen. Es gibt nur wenige Lehrkräfte, bei denen dieses Argument nicht wirkt.

Zugleich schmeichelt man den Teilnehmern, indem man ihnen unterstellt, sie seien trotz Zeitdruck in der Lage, die Problematik zu erfassen und zu einem abgewogenen Urteil zukommen. Gerade die unentschlossenen und nicht so hellen Kollegen, auf die man setzt, werden nicht zugeben, dass dies eine Überforderung für sie darstellt.

Vorsicht! Dringlichkeitsanträge sind hochproblematisch und sollten von Ihnen als Leiter nur als absolute Ausnahme zugelassen werden.

Ist die Angelegenheit tatsächlich so dringend, gibt es die Möglichkeit, die Angelegenheit zu besprechen und einen nur **vorläufigen Beschluss** zu treffen, der dann zu einem späteren Zeitpunkt bestätigt wird.

Zurück zur Tagesordnung: Liegt ein Gegenentwurf vor, der alle TOP in anderer Reihenfolge enthält, so kann über ihn geschlossen abgestimmt werden. Anderenfalls muss jeder Änderungsvorschlag einzeln abgestimmt werden. Schließlich sollte man nicht vergessen, die jetzt vorliegende Tagesordnung von der Konferenz per Abstimmung genehmigen zu lassen und dies im Protokoll zu vermerken.

2.5 Genehmigung des Protokolls

90 Prozent aller Protokolle werden ohne Korrekturen genehmigt, vielleicht deshalb, weil sie nicht gelesen werden. In der Praxis gönne ich Ihnen einen reibungslosen Verlauf dieses Punktes. Aber in unserem theoretischen Worst-Case-Szenario gibt es leider auch an dieser Stelle Schwierigkeiten.

Die Bedeutung des Protokolls wird unterschätzt, was man immer erst dann merkt, wenn Schwierigkeiten auftreten. Das Protokoll ist das schriftliche Gedächtnis einer Konferenz und wird nach seiner Genehmigung zur **Urkunde**. Was hier (nach der Genehmigung) steht, hat stattgefunden, ist so beschlossen worden und ist folglich bindend. Nach der Genehmigung eines Protokolls ist es nicht mehr möglich, Beschlüsse zu ignorieren, weil man meint, so seien sie nicht gefasst worden.

Das Protokoll hat folgende Funktionen:

- Abwesende Teilnehmer informieren
- Beschlüsse festhalten
- Zuständigkeiten festlegen
- Aufgaben für die Zukunft festhalten

Besonders bei der Funktion, Beschlüsse festzuhalten, geht es nicht nur um die in der letzten Konferenz gefassten, sondern auch um jene, die bereits früher, unter Umständen vor Jahren, gefasst worden sind, sodass man sich nicht noch einmal damit befassen muss.

Tipp: Vor allem für neue Kollegen ist es hilfreich, wenn der Konferenzleiter eine Liste der gefassten Beschlüsse anlegen lässt. Dadurch müssen neue Kollegen sich nicht mehr zwischen Tür und Angel von anderen Kollegen einweisen lassen oder alle Protokolle der letzten Jahre auf irgendwelche Beschlüsse hin zu durchforsten.

Sinnvoll ist dafür eine Tabelle mit Datum und Inhalt des Beschlusses. Also:

Datum	Beschluss
17.04.96	Gewichtung von mündlichen und schriftlichen Leistungen 60 : 40
24.03.07	Die in der letzten Stunde unterrichtenden Kollegen lassen die Stühle hochstellen und den Raum säubern.

Das Erstellen einer solchen Liste ist nicht sehr aufwendig, erleichtert aber die Arbeit in den Konferenzen enorm, vor allem, wenn es darum geht, herauszufinden, ob und wann es schon einen ähnlichen Beschluss zu dem Thema gab.

Ein Protokoll muss enthalten

- **Bezeichnung der Versammlung**
- **Ort, Datum, Beginn und Ende der Konferenz**
- **Namen der anwesenden und fehlenden Teilnehmer (eventuell als Anhang)**
- **Name des Konferenzleiters und des Protokollanten**
- **Feststellung der ordnungsgemäßen Einberufung der Konferenz**
- **Feststellung der Beschlussfähigkeit**
- **Genehmigung der Tagesordnung**
- **Genehmigung des letzten Protokolls**
- **Sämtliche TOPs bzw. Anträge mit Ergebnissen**
- **Unterschrift des Konferenzleiters und des Protokollanten**

Am wenigsten üblich ist für schulische Konferenzen das **Verlaufsprotokoll**, das den gesamten Verlauf der Konferenz einschließlich der Inhalte aller Redebeiträge wiedergibt. Wegen des extrem hohen Aufwands wird es heute kaum noch geführt.

Das **ausführliche Ergebnisprotokoll** zeigt neben den Ergebnissen auch die Wege der Entscheidungsfindung auf, z. B. wer welche Anträge gestellt hat. Für die Ergebnisse wesentliche Meinungsäußerungen werden ebenfalls in Stichworten festgehalten. Diese Art des Protokolls bietet sich an, wenn wichtige, aber umstrittene Entscheidungen anstehen, bei denen mit späteren Anfechtungen zu rechnen ist.

Der Standard ist das **einfache Ergebnisprotokoll**. Es hält die behandelten Themen fest, die abgelehnten Anträge sowie die getroffenen Beschlüsse. Zu den Beschlüssen gehören der Name des Antragstellers und das genaue Ergebnis der Abstimmung (Ja, Nein, Enthaltungen). Bei Wahlen gehört auch die Zahl der ungültigen Stimmen dazu.

Falls ein anderes als das einfache Ergebnisprotokoll geführt werden soll, muss dies dem Protokollanten durch die Konferenzleitung mitgeteilt werden. Es ist aber ebenfalls möglich, dass die Mehrheit der Teilnehmer ausnahmsweise ein ausführliches Ergebnisprotokoll fordert und beschließt, um so ein hohes Maß an Präzision für eine Dokumentation zu erhalten.

Das fertig gestellte Protokoll muss den Teilnehmern in angemessener Frist, meist zwei Wochen, zugehen, damit anhand der noch frischen Erinnerung etwaige Einsprüche geltend gemacht und formuliert werden können.

Einige Konferenzleiter leiten ein geschöntes Protokoll erst mehrere Monate nach der eigentlichen Sitzung an die Teilnehmer weiter, umso leichter eine Genehmigung zu erreichen. Die Annahme dahinter: Nach so langer Zeit würde sich niemand mehr genau an bestimmte Dinge erinnern. Diese Taktik kann jedoch zum Bumerang werden, denn ein **deutlich verspätet** zugegangenes Protokoll ist dadurch bereits mit einem so **schweren Mangel** behaftet, dass ihm schon aus diesem Grund die Genehmigung versagt werden kann.

Sprachliche Ungenauigkeiten können berichtigt werden, müssen es aber nicht, sofern das Gemeinte für jeden Verständigen (nicht für Haarspalter) klar ist. Ein rechtlicher Anspruch auf Berichtigung des Protokolls besteht nur, falls eine **erhebliche** Erklärung falsch protokolliert wurde (BGH 23.08.2001, NJW 2001, 3339 ff.)

Manche Konferenzteilnehmer neigen dazu, weniger den Inhalt des letzten Protokolls zu kritisieren als vielmehr dessen Stil, um so zu demonstrieren, dass an ihnen ein Lektor verlorengegangen ist. Insbesondere macht es ihnen Freude, öffentlich die unpräzise Wortwahl des Protokollanten zu geißeln.

Tipp: Das Protokoll mit einem leeren Blatt daneben an eine Stellwand hängen und die Korrektursüchtigen nach vorne bitten und auf dem Blatt ihre Änderungsvorschläge **mit ihrem Namenszeichen** schriftlich zu fixieren. Das Heraustreten aus der Masse und das Formulieren der Änderung reduzieren Diskussionen über Änderungen. Andere Möglichkeit: Denjenigen, der sich als Vorkämpfer für die sprachliche Präzision hervortut, als nächsten Protokollführer bestimmen.

Bei der Genehmigung eines Protokolls wird es fast immer so sein, dass Teilnehmer der letzten Sitzung fehlen, dafür aber Kollegen anwesend sind, die bei der vorangegangenen Konferenz nicht dabei waren. Diese nun anwesenden Kollegen sind auch in Bezug auf die Genehmigung des Protokolls stimmberechtigt. Das ist in der Regel unproblematisch. Im Extremfall kann aber die wechselnde Teilnehmerzahl zu folgendem Problem führen: Eine knapp unterlegene Minderheit der letzten Konferenz, die nun vielleicht zufällig eine knappe Mehrheit besitzt, könnte versuchen, über eine Korrektur des Protokolls den damals gefassten Beschluss aufzuweichen oder gar umzustoßen. Das passiert selten, aber es passiert.

Einem solchen Fall der Manipulation sollten Sie als Leiter entschlossen gegensteuern, denn Ihnen obliegt die Durchsetzung rechtsstaatlicher Prinzipien. Zeigen ernsthafte Ermahnungen der Betreffenden keine Wirkung, kann man den begründeten Antrag stellen, die Genehmigung des Protokolls zu vertagen, bis man auch auf die Meinung der gerade Abwesenden zurückgreifen kann. Als letztes Mittel gibt es die Möglichkeit, die Sitzung abzubrechen und sich an die vorgesetzte Instanz (Schulleitung, Schulbehörde) zu wenden.

Aber auch das Verfahren bei berechtigten Änderungswünschen zum letzten Protokoll ist nicht ganz unproblematisch. Häufig fragt der Konferenzleiter, ob das Protokoll in der geänderten Form genehmigt wird, und eine Mehrheit stimmt zu. Und das war's dann. Weder werden die Änderungen im Protokoll der laufenden Sitzung festgehalten, noch geht den Teilnehmern später ein Exemplar des geänderten Protokolls zu. Eigentlich müssten diese Änderungen in das Protokoll der laufenden Sitzung aufgenommen und beim nächsten Mal genehmigt werden, ein korrektes, aber etwas umständliches Verfahren. Das kann man vermeiden, indem das geänderte Protokoll noch in der laufenden Sitzung von den Teilnehmern handschriftlich abgezeichnet wird.

Zurück zum eigentlichen Protokoll bzw. seiner Genehmigung, die deutlich mehr als eine Formsache ist: Von der Konferenz genehmigte Protokolle haben als Urkunden juristische Beweiskraft, denn sie sind für Zweifelsfälle oder Anfechtungen die einzige verfügbare Unterlage. Die Genehmigung des Protokolls kann vereinfacht erfolgen, indem der Konferenzleiter fragt, ob es Einwände gegen das Protokoll gibt. Ist das nicht der Fall, so gilt das Protokoll als genehmigt. Diese Tatsache sollte aber unbedingt im aktuellen Protokoll festgehalten werden.

2.6 Die Berichte

Nun geht es an die eigentlichen Inhalte, und zwar zu den Tätigkeitsberichten des Konferenzleiters oder anderer Personen wie Eltern- oder Schülervertreter. Es handelt sich dabei um die Kenntnisnahme der Berichte bzw. um den nicht formulierten Antrag, diese Berichte zu akzeptieren und damit den oder die Berichterstatter informell zu entlasten. Eine formelle Entlastung der Konferenzleitung oder des Verwalters des Haushalts ist in der Schule nicht vorgesehen. Trotzdem können sich mehr oder weniger kritische Fragen an den Bericht anschließen.

Obwohl unter dem Punkt »Berichte« keine Beschlüsse gefasst werden können, werden hier die Weichen für den weiteren Verlauf der Konferenz gestellt. Da die Berichte in der Regel mündlich vorgetragen werden, bieten sie Ihnen als Vortragendem eine gute Möglichkeit, die eigenen Tätigkeiten und Erfolge in den Vordergrund zu stellen und Misserfolge herunterzuspielen oder gar nicht zu erwähnen.

Tipp: Falls Sie ein persönliches Interesse an einem späteren Antrag haben, ist die Phase des Tätigkeitsberichts gut geeignet, schon im Voraus einige Begründungen für den späteren Antrag einzuflechten. An dieser Stelle wirkt ein Argument nämlich neutraler als in der späteren Sachdebatte und wird besser aufgenommen.

Falls es kritische Fragen zum Tätigkeitsbericht gibt, ist es für Sie günstig, nicht auf jede einzelne Frage sofort einzugehen, sondern die Teilnehmer zu bitten, sich die Fragen zu merken und sie am Ende des gesamten Berichts zu stellen. Einige Teilnehmer werden bis dahin ihre Frage vergessen haben oder sie für nicht mehr so dringend erachten. Zudem kann man die Fragen erst einmal sammeln, um dann darauf einzugehen. Diese Methode bietet den Vorteil, dass ein Nachfragen bei unbefriedigenden Antworten erschwert wird.

Die Erfahrung zeigt, dass viele Teilnehmer am Anfang einer Sitzung noch zu ausgiebigen Diskussionen tendieren. Wenn man schon erscheinen muss, will man auch etwas sagen. Ein erfahrener Konferenzleiter wird also versuchen, die Aussprache über die Berichte nicht ausufern zu lassen. Ein anderes Vorgehen empfiehlt sich nur, wenn man für die letzten wichtigen TOP nur wenig Zeit zur Verfügung haben möchte, um sie ohne ausführliche Diskussion beschließen zu können.

3. Wahlen

In Schulen wird nicht so häufig gewählt wie in Vereinen, trotzdem kann manchmal eine Wahl anstehen, wenn es z. B. darum geht, den Leiter einer Fachschaft zu bestätigen oder neu zu wählen, oder wenn Mitglieder für eine Kommission gewählt werden sollen, die eine wichtige Funktion hat (z. B. Verteilung der Entlastungsstunden).

Einige Wahlen sind so, dass man händeringend Kandidaten suchen muss. Bei anderen geht es jedoch um begehrte Funktionen, sodass der Konferenzleiter genau auf die Einhaltung der Formalia achten sollte, um möglichst keine Angriffsfläche für etwaige Anfechtungen zu bieten. Denn nichts ist peinlicher für einen Sitzungsleiter als eine erfolgreich angefochtene Wahl. Üblicherweise werden Wahlen erst **nach** der Behandlung von Sachanträgen durchgeführt, aber das ist nicht zwingend.

Lassen Sie uns einmal die Mitglieder einer Kommission wählen. Dazu sind folgende Schritte zu durchlaufen:

- die Sammlung der Wahlvorschläge
- die Vorstellung der Kandidaten und Aussprache
- der eigentliche Wahlakt

Da der Wahlakt innerhalb einer Konferenz einen wichtigen Punkt darstellt, ist er, wie die gesamte Konferenz, gesondert zu **eröffnen** und zu **schließen**.

Wahlvorschläge: In der Regel erfolgen die Vorschläge auf Zuruf und werden vom

Konferenzleiter notiert, z. B. an einer Tafel. Da niemand über eine Wahl zur Übernahme eines Amtes gezwungen werden darf, ist die Zustimmung des vorgeschlagenen Kandidaten zur Kandidatur erforderlich. Diese Zustimmung ist aber nicht zu verwechseln mit der späteren Frage, ob der Betreffende die Wahl annimmt (S. 48). Nicht anwesende Kandidaten können ebenfalls gewählt werden, wenn sie zuvor ihre Bereitschaft schriftlich erklärt haben.

Eine **Vorstellung bzw. Aussprache** über die Kandidaten wird nicht immer erforderlich sein, bei attraktiven oder sehr wichtigen Funktionen aber doch. In der Regel erfolgt zuerst die **Vorstellung** der Kandidaten, wobei es sich empfiehlt, eine angemessene Zeitbegrenzung vorzugeben, um zu verhindern, dass Kandidaten mehrstündige Vorträge halten. Da der letzte Kandidat die günstigste Position hat, sollte man die Bewerber entweder in alphabetischer Reihenfolge sich vorstellen lassen oder (noch besser) die Reihenfolge auslosen.

Während ein Kandidat sich und seine Position vorstellt, verlassen die anderen Kandidaten den Raum. Dadurch wird verhindert, dass der letzte Kandidat die Möglichkeit hat, auf Punkte der Vorgänger einzugehen und abschließend etwas dazu zu sagen, was von den anderen Kandidaten nicht mehr kommentiert werden kann.

Manchmal wird nach der Vorstellung eine **Aussprache** zu den Kandidaten gewünscht. Auch dazu sollten diese nicht im Raum sein, damit auch kritische Bemerkungen ungehindert angebracht werden können, ohne dass der Kandidat dies als verletzend empfindet. Es ist Aufgabe des Konferenzleiters, in einer solchen Situation dafür zu sorgen, dass kritische Anmerkungen zu einem Kandidaten nicht in Beleidigung ausarten.

Nach der Aussprache über die Kandidaten folgt **der eigentliche Wahlakt**. Er sollte vom Versammlungsleiter deutlich erkennbar geöffnet und geschlossen werden, z. B.: »Wir kommen jetzt zur Wahl.« Als erster Schritt des eigentlichen Wahlaktes wird die Vorschlagsliste bekannt gegeben, am besten gut sichtbar.

Je nach Bedeutung der Wahl sind verschiedene Verfahren möglich bzw. vorgeschrieben. Die unterste Stufe stellt die **Wahl per Akklamation** dar (Zuruf, Beifall; selbst wenn im konkreten Fall keine Beifallsstürme den Saal erfüllen). Hierbei fragt der Konferenzleiter beispielsweise, ob es Einwände gibt, dass der Kollege A. das Protokoll führt. Ist das nicht der Fall, so ist der Protokollant auch ohne ausdrückliches positives Votum gewählt.

Die nächste Stufe ist die **offene Wahl**, bei der die Teilnehmer nach Nennung eines Kandidaten z. B. durch Handzeichen abstimmen.

Das Verfahren für wichtige Personalentscheidungen ist die **geheime Wahl** mit (verdeckten) Stimmzetteln. Werden mehrere Personen gewählt, z. B. für den Personalrat, so handelt es sich meist um eine Listenwahl. Die möglichen Bewerber sind einzelnen Listen zugeordnet, von denen jeder Stimmberechtigte in geheimer Wahl eine Liste wählen kann. Die Wahl durch **namentliche Abstimmung** wird sehr selten angewandt, weil durch sie ein starker Druck auf die Teilnehmer entsteht. Die **Briefwahl** ist für schulische Wahlen unzulässig.

Vor der eigentlichen Abstimmung sollte der Sitzungsleiter noch einmal auf das Wahlverfahren hinweisen und erklären, welche Art der Mehrheit erforderlich ist, ob Enthaltungen zulässig sind und ob eine geheime oder offene Abstimmung erfolgt. Es sollte auch noch einmal verdeutlicht werden, unter welchen Umständen ein Stimmzettel ungültig ist.

Bereits auf Wunsch **eines** Teilnehmers muss grundsätzlich (Ausnahmen S. 53) **eine geheime Wahl** durchgeführt werden, die aber bei Personalentscheidungen meist schon in der Geschäftsordnung vorgesehen ist. Lassen Sie uns also davon ausgehen, dass eine geheime Wahl gefordert und durchgeführt wird. Vor dem Austeilen der Stimmzettel ist festzustellen, wie viele stimmberechtigte Teilnehmer es gibt. **Genau diese Anzahl** an Stimmzetteln, am besten kontrolliert durch eine zweite Person, ist an die Teilnehmer zu verteilen. Wer als Konferenzleiter eine nicht abgezählte Zahl von Stimmzetteln verteilen lässt, macht es sich unnötig schwer, wenn es darum geht, die Anzahl der nicht abgegebenen Stimmzettel festzustellen. Denn leider gibt es immer einige Chaoten im Kollegium.

Nach der Stimmabgabe werden zunächst alle Stimmzettel ungeöffnet **gezählt**, um sicherzugehen, dass nicht mehr Stimmzettel abgegeben wurden, als stimmberechtigte Teilnehmer anwesend sind. Zugleich muss man an dieser Stelle die Anzahl der **nicht abgegebenen** Stimmen festhalten, denn es gibt immer wieder Kollegen, die aus generellem Unmut den Stimmzettel verschwinden lassen. Erst danach sollten die Stimmen den Kandidaten zugeordnet bzw. die Enthaltungen und ungültigen Stimmen registriert werden.

Schwierigkeiten bei Wahlen kann es mit nicht abgegebenen oder ungültigen Stimmen oder Enthaltungen geben. Wenn Sie Glück haben, lautet die Formulierung für die erforderliche Mehrheit in Ihrer Konferenzordnung: »die Mehrheit der auf Ja lautenden Stimmen« oder »die einfache Mehrheit«. Dann ist alles nicht nur klar, sondern auch einsichtig. Schwieriger wird es, wenn für die Wahl eines Kandidaten »die Mehrheit der **abgegebenen** Stimmen« erforderlich ist.

In der Konferenz sind z. B. 21 stimmberechtigte Teilnehmer anwesend, und genauso viele Stimmzettel werden an die Teilnehmer ausgeteilt. Nach dem Einsammeln der Stimmzettel werden nur 18 Stimmzettel gezählt, auch auf Nachfrage kommen keine Stimmzettel mehr. Offensichtlich wollen drei Teilnehmer sich vollständig der Wahl enthalten. Die fehlenden Stimmzettel gelten als **nicht abgegebene** Stimmen, zählen also nicht mit. Das ist klar.

In der nächsten Variante werden alle Stimmzettel abgegeben. Beim Öffnen bzw. Auszählen entfallen zehn Stimmen auf den ersten Kandidaten, der Konkurrent erhält drei Stimmen, aber auf acht Stimmzetteln steht groß »Egal«. Diese Stimmzettel sind ungültig, da sie sich nicht an die vorgeschriebene Form halten (Ankreuzen eines Namens), sie wurden aber abgegeben. Da es bei diesem Wahlmodus um die Mehrheit der abgegebenen Stimmen und nicht um die Mehrheit der abgegebenen **gültigen** Stimmen geht (kleiner, aber wichtiger Unterschied), ist der erste Kandidat trotz großer Stimmenmehrheit nicht gewählt.

Interessant ist auch die Frage, ob eine Enthaltung eine gültige Stimme ist. Ist sie es, so würde das beim Wahlmodus »Mehrheit der abgegebenen **gültigen** Stimmen« bedeuten: zehn Stimmen für Kandidat A, drei für Kandidat B und acht reguläre Enthaltungen. Trotz der Tatsache, dass acht Wählern das Ergebnis egal ist und A deutlich mehr Stimmen bekommt, wäre er nicht gewählt. **Fazit:** Die beiden angesprochenen Varianten zählen ungültige Stimmen oder Enthaltungen letztlich **wie Neinstimmen** und geben denjenigen, die sich eigentlich verweigern wollen, trotzdem eine Stimme. Das muss nicht so kompliziert laufen wie hier dargestellt, aber es kann passieren. Und vielen Teilnehmern ist das oben Gesagte nicht klar. Deshalb sollten Sie sich als Konferenzleiter vor der Wahl noch einmal den Wahlmodus genau anschauen und den Kollegen deutlich machen, wann eine Stimme **ungültig** ist.

Für die meisten Wahlen wird im ersten Wahlgang die absolute Mehrheit gefordert. Da dies bei mehreren zur Verfügung stehenden Kandidaten aber eher unwahrscheinlich ist, gibt es häufig einen zweiten Wahlgang mit Stichwahl, in dem in der Regel die relative Mehrheit ausreicht.

Das Auszählen der Stimmen wird von mindestens zwei Teilnehmern durchgeführt und vom Konferenzleiter überwacht werden. Insbesondere Enthaltungen oder ungültige Stimmen sollten vom Sitzungsleiter überprüft werden. Abschließend erfolgt eine Gegenrechnung, in der alle Stimmen, auch die nicht abgegebenen, exakt der Anzahl der stimmberechtigten Teilnehmer entsprechen müssen. Bei unwichtigen Wahlen ist ein Fehl von ein oder zwei Stimmen nicht problematisch, solange das Ergebnis eindeutig ist. Bei wichtigen Wahlen muss hingegen noch einmal nachgezählt werden, bis das Ergebnis stimmt. Anschließend werden die Stimmzettel, die juristisch ebenfalls Urkunden darstellen, **unter Aufsicht** in einen Umschlag gegeben, der **verschlossen** bzw. versiegelt und sicher verwahrt wird.

Dieses Vorgehen mag für die Mehrheit schulischer Wahlen übertrieben erscheinen, ist aber wichtig, falls das Ergebnis einer Wahl angefochten wird. Das Fehlen einiger Stimmzettel legt – selbst bei einem eindeutigen Ergebnis – den Schluss nahe, die Wahl sei nicht korrekt durchgeführt worden und das Ergebnis doch nicht so eindeutig, wie vom Gewinner behauptet. Die Souveränität des Konferenzleiters zeigt sich nicht darin, wie locker er mit den formalen Vorgaben umgeht, sondern darin, dass er mögliche Probleme antizipiert und wirksam zu verhindern weiß. Lockerheit ist gut geeignet für den Beginn und den Abschluss einer Konferenz, bei wichtigen Wahlen ist sie fehl am Platz und birgt das Risiko der Anfechtung.

Dabei ist zu unterscheiden, ob lediglich das **Ergebnis** der Wahl oder aber der korrekte **Ablauf** angezweifelt wird. Im ersten Fall müssen nur die Stimmzettel noch einmal ausgezählt werden, eventuell unter der Aufsicht weiterer Beobachter oder des Anzweifelnden, im zweiten Fall muss die gesamte Wahl wiederholt werden.

Nach der Auszählung folgt die Bekanntgabe des Ergebnisses. Ist der Bewerber mit der höchsten Stimmenzahl festgestellt, so erfolgt nun die obligatorische Frage nach der **Annahme** der Wahl. Diese Frage ist nicht zu verwechseln mit der oben erwähnten Bereitschaft zur Kandidatur, die vorab gestellt werden muss. Denn jemand kann (aus ganz unterschiedlichen Gründen) zwar kandidieren, ohne bereit zu sein, die entsprechende Funktion zu übernehmen. Erst durch die Annahme der Wahl wird diese mit ihren Folgen wirksam. Selbstverständlich muss die Erklärung, die Wahl anzunehmen, ins Protokoll übernommen werden.

Bevor es zu den Anträgen geht, noch eine begriffliche Unterscheidung, die vielen Konferenzmitgliedern nicht klar ist:

Wahl bzw. Abstimmung

Bei Wahlen geht es um Personen, und das »Ergebnis« ist die gewählte Person (oder die Liste), bei Anträgen heißt das Verfahren »Abstimmung«, und die Folge ist ein Beschluss.

4. Behandlung der TOP und Abstimmungen

Die Behandlung der in der Tagesordnung vorgesehenen TOP kann der Information oder Meinungsbildung dienen, in vielen Fällen wird es aber darum gehen, Beschlüsse zu Anträgen zu fassen, die in den Tagesordnungspunkten stecken. Doch dazu gleich mehr. Den zeitlich größten Teil der Konferenz nehmen die Diskussionen zu den einzelnen Punkten bzw. zu den Anträgen ein.

Diskussionen können unstrukturiert und ermüdend ablaufen, falls der Konferenzleiter seine Lenkungsfunktion nicht wahrnimmt. Er sollte darauf achten, dass bei Vorträgen mit anschließender Aussprache die Beantwortung von Fragen nicht zu einem erneuten Vortrag ausufert, aber auch, dass Teilnehmer nicht ihre »Frage« zu einem Gegenvortrag ausbauen. Die Diskussionen selbst sind juristisch unproblematisch, weshalb wir uns hier kurz fassen können.

Da wir davon ausgehen, dass Sie als Konferenzleiter sich auch an der Diskussion beteiligen, um Ihren Standpunkt zu vertreten, sollten Sie einen Hauptfehler vieler Antragsteller vermeiden. Viele Redner versuchen, *alle* ihre Argumente im ersten Redebeitrag unterzubringen, um die Teilnehmer *sofort* zu überzeugen. Das ist gut gemeint, aber nicht sehr geschickt. Die Gegner können sich dann nämlich die schwachen Argumente heraussuchen und sie widerlegen. Beim durchschnittlichen Zuhörer entsteht somit der Eindruck, die gesamte Rede sei widerlegt worden.

! Tipp: Da bei strittigen TOP mit Gegenargumenten zu rechnen ist, sollten nicht alle starken Argumente am Anfang der Diskussion »verbraucht«, sondern einige für später aufgespart werden. Sie sind ja nicht verloren. Geben Sie ein oder zwei Argumente vor und lassen Sie den Gegner in geballter Form sein Pulver verschießen. Danach verfügen Sie noch über Ihre stärksten unverbrauchten Argumente, die den Zuhörern als Letztes im Gedächtnis bleiben.

Anträge zu den anstehenden Sachverhalten können von jedem Teilnehmer der Konferenz gestellt werden. Für wichtige Entscheidungen sind in der Regel schriftlich formulierte Anträge notwendig und Antragsfristen einzuhalten. Für weniger zentrale Entscheidungen in niedrigeren Gremien, z. B. Klassenkonferenz oder Fachkonferenz, sind auch mündlich unmittelbar eingebrachte Anträge zulässig.

Nicht zu verwechseln mit Anträgen sind sogenannte **Resolutionen**, die eine Stellungnahme des betreffenden Gremiums darstellen oder eine übergeordnete Instanz zu einem bestimmten Verhalten auffordern, wobei das Geforderte meist nicht in der Zuständigkeit der betreffenden Konferenz liegt.

Ein **Antrag** hingegen fordert eine Entscheidung für oder gegen ein bestimmtes Verhalten, das von der Konferenz umgesetzt werden kann. Er ist in der Regel so zu formulieren, dass er eindeutig mit Ja oder Nein beantwortet werden kann. Auch der Entscheidung, ob Lehrbuch A oder B einzuführen ist, geht letztlich die Entscheidung voraus, ob man überhaupt ein neues Lehrbuch einführen will. In der Regel wird der Antragsteller eine Begründung für seinen Antrag liefern. Damit ist eine mögliche Aussprache eingeleitet, die vom Konferenzleiter moderiert wird.

Falls der Inhalt eines Antrages geändert werden soll, handelt es sich um einen **Änderungsantrag**. Dieser benötigt nur eine einfache Mehrheit, selbst wenn für den Hauptantrag eine qualifizierte Mehrheit vorgeschrieben ist. In der Reihenfolge der Abstimmung sind Änderungsanträge **vor** der Abstimmung über den Hauptantrag zu stellen. Der Antragsteller des Hauptantrags **kann** die vorgeschlagenen Änderungen übernehmen, muss es aber nicht. Im letzten Fall ist gesondert über beide Anträge abzustimmen. Als Konferenzleiter (und als Antragsteller) muss man aufpassen, damit der ursprüngliche Antrag nicht durch Änderungsanträge so weit verwässert wird, dass er quasi keine Wirkung mehr hat.

Weitergehende Anträge sind vor nicht so weitreichenden abzustimmen. Diese Reihenfolge ist logisch und effizient, weil so unnötige Schritte vermieden werden. Es wäre widersinnig, sich zuerst zwischen zwei neuen Lehrbüchern zu entscheiden, um dann später festzustellen, dass die Mehrheit der Kollegen eigentlich gar kein neues Lehrbuch wünscht. Woran erkennt man nun den weitergehenden Antrag? Jeder meint es zu wissen, aber in einigen Fällen ist es kompliziert.

Deshalb als Hilfestellung: Der weitergehende Antrag ist derjenige, der

- sich von der ursprünglichen Vorlage am weitesten entfernt,
- sich am weitesten vom vorherigen Zustand entfernt,
- die größten Folgen nach sich zieht oder
- am weitesten in die Zukunft wirkt.

Die Entscheidung darüber, welcher der weitergehende Antrag ist, liegt letztlich bei Ihnen als Leiter der Konferenz. Falls Ihrer Ansicht nach die Entscheidung darüber **nicht** möglich ist, wird in der Reihenfolge der Eingänge der Anträge abgestimmt. Auf keinen Fall sollten Sie sich auf lange Diskussionen über die Reihenfolge der Abstimmung einlassen, denn darüber entscheiden Sie.

Sie als Konferenzleiter müssen auch überprüfen, ob die Konferenz überhaupt befugt ist, zu diesem Inhalt einen Beschluss zu fassen. Immer wieder werden von Teilnehmern pädagogisch gut gemeinte Anträge über Bereiche gestellt, die nicht der Regelung durch die betreffende Konferenz unterliegen. Beispielsweise unterliegen sämtliche gesetzlichen und untergesetzlichen Normen (Erlasse, Verfügungen) **nicht** der Zustimmung der Konferenz und können damit nicht abgeändert werden.

Auch ist es nicht zulässig, demonstrativ einen **»Gegenantrag«** zum Hauptantrag zu formulieren, denn wer gegen den Antrag ist, braucht ihn in der Abstimmung nur abzulehnen. Trotzdem sind »Gegenanträge« sehr beliebt, weil ihre Verfasser damit zeigen wollen, dass sie nicht nur pauschal gegen etwas sind, sondern selbst einen Antrag publikumswirksam formulieren können.

Unerwünschte Anträge kann man als Konferenzleiter schwächen, indem man auf die finanziellen Folgen oder die persönlichen Belastungen hinweist, die aus dem Antrag resultieren können. Will man hingegen seinen favorisierten Antrag stützen, ist es günstig, auf Arbeitserleichterungen und Einsparungen hinzuweisen, die finanzielle Spielräume für die Zukunft eröffnen.

Die Abstimmung über einen Sachantrag erfolgt in der Regel mündlich in offener Abstimmung, aber andere Verfahren sind nicht ausgeschlossen. Da jedoch nicht jeder Lehrkraft die unterschiedlichen Varianten der Mehrheit vertraut sind, hier noch einmal eine kurze Zusammenfassung:

Begriff	Bedeutung
Einstimmigkeit	Alle Teilnehmer stimmen zu, keine Enthaltungen.
Einmütigkeit	Keine Gegenstimmen, aber Enthaltungen.
qualifizierte Mehrheit	Ein in der Geschäftsordnung festgelegter Anteil (z.B. 2/3) muss zustimmen.
absolute Mehrheit	Mehr als die Hälfte der (stimmberechtigten) Anwesenden stimmt zu.
einfache Mehrheit	Mehr Ja-Stimmen als Nein- Stimmen.
relative Mehrheit	Der Kandidat (Vorschlag) mit den meisten Stimmen ist gewählt.

Das Problem der **Stimmengleichheit** bei Anträgen ist keines, wenn man weiß, wie es gelöst wird: Da es keine Mehrheit für eine Veränderung gibt, ist der Antrag abgelehnt, d.h. der vorherige Zustand bleibt. Gerade nach ausführlicher Sachdiskussion und mehreren Änderungsanträgen ist es dringend geboten, vor jeder Abstimmung noch einmal den konkreten Wortlaut des jeweiligen Antrags zu verlesen, um zu verhindern, dass Teilnehmer über etwas abstimmen, das sie nicht mehr überschauen.

> **Tipp:** Die Art, wie der Konferenzleiter die Stimmen abfragt, kann das **Ergebnis zu seinen Gunsten beeinflussen.** Ein Trick besteht darin, nach der Frage zu den Ja-Stimmen die Abstimmung zu unterbrechen, weil sie »offensichtlich zu schnell« verlief. Darauf folgt noch einmal die Frage nach den Ja-Stimmen. Falls beim ersten Anlauf etliche Arme nach oben gegangen sind, lassen sich die Unentschlossenen davon meist so beeinflussen, sich bei der Wiederholung nun auch den Ja-Stimmen anzuschließen. Unterstützen kann man dies durch die halblaute Bemerkung, dies könnte bereits die Mehrheit gewesen sein, es sei aber besser, die Abstimmung noch einmal durchzuführen.

Ist die Behandlung eines Tagesordnungspunktes einmal abgeschlossen, ist eine spätere Wiederaufnahme der Sachdiskussion grundsätzlich nicht mehr möglich. Eine Ausnahme besteht, falls **alle** Teilnehmer dem zustimmen oder in der Konferenzordnung ein Modus festgelegt ist, unter welchen Bedingungen man eine abgeschlossene Sachdiskussion später wieder aufnehmen kann (sogenannter **Rückkommensantrag**). Diese Erschwernis u.a. ist deshalb sinnvoll, weil eventuell einige Teilnehmer wegen anderer Verpflichtungen nach der Behandlung des TOP die Sitzung in dem Glauben verlassen haben, er sei abgeschlossen.

Wäre die Wiederaufnahme abgeschlossener TOP problemlos möglich, so könnte eine Gruppe so lange warten, bis sie wieder die Mehrheit hat, um dann wieder in die Diskussion einzutreten und einen Beschluss zu ändern. Auch dieses Verfahren wird gerne bei unerfahrenen Konferenzleitern angewendet, um im Nachhinein einen Beschluss doch noch in die gewünschte Richtung zu bringen.

Im Folgenden geht es um die Abstimmung über Sachanträge, aus denen verbindliche Beschlüsse resultieren sollen. Dabei werden Willensbekundungen der Teilnehmer verbindlich festgestellt und festgehalten. Auch dieses Verfahren ist an eine bestimmte Form gebunden, so muss es z.B. vom Sitzungsleiter eröffnet, durchgeführt und geschlossen werden. Da die Wahl von Personen eine Unterform der Abstimmung ist, gibt es Überschneidungen, aber auch Unterschiede.

Selbstverständlich sind nur stimmberechtigte Teilnehmer zur Abstimmung berechtigt. Während der Abstimmung selbst sind Wortmeldungen zum Thema oder das Einbringen von weiteren Anträgen nicht zulässig. Ausnahmen sind Anträge zur Geschäftsordnung (GO), die sich auf das Abstimmungsverfahren, z.B. Antrag auf geheime Abstimmung, beziehen. Auch hier gibt es die drei gängigen Möglichkeiten:

Die drei Formen der Abstimmung

- **Abstimmung per Akklamation als Sonderform der offenen Abstimmung**
- **offene Abstimmung**
- **geheime Abstimmung**

Die Abstimmung per Akklamation bietet die Möglichkeit, zu verschleiern, dass die Konferenz durch vorzeitiges Verlassen einiger Kollegen inzwischen beschlussunfähig geworden ist, man aber trotzdem Beschlüsse fassen möchte, ohne die entlarvend geringe Zahl der Stimmen im Protokoll anzugeben. In diesem Fall kann »einstimmig per Akklamation angenommen« im Protokoll vermerkt werden.

Die offene Abstimmung, in der durch Handzeichen die Willensbekundung festgestellt wird, dürfte in der Schule der Regelfall sein. In jedem Fall sollte die Konferenzleitung vorher fragen, ob es Einwände dagegen gibt.

Falls ein Teilnehmer es fordert, wird grundsätzlich geheim abgestimmt. Selbst wenn es so nicht in der Konferenzordnung Ihres Landes aufgeführt ist, gilt diese Regelung, denn sie ist seit langer Zeit unbestrittenes Gewohnheitsrecht und muss deshalb nicht mehr gesondert erwähnt werden, weil man davon ausgeht, dass das jeder Konferenzleiter weiß.

Allerdings gibt es einige (wenige) Konferenzordnungen bzw. Geschäftsordnungen, bei denen eine geheime Abstimmung erst vorgesehen ist, wenn z.B. 10 oder 20 Prozent der Anwesenden dies fordern. Diese Regelung soll verhindern, dass durch den ständigen Wunsch nach geheimer Abstimmung – selbst über die unwichtigsten Dinge – Sitzungen so sehr verzögert werden können, bis sie fast beschlussunfähig werden.

Eine Stimmrechtsübertragung (z.B. eines Abwesenden) wäre nur zulässig, falls dies in der Konferenzordnung ausdrücklich vorgesehen ist. Das ist aber nach meiner Kenntnis in keinem Bundesland der Fall, weil Abstimmungen in Konferenzen die persönliche Teilnahme an der vorangegangenen Diskussion voraussetzen.

Keine Abstimmung im juristischen Sinn ist das sogenannte **Meinungsbild**, da es keinerlei Rechtswirkung entfaltet, sondern nur unverbindlich den Meinungsstand eines Gremiums zu einem bestimmten Zeitpunkt festhält. Trotz dieser Einschränkungen kann ein Meinungsbild manchmal sinnvoll sein, um spätere Entscheidungen vorzubereiten. Da Meinungsbilder keine Abstimmungen sind, dürfen sich auch Schüler- und Elternvertreter ohne Stimmrecht an ihnen beteiligen.

Tipp: Trotz fehlender Rechtskraft entfalten Meinungsbilder eine indirekte Bindungswirkung. Für den Konferenzleiter ist das Verfahren deshalb eine Möglichkeit, eine momentane Stimmung der Konferenz zu seinen Gunsten zu nutzen, um über das Meinungsbild eine Selbstbindung der Teilnehmer für eine spätere Abstimmung zu erreichen.

In der Regel sind die gestellten Anträge und die angestrebten Beschlüsse zulässig, aber es gibt einige wichtige Ausnahmen:

- Beschluss liegt nicht im Kompetenzbereich der Konferenz.
- Beschluss verstößt gegen die guten Sitten (§ 138 BGB).
- Beschluss verstößt gegen geltende Gesetze (§ 134 BGB).

Solche Beschlüsse sind von Anfang an **nichtig**, d. h. sie entfalten zu keinem Zeitpunkt eine Rechtswirkung. Anders ist es bei Beschlüssen, die eventuell einen **Mangel** aufweisen. Sie können angefochten werden, bleiben aber bis zur Entscheidung über die Anfechtung in Kraft. Die Konferenzteilnehmer können Beschlüsse anfechten, wenn bei ihrem Zustandekommen Mängel vorlagen, die für das Ergebnis ausschlaggebend gewesen sein könnten. Aus formalen Gründen ist ein Beschluss z. B. anfechtbar, wenn er in der Tagesordnung nicht angekündigt wurde. Über die Anfechtung entscheidet die nächsthöhere schulische Instanz.

5. Geschäftsordnungsanträge

In einer Geschäftsordnung, für die Schule also in der Konferenzordnung, sind die Regelungen zusammengefasst, die den Ablauf einer Sitzung regeln. Nicht immer liegt eine Geschäftsordnung in geschriebener Form vor, häufig werden bestimmte Vorgehensweisen quasi als Gewohnheitsrecht praktiziert und anerkannt. Als Konferenzleiter sollten Sie natürlich die Ihrer Konferenz zugrunde liegende Geschäftsordnung kennen bzw. für Zweifelsfragen zur Hand haben.

Man unterscheidet zwei Anträge, die in die ähnliche Richtung gehen:

- Ein **Antrag zur Geschäftsordnung** ist einer, der darauf zielt, eine Regelung der Geschäftsordnung anzuwenden.
- Ein **Verfahrensantrag** ist jeder Antrag zum Verfahren, der sich **nicht** auf Bestimmungen der Geschäftsordnung bezieht (S. 57).

Jeder stimmberechtigte Teilnehmer der Konferenz besitzt das Recht, Anträge zur Geschäftsordnung zu stellen. Ein solcher Antrag ist jederzeit möglich und wird dem Sitzungsleiter **durch das Heben beider Arme** signalisiert. Da er das Verfahren als solches beeinflussen will, z. B. Ende der Debatte, ist er **vorrangig** vor anderen Wortmeldungen und Sachanträgen zu behandeln. Das heißt, dem Antragsteller ist direkt nach dem aktuellen Beitrag das Wort zu erteilen. Die Tatsache, dass Geschäftsordnungsanträge vorrangig behandelt werden, hat einen guten Grund: Es wäre sinnlos, eine Debatte weiter fortzusetzen, wenn die Mehrheit der Teilnehmer sie eigentlich beenden will, weil alle wesentlichen Argumente bereits mehrfach genannt wurden. Zum guten Stil gehört es, dass ein solcher Antrag nicht von jemandem gestellt wird, der selbst schon zur Sache gesprochen hat. Allerdings ist es rechtlich **zulässig**. Und tatsächlich gibt es Teilnehmer, die selbst erst lange Ausführungen zu einer Sache vortragen, um dann kurz danach das Ende der Debatte zu fordern. Ein solches Verhalten sollten Sie als Leiter kritisch kommentieren.

Der Geschäftsordnungsantrag kann, muss aber nicht begründet werden. Die Begründung kann vom Antragsteller oder einem anderen Teilnehmer erfolgen. Dazu ist *eine* **Gegenrede möglich**. Nach der Gegenrede, eventuell mit Begründung, erfolgt die Abstimmung über den Geschäftsordnungsantrag. Sowohl der Geschäftsordnungsantrag als auch die mögliche Gegenrede dürfen keine Beiträge zur eigentlichen Sachdiskussion enthalten. Falls z.B. die vermeintliche Gegenrede versucht, Sachbeiträge zu erörtern, sollte der Betreffende zuerst ermahnt und bei Fortsetzung des Sachbeitrages ihm sofort das Wort entzogen werden. Allerdings wäre dann von einem anderen Teilnehmer noch eine korrekte Gegenrede zulässig.

> **Wichtig!** Über einen Geschäftsordnungsantrag ist **keine Sachdiskussion** zulässig, sondern nur **eine einzige Gegenrede.**

Wie ist zu verfahren, falls sich mehrere Teilnehmer zu einer Gegenrede melden? Falls sich die möglichen Gegenredner nicht einigen können und auch eine zeitliche Reihenfolge der Wortmeldungen nicht festzustellen ist, müssen Sie sich als Konferenzleiter für einen Redner entscheiden. Dabei besteht die Möglichkeit, zu behaupten, diese Meldung sei von Ihnen als erste wahrgenommen worden.

Vorsicht: Gewiefte Interessengruppen lancieren manchmal eine **»falsche Gegenrede«**. Der Trick besteht darin, dass ein Teilnehmer, der ebenfalls **für** den Geschäftsordnungsantrag ist, sich zur Gegenrede meldet und diese mit unsinnigen Argumenten oder gar nicht begründet. Da nur **eine** Gegenrede zugelassen ist, soll durch diesen Trick verhindert werden, echte Gegenargumente vorzubringen. Als Konferenzleiter, der solch eine Manipulation durchschaut, haben Sie das Recht (und die Pflicht), nach der vorgetäuschten nun eine ordnungsgemäße Gegenrede zu Gehör zu bringen. Die Abstimmung nach einer »falschen Gegenrede« wäre nicht gültig.

Viele Kollegen und auch manche Konferenzleiter meinen, über einen Antrag zur Geschäftsordnung müsse in jedem Fall abgestimmt werden. Das ist falsch. Erfolgt keine Gegenrede, so gilt der Antrag, z.B. eine Entscheidung zu vertagen, **ohne Abstimmung** als angenommen. Um Irritationen zu vermeiden, ist es sinnvoll, als Leiter auf die Konsequenz hinzuweisen bzw. zumindest deutlich zu fragen: »Gibt es eine Gegenrede?« Ist dies nicht der Fall, so sollte man, auch für den Protokollanten, deutlich festhalten: »Damit ist die Entscheidung über xyz auf die nächste Sitzung vertagt.«

Der häufigste Geschäftsordnungsantrag ist der auf **»Schluss der Debatte«** bzw. **»Schluss der Rednerliste«**: Beides gibt es, aber die Auswirkungen sind sehr unterschiedlich. Der rigorose Antrag auf sofortigen Schluss der Debatte ist in vielen Geschäftsordnungen gar nicht vorgesehen und damit nicht zulässig. Sollte diese Möglichkeit doch vorgesehen sein, ist es üblich, dass der Konferenzleiter die Namen der noch auf der Rednerliste stehenden Teilnehmer vorliest, damit die Konferenz entscheiden kann, ob sie diese Redner noch hören will – oder nicht.

Meist wird von den Antragstellern zwar der Schluss **der Debatte** gefordert, gemeint ist aber der »Schluss der Rednerliste«. Die Rednerliste, auf der z.B. noch weitere Redner stehen, wird unterbrochen, und es wird abgestimmt. Der Geschäftsordnungsantrag wird angenommen und die Debatte kann beendet werden, aber natürlich erst, nachdem die verbleibenden Redner auf der Liste gesprochen haben. Es wäre unfair, diesen Rednern, die **vor** dem Antrag ordnungsgemäß auf der Rednerliste standen, das

Rederecht nun rückwirkend zu entziehen. Korrekt muss der Geschäftsordnungsantrag im Regelfall also nicht »Schluss der Debatte« lauten, sondern »Schluss der Rednerliste« oder noch präziser Antrag auf »**Schließen der Rednerliste**«.

Besondere Regeln gelten für TOP, die Personalentscheidungen betreffen. Da diese direkte Folgen für eine Person entfalten, z. B. die Beförderung, sollten hier alle Redner gehört werden, selbst wenn sich die Argumente wiederholen. Ebenso sollte bei Personalentscheidungen immer geheim abgestimmt werden, um zu verhindern, dass ein durchgefallener Kandidat erfährt, wer gegen ihn gestimmt hat.

Weitere häufige Anträge zur Geschäftsordnung sind:

- Vertagung der Entscheidung
- Begrenzung der Redezeit
- Unterbrechung der Konferenz
- Verweisung an eine Kommission
- Wunsch nach geheimer Abstimmung
- Wiederholung der Stimmenauszählung
- Übergang zur Tagesordnung
- Abgabe einer persönlichen Erklärung

Die meisten dieser Punkte sind klar, sodass sie keiner Erläuterungen bedürfen. Der sogenannte »Übergang zur Tagesordnung« und die persönliche Erklärung sollen jedoch präzisiert werden. Mit dem **Übergang zur Tagesordnung** ist nicht gemeint, dass nun endlich die langatmigen Berichte beendet werden sollen und mit der eigentlichen Tagesordnung begonnen werden soll. Es handelt sich vielmehr um ein Verfahren, einen TOP, den man in seiner Brisanz oder Schwierigkeit unterschätzt hat, **zurückzustellen**. Durch diesen Schritt wird der TOP nicht weiter behandelt und vorläufig abgeschlossen. Er kann aber zu einem späteren Zeitpunkt, d. h. in einer späteren Konferenz, wieder auf die Tagesordnung gesetzt und dann abschließend behandelt werden.

Persönliche Erklärungen sind innerhalb der eigentlichen Tagesordnung von jedem Teilnehmer jederzeit möglich, allerdings nur innerhalb des TOP, auf den sich die Erklärung bezieht. Diese Erklärungen, die meist Protestcharakter haben, tauchen auf, wenn ein Teilnehmer offensichtlich falsch verstanden oder falsch zitiert wurde oder sich beleidigt fühlt. Zur persönlichen Erklärung ist **keine Gegenrede zulässig**, und auch eine Aussprache darüber ist nicht zulässig. Als Konferenzleiter sollten Sie vermeiden, dass zwei verfeindete Teilnehmer sich abwechselnd mit persönlichen Erklärungen bekriegen.

Vorsicht: Manchmal wird der Antrag gestellt, **ausnahmsweise** von der Geschäftsordnung abzuweichen, meist mit wortreichen Begründungen. Ein solcher Antrag ist **kein Geschäftsordnungsantrag**, sondern geht in seinem Begehren weit darüber hinaus und ist damit in der Regel unzulässig, schon gar nicht in der laufenden Sitzung. Falls es sich tatsächlich um einen Punkt handeln sollte, der im Ermessen der Konferenz liegt, stellt er einen weitreichenden Antrag dar, der vorher eingereicht werden müsste, damit die Teilnehmer Zeit haben, sich in Ruhe ihre Entscheidung zu überlegen. Und selbst dann müsste mindestens eine Zweidrittelmehrheit gegeben sein, um die Geschäftsordnung zu ändern bzw. vorübergehend von ihr abzuweichen.

6. Sonstige Aspekte

6.1 Verfahrensanträge

Neben den Anträgen zur Geschäftsordnung gibt es noch Anträge zum Verfahren, die für den Ablauf einer geordneten Konferenz nicht zwingend, aber durchaus sinnvoll sein können, z. B. bei langen Konferenzen eine Pause einzulegen. Auch ernste Vorwürfe gegen den Konferenzleiter sind wie Verfahrensanträge zu behandeln. Hat der rügende Teilnehmer mit seiner Kritik recht, so sollte man dies umgehend in Ordnung bringen. Schließlich kann sich jeder einmal irren, und fast alle Fehlentscheidungen sind zu »heilen«, notfalls durch Wiederholung des entsprechenden TOP. Ist die Kritik hingegen ungerechtfertigt, sollte der Leiter über diesen Vorwurf abstimmen und sich erneut das Vertrauen der Konferenz aussprechen lassen.

Zu den Verfahrensanträgen gehören auch der Rückkommensantrag (S. 52) und der Dringlichkeits- bzw. Initiativantrag (S. 40). Beide Anträge sind **grundsätzlich unzulässig**, falls nicht in der Konferenzordnung ausdrücklich vorgesehen. Um zulässig zu sein, benötigen sie, neben der Erwähnung in der Geschäftsordnung, eine Zweidrittelmehrheit, manchmal sogar die Einstimmigkeit. Unter der Bedingung der **einstimmigen** Billigung aller Teilnehmer wäre die Aufnahme eines plötzlich auftauchenden Problems, das unverzüglich behandelt werden muss, notfalls zu vertreten.

6.2 »Verschiedenes«

Als letzter Punkt steht regelmäßig der Punkt »Verschiedenes« auf der Tagesordnung. Unter Verschiedenes dürfen **keine Beschlüsse** gefasst werden, da die Zeit fehlt, um sich gründlich darauf vorzubereiten. Auch Sachdiskussionen (ohne Beschluss) sind grundsätzlich nicht zulässig. Es können aber allgemeine Themen besprochen oder Ankündigungen vorgenommen werden.

6.3 Abschluss der Konferenz

Ist der Punkt Verschiedenes abgehandelt, wird der Leiter die Konferenz förmlich schließen: »Die Konferenz ist geschlossen.« Auch dieser Zeitpunkt ist im Protokoll festzuhalten. Danach haben etwaige Diskussionen oder Abstimmungen keine Rechtskraft mehr. Mit dem Schließen der Konferenz werden zugleich die gefassten Beschlüsse wirksam, falls dafür nicht ein anderer, späterer Zeitpunkt vorgesehen ist.

7. Checkliste zur Durchführung einer Konferenz

Schritt	Erledigt?
Einladung fristgemäß zugestellt? Alle wichtigen TOP erfasst?	
Vorbereitung, Technik vorhanden? Stimmzettel parat?	
Informelle **Begrüßung** der Teilnehmer und geladenen Gäste, dabei Gratulationen, Nachrufe, Beförderungen	
Formelle **Eröffnung** der Konferenz, Hinweis auf Nichtöffentlichkeit	
Feststellen der **Beschlussfähigkeit:** durch Augenschein, Auszählen oder Abzeichnen einer Namensliste	
Vorstellung und **Genehmigung der Tagesordnung:** Umstellen und Vertagen eines TOP recht unproblematisch, aber Vorsicht bei Dringlichkeitsanträgen!	
Genehmigung des letzten Protokolls Wahl bzw. Festlegen des neuen Protokollführers, Ergebnisprotokoll?	
Berichte: Schulleitung, Elternvertreter, Schülervertreter, Sonstige	
Behandlung von Sachanträgen: Aufrufen des TOP / Antrags, Antragsteller begründet seinen Antrag	
Eröffnung der **Sachdiskussion:** Änderungsanträge? Vom Hauptantragsteller akzeptiert? Antrag auf Ende der Rednerliste (Ende der Debatte)	
Abstimmung über Antrag: Gesonderte Abstimmung über Änderungsanträge? Vor Abstimmung klären: Wie werden Enthaltungen gewertet? Geheime Abstimmung gefordert? Abstimmung, Auszählung (dafür, dagegen, Enthaltung, eventuell ungültig) Bekanntgabe des Ergebnisses, Beschluss	
Wahlen Sammeln von Wahlvorschlägen, Kandidaten mit Nominierung einverstanden? Vorstellung der Kandidaten, Fragen an die Kandidaten, Kandidaten verlassen den Raum, Aussprache Hinweis auf Wahlmodus: Wie zählen Enthaltungen? Wann Stimme ungültig? Geheime Wahl der / des Kandidaten Zahl der Stimmberechtigten? Gleiche Anzahl der Stimmzettel? Auszählen der Stimmen, Bekanntgabe des Ergebnisses Nimmt Kandidat die Wahl an?	
Verschiedenes: Hier keine Beschlüsse! Nächsten Termin beschließen	
Abschluss der Konferenz, Zeitpunkt festhalten	

III. Schulfahrten

Klassen- oder Kursfahrten gehören als besondere Schulveranstaltungen zum festen Repertoire schulischen Lebens. Organisiert und betreut werden sie meist von einzelnen Lehrkräften, deswegen ist dieses Kapitel auch aus ihrer Perspektive geschrieben. Es gehört aber dennoch in einen Rechtsratgeber für schulische Führungskräfte: An Ihnen ist es, die Kollegen bei der Planung zu unterstützen und Standards vorzugeben. Bei Klassenfahrten stellt sich nämlich eine Reihe von Haftungsfragen. Wer hierbei vorher klug agiert, wird nachher weniger Probleme haben – und alle größeren Probleme landen irgendwann auf dem Schreibtisch der Schulleitung. Dass die Kollegen sich richtig absichern, ist also in Ihrem ureigenen Interesse.

Als Ausgangspunkt einer Klassen- oder Kursfahrt wird in der Regel ein Gespräch mit der entsprechenden Lerngruppe stehen. Häufig wird der Wunsch einer Klassenfahrt von der Klasse an die Lehrkraft herangetragen und zugleich mit einem Vorschlag gekoppelt, wohin man fahren möchte. Natürlich können Sie Ihre Klasse bestimmen lassen, wohin sie fahren will, müssen es aber nicht: Sie sind die pädagogische Führungskraft, Sie müssen dort die Aufsicht führen, Sie müssen das Ganze organisieren. Sie sind nicht die Reiseleitung einer Urlaubsreise, die von Schülern und Eltern gebucht wird. Diesem Missverständnis gilt es von Anfang an vorzubeugen. Falls also ein Ziel vorgeschlagen wird, das Sie ablehnen, sollten Sie dies gleich unmissverständlich klarmachen, bevor sich falsche Erwartungen festsetzen.

Sowenig es möglich ist, eine Klasse zu einer Klassenfahrt zu zwingen, ist es möglich, der Lehrkraft ein Ziel aufzuzwingen. Das wäre auch wenig sinnvoll, denn eine Klassenfahrt soll von Schüler- und Lehrerseite akzeptiert werden, damit sie auch unter erzieherischen Gesichtspunkten ein Erfolg wird. Falls eine Einigung schwierig oder unmöglich erscheint, besteht die Möglichkeit, dass die Klasse mit einer anderen Lehrkraft an das gewünschte Ziel fährt. Da Klassenfahrten für Lehrkräfte eine enorme Belastung darstellen, sollten Sie notfalls ganz entspannt diesen Vorschlag machen.

Da Sie mein Verfahren des Worst-Case-Szenarios kennen, werden Sie sich nicht wundern, wenn bei Planung und Durchführung der Fahrt ständig Schwierigkeiten auftauchen. Und da haben wir bereits das erste Problem: Zwei befreundete Schüler erklären bei dem von Ihnen vorgeschlagenen Ziel, eine Skifreizeit zu unternehmen, sie würden dann nicht mitfahren. Zwar hatte ich gesagt, die Schüler seien zur Teilnahme an einer Klassenfahrt verpflichtet, aber das gilt nur grundsätzlich.

Selbstverständlich ist ein Zwang im juristischen Sinne nicht möglich, weil mit einer Klassenfahrt erhebliche finanzielle Kosten verbunden sind und durch die Herauslösung aus dem Elternhaus (für eine Woche) auch das Erziehungsrecht der Eltern betroffen ist. Kinder, deren Eltern religiöse, gesundheitliche oder finanzielle Bedenken geltend machen, können folglich nicht zur Teilnahme gezwungen werden.

Damit zurück zu den beiden Schülern, die damit drohen, nicht mitzufahren, falls es an einen Ort ginge, an den sie nicht wollen. Mit diesem Problem werden Sie immer leben müssen. Vermutlich werden Sie kein Ziel finden, mit dem alle Schüler uneingeschränkt einverstanden sind. Andererseits zeigt die Erfahrung, dass die gemachten Vorbehalte oft nur ein Bluff sind, um die Entscheidung in die persönlich gewünschte Richtung zu bringen. Denn wenn alle anderen fahren, ist in der Regel der soziale Druck so groß, dass selbst die Abweichler mitfahren, um nichts zu versäumen. Manchmal hilft auch der Hinweis darauf, dass nicht mitfahrende Schüler nachweislich am Unterricht einer Parallelklasse teilnehmen müssen.

Gehen wir nun einmal davon aus, dass die Klasse mit Ihrem Vorschlag, eine Skifreizeit durchzuführen, einverstanden ist, jedoch nicht die beiden Abweichler. Die maulen immer noch und schicken ihre Eltern vor.

1. Elternabend

In Absprache mit dem Elternvertreter haben Sie zu einem Elternabend eingeladen, auf dem es um die Klassenfahrt gehen soll. Die meisten Eltern sind da, aber leider nicht alle. Das ist ärgerlich, aber nicht zu ändern. Möglicherweise gibt es auf dem Elternabend noch einmal ähnliche Diskussionen wie in der Klasse, weil nun die Schüler ihre Eltern vorschicken, um ihre Wünsche durchzusetzen. Hier gilt das Gleiche wie bei der Diskussion mit der Klasse. Die Eltern dürfen zwar ihre Wünsche und Vorstellungen vortragen, nicht aber Ihnen das Ziel oder die Regeln der Klassenfahrt diktieren.

Auf dem Elternabend interessiert die Eltern vor allem Folgendes:

- Kosten
- Zeitpunkt des »Zapfenstreichs«
- Freizeit am Ort, Alkohol und Rauchen
- Reaktionen beim Fehlverhalten ihrer Kinder

Wer dies weiß, kann sich vorbereiten, um diese Punkte abschließend zu behandeln. Am schwierigsten zu kalkulieren sind die Kosten. Denn sie hängen nicht nur von möglichen Preiserhöhungen, sondern von der Zahl der Teilnehmer ab. Vor allem die Fahrtkosten sind ein wichtiger Kostenfaktor. Machen Sie nicht den Fehler einiger engagierter Lehrkräfte, die Kosten nach unten zu rechnen, damit möglichst viele Eltern zustimmen. Falls die tatsächlichen Kosten später über Ihrer optimistischen Schätzung liegen, dürfen Sie mit erheblichen (berechtigten) Protesten rechnen. Schließlich haben die Eltern sich auf Ihre Einschätzung verlassen und entsprechend finanziell kalkuliert. Machen Sie immer wieder deutlich, dass die von Ihnen angegebenen Kosten auf einer Teilnehmerzahl von x Schülern basieren und steigen können, falls weniger Schüler mitfahren. Konkrete Kosten können Sie also erst nennen, wenn Sie genau wissen, wie viele Schüler verbindlich mitfahren.

Manchmal gibt es Schüler, bei denen im Elternhaus das Geld für die Klassenfahrt fehlt und die dies natürlich nicht öffentlich zugeben wollen. Machen Sie deutlich: Solche Informationen werden von Ihnen nicht nur vertraulich behandeln, sondern es gibt Mittel und Wege, um auch Kindern aus finanziell schwachen Familien die Teilnahme an der Klassenfahrt zu finanzieren. Eine Möglichkeit ist ein Antrag beim Sozialamt, eine andere Möglichkeit besteht in einem schulinternen Fonds, der in solchen Fällen Zuschüsse gibt. Manchmal sammeln auch die Klassenkameraden für einen Mitschüler, wobei dieses Verhalten zwar positiv zu werten ist, den begünstigten Mitschüler aber in eine unangenehme Situation bringt.

Im Auftrag der Schüler werden die Eltern mit Sicherheit nach der **Uhrzeit des »Zapfenstreiches«** fragen und versuchen, für ihre Kinder das Maximum auszuhandeln. Hier gilt: **Lassen Sie diesen Punkt nicht offen**, sondern klären Sie ihn hier und jetzt. Empfehlenswert ist es, zwei Zeitpunkte festzulegen, und zwar einen, wann die Schüler wieder in der Unterkunft sein müssen, und den nächsten, wann sie ausgezogen und gewaschen im Bett liegen müssen, sodass Sie das Licht löschen können. Gerne versuchen Schüler und Eltern, den ersten Zeitpunkt kurz vor den zweiten zulegen, also Eintreffen in der Unterkunft 22.50 Uhr, Zapfenstreich um 23.00 Uhr. Natürlich weiß jeder vernünftige Mensch, dass eine solche Zeitspanne von zehn Minuten unrealistisch ist, deshalb wird sie ja auch vorgeschlagen – und genau aus diesem Grund sollte sie von Ihnen abgelehnt werden. Das Minimum zwischen beiden Zeitpunkten sollte 20 Minuten betragen.

Der nächste Punkt betrifft die Freizeit. Je nach Alter der Schüler und Sozialisation der Eltern werden Sie mit ganz unterschiedlichen Vorschlägen konfrontiert werden, die das Rauchen und den Alkoholgenuss betreffen. Wenn Sie Eltern haben, die ihren Kindern auch am Ort der Klassenfahrt das Rauchen und Trinken verbieten wollen, haben Sie kein Problem. Interessant wird es, falls die Eltern fordern, Sie mögen als Lehrkraft doch einmal ein Auge zudrücken. Denken Sie daran: Alles, was Sie jetzt sagen, kann (und wird!) später gegen Sie verwendet. Sie dürfen also keine Zugeständnisse machen, die gegen gesetzliche Regelungen oder gegen die Regelungen Ihres Fahrtenerlasses verstoßen.

Was die Schüler in ihrer Freizeit machen, ist letztlich nicht Ihr Problem, aber Sie sollten bei den Eltern nicht den Eindruck erwecken, Rauchen oder Alkoholgenuss durchgehen zu lassen. Die Tatsache, dass einige Eltern ihren minderjährigen Kindern das Rauchen oder Alkoholgenuss gestatten, kann und darf für Sie als Lehrkraft keine Rechtfertigung sein.

Nun bin ich als Lehrer nicht so weltfremd, dass ich nicht wüsste, was auf Klassenfahrten passiert. Aber es ist wichtig, Eltern und Schülern deutlich zu sagen, Sie wollten solche Verhaltensweisen nicht sehen und würden, sobald Sie sie bemerken, mit disziplinarischen Maßnahmen darauf reagieren. Die Frage der Eltern, die sich logischerweise daran anschließt, ist die nach den konkreten Maßnahmen.

Es scheint verlockend, sich mit ausweichenden Formulierungen wie »Das werden wir dann schon sehen« zunächst aus der Affäre zu ziehen. Günstiger ist es, von Anfang an klare Regelungen zu verkünden. Für unerlaubtes Rauchen erscheinen leichte Maßnahmen angebracht. Schwerwiegender ist der Genuss von Alkohol. Bei leichtem Alkoholgenuss genügt eine Ausgangssperre, sollte der Betroffene regelrecht betrunken sein, empfiehlt es sich, ihn nach Hause zu schicken.

Schon die Tatsache, dass Sie dies auf dem Elternabend verkünden und auch später schriftlich festhalten (Anhang S. 228), sorgt dafür, dass sich bei Ihrer Klassenfahrt der Alkoholkonsum vermutlich in Grenzen halten wird. Zu der Frage der Eltern, wer denn entscheidet, wie betrunken ihr Kind ist, gibt es eine einfache und klare Antwort: Das entscheidet die Lehrkraft, also Sie, und zwar aufgrund des Augenscheins. Wer das Nachhauseschicken ernst meint und sich absichern will, dem sei Folgendes empfohlen:

> **! Tipp: In Frankreich muss seit einigen Jahren jeder Autofahrer ein Röhrchen mitführen, das etwa 1 Euro kostet, an jeder Tankstelle zu erhalten ist und schnell und verlässlich angibt, ob der Fahrer betrunken ist. Das Blasen in ein solches Röhrchen ist, anders als die Blutentnahme, keine Körperverletzung. Und wer sich als Schüler weigert, zur Entlastung in ein solches Röhrchen zu blasen, dem kann man zu Recht unterstellen, betrunken zu sein, und ihn folglich nach Hause schicken.**

Natürlich entwickeln die Eltern ein berechtigtes Interesse an der Frage, bei welchen Vorkommnissen denn Schüler vorzeitig nach Hause geschickt werden. Dies zum einen, um es ihren Kindern zu vermitteln, zum anderen, weil *sie* die Kosten des vorzeitigen Zurückschickens tragen müssen. Natürlich hängt die konkrete Entscheidung vom Einzelfall ab und kann nur von der Lehrkraft vor Ort gefällt werden. Aber es ist sinnvoll, für Eltern und Schüler ein paar Markierungspfosten einzuschlagen, an denen sie sich orientieren können.

Tipp: Für folgende Punkte ist ein vorzeitiges Zurückschicken angemessen:
- **Starker Alkoholgenuss**
- **Drogenbesitz bzw. Drogenkonsum**
- **Aufenthalt im Zimmer des anderen Geschlechts nach dem Zapfenstreich**
- **Verlassen der Unterkunft nach dem Zapfenstreich**
- **Körperliche Gewalt gegen Mitschüler**

Wenn Sie diese fünf Punkte nennen, später schriftlich fixieren und von den Eltern unterschreiben lassen (S. 220), haben Sie alles getan, um Ihr späteres Verhalten für Schüler und Eltern berechenbar zu machen. Sie beugen damit der so beliebten Einlassung »Ja, wenn wir gewusst hätten …« vor. Nun sind alle über Ihre möglichen Reaktionen informiert und wissen, bei welchen Sachverhalten mit dem Zurückschicken des Kindes zu rechnen ist.

Ebenfalls auf dem ersten Elternabend sollten Sie klarstellen, dass Sie nicht bereit sind, Schüler mitzunehmen, die sich nicht an Ihre Anweisungen halten oder die eine Gefahr für andere Schüler darstellen. Sie können sich dabei auf etliche Gerichtsurteile berufen, sofern Sie sich an zwei Grundregeln halten:

1. Eltern und Schülern muss **angekündigt** werden, dass sie bei ernstem Fehlverhalten nicht mitgenommen werden, sondern in der Schule bleiben.
2. Der Schüler muss im Regelfall einmal vorher **verwarnt** worden sein, bevor er von der Klassenfahrt ausgeschlossen werden kann.

Achten Sie unbedingt darauf, diese Verwarnung und den Anlass aktenkundig zu machen, denn in den meisten Bundesländern (Ausnahme Niedersachsen) ist der **Ausschluss von einer Klassenfahrt eine Ordnungsmaßnahme** (siehe S. 162), die mit Widerspruch und Klage angefochten werden kann.

An dieser Stelle soll geklärt werden, ob eine Lehrkraft verpflichtet ist, eine Klassenfahrt durchzuführen. Die klare Antwort lautet: Es kommt drauf an. Aber worauf? Ganz einfach: darauf, ob sämtliche Kosten vom Dienstherrn übernommen werden oder nicht. Unbestritten sind Klassenfahrten ein Teil des schulischen Lebens und stellen für den Lehrer Dienstreisen dar. Dienstreisen können vom Dienstherrn angeordnet werden, **wenn dieser dafür alle Kosten trägt**. Denn es ist nicht einzusehen, dass eine Lehrkraft eine Dienstreise für den Dienstherrn durchführt, diese aber aus eigener Tasche ganz oder teilweise finanzieren soll. Schließlich ist eine Klassenfahrt für die Lehrkraft kein Vergnügen, sondern eine hohe Belastung, die zudem schwierige Aufsichtssituationen verursacht. Wäre dies anders, hätten die Schulen gar keine Schwierigkeiten, Lehrkräfte als Begleitung zu finden.

Einige Bundesländer haben in der Vergangenheit zu dem fragwürdigen Kniff gegriffen, von ihren Lehrern einen »freiwilligen« Verzicht auf den ihnen zustehenden Ersatz der Kosten zu fordern, bevor die Fahrt genehmigt wird. Nicht zuletzt weil mehrere Gerichte dies als unzulässig eingestuft haben, weigern sich immer mehr Kollegen, eine solche Verzichtserklärung zu unterschreiben, und erklären Schülern und Eltern den Sachverhalt.

Einige Elternschaften bieten den Kollegen an, die Finanzierungslücke aus ihrer Tasche zu schließen. Obwohl Sie über 18 sind und in einem freien Land leben, können Sie dieses Angebot leider nicht annehmen. Denn Sie sind Beamter und als solcher nicht auf irgendwelche Nettigkeiten von Schülern oder Eltern angewiesen. Außerdem dürfen Sie grundsätzlich keine Geschenke annehmen, schon gar nicht, wenn sie zehn Euro (25 Euro in NRW) übersteigen. Sie erfüllen pflichtgemäß ihren Dienst und die damit verbundenen Dienstreisen sind vom Dienstherrn zu tragen, so steht es im Gesetz. Zur Annahme von Freiplätzen sage ich etwas auf S. 66.

Der Elternabend ist zu Ende gegangen, die meisten Anwesenden sind mit dem Ziel der Klassenfahrt und den von Ihnen vorgestellten Regeln einverstanden, einige wollen noch darüber nachdenken. Da erfahrungsgemäß an diesem Abend einige Eltern gefehlt haben, müssen Sie diese über die getroffenen Absprachen informieren. Ein solches Schreiben sollten Sie als Zusammenfassung an alle Eltern verschicken und sich Kenntnisnahme und Empfang bestätigen lassen. Das dient Ihrer Absicherung, denn damit haben Sie einen Beleg, dass die Eltern die Regelungen akzeptiert haben. Auch hierzu finden Sie eine Vorlage im Anhang (S. 228). Lassen Sie bei der Kenntnisnahme bzw. Empfangsbestätigungen keine Einschränkungen oder Vorbehalte zu, die von den Eltern handschriftlich hinzugefügt werden. Ich weiß, dieses Vorgehen mag Ihnen übertrieben erscheinen, aber die Erfahrung zeigt leider, dass genau an diesen Stellen später Probleme auftauchen.

Immer wieder gibt es Eltern von Problemschülern, die später argumentieren, auf dem Elternabend hätten Sie aber etwas anderes gesagt oder sie hätten dies alles ganz anders verstanden. Das könnten im Übrigen auch die Eltern von Schüler X bestätigen, der ebenfalls wegen eines Verstoßes nach Hause geschickt werden soll. Wollen Sie diese Schwierigkeiten vermeiden, sollten Sie lieber vorher genau arbeiten. Zudem zeigen Sie durch ein solches Vorgehen, dass Sie ganz konkrete Vorstellungen vom Ablauf der Klassenfahrt und dem Verhalten der Schüler haben. Das werden die Eltern registrieren und ihren Kindern hoffentlich mit auf den Weg geben.

2. Genehmigung, Anmeldung, Bezahlung

Für die Genehmigung der Fahrt ist es erforderlich, der Schulleitung die Einverständniserklärung der Eltern und die Kostenaufstellung der Fahrt vorzulegen. Dafür brauchen Sie zuerst die **verbindliche Zusage** der Eltern, um die Kosten annähernd genau einzuschätzen. Natürlich können Sie auch tricksen und die Fahrt schon genehmigen lassen, bevor die Eltern sich anmelden. Aber dieses Verfahren ist riskant, weil sie noch keine genaue Teilnehmerzahl und damit auch die Kosten nicht exakt angeben können. Es besteht also die Gefahr, eine genehmigte Fahrt hinterher absagen oder die Kosten verändern zu müssen. Das sollen Sie vermeiden.

Da die Genehmigung der Fahrt relativ schnell geht, können Sie sich damit Zeit lassen. Es sei denn, Sie planen eine Fahrt an ein ganz ungewöhnliches Ziel, für das die Genehmigung durch die Schulleitung nicht sicher ist. In diesem Fall können Sie vorab mit der Schulleitung ein Gespräch führen und klären, unter welchen Bedingungen eine Fahrt zu diesem Ziel genehmigt würde.

Der logisch erste Schritt ist deshalb die **verbindliche Anmeldung** der Eltern. Dazu finden Sie im Anhang ein vorbereitetes Schreiben. Mit der verbindlichen Anmeldung sollten Sie zugleich eine **Anzahlung** von etwa 25 Prozent des Reisepreises fordern. Das ist bei Reisen nicht nur allgemein üblich, sondern sichert Sie auch für den Fall ab, wenn später ein Schüler aus irgendwelchen Gründen nicht an der Fahrt teilnimmt. Wer hier zu vertrauensselig ist, hat entweder noch nicht viele Klassenfahrten durchgeführt oder muss später mühsam versuchen, eine Kostenbeteiligung des nicht mitfahrenden Schülers zu bekommen.

Umgekehrt können Sie davon ausgehen, dass diejenigen, die bereits 25 Prozent des Reisepreises überwiesen haben, auch ein echtes Interesse haben mitzufahren. Verzichten Sie bitte bei der geforderten Anzahlung auf vage Formulierungen wie »möglichst bald«. Setzen Sie stattdessen **ein konkretes Datum** und machen Sie deutlich, dass bis zu diesem Termin das Geld nicht nur angewiesen, sondern bei Ihnen **eingegangen** sein muss, damit Sie die Fahrt anmelden können.

Sobald die gesetzte Frist verstrichen ist und Sie für etwaige Nachzügler noch eine Woche dazugegeben haben, wissen Sie, wer mitfahren will und wer nicht. Verlassen Sie sich nicht auf blumige Absichtserklärungen, eigentlich doch mitfahren zu wollen, die aus den unterschiedlichsten Gründen abgegeben werden.

Zwar werden Sie schon vorher Erkundigungen und Angebote für die geplante Fahrt eingeholt haben, aber erst nach der verbindlichen Anmeldung aller Teilnehmer und der Genehmigung der Fahrt durch die Schulleitung sollten Sie die Reise buchen. Sie besteht im Regelfall aus zwei Teilen, und zwar der Fahrt mit Bus, Bahn oder Flugzeug und der Unterbringung und Verpflegung. Juristisch interessant ist die Frage, wer bei der Buchung eigentlich Vertragspartner z. B. des Busunternehmens ist. Ist es die Lehrkraft als Privatperson oder die Schule, in deren Auftrag die Lehrkraft handelt? Die Antwort ist deshalb von Bedeutung, weil unter Umständen geklärt werden muss, wer für etwaige Vertragsverletzungen haftet.

Vertragspartner des Bus- oder Beherbergungsunternehmens ist die **Schule**. Der zivilrechtliche Vertrag wird zwar vom Klassenlehrer geschlossen und auch unterzeichnet, er handelt dabei aber stellvertretend für die Schule. Aus diesem Grunde ist die (vorherige) Genehmigung durch die Schulleitung zwingend. Durch sie wird die Lehrkraft nämlich indirekt bevollmächtigt, die entsprechenden Verträge zu schließen. Der Lehrer handelt hier nicht als Privatperson, sondern als sogenannter **Amtswalter**. Das ist für den Fall wichtig, dass mehrere Eltern den Restbetrag nicht zahlen, das Busunternehmen und die Herberge aber den vollen Betrag fordern. Die Forderung geht zwar zunächst an die Lehrkraft als Ansprechpartner des Busunternehmens, wird dann aber zur Klärung an die Schule weitergereicht. Im vorgenannten Fall müsste also erst die

Schule die Forderungen des Busunternehmens begleichen, könnte dann aber von den Eltern den ausstehenden Betrag zurückfordern.

Denn sie hat mit den Eltern (über die Lehrkraft) einen öffentlich-rechtlichen Vertrag (Zustimmung zur Teilnahme) geschlossen. Dieser muss nach den Maßstäben des öffentlichen Rechts schriftlich geschlossen werden, um beide Seiten vor übereilten Entscheidungen zu schützen und Beweisschwierigkeiten vorzubeugen. Deshalb ist die verbindliche schriftliche Anmeldung so bedeutsam.

Bei Buchung der Fahrt werden von den Veranstaltern häufig **Freiplätze** oder andere Vergünstigungen angeboten. Gerade in Bundesländern, die den begleitenden Lehrkräften nicht die vollen Kosten ersetzen, stellt sich die Frage, ob ein solcher Freiplatz von der Lehrkraft angenommen werden darf. Zwar könnte man auf diese Weise elegant die Deckungslücke der Kosten schließen, allerdings ist das leider nicht möglich. Stattdessen müssen etwaige Freiplätze auf die Schüler umgelegt werden. Die offizielle Begründung mag Ihnen nicht einleuchten, Sie sollten sie aber kennen.

Freiplätze werden von den Veranstaltern nicht aus purer Menschenfreundlichkeit angeboten, sondern sie sind ein Köder für die Lehrkraft, um genau bei diesem Veranstalter zu buchen. Die Kosten des Freiplatzes oder der Freifahrt werden natürlich auf die zahlenden Teilnehmer umgelegt. Wenn jetzt die Lehrkraft die Freifahrt, die wir einmal mit 200 Euro veranschlagen wollen, in Anspruch nimmt, bedeutet das einen **vermögenswerten Vorteil** für die Lehrkraft von 200 Euro, der indirekt durch die Schüler finanziert wird. Anders betrachtet handelt es sich dabei um ein »Geschenk« an die Lehrkraft, das die Bagatellgrenze von zehn Euro (25 € in NRW) deutlich übersteigt. Die häufig gestellte Frage, warum der freie Eintritt in ein Museum anders gesehen wird, können Sie jetzt schon selbst beantworten: Der Wert liegt unter zehn Euro und er wird nicht indirekt von den Schülern finanziert.

Auch wenn es in Ihrem Bundesland nicht zwingend vorgesehen ist, sollten Sie unbedingt eine **Reiserücktrittskostenversicherung** für Ihre Schüler abschließen. Diese Versicherung kostet pro Schüler etwa drei Euro, zahlt aber nicht nur im Krankheitsfall, sondern sogar dann, wenn ein Schüler am Jahresende sitzen bleibt und deshalb die geplante Klassenfahrt nicht mitmachen kann oder möchte. Allerdings fordern manche Versicherungen einen Selbstbehalt von 50 Euro, den es einzurechnen gilt. Um die Reiserücktrittskostenversicherung pauschal abzuschließen, benötigen Sie das Einverständnis der Eltern. Falls einige die Versicherung für überflüssig halten, müssen sie eben selbst für die Kosten eines Ausfalls aufkommen.

Unterstellen wir einmal, dass es an dem Ort Ihrer Klassenfahrt ein Schwimmbad gibt. Dann stellt sich die Frage, ob oder unter welchen Bedingungen die Schüler schwimmen gehen können. Unproblematisch ist dies immer, wenn Sie Sportlehrkraft sind und nicht nur irgendwann einmal einen Rettungsschein gemacht, sondern Ihre **Rettfähigkeit** durch eine Wiederholung in den letzten drei Jahren unter Beweis gestellt haben.

Dann dürften Sie mit Ihren Schülern ins Schwimmbad gehen – unter Beachtung der Bedingungen des Schwimmerlass Ihres Bundeslandes, der als Minimum meist den Jugendschwimmschein Bronze voraussetzt. Einige Bundesländer gestatten auch »normalen« Lehrern mit Schülergruppen den Besuch eines Schwimmbades (aber keinen Schwimm**unterricht!**), wenn über eine mündliche Absprache der Bademeister die Aufsicht übernimmt.

Für alle Bundesländer ist jedoch folgende Variante möglich: Vermutlich werden die Schüler am Ort auch Freizeit haben, z. B. nach dem Skifahren. In dieser Freizeit dürfen die Schüler – mit Erlaubnis ihrer Eltern – sich frei bewegen und Dinge unternehmen, die sie auch zu Hause machen.

Sie können also die Eltern Ihrer Schüler darüber informieren, dass es am Ort ein Schwimmbad gibt und dass es **an den Eltern** liegt, ihrem Kind den Besuch des Schwimmbades zu erlauben oder auch nicht. Machen Sie aber unmissverständlich deutlich, am besten schriftlich (Muster für einen entsprechenden Brief im Anhang), dass **Sie** während des Badens keine Aufsicht führen. Jetzt ist der Besuch des Schwimmbades in der Freizeit das Privatvergnügen der Schüler, über das die Eltern informiert sind und dem sie zugestimmt haben.

Neben der Einwilligung zu möglichen Freizeitaktivitäten sollten Sie von den Eltern unbedingt noch einen **Gesundheitsbogen** und evtl. eine Einwilligung für den **medizinischen Notfall** ausfüllen lassen. Auch hierzu finden Sie Mustervordrucke im Anhang. Einen ausgefüllten Gesundheitsbogen brauchen Sie von jedem Schüler, um zu wissen, wer Medikamente benötigt, wer allergisch auf Seefisch oder Nüsse reagiert oder wer Herzprobleme hat. Ob die Fragebogen wahrheitsgemäß ausgefüllt werden, braucht Sie nicht weiter zu beschäftigen. Sie haben um diese Auskünfte gebeten und zugesichert, sie vertraulich zu behandeln. Wenn jetzt Marvin oder seine Eltern Sie anlügen, so ist das juristisch nicht Ihr Problem. Denn Sie haben schwarz auf weiß, dass der Junge kerngesund ist.

Die Einwilligung für medizinische Notfälle ist in anderen europäischen Ländern (z. B. Frankreich) bereits Standard. Hierdurch bevollmächtigen die Eltern die Lehrkraft, falls sie nicht erreichbar sind, notfalls eine Entscheidung zu treffen, ob eine medizinische Maßnahme durchgeführt oder ein Verbandsmittel gekauft wird. Und sie verpflichten sich, die verauslagten Kosten zu ersetzen. Wenn Sie diese Einwilligung vorstellen, müssen Sie mit kritischen Fragen der Eltern rechnen, die Sie aber sicher zerstreuen können. Machen Sie deutlich: Diese Einwilligung gilt nur für den absoluten Notfall, falls kein Elternteil zu erreichen ist. Denn auch das kommt vor. Dann ist es für Sie als Lehrkraft ausgesprochen beruhigend, eine solche Einwilligung zu besitzen. Sie erspart im Fall der Fälle viel Ärger.

Bei jungen Schülern, die regelmäßig Medikamente benötigen, dies aber ab und zu vergessen, bitten einige Eltern darum, die Lehrkraft möge dem Kind das verschriebene Medikament geben. Das ist möglich, falls Sie bereit sind, diese Verantwortung zu übernehmen. Allerdings sollten Sie sich **schriftlich** bestätigen lassen, dass die Eltern keine Ansprüche gegen Sie erheben, falls Sie dies einmal vergessen sollten.

Die Fahrt rückt immer näher. Es sind noch gut zwei Monate bis zum Abfahrtstermin, und die Schüler quengeln, weil ein Punkt immer noch nicht geklärt ist: die

Zimmerbelegung. Selbstverständlich könnten Sie, sobald Sie die Raumpläne haben, diese in die Wege leiten. Allerdings entscheiden **Sie** als Lehrkraft letztlich darüber, wer mit wem in welchem Raum untergebracht ist. Diesen Punkt sollten Sie Ihren Schülern frühzeitig klarmachen. Anderenfalls kann es passieren, dass die Zimmerbelegung von den Schülern schon selbstständig vorgenommen wird, und zwar so, dass für Außenseiter kein Platz mehr ist. Niemand will sie im Zimmer haben und unter Umständen hören Sie: »Wenn der in unser Zimmer kommt, dann fahren wir nicht mit!« Was dann?

Tipp: Nehmen Sie die Zimmerbelegung erst vor, wenn die **Restzahlung** der Schüler bei Ihnen eingegangen ist. Der zweite Tipp besteht in einer Koppelung zwischen Restzahlung und Zimmerbelegung. Das heißt, diejenigen, die bereits den vollen Betrag überwiesen haben, dürfen sich ihre Plätze in den Zimmern schon aussuchen. Das befördert die Zahlungsmoral der Eltern erheblich und verhindert, dass der Außenseiter den Platz nehmen muss, den die anderen Schüler ihm zuteilen.

Kommen wir nun zum **überraschenden Rücktritt** von der Fahrt mit einem Gerichtsurteil: Eine Schülerin (keine Reiserücktrittskostenversicherung) wird nach der Buchung, aber kurz vor dem Termin der Zahlung krank, legt ein ärztliches Attest vor und will nicht mitfahren. Allerdings will sie nicht die Kosten übernehmen, da sie ja nicht mitfährt. Natürlich muss die Schülerin ihren Kostenanteil zahlen. Denn sobald eine Person weniger mitfährt, werden bestimmte Kosten vielleicht geringer, andere aber nicht. Und diese müssen gezahlt werden.

Die Begründung der Entscheidung ist leicht einzusehen: Würde man jedem, der nicht mitfährt, die Kosten erlassen, erhöhte sich der Reisepreis für die anderen Schüler. Das aber darf nicht sein. Schließlich haben Sie am Elternabend bzw. im Informationsschreiben eine Summe für die Kosten der Klassenfahrt vorgegeben, auf die die Eltern sich verlassen haben. Dieses Vertrauen in die Kalkulation muss geschützt werden, weil die Eltern vielleicht mit der Zustimmung zur Klassenfahrt ihre finanziellen Möglichkeiten voll ausgeschöpft und ihr nur deshalb zugestimmt haben, da sie sich auf die angekündigte Gesamtsumme verlassen haben.

Wenn also schon im Falle einer ärztlich bestätigten Krankheit ein Schüler an den Kosten der Fahrt beteiligt wird, gilt dies erst recht für alle anderen Fälle (z. B. Ordnungsmaßnahme). Es kommt also **nicht** auf den Grund des Rücktritts an.

3. Probleme vor Ort

Inzwischen sind Sie am Ort Ihrer Klassenfahrt angekommen, die Stimmung ist gut und abends sind alle Beteiligten müde. Und Sie haben nach dem harten Tag noch Lust, mit Ihrer Begleitung ein Glas Wein zu trinken. Aber haben Sie überhaupt Freizeit, und dürfen Sie abends in einer Gaststätte Alkohol trinken, obwohl es für die Schüler verboten ist? Die klare Antwort: Sie dürfen. Denn Sie befinden sich in einem, wie Juristen es nennen, »**Bereich der privaten Lebensführung**«. Und in diesem dürfen Sie sogar ein Gläschen Alkohol trinken oder Zigaretten rauchen. Um es einmal anders zu formulieren: Sie haben zwar als Lehrkraft eine Vorbildfunktion, aber das bedeutet nicht, mit den Schülern gleichgestellt zu sein. Sie sind erwachsen, eine pädagogische Führungskraft und als solche verdienen Sie einige Privilegien.

Kommen wir nun zu Ihrer Aufsichtspflicht. Während des Skiunterrichts werden die Schüler von ausgebildeten Skilehrern unterrichtet, sodass Sie von der direkten Aufsicht befreit sind. Allerdings müssen Sie im Notfall schnell erreichbar sein. Nach dem Abendessen haben die Schüler frei, sind aber pünktlich wieder in der Unterkunft und liegen in ihren Betten. Wie lange dauert nun noch Ihre Aufsicht? Das hängt von der Reife der Schüler bzw. von ihrem Verhalten ab. Wenn die Schüler Ihren Anweisungen Folge leisten, genügt etwa eine halbe Stunde, in der Sie noch einmal kontrollieren, ob die Bettruhe auch eingehalten wird. Keineswegs müssen Sie sich die gesamte Nacht um die Ohren schlagen, um zu überprüfen, ob nicht doch in einem Zimmer noch gelesen wird oder ein Schüler in ein anderes Zimmer schlüpft.

Aber wir wollten ja, um es realistisch zu machen, Schwierigkeiten einbauen. Also müssen Sie gegen 2:00 Uhr auf die Toilette, die sich leider nicht in Ihrem Zimmer befindet. Dabei ertappen Sie zwei Schüler, die gerade durch das Flurfenster wieder ins Gebäude steigen. Sie finden also genau die Situation vor, für die Sie angedroht haben, Schüler nach Hause zu schicken. Was tun? Es ist natürlich Ihre Entscheidung: Sie können also auf diese Maßnahme verzichten. Allerdings sollte Ihnen klar sein, dass Sie dann niemanden mehr nach Hause schicken können. Denn da Sie, obwohl Sie es angekündigt haben, die Schüler nun doch nicht nach Hause schicken, können Sie eigentlich gar nicht anders, als in ähnlichen Situationen genauso nachsichtig zu handeln. Man wird Ihnen immer diesen Fall vorhalten, bei dem Sie trotz eines schweren Verstoßes keine einschneidende Maßnahme getroffen haben.

Aber Sie sind konsequent. Wie geht es weiter? Natürlich müssen die Eltern benachrichtigt werden, um mit ihnen abzusprechen, wie die Schüler wieder nach Hause kommen. Auf keinen Fall sollten Sie sich mit den Eltern auf eine Diskussion über Ihre Entscheidung einlassen. Eltern und Schüler waren schließlich informiert und haben dies auch schriftlich bestätigt. Es geht also nur noch um die Modalitäten der Rückreise. Das hängt nicht zuletzt davon ab, wie weit der Ort der Klassenfahrt vom Schulort bzw. Wohnort der Eltern entfernt ist. Wenn die Eltern in einigen Stunden mit dem Wagen da sein können, spricht nichts dagegen, dass sie ihre Kinder abholen. Sollte jedoch wie bei unserer angenommenen Skifreizeit eine lange Fahrt erforderlich sein, so empfiehlt es sich, die Schüler in den Zug zu setzen.

Ob eine Begleitperson dabei sein muss, hängt vom Alter der Schüler ab. Volljährige oder Schüler ab der neunten Jahrgangsstufe können im Regelfall auch alleine in den Zug gesetzt werden, sofern das Zugbegleitpersonal darüber informiert ist und sich bereit erklärt, ab und zu ein Auge auf die Schüler zu werfen.

Da die Heimreise ohne Begleitung eine kritische Situation ist, empfiehlt es sich, zusätzliche Sicherungen einzubauen. Machen Sie klar, dass es vom Verhalten der Schüler auf der Rückfahrt abhängt, ob und welche Maßnahmen später am Schulort noch getroffen werden. Sorgen Sie dafür, dass die Eltern noch einmal mit ihren Kindern reden und sie ebenfalls dazu anhalten, die Zugfahrt ordentlich hinter sich zu bringen. Da die Eltern schriftlich bestätigt haben, die Kosten des Rücktransports zu übernehmen (S. 228), sind Sie auch in diesem Punkt auf der sicheren Seite.

Auch in einem anderen Fall müssten die Eltern die Kosten für eine Rückfahrt übernehmen. Dann nämlich, wenn ein Vulkan ausbricht und eine Aschewolke den Flugverkehr für unbestimmte Zeit lahmlegt. Wer hier als Lehrkraft gezwungenermaßen die Kosten für eine zusätzliche Übernachtung vorstreckt und dann ein anderes Transportmittel für die notwendige Rückfahrt wählt, kann (falls die Fluglinie nicht zahlen sollte) die Kosten von den Eltern einfordern: **Geschäftsführung ohne Auftrag** nennen das die Juristen (§§ 677 ff. BGB). Sie greift immer dann, wenn man im Interesse der Eltern notwendige Schritte ergreift, um die Schüler zu schützen, zu versorgen oder heil nach Hause zu bringen.

Egal, ob Sie im obigen Fall die Schüler nach Hause geschickt haben oder nicht, wird es jetzt wirklich heikel. Denn es naht der letzte Abend, die letzte Nacht. Und natürlich sind die Schüler clever genug, um zu erkennen, dass ihnen nun nicht mehr viel passieren kann. Denn am nächsten Tag geht es frühmorgens sowieso nach Hause. Ein früheres Zurückschicken ist faktisch unmöglich. Und so bekommt der letzte Abend, die letzte Nacht für beide Seiten eine besondere Bedeutung. Für die Schüler ist es die große Chance, für die Lehrkräfte wird es meist eine schlaflose Nacht.

Präventiv kann man die Schüler am letzten Tag körperlich stark fordern. Wer dies macht, muss vielleicht noch eine Stunde an den Zapfenstreich dranhängen, wird dann aber merken, wie es in den Zimmern ruhiger wird und auch die Letzten bald schlafen. Aber es gibt auch pfiffige Schüler, die erst schlafen, sich aber später durch das Handy wecken lassen, um wieder aktiv zu werden. Hiergegen hilft ein – Babyphone. Genau, gemeint sind die kleinen Geräte, die Geräusche aus dem Schlafzimmer des Babys ins Elternschlafzimmer übertragen. Ein solches Babyphone, auf dem Flur geschickt angebracht, überträgt die Geräusche der Völkerwanderung in Ihr Zimmer – wenn Sie es denn wollen. Wenn es jedoch ruhig ist, dürfen auch Sie sich schlafen legen. Sollten die Schüler still und heimlich etwas Unerlaubtes tun, so ist das juristisch nicht ihr Problem.

Nun zu den juristischen Überlegungen: Da Sie den Schülern am letzten Abend mit einem Zurückschicken nicht mehr wirksam drohen können, sollten Sie andere Mittel ansprechen. Auch nach der Rückkehr an den Schulort sind disziplinarische Maßnahmen gegen diejenigen denkbar, die sich Ihren Anordnungen widersetzt und gegen die Regeln verstoßen haben. Es sind nicht nur Erziehungsmaßnahmen möglich, sondern im Rahmen einer Klassenkonferenz ist es auch zulässig, bestimmte Schüler von zukünftigen Klassen- oder Kursfahrten auszuschließen. Diese Konsequenzen sollten Sie androhen, was zumindest dazu führt, dass sich die Schüler bei ihren heimlichen oder unheimlichen Unternehmungen der letzten Nacht so verhalten, dass Sie nichts davon mitbekommen. Und das ist ja auch schon was.

4. Checkliste für die Organisation einer Klassenfahrt

Vorgang	Erledigt?
Besprechung mit der Klasse, Ziel und Rahmenbedingungen festlegen	
Elternabend: etwaige Kosten, falls alle mitfahren Freizeit, Rauchen, Alkohol, Zapfenstreich, Verstöße für Zurückschicken festlegen	
Elternbrief: Zusammenfassung der Absprachen des Elternabends, Kenntnisnahme und Empfang von allen Eltern bestätigen lassen	
Verbindliche Zusage der Teilnahme, Anzahlung (25 %) bis Datum X, Übernahme der Kosten auch bei überraschendem Rücktritt	
Einverständnis für mögliche Freizeitaktivitäten, und zwar nicht pauschal, sondern präzise, z. B. für Schwimmbad (siehe Muster im Anhang auf S. 228)	
Zusagen von allen Schülern bzw. Eltern abgegeben?	
Antrag auf **Genehmigung** der Fahrt bei Schulleitung	
Unverbindliche Reservierung der Reise beim Veranstalter Klären: Gibt es in der Unterkunft abschließbare Schränke für Wertsachen?	
Anzahlung von allen Schülern eingegangen?	
Erst dann **Vertragsabschluss** mit Veranstalter	
Reiserücktrittskostenversicherung abschließen	
Zimmerbelegung	
Liste verteilen, was mitgenommen werden muss (siehe Muster im Anhang auf S. 227) und was nicht mitgenommen werden darf (sehr wertvolle Dinge)	
Gesundheitsbogen (siehe Muster im Anhang auf S. 229)	
Einwilligung für den **medizinischen Notfall** (siehe Muster im Anhang auf S. 230)	
Liste mit **Telefonnummern** der Eltern anlegen	
Sind bis sechs Wochen vor Reisetermin die Restzahlungen eingegangen?	

IV. Beamtenrecht / Personalrecht

1. Allgemeines

Vielleicht sind Sie bereits Schulleiter, vielleicht wollen Sie sich erst noch auf eine Schulleiterstelle bewerben, vielleicht sind Sie aber auch Mitglied im Personalrat und müssen Kollegen beraten, die Probleme haben. In jedem dieser Fälle sollten Sie mehr über das Beamtenrecht / Personalrecht wissen als der Durchschnittslehrer.

Möglicherweise wollen Sie sich genauer über das Beamtenrecht informieren, weil eine Beurteilung oder Beförderung ansteht. Dann werden Sie wichtige Informationen bekommen. Aber dieses Kapitel kann nicht die anwaltliche Beratung im Einzelfall ersetzen, z. B. wenn Sie bei der Beförderung übergangen wurden und eine Konkurrentenklage anstreben. Es kann Ihnen aber, bevor Sie voller Zorn zu einem Anwalt gehen, eine erste Hilfe sein und Ihnen sagen, wie die Gerichte meistens entscheiden. Und das ist schon eine ganze Menge. Denn vielleicht braucht der Anwalt gerade dringend Klienten und wird Ihnen Hoffnungen machen, obwohl die Erfolgsaussichten objektiv eher gering sind. Mein Honorar hingegen hängt nicht davon ab, ob Sie klagen oder nicht. Deshalb kann ich unbefangener meine Meinung sagen und vor falschen Hoffnungen warnen, z. B. bei der sehr beliebten Konkurrentenklage.

Zu den Rechten der angestellten Lehrkräfte kann man sagen, dass abgesehen von der Besoldung, vom Urlaub und vom Streikrecht die meisten Punkte des Beamtenrechts analog gelten. Da die einzelnen Bundesländer sich eng am Bundesbeamtengesetz (BBG) orientieren, sind nur diese Paragraphen als Beleg angeführt. Sie finden aber die gleiche Regelung leicht verschoben unter einer anderen »Hausnummer« in dem Beamtengesetz Ihres Bundeslandes.

1.1 Verhältnis zum Vorgesetzten

Das Verhältnis vom Lehrer zum Schulleiter als seinem Vorgesetzten wird durch ein kompliziertes Wechselverhältnis bestimmt: Der Lehrer als pädagogische Führungskraft ist für seine Handlungen einerseits selbst verantwortlich, z. B. bei der Einhaltung des Urheberrechts. Andererseits ist er verpflichtet, die Weisungen seines Vorgesetzten zu befolgen. Aber nicht nur das: Als Beamter, aber auch als Angestellter, trifft ihn darüber hinaus noch die Pflicht, seinen Schulleiter zu unterstützen und zu beraten. Wenn der Lehrer vermutet, die Schulleitung treffe eine falsche Entscheidung, ist er nicht nur berechtigt, sondern sogar verpflichtet, Bedenken gegen diese Regelung vorzutragen (sogenannte Remonstration), um falsche Entscheidungen der Schule und ihre negativen Außenwirkungen zu verhindern.

Im Interesse einer modernen Verwaltung soll in die Eigenverantwortlichkeit der Lehrkraft möglichst wenig eingegriffen werden. Das verlangt von der Schulleitung ein gerüttelt Maß an Zurückhaltung, sich nicht selbst um jedes Detail zu kümmern und nicht jeden empörten Elternanruf zur Chefsache zu machen. Viel günstiger ist es, Klagen von Eltern erst entgegenzunehmen, wenn Gespräche mit dem Fachlehrer, dem Klassenlehrer und dem Leiter der Fachschaft erfolglos verlaufen sind. Das entlastet nicht nur und schafft Zeit für wichtigere Tätigkeiten, sondern stärkt auch den Kollegen den Rücken, was diese sehr zu schätzen wissen. Allerdings setzt ein solches Verhalten des Schulleiters voraus, dass die Lehrkräfte die ihnen zugestandenen Freiräume verantwortlich durch eigene Entscheidungen und eigenes Handeln füllen.

Die Übernahme von Verantwortung darf jedoch nicht dazu führen, dass die einzelne Lehrkraft kritische Entscheidungen immer allein fällen muss. Vielmehr ist es sinnvoll, bei unklarer Lage den Rat oder letztlich die Entscheidung des Schulleiters einzuholen, der die Gesamtverantwortung für die Schule trägt. Genau hier liegt ein Problem. Der Kollege, der sich Rat suchend an die Schulleitung wendet, wird fast immer eine Antwort erhalten, die seinen Spielraum verengt, denn der durchschnittliche Schulleiter möchte mit seiner Antwort auf der sicheren Seite bleiben. Folglich werden viele Kollegen die Schulleitung nicht fragen, weil sie die einengende Antwort bereits ahnen. Stattdessen werden sie das geplante Vorhaben auf eigene Faust durchführen, dann allerdings auch auf eigenes Risiko.

1.2 Amtsverschwiegenheit

Nach dem Beamtengesetz hat jeder Lehrer über alle Informationen, die er während des Dienstes erfährt, Verschwiegenheit zu wahren. Das gilt nicht für den dienstinternen Informationsaustausch mit anderen Kollegen, da diese ja ebenfalls zur Verschwiegenheit nach außen verpflichtet sind. Und es gilt ebenfalls nicht für Informationen, die offenkundig bzw. allgemein bekannt sind. Die Verschwiegenheitspflicht untersagt die Weitergabe von dienstlichen Informationen an »Dritte«, also an Personen, die nicht der Dienststelle angehören. Das ist, sofern nicht an der gleichen Schule tätig, bereits der Ehepartner, viel mehr aber noch sind es Freunde oder Bekannte. Als Schulleiter oder Klassenlehrer, der eine Konferenz leitet, empfiehlt es sich, in heiklen Fällen die Verschwiegenheitspflicht zu präzisieren und zu betonen.

Anders als in Dienststellen wie dem Verteidigungs- oder Innenministerium geht es in der Schule weniger um die Wahrung von Dienstgeheimnissen, sondern um den Schutz der betreffenden Personen, also Schüler, Eltern und Kollegen. Gerade schwierige Familienverhältnisse bei auffälligen Schülern müssen diskret besprochen werden.

Vorsicht! Zwar dürfen Informationen grundsätzlich weitergegeben werden, falls der Betreffende einwilligt. Dies ist bei minderjährigen Schülern aber nicht ausreichend. Denn hier haben die letztlich entscheidenden Erziehungsberechtigten nicht zugestimmt. Machen wir es konkret: Die Einwilligung eines Siebtklässlers, den Sie beim Kameradendiebstahl erwischen, hierüber mit der Klasse offen zu reden, mag pädagogisch akzeptabel sein, juristisch ist sie wenig wert, weil der Schüler noch nicht »selbstbestimmungsfähig« ist.

Unter die Amtsverschwiegenheit fallen ebenso Auskünfte im Zuge eines **Strafverfahrens** gegen einen Schüler. Hier soll oft der Klassenlehrer gehört werden, und zwar auch dann, wenn sich das Delikt im außerschulischen Bereich ereignet hat. Die Auskunft des Klassenlehrers ergibt oft wichtige Informationen, weil nach dem Schuleintritt nämlich viele Kinder mehr Zeit mit ihren Lehrern verbringen als mit ihren Eltern. In einem solchen Fall dürfte eine Lehrkraft sich über dienstliche Angelegenheiten erst äußern, wenn sie dazu die **Aussagegenehmigung ihrer** vorgesetzten Dienststelle hat. Diese Genehmigung wird in aller Regel erteilt, muss aber zuvor eingeholt werden.

1.3 Annahme von Belohnungen

Als Schulleiter oder erfahrener Klassenlehrer werden Sie manchmal mit Anfragen von (jungen) Kollegen konfrontiert, die nicht wissen, wie sie sich verhalten sollen, wenn ihnen (hoffentlich nett gemeinte) Belohnungen oder Geschenke von Schülern oder Eltern angeboten werden. Die Grundregel ist heute knapp und klar formuliert: Eine Lehrkraft darf Belohnungen oder Geschenke in Bezug auf ihre Tätigkeit **nur mit Zustimmung** ihres Dienstvorgesetzten annehmen (§ 70 BBG). Ausgangspunkt für die neue strengere Fassung war das Antikorruptionsgesetz von 1997, das seinen Niederschlag auch im Beamtengesetz gefunden hat. Daraus folgt, dass jeder Verstoß gegen diese Regel ein Dienstvergehen darstellt.

Nun zu den wenigen Ausnahmen, deren Auslegung aber restriktiv gehandhabt werden sollte: Eine generelle Zustimmung bei geringwertigen Geschenken ist möglich, wenn diese unverzüglich der vorgesetzten Dienstbehörde oder dem Schulleiter gemeldet werden. Geringwertig ist ein Geschenk, wenn es unter der Bagatellgrenze von 10 Euro (in NRW 25 Euro) pro Klasse liegt oder der »Gebrauchswert« gering ist. Ein Blumenstrauß, der von der gesamten Klasse der Klassenlehrerin geschenkt wird und der 12,95 Euro gekostet hat, wäre wegen des geringen Gebrauchswerts noch zu vertreten. Grundsätzlich ablehnen bzw. nicht genehmigen sollten Sie Geschenke, die von einzelnen Schülern gemacht werden, einen höheren Gebrauchswert besitzen oder über der Bagatellgrenze liegen. Ebenfalls strikt verboten ist die Annahme von Geld bzw. Einkaufsgutscheine von Kaufhäusern, die nicht nur den Kauf eines Buches ermöglichen, sondern für unterschiedliche Produkte einzulösen sind.

Beliebt, aber trotzdem verboten, sind Umgehungsversuche über besondere Verträge, bei denen Lehrern wertvolle Geräte billig verkauft oder überhöhte Vergütungen für Nebentätigkeiten gezahlt werden, da solche Aktionen besonders gut geeignet sind, den persönlichen Vorteil des Begünstigten zu vertuschen.

Der Tendenz vieler Lehrkräfte, diese Regelung aus pädagogischen Gründen zu ignorieren oder großzügig auszulegen, steht die Haltung der Schulbehörde gegenüber, solche Fälle nicht mehr als Kavaliersdelikte durchgehen zu lassen.

Sinn und Zweck dieser Regelung: Die Beurteilung der Schüler muss über jeden Zweifel erhaben sein. Selbst der geringste Verdacht der Bevorzugung bestimmter Schüler soll vermieden werden. Dies sollte eigentlich jeder Lehrkraft einsichtig sein, anderenfalls muss sie nachdrücklich darauf hingewiesen werden, z. B. durch das Aushängen des entsprechenden Erlasses im Lehrerzimmer. Jetzt hat jeder Kollege die Regelung täglich vor Augen.

1.4 Die Personalakte

Die Führung einer Personalakte über jede Lehrkraft ist notwendig, um dem Dienstherrn im Bedarfsfall einen Überblick über alle erforderlichen Daten und den beruflichen Werdegang zu geben. Zur Personalakte gehören auch die in elektronischen Dateien gespeicherten Unterlagen. Seit 1992 sind die beamtenrechtlichen Regelungen über die Führung von Personalakten zuerst für den Bund, später für die Länder überarbeitet und erheblich erweitert worden.

Danach ist die Vorstellung überholt, es könne Vorgänge geben, die **fakultativ** zur Personalakte gehören, weil sie im privaten Bereich entstanden, für den Dienstherrn aber von Interesse sind. Heute **müssen** bestimmte Dinge aufgenommen werden (alles, was das Dienstverhältnis unmittelbar betrifft), andere Vorgänge **dürfen nicht** aufgenommen werden (§ 90 I 2 BBG). Dabei kommt es nicht darauf an, ob der Aufbewahrungsort formal als »Personalakte« bezeichnet wird, sondern der darin befindliche **Inhalt** entscheidet, ob es eine Personalakte ist. Grob gesagt ist alles gesammelte Material, **das den Lehrer persönlich betrifft**, ein Teil der Personalakte. Die von manchen Schulleitern praktizierte Umgehung, bestimmte Informationen über Kollegen in einer »Sachakte« zu speichern, ist damit unzulässig (Verbot einer geheimen Personalakte), selbst wenn der Ort dieser Informationssammlung formal nicht als Personalakte, sondern als weniger wichtige **»Sachakte«** bezeichnet wird.

Das Recht der informationellen Selbstbestimmung jeder Lehrkraft verlangt es, den Kreis derjenigen, die zur Einsicht berechtigt sind, so eng wie möglich zu halten. Aus diesem Grund ist z. B. die sogenannte Beihilfeakte (Teilakte) mit ihren Daten über den Gesundheitszustand immer **getrennt** von den übrigen Personalakten zu führen. Folglich gehören auch amtsärztliche Gutachten nicht in die Personalakte. Neben möglichen Teilakten (z. B. Besoldungsakten) enthält die Grundakte:

- Zeugnisse der Staatsexamen bzw. entsprechende Abschlüsse
- Sonstige (andere) Qualifikationen
- Ernennungen und Beförderungen
- Dienstliche Beurteilungen
- Beurlaubungen und Teilzeitbeschäftigungen, Versetzungen
- Personenstand

Das Original der Personalgrundakte wird in der Regel bei der vorgesetzten Schulbehörde geführt, die Schulleitung hat jedoch Kopien über die wichtigsten Vorfälle.

Wenn für die Lehrkraft **nachteilige** Behauptungen oder Beschwerden in die Personalakte aufgenommen werden sollen, ist vorher **zwingend** die Lehrkraft zu hören und ihre Stellungnahme ebenfalls zu den Akten zu nehmen.

Der Lehrer kann nicht nur Einsicht in seine eigene Akte nehmen, sondern unter bestimmten Bedingungen sogar in die Akten anderer Kollegen, falls diese personenbezogene Daten über ihn enthalten, z. B. bei Bewerbungsverfahren. Diese Akteneinsicht kann auch über einen Bevollmächtigten (z. B. Anwalt) erfolgen. Sie schließt das Recht ein, Abschriften anzufertigen oder eine Kopie bestimmter Unterlagen zu verlangen. Ein Anspruch, die Akte mit nach Hause zu nehmen, besteht nicht. Die Einsicht erfolgt häufig im Dienstzimmer des Schulleiters, Kopien sollten vom Betreffenden selbst, vom Schulleiter oder seinem Stellvertreter und **nicht von der Sekretärin** angefertigt werden.

Ebenfalls ist geregelt, wann bestimmte Vorgänge aus der Personalakte entfernt werden müssen: **Unberechtigte** Behauptungen / Beschwerden müssen unverzüglich aus der Personalakte entfernt werden, sobald die Lehrkraft es fordert **und** der Entfernung zustimmt. Der frühere Grundsatz der Vollständigkeit der Personalakte wird heute verdrängt vom **Prinzip der Richtigkeit**. Die muss jedoch nicht immer gewünscht sein.

Denn um bei durchnummerierten Personalakten keine verdächtigen Lücken zu hinterlassen oder die Aktivität von querulatorischen Eltern zu dokumentieren, könnte der Kollege wollen, dass die ungerechtfertigte Beschwerde in der Akte bleibt und nur einen **Berichtigungsvermerk** fordern. Für Schulleiter bedeutet das: Keine vorauseilende Fürsorge! Sind nur bestimmte Teile falsch, so können diese geschwärzt werden.

Ist zweifelhaft, ob eine negative Behauptung richtig ist, gehört der Vorgang nicht in die Personalakte, kann aber in einer Sachakte abgelegt werden. **Berechtigte** Beschwerden oder verhängte Disziplinarmaßnahmen sind nach zwei oder drei Jahren zu entfernen, bei schweren Disziplinarmaßnahmen nach fünf Jahren. Ungünstige **Beurteilungen** allerdings gehören nicht dazu und verbleiben in der Personalakte.

2. Arbeitszeit und Personallenkungsmaßnahmen

2.1 Mehrarbeit / Vertretungsstunden

Jede Lehrkraft hat sich mit voller Hingabe ihrem Dienst zu widmen, trotzdem gilt auch für ihn grundsätzlich die Regelarbeitszeit. Sie beträgt zurzeit 40 Stunden / Woche, maximal jedoch (nach § 72 BBG) 44 Stunden. Wegen der angespannten Haushaltslage wurde erst in einigen Bundesländern, später auch im Bund die Arbeitszeit auf mehr als 40 Stunden erhöht. Die Tatsache, dass die Bundesländer bei der Erhöhung nicht einheitlich vorgegangen sind, ist keine Ungerechtigkeit, sondern Ausfluss des Föderalismus, da die Länder gleiche Sachverhalte unterschiedlich regeln können.

Trotz Verlängerung der Arbeitszeit hat der beamtete Lehrer, anders als der angestellte, keinen Anspruch auf Erhöhung der Dienstbezüge, denn seine Besoldung ist nicht, wie viele glauben, eine Entlohnung für die geleisteten Arbeitsstunden. Stattdessen dient die beamtenrechtliche **Alimentation** des Lehrers der Sicherung einer angemessenen Lebensführung, und zwar relativ unabhängig von der geleisteten Stundenzahl. Selbst wenn der Dienstherr die Stundenzahl einmal senken würde, weil er nicht so viele Lehrerstunden benötigt, bliebe das Gehalt trotzdem gleich, da die Kosten der Lebenshaltung ja gleich bleiben. Das gilt leider auch umgekehrt: Aus längeren Arbeitszeiten folgt also nicht zwangsläufig, dass die Besoldung der beamteten Lehrer erhöht wird.

Als schulische Führungskraft werden Sie manchmal mit der kritischen Frage konfrontiert, warum einige Kollegen (mit zwei Korrekturfächern) tatsächlich 60 Stunden und mehr pro Woche arbeiten, andere (mit Sport und Kunst) vielleicht nicht mehr als 40 Stunden pro Schulwoche – und beide Gruppen das gleiche Gehalt und die gleichen Ferien bekommen. Diese »Ungerechtigkeit« ist juristisch wie folgt zu erklären: Eine Besonderheit der Arbeitszeit von Lehrkräften besteht darin, dass ein großer Teil auf die Vor- und Nachbereitung ihres Unterrichts und auf die Korrekturen entfällt. Diese Bereiche entziehen sich aber der Erfassung durch den Dienstherrn.

Hinzu kommt, dass diese Tätigkeiten selbst bei Lehrern mit gleichen Fächern unterschiedlich viel Zeit in Anspruch nehmen. Ein Kollege arbeitet langsam, ein anderer schnell, ohne dass damit schon etwas über die Qualität der Arbeit gesagt wäre. Selbst wenn man dem ersten Kollegen glaubt, dass er tatsächlich 60 Stunden in der Woche arbeitet, ist dies unerheblich, weil es nicht um die **subjektiv** benötigte Zeit geht, sondern um den **objektiv** erforderlichen Zeitaufwand. Dieser gründet sich auf die Annahme, auf eine Stunde Unterricht komme eine weitere Stunde für Vorbereitung und Korrekturen. Dass dies nicht in allen Fällen zutrifft, ist jedem Eingeweihten klar.

Weil es für den Dienstherrn kaum zu leisten wäre, die Stundenzahl für jede Lehrkraft individuell festzusetzen, muss sie pauschal geregelt werden. Nun stellt sich die Frage, ob eine solch pauschalierende Regelung gegen Art. 3 GG (Gleichheitsprinzip) verstößt oder zulässig ist. Vertretbar ist eine solche Regelung immer dann, so BVerfGE 17, 1 und 71, 39, wenn eine ins Einzelne gehende Regelung nur mit **unzumutbarem Verwaltungsaufwand** möglich wäre und die Pauschalregelung für die große Mehrzahl der Fälle zutrifft und nur wenige von einer Mehrbelastung betroffen werden.

Dies wird angenommen. Deshalb wird zwar zwischen den einzelnen Schulformen differenziert, nicht aber zwischen den Fächern. Denn bei den vielen möglichen Fächerkombinationen (etwa 150) und dem häufig wechselnden Anteil der Fächer eines Lehrers müsste für jeden Lehrer die Stundenzahl nicht nur individuell festgelegt, sondern auch ständig geändert werden. Zum Beispiel, wenn sich die Stundenzahl des korrekturintensiven Fachs verringert und die des korrekturfreundlichen Fachs sich erhöht. Fazit: Die Schulverwaltung könnte weitere Differenzierungen vornehmen, aber sie ist rechtlich nicht dazu verpflichtet (so BVerwGE 59, 142).

Nach § 72 II 1 BBG ist jeder Beamte, also auch jeder Lehrer, verpflichtet über die reguläre Arbeitszeit hinaus Dienst zu leisten, sofern dies zur Aufrechterhaltung des Schulbetriebs erforderlich ist. Diese Mehrarbeit, die sich in der Regel in Vertretungsunterricht niederschlägt, ist grundsätzlich ohne besondere Vergütung zu leisten.

Wenn die regelmäßige Mehrarbeit eines Beamten fünf Stunden im Monat übersteigt (bei Lehrkräften drei Unterrichtsstunden), erhält der Lehrer in den folgenden drei Monaten eine entsprechende Dienstbefreiung. Ist aus zwingenden dienstlichen Gründen dieser Dienstausgleich nicht möglich, muss ihm die Mehrarbeit (gem. MehrarbeitsvergütungsVO) bezahlt werden.

Manchmal stellt sich folgendes Problem: Eine teilzeitbeschäftigte Lehrkraft (halbe Stundenzahl) macht eine einwöchige Klassenfahrt. Hat sie damit Mehrarbeit geleistet, die ausgeglichen werden müsste? Ja, denn die Teilzeitbeschäftigung bezieht sich nach einem Urteil des BVerwG (2C 16.14) nicht nur auf die reine Unterrichtstätigkeit, sondern auch auf außerunterrichtliche Tätigkeiten. Diese unterliegen der gleichen Quote wie die Teilzeitbeschäftigung. Dieses Urteil ist zwar noch nicht durch alle Kultusverwaltungen umgesetzt. Aber dies wird in absehbarer Zeit kommen.

2.2 Bereitschaftsdienst

Immer mehr Schulen setzen Kollegen zu einem morgendlichen **Bereitschaftsdienst** ein, um plötzlich ausfallende Kollegen ersetzen zu können. Vorweg die unangenehme Nachricht für die Kollegen: Ein Bereitschaftsdienst wird nicht als Mehrarbeit eingestuft. Allerdings hat der EUGH im Jahre 2004 (für Ärzte) entschieden, dass ein Bereitschaftsdienst keine Freizeit darstellt. Fairerweise muss man sagen, dass die reine

Anwesenheit während eines solchen Bereitschaftsdienstes keine so hohe Belastung darstellt wie eine tatsächlich gegebene Unterrichtsstunde (»Volldienst«). Die Anrechnung des Bereitschaftsdienstes schwankt zwischen 20 Prozent und 50 Prozent (bei Ärzten). Bei Polizisten liegt sie in den meisten Bundesländern bei 30 Prozent. Es gibt keine verbindliche Reglung, wie solche Bereitschaftsdienste auszugleichen sind. Man könnte im Nachhinein zwischen Stunden unterscheiden, die tatsächlich abgeleistet wurden und solchen, die nur abgesessen wurden. Man könnte aber auch pauschal zwei oder drei Bereitschaftsstunden mit einer regulären Unterrichtsstunde verrechnen.

2.3 Beurlaubungen

Die Beurlaubung ist eigentlich eine Unterform der »Freistellung vom Dienst«, wobei man die gänzliche Freistellung für eine begrenzte Zeit und die reduzierte Ableistung des Dienstes (Teilzeitbeschäftigung) unterscheidet. Bei den Beurlaubungen gibt es folgende Unterformen:
- Erholungsurlaub (§ 89 I BBG)
- Sonderurlaub von wenigen Tagen bzw. Wochen (§ 89 II und III)
- Beurlaubung für einen längeren Zeitraum (z.B. ein Jahr), z.B. Elternzeit
- Teilzeitarbeit (§ 72 BBG) aus unterschiedlichen Gründen
- »Zwangsbeurlaubung«

Jedem Lehrer steht jährlicher bezahlter **Erholungsurlaub** zu. Er dient der Erhaltung der Gesundheit und der Leistungsfähigkeit und ist damit im Interesse des Lehrers, aber auch des Dienstherrn. Nun ist beim Lehrer die zugestandene Ferienzeit länger als die gesetzlich vorgeschriebene Urlaubszeit. Die Ferienzeit unterteilt sich damit in die reine Urlaubszeit und eine unterrichtsfreie Zeit, ohne dass beide Teile genau voneinander abgegrenzt wären. Dass die Ferienzeit länger ist als der gesetzliche Urlaubsanspruch, wird dadurch kompensiert, dass die wöchentliche Gesamtbelastung der Lehrkräfte unbestritten über 40 Stunden liegt.

Gleichwohl besteht für den Dienstherrn bzw. den Schulleiter die Möglichkeit, am Anfang oder Ende der Ferienzeit das Kollegium einzubestellen, um dienstliche Fragen bereits vor dem Wiederbeginn der Schule zu besprechen. Solche Termine sollten jedoch frühzeitig (mindestens drei Monate vorher) bekannt gegeben werden, um Stornierungskosten für bereits gebuchte Urlaubsreisen zu vermeiden. Bei einer kurzfristig in den Ferien angesetzten dienstlichen Veranstaltung kann nämlich der Dienstherr verpflichtet werden, die Stornierungskosten zu übernehmen.

Sonderurlaub

Sonderurlaub, meist von wenigen Tagen, seltener von einigen Wochen, mit oder ohne Fortzahlung der Bezüge, wird aus besonderen Anlässen gewährt:
- **persönlichen Gründen (Eheschließung, Wohnungswechsel)**
- **fachlichen Gründen (Fortbildung)**
- **staatsbürgerlichen Gründen (Zeuge bei Gerichtsterminen, Teilnahme an Rats- und Ausschusssitzungen)**
- **gewerkschaftlichen Gründen**
- **(kommunal)politischen Gründen**

Da ein Sonderurlaub antragspflichtig ist, muss die Lehrkraft für jeden Freistellungswunsch einen Antrag stellen und zur Begründung notfalls einen Nachweis erbringen. Ohne Nachweis darf der Vorgesetzte den Antrag ablehnen. Je länger der beantragte Sonderurlaub dauern soll, desto höher sind die Anforderungen des Dienstherrn bzw. des Vorgesetzten an die Gründe. Ein Sonderurlaub von mehr als sechs Monaten bedarf der Zustimmung der obersten Schulbehörde. Bei der Gewährung von Sonderurlaub ist in den landesgesetzlichen Bestimmungen genau nachzulesen, ob der Sonderurlaub unter bestimmten Voraussetzungen
- zu gewähren ist,
- gewährt werden soll oder
- gewährt werden kann.

Ohne Anspruch auf Vollständigkeit und die konkrete Regelung in der Sonderurlaubsverordnung Ihres Bundeslandes lässt sich folgendes Schema erkennen:

Anspruch auf Sonderurlaub?

Sonderurlaub
- **muss gewährt werden: bei Wahrnehmung staatsbürgerlicher Pflichten oder dringenden ärztlichen Behandlungen, die nicht in der Freizeit stattfinden können**
- **soll gewährt werden: bei gewerkschaftlichen Zwecken**
- **kann gewährt werden: bei Ehrenämtern, fachlichen, kirchlichen, sportlichen oder staatspolitischen Veranstaltungen**

In jedem Fall können dienstliche Gründe einem Urlaubsantrag entgegenstehen. Die wichtigsten sind eine grundsätzlich knappe Personaldecke und/oder krankheitsbedingte personelle Engpässe.

Aus bestimmten Gründen kann eine Lehrkraft auch vollständig ohne Dienstbezüge beurlaubt werden. Aus familienpolitischen oder sozialen Gründen ist das auf Antrag regelmäßig bis zu drei Jahren möglich. Es besteht aber die Möglichkeit der Verlängerung bis zu zwölf Jahren, z. B. für Mütter, die sich länger um ihr Kind kümmern wollen, oder für Lehrkräfte, die sich um einen pflegebedürftigen Angehörigen kümmern müssen (soziale Gründe gem. § 72 a IV BBG).

In Bereichen mit Bewerberüberhang ist daneben eine Beurlaubung aus arbeitsmarktpolitischen Gründen möglich (§ 72 e BBG, bis zu sechs Jahren), falls die Unterrichtsversorgung es zulässt. Alle längeren Beurlaubungen haben jedoch negative Auswirkungen auf die spätere Versorgung im Ruhestand. Während der Elternzeit ist auch ausnahmsweise eine Teilzeitbeschäftigung zulässig, sofern sie nicht mehr als die Hälfte der regelmäßigen Arbeitszeit umfasst. Für Angestellte gilt eine Obergrenze von 30 Stunden.

Teilzeitbeschäftigung: Neben den arbeitsmarktpolitischen gibt es auch hier familienpolitische Argumente. Teilzeitbeschäftigung ist regelmäßig bis maximal zur Hälfte der regulären Arbeitszeit zu ermöglichen. In einigen Bundesländern ist aus familiären Gründen ausnahmsweise auch eine Teilzeit möglich, die weniger als die Hälfte beträgt. Die gängige Untergrenze der Teilzeitarbeit meint eine »halbe Stelle« und nicht, wie häufig argumentiert wird, nur »halbe Arbeit«, die sich auf alles (Konferenzen, Elternsprechtage) auswirken müsste. Zudem geht das BVerfG in ständiger Rechtsprechung davon aus, nicht die Teilzeitbeschäftigung, sondern die Vollzeitbeschäftigung kennzeichne das Leitbild des Beamtenverhältnisses. Aber die Teilzeitbeschäftigung kann auch den Arbeitsmarkt entlasten und (theoretisch) Neueinstellungen begünstigen (sogenannte »Einstellungsteilzeit«). Allerdings darf die Lehrkraft ihre neu gewonnene Freizeit nicht für zusätzliche Nebentätigkeiten verwenden.

Die häufig zitierte »Zwangsbeurlaubung« ist eigentlich keine »Beurlaubung«, was durch den Zusatz des »Zwangs« auch deutlich gemacht wird. Denn normalerweise geschieht eine Beurlaubung auf Wunsch des Betreffenden oder einvernehmlich. Der korrekte Begriff für die Zwangsbeurlaubung ist deshalb das »Verbot der Amtsführung« oder die »vorläufige Dienstenthebung« oder »Verbot der Führung der Dienstgeschäfte auf begrenzte Zeit« (bis zu drei Monaten). Mehr dazu unter dem Punkt Disziplinarrecht (S. 106).

2.4 Personallenkungsmaßnahmen

Im Folgenden werden die Maßnahmen erläutert, die einen personellen Wechsel kennzeichnen und die entweder vom Dienstherrn bzw. dem Schulleiter oder von der Lehrkraft gewollt sind. Das Ziel dieser Maßnahmen ist aus der Sicht des Dienstherrn die gleichmäßige Versorgung mit Lehrkräften. Da diese Maßnahmen nicht den Status der Lehrkraft im eigentlichen Sinne berühren, benötigen sie zu ihrer Wirksamkeit keinen Ernennungsakt. Dabei ist die Frage, ob im Einzelfall eine Versetzung, eine Abordnung oder eine Umsetzung vorliegt, nicht zuletzt von organisatorischen Gesichtspunkten abhängig.

Abordnung

Unter einer **Abordnung** (§ 27 BBG) versteht man eine **zeitlich befristete** Übertragung eines Dienstpostens bei einer **anderen Dienststelle**. Sie liegt z. B. vor, wenn eine Lehrkraft mit einem Teil ihrer Stunden an eine andere Schule des Ortes abgeordnet wird, weil dort Stunden in einem bestimmten Fach fehlen, die an der eigenen Schule im Überfluss vorhanden sind.

Da die dienstliche Zugehörigkeit der abgeordneten Lehrkraft zur bisherigen Stammschule weiter besteht, bleibt auch sein bisheriger Dienstvorgesetzter für die beamtenrechtlichen Entscheidungen über persönliche Angelegenheiten zuständig. Dem Schulleiter der Schule, dem diese Lehrkraft zugeordnet ist, fallen Dienstvorgesetztenfunktionen nur insoweit zu, als es sich um tätigkeitsbezogene Entscheidungen wie zum Beispiel Dienstbefreiungen handelt.

Eine Abordnung auf Antrag der Lehrkraft kennt das Gesetz nicht, was allerdings nicht ausschließt, dass eine Lehrkraft den Wunsch äußert, an eine andere Schule abgeordnet zu werden. Grundlage dafür ist jedoch immer ein dienstliches Bedürfnis. Die Dauer einer Abordnung braucht nicht von vornherein endgültig bestimmt zu sein, bei Beamten auf Lebenszeit kann sie fünf Jahre (notfalls auch etwas mehr) betragen. Es darf sich jedoch nur um eine vorübergehende Maßnahme handeln.

Der Arbeitsbereich der Abordnung darf in einer Gesamtbetrachtung keine unterwertige Beschäftigung darstellen. Sobald die Abordnung drei Monate oder länger dauert, unterliegt sie grundsätzlich der Zustimmung der Personalräte der abgebenden und der aufnehmenden Schule. Will sich eine Lehrkraft gegen ihre Abordnung wehren, so steht ihr zuerst der Widerspruch, danach eine Anfechtungsklage offen, da eine Abordnung gegen ihren Willen ein belastender Verwaltungsakt ist.

Zuweisung

Ähnlich wie die Abordnung ist die **Zuweisung** zu sehen. Dies ist die Möglichkeit, dem Beamten eine Tätigkeit bei einer öffentlichen Einrichtung außerhalb seines eigentlichen Tätigkeitsbereichs zuzuweisen, wobei seine Rechtsstellung davon unberührt bleibt. Bei Lehrkräften wird von dieser Möglichkeit allerdings nur sehr selten Gebrauch gemacht.

Versetzung

Sie bezeichnet die Übertragung eines neuen Dienstpostens an einer anderen Dienststelle **auf Dauer**. Grundsätzlich sind zu unterscheiden: die Versetzung auf Antrag des Beamten und die Versetzung bei dienstlichem Bedürfnis. Letztere kann auch gegen den Willen des Lehrers vorgenommen werden, z. B. als disziplinarische Maßnahme gegen einzelne Lehrer oder falls an einer Schule so starke Konflikte herrschen, dass sie nur durch die Versetzung eines Kollegen gelöst werden können. In der Regel werden Versetzungen von den betreffenden Lehrkräften selbst beantragt, z. B. um in die Nähe des Wohnortes zu wechseln, weil der Ehepartner beruflich gezwungen ist umzuziehen, oder zur Familienzusammenführung. Für die antragstellende Lehrkraft gibt es grundsätzlich **keinen Anspruch auf Versetzung**, die Entscheidung liegt also im Ermessen der Behörde. Allerdings ist die Behörde aufgrund der Fürsorgepflicht verpflichtet, berechtigte Wünsche wohlwollend zu prüfen und auf die Gesundheit der Lehrkraft zu achten.

Die häufig angeführte Belastung durch das Pendeln zwischen Schule und entferntem Wohnort stellt für sich allein keinen zwingenden Grund dar, den die Behörde berücksichtigen müsste. Denn die Wahl des Wohnortes lag oder liegt schließlich im Einflussbereich der Lehrkraft selbst und ist damit auch von ihr zu vertreten.

Ein Anspruch auf Versetzung – oder der Verzicht darauf – bestünde erst dann, wenn jede andere Entscheidung fehlerhaft wäre. Das kann z. B. vorliegen, wenn schwerwiegende persönliche Gründe oder außergewöhnliche Härten (BVerwGE 26, 65) vorliegen. Ein solcher schwerwiegender Grund liegt beispielsweise vor, wenn der Beamte an einen Dienstort versetzt wurde, von dem er zu seinem Wohnsitz fliegen muss. Eine außergewöhnliche Härte kann sein, wenn der Beamte innerhalb weniger Jahre bereits mehrere Versetzungen hinnehmen musste. Oder wenn wegen der geplanten Versetzung und der damit verbundenen Umschulung der Kinder erhebliche schulische Rückschläge zu erwarten sind.

Manche Behörden haben einen Katalog von Versetzungskriterien aufgestellt. Das ist rechtlich unbedenklich, sogar dann, wenn der Katalog verheiratete Versetzungsbewerber bevorzugt und diejenigen, die »nur« in eheähnlichen Verhältnissen leben, nachrangig behandelt.

Der Dienstherr ist ermächtigt, über Versetzungen die Funktionsfähigkeit der Schule zu sichern oder sogar zu steigern. Dazu gehören als Ziele z. B. die gleichmäßige Unterrichtsversorgung an den Schulen eines Bezirks, als Maßnahmen z. B. die Auflösung einer Schule oder die Auflösung von Spannungsverhältnissen und als Hintergrund z. B. nicht überzeugende Leistungen des Lehrers bei der bisherigen Dienststelle.

Die Versetzung eines Lehrers, um bestehende Spannungen abzubauen, ist möglich, wenn dem Kollegen die Hauptlast des Konflikts objektiv anzurechnen ist oder er sich gegen eine Bereinigung des Streitfalls sperrt. Ermessensfehlerhaft wäre es hingegen, gerade denjenigen zu versetzen, der offensichtlich kein Verschulden an der Entstehung und dem Fortbestand des Konfliktes hat, sondern zur Verständigung bereit ist.

Versetzung und Abordnung unterliegen der Mitbestimmung durch den Personalrat (Abschnitt 4.6 in diesem Kapitel) und stellen zudem Verwaltungsakte dar. Sie bedürfen deshalb einer Begründung, die betreffende Lehrkraft kann sich im Rahmen des Rechtsschutzes (Abschnitt 6.4 in diesem Kapitel) gegen sie wehren. Allerdings entfalten die eingelegten Rechtsmittel bei Personallenkungsmaßnahmen **keine aufschiebende Wirkung**.

Vor einer Versetzung durch den Dienstherrn ist der Lehrer grundsätzlich zu hören. Die Versetzung ist auch mitbestimmungspflichtig, sofern nicht Paragraph 77 I BPersVG (Beamte auf Zeit) greift. Die Beweislast für die Gründe einer Versetzung auf Wunsch beantragenden Kollegen, bei einer Versetzung gegen den Willen des Lehrers liegt sie bei der Behörde.

Zuständig für Maßnahmen der Personallenkung ist, sofern der Schulleiter nicht Dienstvorgesetzter ist, die vorgesetzte Schulbehörde. Als nicht »urkundsgebundene« Schritte sind sie an keine besondere Form gebunden, könnten also auch mündlich angewiesen werden. Allerdings wird mindestens bei der Versetzung in der Regel die Schriftform gewählt, um für alle Seiten klare Verhältnisse zu dokumentieren.

Die **Umsetzung** ist in vielen Beamtengesetzen der Länder nicht ausdrücklich erwähnt, trotzdem ist sie zulässig. Sie bezeichnet im Regelfall den zeitlich begrenzten Wechsel eines Dienstpostens **innerhalb derselben Dienststelle**. So z.B. wenn wegen Ausfall des Stundenplaners ein anderer Kollege die vakante Stelle mit übernimmt, bis diese wieder neu besetzt wird. Bei Vorliegen besonderer dienstlicher Gründe kann sogar ein unterwertiger Einsatz erfolgen, falls er notwendig ist.

Laut BVerwG stellt die Umsetzung dem Sinn nach eine **innerdienstliche** Anordnung dar, die zur Erhaltung der Funktionsfähigkeit unerlässlich ist und nur eingeschränkte Auswirkungen hat. Die Voraussetzungen sind, anders als bei Versetzung oder Abordnung, gesetzlich nicht geregelt, weil die Individualsphäre der Lehrkraft kaum berührt wird.

Obwohl es umstritten ist, gehen manche Schulbehörden zu ihren Gunsten davon aus, dass die Schulen innerhalb einer politischen Gemeinde **eine** Dienststelle sind. Folgt man dieser Annahme, so wäre auch der Einsatz an einer **anderen** Schule lediglich eine innerdienstliche Maßnahme und kein Verwaltungsakt. Demnach müsste theoretisch die Maßnahme weder begründet werden noch eine Anhörung des Beamten stattfinden. Da eine solche Maßnahme in der Praxis nicht grundlos erfolgt, werden der Lehrkraft in der Regel die Gründe dafür aber mitgeteilt, und sie darf dazu auch etwas sagen, sodass zumindest eine minimale Anhörung gegeben ist.

Mit Zugang der Verfügung einer Umsetzung wird diese wirksam. Da es, anders als manche Lehrer meinen, nicht zwingend ist, Verwaltungsakte oder darunter liegende Verfügungen schriftlich zu erlassen, reicht bereits eine mündliche oder fernmündliche (telefonische) Anweisung aus. Die Rechtsschutzmöglichkeit besteht auch zunächst hier im Widerspruch, der in diesem Fall jedoch keine aufschiebende Wirkung hat (da kein Verwaltungsakt), später in der allgemeinen Leistungsklage und der Forderung nach Rückgängigmachung der Umsetzung.

Allerdings sind die **Erfolgsaussichten gering**. Denn es wird nur überprüft, ob die anordnende Behörde ihr Ermessen falsch ausgeübt hat, indem sie z.B. die Verfügung der Umsetzung ohne dienstliches Bedürfnis und damit willkürlich angeordnet hat. Zudem besteht in der Regel ein öffentliches Interesse an der sofortigen Durchsetzung der Maßnahme, die meist dazu dient, einen akuten Personalmangel zu beseitigen.

Neben der Umsetzung kann die Zuweisung einer neuen Tätigkeit, zu der die Lehrkraft befähigt ist, innerdienstlich ebenfalls durch eine **Änderung des Geschäftsplanes** erfolgen, wobei die Befugnis, den Geschäftsplan zu ändern (und umzusetzen), aus der Organisationshoheit der Schule erfolgt.

3. Entlassung

Das Beamtenrecht kennt ein differenziertes System von Entlassungsmöglichkeiten, die zu trennen sind von der Versetzung in den Ruhestand. Bei Letzterer wird das Beamtenverhältnis (mit eingeschränkten Verpflichtungen) **fortgeführt**, z. B. bei der Dienstunfähigkeit, während es bei der Entlassung endet. Leider spricht das BBG in § 6 IV missverständlich (bis falsch) davon, das Beamtenverhältnis »ende« bei Eintritt in den Ruhestand. Da jedoch der Beamte auf Probe bei Dienstunfähigkeit entweder entlassen oder in den Ruhestand versetzt werden kann, macht dies deutlich, dass es sich um zwei unterschiedliche Rechtsfolgen handelt.

Die Entlassung eines Beamten kann durch Gesetz erfolgen, z. B. bei Verlust der deutschen Staatsangehörigkeit, Übertritt zu einem anderen Dienstherrn oder weil er wegen einer vorsätzlichen Straftat zu einer Freiheitsstrafe von mindestens einem Jahr verurteilt wird. Folgen der Entlassung sind: Verlust aller beamtenrechtlichen Ansprüche, auch der Versorgungsansprüche. Stattdessen wird der Betreffende in der gesetzlichen Rentenversicherung (zu schlechteren Bedingungen) nachversichert.

Die Entlassung kann jedoch nicht nur durch Gesetz erfolgen, sondern die vorgesetzte Behörde kann die Entlassung der Lehrkraft durch einen Verwaltungsakt anordnen. Dieser Fall ist der interessantere, weil hier die Entlassung **gegen** den Willen des Betreffenden erfolgt und er vermutlich entscheidende Umstände anders wertet als sein Dienstherr. Die häufigsten Gründe für eine angeordnete Entlassung sind:

- dauerhafte Erkrankung (während des Vorbereitungsdienstes)
- mangelnde Bewährung in der Probezeit
- schwerwiegende dienstliche Verfehlungen

Referendare sind **Beamte auf Widerruf** (nicht auf Zeit!). Wie der Name schon sagt, können sie durch Widerruf (Verwaltungsakt) entlassen werden, in der Regel unter Einhaltung bestimmter Fristen (§ 31 III BBG, § 32 I 2 BBG), ausnahmsweise jedoch fristlos, wenn die Entlassung durch ein Dienstvergehen begründet wird.

Für Referendare gilt, dass eine Dienstunfähigkeit die Entlassung nach sich zieht. Hierzu wird das Beamtenverhältnis widerrufen. Da allerdings der Staat das Ausbildungsmonopol für den Schuldienst hat, muss sichergestellt werden, dass der Referendar seine Ausbildung abschließen kann, um dann eventuell an eine private Schule zu wechseln. Die Fortsetzung der Ausbildung kann aber notfalls als Angestellter erfolgen.

In vielen Bundesländern wird der Referendar (Beamter auf Widerruf) nicht nur beim Nichtbestehen, sondern ebenfalls beim Bestehen der Zweiten Staatsprüfung aus dem Beamtenverhältnis (auf Widerruf) entlassen – um dann im Bedarfsfall wieder als Beamter auf Probe (Junglehrer, Assessor) eingestellt zu werden.

3.1 Entlassung wegen dauerhafter Erkrankung

Für **Beamte auf Probe** (Junglehrer in der Probezeit) gelten die obigen Regelungen eingeschränkt. Während des Referendariats betrug der Anteil des eigenverantwortlichen Unterrichts nur etwa ein Drittel einer vollen Stelle. Die Belastung war folglich deutlich geringer, jede Stunde konnte ausgiebig vorbereitet werden, die Erholungsphasen waren länger. Nun aber kommt die Belastung einer vollen Stelle, die manchen Junglehrer überfordert. In den Ruhestand kann er versetzt werden, falls durch seinen Dienst eine Dienstunfähigkeit entstanden ist. Hierunter fallen nicht nur Gebrechen, sondern ebenso körperliche oder geistige Schwäche, seine Dienstpflichten in vollem Umfang zu erfüllen, also auch psychische Erkrankungen wie depressive Angstzustände.

Die Probezeit dient dazu, festzustellen, ob ein Junglehrer den fachlichen und gesundheitlichen Anforderungen einer vollen Stelle **dauerhaft** gewachsen ist. Diese Tatsache wird von einigen Schulleitungen verkannt, die vom erfolgreichen Abschluss des Referendariats darauf schließen, der junge Kollege werde seinen anstrengenden Beruf problemlos mit voller Stundenzahl ausführen. Niemand mag dem jungen Kollegen die unangenehme Wahrheit mitteilen, dass er für den Beruf eigentlich ungeeignet ist.

Immer wieder hört man das Argument, der Betreffende habe schließlich bereits so viel Zeit in Studium und Referendariat investiert, dass man ihm nicht zumuten möchte, sich nach einer anderen Tätigkeit umzusehen. Dieses Mitleidsargument führt dazu, dass ungeeignete Lehrkräfte in den Schuldienst gelassen werden und dort in der Regel zuerst schlechten Unterricht ableisten und später gesundheitliche bzw. psychische Probleme entwickeln.

Bei **schwerbehinderten Lehrkräften** gilt etwas anderes: Hier greift nach erfolgreichem Abschluss des Referendariats der entsprechende Fürsorgeerlass, der eine Übernahme zulässt, sofern eine (eingeschränkte) Dienstfähigkeit von mindestens zehn Jahren prognostiziert wird. Falls selbst diese Voraussetzung nicht gegeben ist, kann der Dienstherr in Härtefällen dem Junglehrer ein Angestelltenverhältnis anbieten. Vor einer Entlassung ist die schwerbehinderte Lehrkraft zu hören, die Entlassungsverfügung als belastender Verwaltungsakt muss schriftlich mit einer Begründung erfolgen.

3.2 Entlassung wegen mangelnder Bewährung

Die Hauptkriterien für diesen Entlassungsgrund während der Probezeit sind:

- mangelnde Eignung (charakterlich, gesundheitlich, geistig)
- mangelnde Befähigung (dienstspezifische Eigenschaften)
- mangelnde fachliche Leistung (Arbeitsergebnisse)

Nicht einbezogen werden Ereignisse, die vor Beginn der Probezeit abgeschlossen oder erst nach Beendigung der Probezeit aufgetreten sind. Gleiches gilt für Mängel, die dem Dienstherrn vorher bekannt waren oder die er hätte kennen müssen.

Die entscheidende Frage ist, ob sich der Mangel während der Höchstdauer der Probezeit voraussichtlich noch beheben lässt. Es ist wenig hilfreich, die Probezeit zu verlängern, obwohl der Schulleiter vermutet, die konstatierten Mängel seien (trotz Abmahnung) eigentlich nicht zu beseitigen. Selbst aus Gründen der Fürsorge wäre es falsch, die notwendige Entlassung weiter hinauszuschieben, da es mit zunehmendem Alter immer schwieriger wird, einen anderen Beruf zu finden.

Bei der Entlassung wegen mangelnder Bewährung sind Fristen einzuhalten, deren Dauer sich nach der bereits abgeleisteten Beschäftigungszeit richtet.

3.3 Entlassung wegen eines Dienstvergehens

Sie ist möglich ab »mittelschweren« Dienstvergehen. Das sind solche, die bei einem Beamten auf Lebenszeit mindestens eine Kürzung der Dienstbezüge zur Folge hätten (§ 5 I 3, §§ 8, 33 ff. BDG). Daher muss die Kürzung nicht nur möglich, sondern üblich erscheinen. Die wichtigsten Entscheidungen aus der Praxis, in denen eine Entlassung aus dem Dienst von den Gerichten gebilligt wurde:

- Diebstahl im Dienstgebäude, z. B. zulasten eines Kollegen
- Systematisches Stehlen im privaten Bereich
- Unterschlagung im Amt, wenn nicht geringwertig (weniger als 30 Euro)
- Bestechung bzw. unerlaubte Annahme von Geld oder Geschenken
- Fortgesetzter Beihilfebetrug
- Einsatz für eine verfassungsfeindliche Partei
- Sexuelle Übergriffe im Dienst
- Ständiges Missachten der Arbeitszeit

Werden Tatsachen bekannt, die den Verdacht begründen, der Junglehrer habe ein Dienstvergehen begangen, ist der Dienstvorgesetzte gehalten, die erforderlichen Ermittlungen einzuleiten. Nach den Ergebnissen entscheidet der Vorgesetzte, ob ein Dienstvergehen vorliegt oder nicht und ob im Falle eines **leichten** Dienstvergehens von einer Maßnahme abgesehen werden kann. Schon während der Ermittlungen kann der Lehrer jedoch abgeordnet, umgesetzt oder »zwangsbeurlaubt« werden.

Nach § 79 III BPersVG ist der Personalrat **vor** fristlosen Entlassungen während der Probezeit zu hören. Eine nachträgliche Anhörung genügt nicht, da mögliche Einwände des Personalrats vor der Entscheidung berücksichtigt werden sollen.

Die folgende Tabelle fasst die wichtigsten Entlassungsgründe zusammen.

Status	Entlassung
Beamte auf Widerruf (Referendare)	▶ jederzeitige Entlassung möglich ▶ Referendar soll aber Prüfung ablegen können
Beamte auf Probe (Junglehrer)	▶ Dienstunfähigkeit (eventuell Versetzung in den Ruhestand) ▶ mangelnde Bewährung ▶ bei Zweifeln über Eignung: Verlängerung der Probezeit ▶ bei endgültiger Nichtbewährung: Entlassung ▶ »mittelschweres« Dienstvergehen: fristlose Entlassung möglich
alle Beamten	▶ kraft Gesetz, z. B. bei Freiheitsstrafe von mindestens einem Jahr ▶ durch Verwaltungsakt, z. B. wegen Verweigerung des Diensteids, aber auch auf eigenen Antrag ▶ über Disziplinarverfahren nach schwerem Dienstvergehen

3.4 Exkurs: Alkoholkranke Lehrkräfte

Über Alkoholkrankheit bei Lehrkräften gibt es kaum belastbare Zahlen. Wenn man annimmt, dass Lehrkräfte genauso häufig alkoholkrank sind wie der Rest der Bevölkerung, kommen bei drei Prozent Alkoholismus in der Bevölkerung statistisch zwei Alkoholiker auf ein Kollegium von 60 Lehrern.

Juristisch wird Alkoholismus **zunächst** als Krankheit betrachtet, nicht als Dienstvergehen, das geahndet werden muss. Diese Sichtweise ändert sich jedoch nach einer Entziehungskur. In der Behandlung des übermäßigen Alkoholkonsums, der in irgendeiner Form sichtbar wird, sind bei Lehrern folgende Fallgruppen zu unterscheiden:

- Starkes privates Trinken, z. B. regelmäßig abends oder als »Quartalssäufer«
- Trinken während des Dienstes, alkoholisiertes Unterrichten

Problematisch sind sog »**Quartalssäufer**«, die z. B. während des gesamten Wochenendes volltrunken, während des Dienstes aber kaum auffällig sind. Dieses Trinkverhalten erscheint dienstrechtlich zunächst unbedeutend. Eine dienstliche Auswirkung kann aber vorliegen, wenn der private übermäßige Alkoholgenuss öffentlich, z. B. in der Stammkneipe, stattfindet und die Stellung des Betreffenden als Lehrer dort bekannt ist. Dadurch kann ein Verstoß gegen das Beamtengesetz vorliegen, da es den Lehrer verpflichtet, sich auch außerhalb des Dienstes so zu verhalten, dass die Achtung und das Vertrauen in seinen Berufsstand nicht beschädigt wird. Das gilt verstärkt, wenn der Kollege durch seine Trunkenheit strafrechtlich in Erscheinung tritt, z. B. durch Schlägereien oder Trunkenheitsfahrten.

In die zweite Gruppe gehören die Fälle, bei denen der Alkoholkonsum direkte dienstliche Auswirkungen hat, indem der Kollege z. B. während der Schulzeit trinkt, in alkoholisiertem Zustand Unterricht erteilt oder durch vorangegangenen Alkoholkonsum nicht in der Lage ist, korrekten Unterricht zu erteilen, oder ständig zu spät erscheint.

Eine Lehrkraft, die ständig fehlt, zu spät kommt oder alkoholisiert Unterricht erteilt, verliert ihre Vorbildfunktion und verletzt damit eine wichtige Pflicht des Beamtengesetzes, nämlich sich so korrekt zu verhalten, wie es der Lehrerberuf erfordert. Da in allen Bundesländern in den Schulen ein Alkoholverbot besteht, wird zudem eine konkrete Anweisung des Dienstherrn nicht befolgt. Abgesehen davon, dass die zweite Variante grundsätzlich ein Dienstvergehen darstellt, sind die Übergänge zwischen den Gruppen fließend, da auch der »private Trinker« durch den Restalkohol noch während des Dienstes alkoholisiert sein kann, sodass Auswirkungen sichtbar werden: Und ein Lehrer, der morgens um fünf Uhr seine durchzechte Nacht mit einem letzten Schnaps abschließt, hat zwar formal in seiner Freizeit getrunken, erscheint aber betrunken zum Dienst und verletzt damit seine Pflichten.

Eine dienstliche Relevanz kann zudem in **der Pflicht zur Gesunderhaltung** liegen. Jede Lehrkraft hat sich so zu verhalten, dass ihre Dienstfähigkeit nicht beeinträchtigt wird. Und falls sie von einer Krankheit betroffen ist, hat sie alles zu tun, um ihre Dienstfähigkeit wieder herzustellen. An dieser Stelle ist der Schulleiter in seiner Fürsorgepflicht gefordert, da der Betreffende, wie alle Abhängigen, meint, den Alkohol im Griff zu haben und seine Sucht verdrängen.

Die sofortige Androhung dienstlicher Konsequenzen gegen Alkoholiker ist selbstverständlich möglich, allerdings in der Regel nicht wirksam, da der Betreffende süchtig ist und die Befriedigung seiner Sucht an erster Stelle steht. Dass er mit dienstrechtlichen Konsequenzen rechnen muss, war ihm sicher schon vorher klar – und hat ihn nicht vom Trinken abgehalten. Man sollte sich einerseits also nicht zu viel von (juristisch) berechtigten Drohungen versprechen.

Andererseits verhält sich der Schulleiter falsch, der vom Alkoholismus eines Kollegen weiß und aus falsch verstandener Kollegialität nichts unternimmt: Dadurch verletzt er nicht nur seine Fürsorgepflicht, sondern erschwert auch die Heilung dieser Krankheit. Denn wie bei jeder anderen Krankheit sind die Heilungschancen im Frühstadium deutlich besser als zu einem späteren Zeitpunkt.

Kein Schulleiter würde sich bei einer krebskranken Lehrkraft mit Beschwichtigungen abspeisen lassen, beim Alkohol ist dies anders, weil das Bewusstsein sich noch nicht durchgesetzt hat, es mit einer Krankheit zu tun zu haben, obwohl sie seit fast 50 Jahren als solche anerkannt ist.

Der einzig gangbare Weg besteht darin, die vorgesetzte Dienstbehörde über das Problem zu informieren, damit unverzüglich ein Dienstgespräch geführt und eine Entziehungskur eingeleitet werden kann. Schwierig ist es immer dann, wenn der Kollege nicht einsichtig ist und sein Problem leugnet – denn aus seiner Sicht hat er ja kein Alkoholproblem. In diesem Fall empfiehlt es sich, die genau dokumentierten Dienstverstöße aufzuzählen und ihm zwei Möglichkeiten anzubieten: entweder die Ahndung dieser Dienstverstöße oder die entschuldigende Erklärung dieser Verstöße durch eine Krankheit namens Alkoholismus. Falls dies immer noch nicht wirkt, kann eine **amts-**

ärztliche Untersuchung angeordnet werden, um zu klären, ob eine Alkohol**abhängigkeit** besteht.

Nach einer Entziehungskur ist zu überwachen, ob der Verzicht auf Alkohol durchgehalten wird. Bei Therapieabbrüchen oder Rückfällen ist mittelfristig meist mit Dienstunfähigkeit und vorzeitiger Pensionierung zu rechnen. Diesen schlimmsten Fall erwähne ich, weil die Einwirkung auf alkoholkranke Kollegen nur etwa in der Hälfte der Fälle erfolgreich ist. In den anderen Fällen ist eine Entfernung aus dem Dienst zum Schutz der Schüler unausweichlich.

Ob ein **Dienstvergehen** vorliegt, hängt davon ab, ob die dem Lehrer vorgeworfenen Pflichtverletzungen **schuldhaft** begangen wurden. Das einmalige Sichbetrinken eines Lehrers ist zweifelsfrei ein schuldhaftes Handeln, da der Betreffende die Folgen des Alkohols kennt und abschätzen kann. Früher nahm man dies auch bei Alkoholikern grundsätzlich an, weil man fälschlich meinte, das Abgleiten in die Sucht sei ein kontrollierbarer Prozess. Das wird mittlerweile von den meisten Gerichten anders gesehen, weil die Erkenntnisse der Suchtforschung eine differenzierte Betrachtung jedes Einzelfalles fordern.

Im Regelfall wird deshalb von den Disziplinargerichten das **Abgleiten** in die Trunksucht als nicht schuldhaft angenommen. Von der Lehrkraft wird aber gefordert, ernsthafte Schritte zu unternehmen, um ihre Sucht zu überwinden. Weigert sie sich, eine Entziehungskur anzutreten, so begeht sie damit ein Dienstvergehen. Gleiches gilt auch bei einem **Rückfall** nach erfolgreichem Entzug, denn der Wiederbeginn des Trinkens stellt regelmäßig eine bewusste, schuldhafte Entscheidung dar.

4. Beurteilung, Beförderung und Konkurrentenklage

Dieses Kapitel ist für Sie gedacht, falls Sie eine Lehrkraft beurteilen müssen, die sich auf eine Beförderungsstelle bewirbt oder deren Festanstellung bzw. Verbeamtung auf Lebenszeit ansteht. Je nach Ihrer Funktion liegt die gesamte Beurteilung oder der Großteil in Ihrer Hand, oder Sie werden angewiesen, nur einen Beurteilungsbeitrag zu erstellen. Vielleicht geht es aber auch um Sie selbst, weil Sie sich auf eine höher dotierte Stelle bewerben. In diesem Fall kann das Kapitel Ihnen helfen, das Verfahren kritisch zu überprüfen.

Für andere Beamtengruppen gibt es die sogenannte Regelbeurteilung, d. h. eine regelmäßig stattfindende Beurteilung. Für Lehrkräfte wird in den meisten Bundesländern darauf verzichtet, stattdessen findet eine sogenannte **Bedarfsbeurteilung** zu bestimmten Anlässen statt. Dies kann die Übernahme in das Beamtenverhältnis auf Lebenszeit oder aber die Bewerbung auf eine höher dotierte Stelle sein.

Grundsätzlich gilt auch für Lehrkräfte (noch) das Laufbahnprinzip, wobei sie entweder im gehobenen Dienst (A 9 bis A 13) oder im höheren Dienst (A 13 aufwärts) tätig sind. Die Laufbahnen überlappen sich, d. h. das Spitzenamt des gehobenen Dienstes deckt sich mit dem Eingangsamt des höheren Dienstes. Ein Aufstieg ist grundsätzlich nur bis ins Spitzenamt der jeweiligen Laufbahngruppe vorgesehen, bei besonderer Eignung ist jedoch der Sprung in die nächste Gruppe ausnahmsweise möglich.

Das relativ strenge Laufbahnprinzip wird ebenfalls durch »Quereinsteiger« durchbrochen, die aufgrund ihrer Berufs- und Lebenserfahrung für so qualifiziert gehalten werden, dass sie auch ohne die üblichen Prüfungen in eine bestimmte Laufbahn übernommen werden können.

4.1 Beurteilung

Die Beurteilung einer Lehrkraft soll über deren bisherige Leistung informieren und damit zugleich eine Prognose über eine zukünftige Verwendung liefern. Das grundlegende Prinzip ist Folgendes: Der Beurteilende bildet sich zunächst eine Meinung über die in der Vergangenheit liegende Tätigkeit, hinzu kommen Bewertungen von Einzelleistungen, die in der Gegenwart liegen, und daraus wird eine Prognose über die zukünftige Eignung getroffen.

Anders als in der freien Wirtschaft hat die Beurteilung eines Lehrers **nicht** die Aufgabe, ihn zu motivieren. Trotzdem sollten Sie als Beurteilender sich bemühen, bei der sprachlichen Ausgestaltung das Positive nicht zu vergessen.

Sieht man von der Übernahme in das Beamtenverhältnis auf Lebenszeit oder einer Versetzung ab, so dient die Beurteilung in den meisten Fällen der Klärung einer Wettbewerbssituation für eine Beförderungsstelle. Dieser Wettbewerb hat sich im Laufe der letzten Jahrzehnte aufgrund des Beförderungsstaus immer weiter verschärft. Die schönen Zeiten, in denen Lehrkräfte von der automatischen Regelbeförderung profitierten, sind leider vorbei. Da der Bewerber einer großen Schule zudem der Behörde, die letztlich über seine Verwendung entscheidet, persönlich kaum bekannt ist, kommt der Beurteilung bzw. den einzelnen Beurteilungsbeiträgen, die durch Dritte (z. B. Fachberater) erstellt werden, eine erhebliche Bedeutung zu.

Eine Beurteilung sollte mindestens folgende Punkte umfassen:

- Charakter
- Geistige Veranlagung, Bildungsstand
- Fachkenntnisse und deren praktische Anwendung
- Arbeitsleistung und Arbeitserfolg
- Soziales Verhalten
- Belastbarkeit, eventuell Gesundheitszustand
- Vorschlag für die weitere dienstliche Verwendung

Eine Beurteilung, die den Mindestanforderungen einer absolut durchschnittlichen Lehrkraft entsprechen würde, könnte wie folgt aussehen: »Der Kollege X hat sich im Beurteilungszeitraum erfolgreich um eine ordnungsgemäße Erteilung des Unterrichts bemüht. Er verfügt über eine recht gute Auffassungsgabe. Seine Sprache ist verständlich, in Bezug auf die Schüler aber manchmal etwas umständlich. Im Bereich der Unterrichtsgestaltung verfügt er über zufriedenstellende Kenntnisse. Bei seiner Arbeit hat er manchmal Schwierigkeiten, sich auf das Wesentliche zu konzentrieren. Im Umgang mit den Schülern ist er überwiegend freundlich. In Phasen mit hoher Belastung ist er jedoch manchmal gereizt. Der jetzige Dienstposten entspricht somit voll seinen Fähigkeiten.«

Der letztlich Beurteilende kann, um seine Beurteilung vorzubereiten, schriftliche **Berichte** über die Lehrkraft einholen. Diese sind nicht Teil der eigentlichen Beurteilung, sondern lediglich Arbeitsunterlagen für den Beurteiler. Gleiches gilt für **Beurteilungsentwürfe**, die von direkten Vorgesetzten oder Fachobleuten / Leitern der Fachschaften für den Beurteiler erstellt werden, selbst dann, wenn die abschließende Fassung des Beurteilenden kaum Abweichungen von den vorbereitenden Stellungnahmen oder Entwürfen aufweist.

Etwas anders sind **Beurteilungsbeiträge** zu bewerten, die von Dritten erstellt werden, z. B. vom Schulleiter, dem der Kollege vorher unterstellt war. Solche Beurteilungsbeiträge sind mehr als Arbeitsunterlagen für den Beurteiler, sie dürfen nicht übergangen, sondern müssen zur Kenntnis genommen werden.

Vergleichende schriftliche Stellungnahmen zur Eignung mehrerer Bewerber **(Besetzungsbericht)** um eine höher dotierte Stelle sind ebenfalls keine dienstlichen Beurteilungen und stehen auch nicht auf einer Stufe mit diesen. Das lässt sich daran erkennen, dass bei deutlichen Unterschieden zwischen der vergleichenden Stellungnahme und der Beurteilung die Letztere grundsätzlich den Vorrang genießt.

Auch Bewertung von Einzelleistungen, z. B. **Hospitationsberichte** über Unterrichtsbesuche von Lehrern, sind für sich alleine noch keine dienstlichen Beurteilungen. Erst die Bewertung von mehreren Einzelleistungen sowie der Arbeit im vergangenen Zeitraum ergibt insgesamt eine Beurteilung.

Anhörung des Beamten

Aufgrund der Fürsorgepflicht des Dienstherrn hat der Beurteilende die Lehrkraft anzuhören, bevor z. B. aus einem Unterrichtsbesuch negative Schlüsse gezogen werden. Die Lehrkraft hat also das Recht, zu einer missglückten Stunde Stellung zu nehmen und Erklärungen für die vielleicht fehlende Mitarbeit der Schüler zu liefern. Allerdings muss ihr vorher nicht dargelegt werden, mit **welchen** ungünstigen Werturteilen vielleicht zu rechnen ist. Die Anhörung wird meist direkt im Anschluss an die Ablegung einer Einzelleistung stattfinden, z. B. nach Hospitationsstunden.

Sinn dieses Verfahrens ist es, etwaige Fehlleistungen zu relativieren und nicht in vollem Umfang in die Beurteilung mit einfließen zu lassen. Jedem Kollegen, der beurteilt wird, kann deshalb nur geraten werden, **Erklärungen** oder Entschuldigungen für etwaige Missgeschicke **gleich an dieser Stelle** anzusprechen. Erst später, vielleicht sogar erst nach dem Abfassen der Beurteilung, solche Korrekturen einzubringen, ist ungünstig, und der Kollege muss sich kritisch fragen lassen, warum er diese Richtigstellung nicht schon bei der Anhörung abgegeben hat.

Eröffnung der Beurteilung

Sind sämtliche Informationen gesammelt und die Beurteilung geschrieben, folgt nun die Bekanntgabe (Eröffnung) der Beurteilung in ihrem vollen Wortlaut. Weder genügt es, nur bestimmte Passagen daraus zu zitieren, noch reicht es, eine mündliche Zusammenfassung zu geben. Der gängige korrekte Weg besteht darin, der Lehrkraft eine Kopie der Beurteilung zum Lesen zu überlassen.

Von einigen Beurteilern wird es gerne so gemacht, dass sie der Lehrkraft z. B. im Zimmer des Schulleiters ein Exemplar zum Lesen geben und gleich danach in die Besprechung einsteigen. Der vermutliche Sinn dieses Vorgehens: Zum einen soll ein zusätzlicher Termin vermieden, zum anderen der Beurteilte überrumpelt werden, damit er beim schnellen Durchlesen im Beisein des Beurteilers vor allem die positiv formulierten Stellen wahrnimmt und deshalb in der gleich darauffolgenden Besprechung sich auf der Stelle mit der Beurteilung einverstanden erklärt.

Obwohl dieses Verfahren für den Beurteiler zeitsparend ist, entspricht es nicht den gesetzlichen Vorgaben. Diese sehen nämlich zwischen der Eröffnung und der Besprechung eine **Frist von mindestens zwei Arbeitstagen** vor, in denen sich die Lehrkraft ausführlich mit der Beurteilung auseinandersetzen kann. Der Beurteilende sollte genau abwägen, ob er für eine geringe Zeitersparnis einer begründeten Anfechtung Tür und Tor öffnen will. Unproblematisch ist ein solches Verfahren nur dann, wenn es nur einen Bewerber gibt oder die Beurteilung durchgängig positiv ist.

Mit der Eröffnung wird die Beurteilung rechtlich wirksam. Ob sie im Anschluss an die Besprechung noch einvernehmlich **geändert** werden kann, hängt von den landesrechtlichen Bestimmungen ab. An dieser Stelle tricksen die Beurteiler manchmal. Sie zeigen sich einer Änderung zugänglich, wenn die Änderungswünsche hier und jetzt, also gleich nach der Eröffnung, geltend gemacht werden. Für den Fall, dass der Beurteilte eine Bedenkzeit fordert, signalisieren sie jedoch »durch die Blume« keine Änderungsbereitschaft.

Das ist für den Beurteilten eine schwierige Situation. Soll er auf eine gründliche Prüfung verzichten, um weniger Ärger zu haben? Das ist von außen schwer zu sagen. Fakt ist: Der Beurteilende muss ebenfalls den Änderungswünschen zustimmen, ansonsten bleiben nur der Widerspruch bzw. der Gang vors Gericht.

4.2 Besprechung und Beförderung

Die gesetzlichen Regelungen schreiben eine Besprechung der Beurteilung **in zeitlichem Abstand** nach ihrer Eröffnung vor. Da selbst eine ausführliche Beurteilung immer eine Zusammenfassung darstellt, gibt die Besprechung dem Beurteilenden die Gelegenheit, einzelne Teilbewertungen näher zu erläutern. Dabei darf jedoch nicht nur formelhaft das wiederholt werden, was in der Beurteilung steht. Vielmehr müssen jetzt **tatsächliche dienstliche Vorgänge** angesprochen werden, die zu der Beurteilung geführt haben.

Falls dies nicht möglich ist, sollte der Beurteiler offen zugeben, dass einzelne Werturteile sich nicht auf konkrete Vorkommnisse stützen, sondern aus einem Gesamteindruck resultieren. Zwar ist es nicht zulässig, eine gesamte Beurteilung auf diese Weise zu erstellen, aber der Beurteilungsspielraum erlaubt es, ebenfalls subjektive Eindrücke miteinzubeziehen.

Auf jeden Fall muss bei einer Kritik das Verhältnis von Schwere und Nachvollziehbarkeit stimmen. Je schwerer die Kritik ist, desto nachvollziehbarer sollte sie für den Beurteilten gemacht werden. Umgekehrt darf die beurteilte Lehrkraft bei einer insgesamt positiven Beurteilung nicht zu hohe Anforderungen an die Nachvollziehbarkeit stellen. In jedem Fall aber muss die Bewertung dem Beurteilten (ausführlich) erklärt werden; ob er sie danach einsieht, ist unerheblich.

Von daher ist das Vorgehen, das sich bei der Besetzung von Beförderungsstellen etabliert hat, sehr geschickt. Alle Bewerber schneiden eigentlich recht gut ab, der erfolgreiche Kandidat allerdings etwas besser. Dadurch minimiert man Widersprüche gegen die Beurteilungen und verbaut den erfolglosen Bewerbern nicht die Gelegenheit, sich auf andere Stellen zu bewerben.

Für den Fall, dass etwaige Meinungsunterschiede sich in der Besprechung nicht klären lassen, gibt es für den Beurteilten die Möglichkeit, im sogenannten Vorverfahren mit Widerspruch gegen die für ihn negative Beurteilung anzugehen. Dieses Vorverfahren ist zwingend vorgeschrieben, um die Gerichte zu entlasten, bevor dann vor einem Verwaltungsgericht geklagt werden kann.

4.3 Überprüfung der Beurteilung durch die Widerspruchsbehörde

Nicht nur der Beurteilende besitzt einen Beurteilungsspielraum, sondern auch die den Widerspruch überprüfende Behörde verfügt über einen, den sie frei nutzen kann. Die Widerspruchsbehörde kann also ihren Spielraum anders nutzen als der Beurteilende und zu einem anderen Ergebnis kommen. Das bedeutet, dass die Widerspruchsbehörde die Beurteilung **auch inhaltlich in vollem Umfang** überprüft, ohne an die vorangegangene Beurteilung gebunden zu sein.

Die Beurteilung entspricht damit quasi schulischen Prüfungssituationen, in denen die prüfende Lehrkraft ebenfalls diesen Spielraum genießt. Wer eine Prüfung oder eine Beurteilung durchzuführen hat, wird sich über den Spielraum freuen und ihn als sachgerecht empfinden. Wer beurteilt wird und mit dem Ergebnis nicht einverstanden ist, wird dies naturgemäß anders sehen und eine volle Überprüfbarkeit fordern.

Bleibt die Überprüfung durch die Widerspruchsbehörde erfolglos, kann vor dem Verwaltungsgericht Klage eingereicht werden.

4.4 Überprüfung durch die Gerichte

Die vorher genutzten Beurteilungsspielräume werden von den Gerichten akzeptiert und nicht (oder nur sehr eingeschränkt) überprüft. Zur Begründung: Sowohl das BVerwG als auch das BVerfG haben zutreffend festgestellt: Bei jeder Beurteilung handelt es sich um eine subjektive Bewertung, bei der es nicht nur eine (allein richtige) Entscheidung geben kann. Weil das Verwaltungsgericht keinen eigenen Beurteilungsspielraum besitzt, werden die vorher genutzten Spielräume akzeptiert, und es wird »nur« noch überprüft, ob die Beurteilung rechtmäßig und vertretbar ist. Die eingeschränkte Überprüfung leuchtet auch ein, weil die Beurteilung sich ja ebenfalls auf die letzten Dienstjahre erstreckt, die nachträglich nur sehr eingeschränkt überprüfbar sind.

Die (eingeschränkte) verwaltungsgerichtliche Überprüfung umfasst folgende vier Punkte, die immer wieder bei Bewertungen / Beurteilungen auftauchen:

1. Wurde gegen die Verfahrensvorschriften verstoßen?
Vor Gericht spielen allerdings nur solche Verfahrensfehler eine Rolle, die sich auf das Ergebnis der Beurteilung auswirken konnten. Ein beachtlicher Verfahrensfehler wäre z. B., wenn ein unzuständiger Vorgesetzter die Beurteilung erstellt hat. Kein erheblicher Verfahrensfehler wäre es, wenn das Ergebnis der Beurteilung nicht mit der Lehrkraft besprochen wurde, wie es eigentlich vorgeschrieben ist. Das halte ich persönlich für fragwürdig. Aber es ist so, wie es ist. Und die Gerichte haben hier das letzte Wort.

2. Wurde gegen allgemein anerkannte Bewertungsmaßstäbe verstoßen?
Ein zentraler Bewertungsmaßstab ist, die Gesamtnote nachvollziehbar aus den Einzelnoten zu bilden. Allerdings ist, wie bei Schülern, die Gesamtnote nicht zwangsläufig das rechnerische Mittel der Einzelnoten. Jedoch darf die Abweichung vom rechnerischen Mittel nicht zu groß sein und muss begründet werden können. Es verstößt nicht gegen anerkannte Bewertungsmaßstäbe, wenn in großen Behörden derjenige, der die Beurteilung letztlich erstellt hat, z. B. der Dezernent, den beurteilten Lehrer kaum kennt und seine Beurteilung auf Beiträge des Schulleiters und des Fachberaters stützt. Hingegen handelt es sich um einen Verstoß gegen allgemeingültige Bewertungsmaßstäbe, wenn in einer Beurteilung negative Aspekte der vorigen Beurteilung aufrechterhalten werden, obwohl diese nicht mehr vorliegen. Auch das (niedrige oder hohe) **Dienstalter** des Lehrers in die Beurteilung mit einzubeziehen, verstößt gegen allgemein anerkannte Bewertungsgrundsätze.

3. Wurde von einem unzutreffenden Sachverhalt ausgegangen?
Dieser Punkt der gerichtlichen Prüfung wird manchmal auch »falsche Beurteilungsgrundlagen« genannt. Also: Wurden falsche Grundlagen für die Beurteilung herangezogen? Das ist immer dann der Fall, wenn negative Teilbewertungen nicht auf **Tatsachen** beruhen, sondern reine Wertungen des Beurteilenden oder seiner Gehilfen

darstellen. Dieses Argument wird im Widerspruchsverfahren und vor Gericht oft vorgetragen, denn häufig findet sich in Beurteilungen eine Kombination von Tatsachen und Wertungen. Eine klare Grenze zwischen Tatsachenbehauptung und Werturteil ist nicht möglich. Allerdings lässt sich feststellen, ob in der Beurteilung vergangene tatsächliche Geschehen beschrieben oder ob **nicht nachweisbare Eindrücke** pauschal bewertet werden. Im Streitfall reicht es aus, wenn der Dienstherr die Grundlagen für die getroffene Wertung nachvollziehbar darlegt. Dafür allerdings trägt er die Beweislast. Erweisen sich die angenommenen Sachverhalte, die zu der negativen Bewertung geführt haben, als unrichtig, steht der betroffenen Lehrkraft eine Neubeurteilung zu.

4. Beruht die Beurteilung auf sachwidrigen Erwägungen?
Sachwidrige Erwägungen liegen vor allem dann vor, wenn aus der Beurteilung des Lehrers die Befangenheit des Beurteilers sichtbar wird. Um diese zu begründen, reichen dienstliche oder persönliche Differenzen alleine nicht aus. Sachfremd sind Erwägungen, wenn sie gegen den Zweck der Beurteilung oder gegen Gesetze verstoßen. Das liegt z. B. vor, wenn ein Lehrer »aus erzieherischen Gründen« schlechter oder »um die Arbeitsmoral zu heben« besser beurteilt wird. Sachfremd wäre auch, einen Lehrer schlechter zu beurteilen, um einen deutlicheren Abstand zum gewünschten Kandidaten zu erzielen. Gegen das Diskriminierungsverbot verstoßen Beurteilungen, die sich auf religiöse, weltanschauliche oder politische Einstellungen des Bewerbers stützen.

Bei einer fehlerhaften Beurteilung wird das Verwaltungsgericht den Dienstherrn zu einer Neubeurteilung verpflichten. Allerdings wird das Gericht nicht das tun, was sich viele Kläger wünschen, nämlich **selbst** eine bessere Note vergeben. Denn dadurch würde unzulässig in den Beurteilungsspielraum des Dienstherrn eingegriffen.

Fazit

Der Anwalt, den Sie als Betroffener bei einer negativen Beurteilung konsultieren, wird es vermutlich anders sehen, aber nach Auswertung der Rechtsprechung kann man sagen: Die Chancen sind gering, über Widerspruch und Klage eine deutlich bessere Beurteilung zu erzielen.

Und damit ist ein geschmeidiger Übergang zur **Konkurrentenklage** geschaffen.

4.5 Konkurrentenklage

Aufgrund des Laufbahnprinzips wird jeder Lehrer in das Eingangsamt seiner Laufbahngruppe eingestellt. Ein höheres Amt kann er folglich nur über eine Beförderung erhalten. Durch den Wegfall der (früher geltenden) Regelbeförderung ist eine Beförderung nur noch in Verbindung mit einem höherwertigen Amt möglich, die sogenannte Funktionsbeförderung.

Weil es für die meisten interessanten Stellen mehrere Bewerber gibt, muss eine Auswahl getroffen werden, und zwar nach dem Prinzip der **Bestenauslese**. Nach dem Beamtengesetz ist einerseits geregelt, dass die Auswahl nach Eignung, Befähigung und fachlicher Leistung vorzunehmen ist. Andererseits wird betont, dass Geschlecht, Herkunft, Rasse, Beziehungen, religiöse oder politische Anschauung für die Auswahl keine Rolle spielen dürfen.

Hilfsweise können – anders als bei der Beurteilung der reinen Leistungen – das Alter, soziale Erwägungen und die Frauenförderung (mit Öffnungsklausel) einbezogen werden. Wegen der vielen Beurteilungskriterien und der zahlreichen Bewerber entsteht fast zwangsläufig die Situation, dass ein Bewerber erfolgreich ist, ein (ebenfalls geeigneter) Konkurrent aber leer ausgeht und sich überlegt, ob und wie er gegen die Ablehnung vorgehen kann.

Als **Konkurrentenklage** bezeichnet man die Klage eines Bewerbers um eine Beförderungsstelle, die einem anderen Bewerber bereits zugesprochen wurde oder zugesprochen werden soll. Dieser Bereich ist schwieriger, als es auf den ersten Blick aussieht – und stellt eine ausgesprochen strittige Frage des Beamtenrechts dar. Für die Klärung der Frage ist zu trennen zwischen der Vergabe einer Stelle (Übertragung eines Dienstpostens) und einer Beförderung. Diese ist auch ohne die Vergabe einer neuen Stelle möglich, z. B. wenn eine Lehrkraft befördert wird, ohne dass sich an ihrer Planstelle etwas ändert. Konkurrentenklagen gibt es also nur, wenn eine Stellenvergabe zugleich mit einer Beförderung verbunden ist oder aber die Stellenvergabe eine Beförderung vorbereiten soll.

Warum diese komplizierten Vorbemerkungen? Weil es erheblich ist, ob die Maßnahme des Dienstherrn wieder **rückgängig gemacht werden kann** oder nicht. Wird ein Bewerber auf eine höherwertige Stelle gesetzt, ohne jedoch befördert zu werden, so könnte bei einer erfolgreichen Konkurrentenklage diese Stelle wieder freigemacht werden, indem z. B. der erste Bewerber auf eine andere Stelle versetzt wird.

Wichtig ist ebenso die Frage, ob der Beförderte erst **auf Probe** oder schon **endgültig** in seinem Amt ist. Denn die Bundeslaufbahnverordnung (BLV) sieht vor, ein Beförderungsamt grundsätzlich erst zu verleihen, nachdem der Lehrer seine Eignung durch die probeweise Wahrnehmung des höher bewerteten Dienstpostens nachgewiesen hat. Ist jedoch der erste Bewerber bereits befördert, wird es schwierig. Denn nach dem Haushaltsrecht ist eine Beförderung nur möglich, wenn auch eine entsprechende Planstelle zur Verfügung steht. Mit der Einweisung des erfolgreichen Bewerbers in sein neues Amt ist das Verfahren jedoch abgeschlossen.

An dieser Stelle muss ich für etwaige Bewerber leider darauf hinweisen, dass die Verwaltungsgerichte – bis hoch zum BVerwG – die Konkurrentenklage aufgrund der **Ämterstabiltät** grundsätzlich ablehnen. Auch das BVerfG als höchstes deutsches Gericht hält die **grundsätzliche Unzulässigkeit** der Konkurrentenklage für **möglich**.

Denn Ernennungen können (ein Grundsatz des Beamtentums) **nicht mehr rückgängig** gemacht werden, nicht einmal fehlerhafte. Die Frage ist jedoch, ob das nur für den Dienstherrn gelten soll oder ob dieser Grundsatz auch für die entscheidenden

Verwaltungsgerichte gilt. Bei dieser Frage stehen die Gerichte hinter dem Dienstherrn, die juristische Literatur wertet diesen Punkt sehr unterschiedlich. Die zweite Frage ist, ob der unterlegene Bewerber durch die Beförderung eines anderen in **seinen** Rechten verletzt wird. Wenn man dies bejaht, steht ihm über Art. 19 IV GG gerichtlicher Rechtsschutz in Form der Konkurrentenklage zu.

In einigen Fällen konnten übergangene Bewerber Schadensersatz (entgangene Gehaltsdifferenz) fordern. Dafür genügt aber nicht eine fehlerhafte Ernennung des vorgezogenen Bewerbers. Vielmehr muss sich ergeben, dass voraussichtlich **nur der klagende Bewerber** – und nicht ein anderer – die Stelle erhalten hätte. Auch ist es schwierig, später Schadensersatzansprüche zu begründen, wenn vorher kein vorläufiger Rechtsschutz beantragt wurde. Denn der übergangene Lehrer wäre verpflichtet, Schäden, die dem Dienstherrn entstehen könnten, zu vermeiden oder zu minimieren. Von daher ist es rechtlich einwandfrei und taktisch klug, als klagender Bewerber bei der Beantragung des vorläufigen Rechtsschutzes zugleich auf mögliche Schadensersatzansprüche hinzuweisen. Großer Vorteil des vorläufigen Rechtsschutzes: Hier muss nur die **Möglichkeit** geltend gemacht werden, eine fehlerhafte Entscheidung könne ihn im Beförderungsverfahren benachteiligen.

Der Rat, den man jedem abgewiesenen Bewerber nur geben kann, lautet also: So früh wie möglich intervenieren und vorläufigen Rechtsschutz fordern – am besten gleich nach der Beurteilung. Wer dies nicht tut und zu lange wartet, muss mit der nachteiligen Beurteilung leben und sich fragen lassen, warum er sie erst vor Gericht anficht und nicht schon in bzw. nach der Besprechung.

Da die Erfolgsaussichten **nach** der Ernennung des anderen Bewerbers verschwindend gering sind, hat das BVerfG den Dienstherrn verpflichtet, dem Beamten, dessen Bewerbung keinen Erfolg haben wird, **im Voraus das Auswahlergebnis mitzuteilen, damit er vorläufigen Rechtsschutz beantragen kann** und die Stelle offen gehalten wird. Dazu sollten ihm auch der Name des vorgesehenen Bewerbers und der Bereich, in dem dieser besser abgeschnitten hat, **mitgeteilt** werden (nicht erst auf Nachfrage!). Denn die Erfolgsaussichten hängen nicht zuletzt davon ab, wer konkret den Zuschlag erhalten soll. Schließlich ist es ja denkbar, dass trotz fehlerhafter Beurteilung des übergangenen Bewerbers der vorgesehene Kandidat objektiv genauso geeignet ist. Kommt der unterlegene Bewerber dennoch zu dem Schluss, er sei der beste Kandidat, kann er eine **einstweilige Anordnung** beantragen, die dem Dienstherrn die Besetzung der Beförderungsstelle bis auf Weiteres untersagt und so verhindert, dass vollendete Tatsachen geschaffen werden.

Da die Mitteilung der Ablehnung einen Verwaltungsakt darstellt, beträgt die Widerspruchsfrist formal einen Monat. Unabhängig davon halten aber viele Gerichte eine Wartezeit von maximal zwei Wochen für angemessen, in denen der unterlegene Bewerber reagieren sollte. Man sollte also nicht zu lange warten, um die Angelegenheit nicht unnötig zu komplizieren.

Häufig gerügte Fehler von Konkurrentenklagen

- Der erfolgreiche Bewerber habe die Bewerbungsfrist nicht eingehalten. Das kann sein, ist aber kein Mangel, denn die Ausschreibungsfrist ist keine feste Ausschlussfrist, die um keinen Tag überschritten werden darf. Sie ist eine Ordnungsfrist, nach der die Behörde zeitnah auch noch andere Bewerbungen zur Kenntnis nehmen kann. Der Dienstherr kann sogar noch später von sich aus weitere Lehrer auffordern, sich zu bewerben.
- Die Bewerbung des unterlegenen Kandidaten sei zu Unrecht wegen Überschreitens der Frist abgelehnt worden. So eigenartig es nach dem oben Gesagten klingt: Der Dienstherr kann die Frist auch als strenge Ausschlussfrist begreifen und verspätete Bewerbungen nicht mehr annehmen. Was er nicht darf: die verspätete Bewerbung des einen Kandidaten noch annehmen, die des anderen jedoch nicht mehr.
- Der Antragsteller sei nicht zu einem Auswahlgespräch eingeladen worden. Auch hier gilt: Der Dienstherr muss kein Auswahlgespräch durchführen. Entschließt er sich aber dazu, muss er allen Bewerbern die Möglichkeit geben, sich dort zu präsentieren.

Fazit: Die Chance, über eine Konkurrentenklage die Stelle zu bekommen, auf die ein Mitbewerber bereits befördert worden ist, kann als **sehr gering** eingeschätzt werden. Dass ein Anwalt, zu dem Sie in einem solchen Fall gehen, dies anders sieht, kann man verstehen. Schließlich geht es nicht nur um einen Klienten, den er gewinnt oder verliert, sondern er kann auch auf namhafte Rechtslehrer verweisen, die in ihrer Lehre eine solche Konkurrentenklage unterstützen. Allerdings sträuben sich die Gerichte – und die haben das letzte Wort.

5. Umgang mit schwierigen Kollegen

Als schulische Führungskraft haben Sie es häufig mit Kollegen zu tun, die Sie zu einem bestimmten Verhalten anleiten oder anweisen wollen. Daher folgen gleich Ausführungen zum Disziplinarrecht, aber günstiger ist es, nicht darauf zurückgreifen zu müssen. Die einfachste Möglichkeit besteht darin, für gute Laune in Ihrem Team zu sorgen. Auch Lehrkräfte sind soziale Wesen, und als solche spielt die Umgebung für sie eine wichtige Rolle. Wem es gelingt, für eine angenehme, humorvolle Atmosphäre zu sorgen, kann seinen Kollegen sogar unangenehme Dinge abverlangen. In einer gespannten Atmosphäre hingegen wird bereits die kleinste Unannehmlichkeit zum großen Problem. Dennoch gibt es immer wieder Situationen oder Kollegen, die sich trotz humorvollen Umgangs nicht regeln lassen. Und damit haben wir einen geschmeidigen Übergang zur etwas unangenehmeren Variante.

Gehen wir zunächst davon aus, Sie seien **Leiter einer Fachschaft** (Fachobmann). Als solcher sind Sie in der Schule leider kein Vorgesetzter, sondern dürfen die lieben Kollegen nur auffordern, etwas zu tun, haben aber faktisch keine Möglichkeiten, dies direkt durchzusetzen. Hilfreich wäre es, wenn die Fachobleute (Fachschaftleitungen), wie in anderen Bereichen des öffentlichen Dienstes, auch Fachvorgesetzte wären. Offensichtlich ist der Dienstherr jedoch davon ausgegangen, dass Lehrkräfte so kooperativ miteinander arbeiten, dass ein klar definiertes Vorgesetztenverhältnis nicht notwendig sei.

Das ist nett gemeint, aber leider realitätsfern: Die Kollegen wissen ganz genau, dass man ihnen keine dienstlichen Anweisungen geben darf, und jeder Leiter einer Fachschaft kennt die Probleme, die sich daraus ergeben. So bleibt nur, sich an den Schulleiter zu wenden und dort um Unterstützung zu bitten. Weil dieser Schritt nicht gerade autoritätsfördernd ist, gibt es glücklicherweise einige umsichtige Schulleiter, die öffentlich erklären, ihre Leiter der Fachschaften seien grundsätzlich befugt, Regelungen für ihren Fachbereich zu treffen.

Aber manchmal kann oder will man nicht anordnen, sondern über Verhandlungen das gewünschte Ergebnis erzielen. Was oft von wohlmeinenden Ratgebern empfohlen wird, nämlich eine »Win-win-Situation« zu erzielen, also eine Lösung, von der beide Seiten gleichermaßen profitieren, ist theoretisch wunderbar, aber so selten wie ein schwarzer Schwan. In der Praxis sieht es doch so aus: Sie als Leiter der Fachschaft wollen Ihre Ansicht, z. B. gegen einen unbequemen Kollegen, durchsetzen. Das schaffen Sie, wenn Sie sich Folgendes klarmachen: Die meisten Lehrkräfte sind durch Elternhaus und pädagogisches Studium konfliktvermeidend erzogen und können bzw. wollen einem Konflikt nicht lange standhalten. Irgendwann wird für sie ein Kompromiss, bei dem sie nachgeben, die bequemere Lösung.

Das können Sie ausnutzen. Dafür sind auf Ihrer Seite allerdings Beharrlichkeit und taktisches Geschick nötig. Beginnen Sie zunächst ruhig und freundlich. Die Gangart kann man später immer noch verschärfen – umgekehrt ist es fast unmöglich. Offene oder versteckte Drohungen der Gegenseite sollten sprachlich abgeändert werden, indem man sie als bloße Möglichkeit formuliert. Aus dem direkten »Ich mache das nicht mit!« eines Kollegen wird deshalb: »Kollege X, Sie überlegen also, Ihre Mitarbeit einzustellen.« Schmettern Sie Vorschläge, falls sie nicht gegen rechtliche Bestimmungen verstoßen, nicht sofort mit »Nein!« ab, sondern kommentieren Sie diese zunächst mit einem stirnrunzelnden »Schwierig«.

Wichtig ist auch, selbst zu **agieren** und nicht erst auf das Verhalten des Kollegen zu reagieren: Sie setzen den kritischen Punkt auf die »Tagesordnung« einer Besprechung, und zwar an die letzte Stelle. Zuerst klären Sie die unstrittigen Punkte, zum Schluss kommt der kritische. So lässt sich Streit im Vorfeld verhindern. Den Zeitpunkt für die Behandlung eines kritischen Themas zu bestimmen, ist ein nicht zu unterschätzender Vorteil. Schließlich gelingt erfolgreiches Verhandeln nur, wenn Sie sich mit dem Kollegen mindestens auf Augenhöhe befinden. Treten Sie nicht als Bittsteller auf, die andere Seite hat immer ebenfalls etwas zu verlieren – und sei es nur das gute Verhältnis zu Ihnen.

Besser als die Leiter der Fachschaften haben es die **Koordinatoren**. Ihre Aufgaben und Befugnisse sind in den einschlägigen Verwaltungsvorschriften beschrieben. In den meisten Bundesländern sind sie innerhalb ihres Aufgabenbereichs den Kollegen gegenüber weisungsberechtigt. Sie sind also tatsächlich »Fachvorgesetzte«.

Noch günstiger ist die Situation, wenn Sie **Schulleiter** bzw. stellvertretender Schulleiter sind. In diesem Fall sind Sie nach dem Beamtenrecht Vorgesetzter, in einigen Bundesländern sogar Disziplinarvorgesetzter. In vielen Bundesländern werden Ihnen inzwischen von der eigentlich zuständigen Dienstbehörde bestimmte personalrechtliche Befugnisse (Beurlaubungen, Disziplinarverfügungen) übertragen.

5.1 Vorgesetztenstatus

Als Schulleiter kennen Sie natürlich den Unterschied zwischen einem Vorgesetzten und einem Dienstvorgesetzten. Bewerbern für diesen Posten ist es vielleicht nicht so klar: **Vorgesetzter** ist, wer einem Beamten für seine **dienstliche Tätigkeit** Anordnungen erteilen kann (§ 3 II 2 BBG). Vorgesetzte können amtliche Weisungen erteilen wie: Bitte um Rücksprache, Anordnung, einen Vorgang abzugeben oder zu übernehmen oder eine Angelegenheit in einer bestimmten Weise zu entscheiden.

Jeder Dienstvorgesetzte ist zugleich auch immer Vorgesetzter. **Dienstvorgesetzter** ist, wer die beamtenrechtlichen Entscheidungen **in persönlichen Angelegenheiten** des Beamten trifft (§ 3 II 1 BBG). Persönliche Angelegenheiten sind, vereinfacht gesprochen, alle Entscheidungen, die sich nicht auf die Ausübung des konkreten Amtes als Lehrkraft erstrecken. Dies sind z. B. Gewährung von Sonderurlaub, Genehmigung von Nebentätigkeiten, dienstliche Beurteilungen, Veränderung des Aufgabenbereichs, Übertragung anderer Aufgaben und nicht zuletzt die Wahrnehmung von Disziplinarbefugnissen der unteren Ebenen. Doch dazu gleich mehr.

Eine Delegation dieser Kompetenzen durch den Schulleiter ist grundsätzlich unzulässig, lediglich bei Verhinderung (Urlaub, Erkrankung) werden die genannten Befugnisse vom stellvertretenden Schulleiter (Abwesenheitsvertreter) ausgeübt. Zwar sind in den meisten Bundesländern (Ausnahme Bayern) die Schulleiter formal nur Vorgesetzte. Aber der Dienstvorgesetzte der vorgesetzten Schulbehörde kann Aufgaben an die Schulleiter delegieren, was er in der Regel auch tut, um die Selbstständigkeit der Schulen zu stärken – und um selbst weniger Arbeit zu haben. Zu diesen Aufgaben gehören vor allem die Genehmigung von Sonderurlaub, Erstellung von weniger wichtigen Beurteilungen oder die Einleitung von Disziplinarverfahren in leichteren Fällen.

5.2 Weisungsbefugnis und Remonstration

Aus dem Beamtengesetz (§ 54 BBG) folgt – ohne ausdrückliche Erwähnung – die Pflicht zu kollegialem, vertrauensvollem Zusammenwirken mit allen Bediensteten. Gegenüber dem Schulleiter als Vorgesetzten hat die **Lehrkraft** (§ 55 BBG, S. 1 u. 2) eine Beratungs- und Gehorsamspflicht (neu: »Folgepflicht«). Da diese gekoppelte

Pflicht zu den hergebrachten Grundsätzen des Beamtentums gehört und eine unbestrittene Grundpflicht im Beamtenverhältnis darstellt, ist sie im Gesetz nur sehr knapp ausgeführt. Alles Wesentliche ergibt sich somit aus der Kommentierung.

Die **Beratungspflicht** in Satz 1 unterteilt sich in eine Unterstützungs- und eine Beratungspflicht. Wie ihre Erwähnung in diesem zentralen Paragraphen zeigt, ist der Lehrer nicht nur Befehlsempfänger. Er kann sich also nicht auf den Standpunkt zurückziehen, man müsse ihm alles anweisen, was zu tun ist. Vielmehr hat er die Pflicht, selbstständig sinnvolle Entscheidungen zu treffen und darüber hinaus seinen Schulleiter zu beraten und zu unterstützen. Hieraus leitet sich eine **Informationspflicht** ab, den Schulleiter über alle wichtigen Vorgänge aus dem Arbeitsbereich zu informieren. Hierzu zählt insbesondere die Anzeige geplanter Straftaten (§ 138 StGB) wie des schulischen Amoklaufs, aber auch die Anzeige begangener Straftaten wie Raub, Erpressung oder Brandstiftung.

Die **Folgepflicht** (früher: Gehorsamspflicht) in Satz 2 unterteilt sich in die Pflicht, bestehende Richtlinien zu befolgen, und die Pflicht, Anordnungen des Vorgesetzen auszuführen. Allerdings besteht die Pflicht, Weisungen auszuführen, nur unter folgenden Bedingungen:

1. Der Vorgesetzte muss sachlich und örtlich zuständig sein.
2. Die angewiesene Lehrkraft muss für die Ausführung zuständig sein.
3. Es muss sich um eine Anordnung für eine dienstliche Tätigkeit handeln.

Grundsätzlich dürfen Weisungen sich nur auf den regulären Funktionsbereich der Lehrkraft beziehen. Eine Umverteilung ist nur über den Dienstvorgesetzten möglich. Aber selbst wenn Sie nicht Dienstvorgesetzter sein sollten, sind **kurzfristige Vertretungsregelungen** für andere Funktionsbereiche möglich.

Der **Schulleiter** als Vorgesetzter der Lehrkräfte hat als solcher zum einen die Aufgabe der Personalführung. Durch seine Verantwortung für die Lehrpläne / Curricula ist er zum anderen auch pädagogischer Leiter der Schule. Im Verhältnis zum Schulträger ist er gegenüber den Bediensteten des Schulträgers (Hausmeister, Sekretärin) weisungsberechtigt. Dem Schulleiter steht auch das **Hausrecht** zu, d. h. er kann gegenüber einzelnen Personen (oder Personengruppen) ein Hausverbot aussprechen. Wer auf die Anordnung, die Schule zu verlassen, nicht reagiert, macht sich des Hausfriedensbruchs (§ 123 StGB) strafbar. Das Hausverbot muss nicht begründet werden und kann **jederzeit** ausgesprochen werden. Es ist also möglich, bestimmten Personen erst das Betreten der Schule zu erlauben und diese Erlaubnis später, z. B. nach Störungen, wieder zurückzunehmen. Der Schulleiter ist zudem Repräsentant der Schule gegenüber der Öffentlichkeit, was sich darin äußert, dass er allein das Recht hat, Presseerklärungen oder Ähnliches abzugeben.

Mancher Kollege, der mit seiner Schulleitung unzufrieden ist, lässt diese gerne »ins Messer laufen«, indem er sie eine falsche Entscheidung treffen lässt, die er als rechtswidrig durchschaut hat. Damit jedoch begeht der Kollege ein Dienstvergehen. Denn sobald ein Lehrer eine Weisung seiner Schulleitung für rechtswidrig (oder unzweckmäßig) hält, so ist er **verpflichtet**, ihr dies unverzüglich mitzuteilen (Remonstrationspflicht, § 56 BBG).

Trotz Remonstration muss der Kollege eine Weisung befolgen, wenn sie
- lediglich für unzweckmäßig gehalten wird oder
- rechtswidrig, aber nicht strafbar ist.

Denn sobald die Anweisung ein strafbares Verhalten im Sinne des Strafgesetzes verlangt oder gar gegen die Verfassung verstößt, insbesondere gegen die Menschenwürde, ist sie unwirksam und darf nicht befolgt werden. Um es optisch zu verdeutlichen:

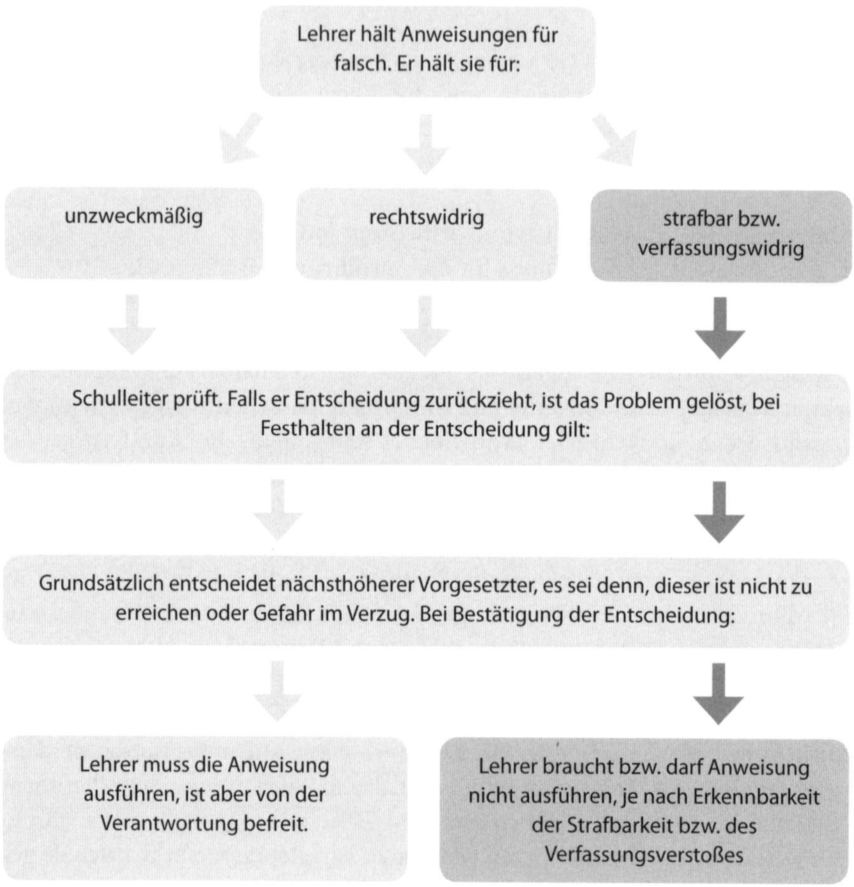

5.3 Verstöße von Kollegen

Als Schulleitung stehen Ihnen bei Verstößen mehrere Möglichkeiten zur Verfügung, die Sie einsetzen können. Allerdings birgt nicht jedes Fehlverhalten eines Kollegen so viel Unrecht, um ein Dienstvergehen anzunehmen. Davon wird man nur sprechen, sofern es sich um eine Pflichtverletzung **von einigem Gewicht** handelt. Die souveräne Schulleitung weiß eben zwischen Wichtigem und Unwichtigem zu unterscheiden. Bevor ich mich gleich dem Disziplinarrecht zuwende, geht es zunächst um **Bagatellverfehlungen**. Solche sind regelmäßig anzunehmen, wenn es sich um Vergesslichkeiten handelt, die keinen oder einen leicht zu »heilenden« Schaden verursacht haben. Als Vorgesetzter besitzen Sie das **Direktionsrecht**, mit dem Sie einem Fehlverhalten durch Ermahnungen, Zurechtweisungen oder Rüge, auch in Form einer schriftlichen Missbilligung, angemessen begegnen können. Selbst wenn sie von dem Betreffenden so empfunden werden, sind diese missbilligenden Äußerungen noch keine Disziplinarmaßnahmen im juristischen Sinne. Daher dürfen sie nicht als »Verweis« bezeichnet werden, weil dieser Begriff für die entsprechende Disziplinarmaßnahme reserviert ist.

Es soll Schulleitungen geben, die bei leichten Verstößen der Kollegen gegen die Dienstpflicht zu Maßnahmen in der dienstrechtlichen Grauzone greifen und bereits damit die gewünschte Wirkung erzielen. Die Niederländer haben für diese Maßnahmen der verstärkten Kontrolle den Begriff »Gegenwirken« geprägt. Dazu gehören:

- Einen ausführlichen Bericht mit Begründung für das fehlerhafte Handeln schreiben lassen: Das ist auch sinnvoll, um später Belege für Fehlverhalten zu haben.
- Einbestellen des Kollegen zu einem späteren Termin, den **Sie** festsetzen und der für den Betreffenden nicht günstig liegen muss: Die Ungewissheit, wie Sie als Vorgesetzter weiter vorgehen, ist eine Belastung für den Betreffenden. Sie hingegen bekommen Zeit, um sich in Ruhe zu überlegen, wie Sie vorgehen wollen.
- Der unangekündigte Unterrichtsbesuch: Sich einen Eindruck über den Unterricht des Kollegen zu verschaffen ist Ihr gutes Recht, in vielen Bundesländern sogar Ihre Pflicht. Und der Besuch muss nicht angekündigt sein, vor allem dann nicht, wenn es Unregelmäßigkeiten gab. Günstig ist es, direkt beim Klingeln vor der Klasse zu stehen und so gleichzeitig zu überprüfen, ob der Kollege auch pünktlich anfängt.
- Einhaltung der Rückgabefristen von Klassenarbeiten: Dies ist der »Joker«, denn kaum ein Kollege schafft es, die Klassenarbeiten / Klausuren innerhalb der vorgesehenen Frist zu korrigieren, insbesondere in Zeiten mit hoher Korrekturbelastung wie Abitur oder anderen Abschlussprüfungen.
- Überprüfung der Pausenaufsichten
- Kontrolle der Klassenbucheinträge auf Vollständigkeit
- Kontrolle der Klassenarbeiten bzw. der Berichtigungen

Aber nun genug zu möglichen Bagatellverfehlungen und Ihren Reaktionsmöglichkeiten. Gehen wir einmal davon aus, der Verdacht auf ein schwerwiegendes Dienstvergehen läge vor, der die Einleitung eines regulären Disziplinarverfahrens erforderlich macht. Im Folgenden wird nur das behördliche, also das schulinterne Disziplinarverfahren behandelt, nicht das gerichtliche. Dieses würde die vorgesetzte Dienstbehörde an sich ziehen und vor ein Verwaltungsgericht bringen.

5.4 Das Disziplinarverfahren

Zweck des Disziplinarrechts sind nicht, was manche erstaunt, strafrechtliche Sanktionen. Vielmehr sind Disziplinarmaßnahmen ein Mittel der Personalführung. Sie dienen der »Erziehung« des Beamten und der Einhaltung der Dienstordnung im Interesse der Gesamtheit.

Es gibt eine ganze Reihe von Vorschriften, die direkt oder indirekt Bezüge zum Disziplinarrecht herstellen. An erster Stelle ist das Grundgesetz zu nennen, das Verfahrensgrundrechte festschreibt, die ebenso im Disziplinarverfahren gelten. Dazu gehören vor allem der Anspruch auf ein faires rechtsstaatliches Verfahren, der Anspruch auf rechtliches Gehör und das Verbot der Doppelbestrafung.

Durch das seit etwa 15 Jahren geltende Bundesdisziplinargesetz wurde das Disziplinarverfahren vereinheitlicht: Die frühere Unterscheidung zwischen nicht förmlichem und förmlichem Verfahren wurde aufgegeben. Stattdessen ist ein einheitliches Verwaltungsverfahren vorgesehen, dessen Weichenstellung die Ermittlungen sind. Ihr Ergebnis bildet die Grundlage entweder für den Erlass einer Disziplinarverfügung oder für eine Disziplinarklage vor dem Verwaltungsgericht. Zudem wurde die disziplinare Befugnis des Dienstvorgesetzten erweitert. Er kann nun nicht nur (wie früher) Verweise und Geldbußen, sondern als Dienstvorgesetzter der obersten Dienstbehörde sogar Kürzungen der Dienstbezüge und des Ruhegehalts verhängen.

Der zentrale Begriff des Disziplinarrechts ist das **Dienstvergehen**. Ein solches liegt vor, wenn ein Beamter im Dienst **schuldhaft** die ihm obliegenden Pflichten verletzt. Dabei kann ein Dienstvergehen durch ein Tun, aber **auch durch ein Unterlassen** begangen werden, z. B. wenn der Schulleiter nicht darüber informiert wird, dass ein Kollege die gefällte Entscheidung für rechtswidrig hält, oder wenn ein Lehrer die Schulleitung nicht über wichtige Vorkommnisse informiert, wozu er nach § 55 BBG verpflichtet ist.

Eine Anmerkung zu den gleich folgenden Paragraphen: Das seit 2009 geltende Dienstrechtsneuordnungsgesetz (DRNOG) befasst sich nur noch mit den **Bundes**beamten. Denn die Länder sind mittlerweile für etliche Bereiche (Laufbahn, Besoldung, Versorgung) selbst zuständig, was dazu führt, dass viele Bestimmungen des Disziplinarrechts in den Beamtengesetzen und den Disziplinargesetzen **der Länder** zu finden sind. Nun wäre es ausgesprochen sperrig, für alle 16 Bundesländer die einschlägigen Paragraphen zu benennen. Deshalb sind hier die Paragraphen des **Bundes**beamtengesetzes und der **Bundes**disziplinarordnung aufgeführt. Das ist durchaus vertretbar, weil sich die landesgesetzlichen Regelungen fast wortwörtlich am Bundesrecht orientieren. Allerdings ist die Systematik nicht immer identisch, weshalb sich die Paragraphen des

BBG im entsprechenden Landesgesetz unter einer etwas anderen »Hausnummer« befinden.

Pflichten eines Lehrers

Zu den wichtigsten Pflichten des Lehrers (§§ 52 bis 78 BBG) zählen:

- **Unparteiische Amtsführung (§ 52 I BBG)**
- **Volle Hingabe an den Beruf (§ 54 I BBG)**
- **Uneigennützigkeit (§ 54 II BBG)**
- **Genehmigungspflicht für Belohnungen und Geschenke (§ 70 BBG)**
- **Beratungs-, Unterstützungs- und Gehorsamspflicht (§ 55 BBG)**
- **Remonstrationspflicht bei Bedenken gegen die Rechtmäßigkeit (§ 56 BBG)**
- **Amtsverschwiegenheit (§§ 61 bis 63 BBG)**
- **Anzeigen von Nebentätigkeiten (§§ 64 bis 69 a BBG)**
- **Politische Treuepflicht und Pflicht zur Mäßigung (§§ 52 II, 53 BBG)**

Durch die Neuordnung des Dienstrechts gab es einige begriffliche Verschiebungen. Man spricht jetzt durchgängig von »Beamten und Beamtinnen«, aber das ist nicht alles: Auch an anderen Stellen wird moderner formuliert.

alt	neu
mit voller Hingabe	mit vollem persönlichem Einsatz
Gehorsamspflicht	Folgepflicht
Zwangsbeurlaubung	Verbot der Führung der Dienstgeschäfte
Amtsverschwiegenheit	Verschwiegenheitspflicht

Das Legalitätsprinzip

Danach ist der Vorgesetzte **gesetzlich verpflichtet**, wegen aller Dienstvergehen einzuschreiten, sofern zureichende (ausreichende) tatsächliche Anhaltspunkte dafür vorliegen. Diese Verpflichtung ist Ausdruck des Gleichheitsgrundsatzes, alle Verstöße gleich zu behandeln.

Unterlässt es der Schulleiter schuldhaft, ein Disziplinarverfahren einzuleiten, begeht er selbst ein Dienstvergehen. Diese Tatsache liefert ein gutes Gegenargument, wenn ein Kollege, der ein Dienstvergehen begangen hat, vorschlägt, dies doch großzügig unter den Teppich zu kehren und nicht zu verfolgen.

Um ein Verfahren einzuleiten, reichen bloße Vermutungen nicht aus, andererseits können schwerwiegende Gerüchte vom Dienstvorgesetzten nicht einfach übergangen werden. Um das Vorliegen eines Verdachts zu bestätigen oder zu widerlegen, werden sogenannte »**(Verwaltungs-)Ermittlungen**« eingeleitet. Sie entsprechen den früheren

Vorermittlungen, einer Vorstufe der Ermittlungen, um Vermutungen auf ihren Wahrheitsgehalt hin zu überprüfen. Stellt sich der Verdacht als haltlos heraus, erübrigt sich ein weiteres Verfahren, bestätigt er sich, ist ein Disziplinarverfahren offiziell einzuleiten. Dieses beginnt in der entsprechenden Behörde, also in der betreffenden Schule. Die dort stattfindenden Untersuchungen heißen deshalb nach neuer Terminologie nicht mehr wie früher »Vorermittlungen«, sondern nur noch »Ermittlungen«.

Liegt ein begründeter Verdacht auf ein **schweres** Dienstvergehen vor, das nicht mehr mit einer Disziplinarverfügung geahndet werden kann, hat der Schulleiter die vorgesetzte Dienstbehörde zu informieren, damit sie gegebenenfalls das Verfahren an sich ziehen kann.

Die Einheit des Dienstvergehens

Hierunter versteht man die Zusammenfassung aller begangenen (und noch nicht geahndeten!) Dienstvergehen zu **einem Vorgang**, über den **gleichzeitig und einheitlich** entschieden wird. Für jede einzelne Verfehlung eine Disziplinarmaßnahme festzusetzen ist nicht nur ungünstig, sondern sogar untersagt. Deshalb ist es grundsätzlich ausgeschlossen, dass mehrere Disziplinarverfahren nebeneinander laufen. Eine Ausnahme ist nur möglich, wenn man unwichtige, aber aufwendig zu beweisende Verstöße aussondert, um das eigentliche Verfahren zu beschleunigen.

Die Feststellung einiger Kommentare, dass für das (fiktive) einheitliche Dienstvergehen keine Gesamtstrafe wie im Strafrecht gebildet wird (§ 53 StGB), trifft rein formal in dem Sinne zu, dass es keine vorgeschriebenen Berechnungsfaktoren (§ 54 StGB) wie im Strafrecht gibt, ansonsten ist der Ansatz aber recht ähnlich.

Das Beschleunigungsgebot

Der vom Disziplinarrecht angestrebte Erziehungszweck wird vor allem dann erreicht, wenn zügig vorgegangen wird. Ein beschleunigtes Verfahren ist ebenfalls für den betroffenen Kollegen von Vorteil, selbst wenn eine Disziplinarmaßnahme gegen ihn ergriffen wird. Denn nichts ist für den Betreffenden und das Kollegium schlimmer als die Ungewissheit. Je länger sich das Verfahren hinzieht, desto mehr werden Gerüchte begünstigt. Um das Verfahren zu beschleunigen, haben sich deshalb folgende Maßnahmen als nützlich erwiesen:

- Terminverlegung nur in begründeten Ausnahmefällen
- Beweisaufnahme möglichst an einem einzigen Termin
- Akteneinsicht durch den Anwalt des Betroffenen entweder in der Schule oder eine zeitlich befristete Übersendung an die Kanzlei, wo kopiert werden kann.

Das Verfahren

Das folgende Diagramm bietet einen Überblick über das Verfahren.

erste Verdachtsmomente ⟶ (Verwaltungs-)Ermittlungen,
sie bestätigen den Verdacht

↓

Einleitung des offiziellen Verfahrens, Datum festhalten

↓

Einleitung von Ermittlungen, Sichern der Ergebnisse

↓

Unterrichtung, Belehrung (schriftlich) und Anhörung
des Kollegen, Kenntnisnahme gegen Quittung

↓

Beweiserhebung, Anhörung von Zeugen, Betroffener darf grundsätzlich
anwesend sein, Zusammenfassung des Ergebnisses

↓

mit zeitlichem Abstand: abschließende Anhörung des Beamten

↓

Einstellungsverfügung oder Disziplinarverfügung
oder

↓

Disziplinarklage bzw. Abgabe des Verfahrens an die vorgesetzte
Dienststelle

Die Einleitung

Die Einleitung des Verfahrens kann **von Amts wegen** erfolgen oder **auf Antrag** der betreffenden Lehrkraft. Gründe für die zweite Variante können sein:

- Eingestehen eines Dienstvergehens aus seelischem Druck
- Überlegung, das Geständnis eines unentdeckten Dienstvergehens werde positiv gewichtet und ein milderndes Kriterium sein
- Wunsch nach einem sogenannten **Selbstreinigungsverfahren:** Der Kollege sieht sich ungerechtfertigten Vorwürfen ausgesetzt und möchte sie offiziell vom Tisch haben. Für das Selbstreinigungsverfahren gilt das oben Gesagte: Der Schulleiter muss dem Antrag nicht zustimmen, wenn die Verdachtsmomente in keiner Weise begründet sind. Er kann es aber aus Fürsorgegründen tun, um den Kollegen öffentlich von einem Vorwurf zu entlasten.

Die andere grundsätzliche Möglichkeit, ein Disziplinarverfahren einzuleiten, besteht **von Amts wegen**. Dies kann der Fall sein, wenn nach Ermittlungen ausreichende Anhaltspunkte für den Verdacht eines Dienstvergehens vorliegen. Ob der betroffene Beamte von der Einleitung des Disziplinarverfahrens gegen ihn zu unterrichten ist, hängt von der Sachlage ab. Ist der Vorfall offenkundig und unbestritten, spricht nichts dagegen. Den Lehrer zu informieren ist dann ein Gebot der Fairness. Zudem kann die Unterrichtung über die Einleitung des Verfahrens dann auch mit der erforderlichen Belehrung des Beamten gekoppelt werden.

Sind jedoch wichtige Punkte noch ungeklärt und muss damit gerechnet werden, dass der Kollege versucht, Fakten zu verschleiern oder Zeugen zu beeinflussen, ist er erst dann zu informieren, sobald die entscheidenden Sachverhalte geklärt sind oder deren Aufklärung nicht mehr durch den Betreffenden gefährdet werden kann. In diesem Fall ist die Einleitung des Verfahrens mit Datum separat aktenkundig zu machen, nicht zuletzt, um notfalls der Einrede der Verjährung begegnen zu können.

Mit der Einleitung des Verfahrens wird die Disziplinarakte (als Teil der Personalakte) eröffnet. Die Einleitung eines Disziplinarverfahrens unterbleibt in der Regel, falls wegen des gleichen Sachverhalts bereits ein Straf- oder Bußgeldverfahren läuft oder wenn wegen Zeitablaufs (»Verjährung«) eine Disziplinarmaßnahme nicht ausgesprochen werden darf.

Eine **Verfolgungsverjährung** wie im Strafrecht, also das Verbot, ein zurückliegendes Delikt überhaupt aufzuklären (Aufklärungsverbot), gibt es im Disziplinarrecht nicht. Nach der Aufklärung eines zurückliegenden Dienstvergehens gilt allerdings im Disziplinarrecht das Verbot, bestimmte Maßnahmen zu verhängen (Maßnahmeverbot). So darf nach mehr als zwei Jahren kein Verweis erteilt, nach mehr als drei Jahren dürfen eine Geldbuße oder eine Kürzung der Dienstbezüge nicht mehr ausgesprochen werden.

Vom Vorgesetzten wird also verlangt, die mögliche Disziplinarmaßnahme zu antizipieren, um zu entscheiden, ob die Einleitung eines Disziplinarverfahrens zweckmäßig ist. Im Zweifelsfall sollte das Verfahren eingeleitet und später eingestellt werden, wenn sich das Maßnahmeverbot bestätigt. Falls ein leichtes Dienstvergehen so lange zurückliegt, dass von einem Maßnahmeverbot auszugehen ist, sind die Gründe dafür aktenkundig zu machen und der Beamte ist darüber zu informieren.

Die Frist der »Verjährung« beginnt bereits mit der Vollendung des Dienstvergehens, nicht erst mit seiner Entdeckung. Maßgeblich hierfür ist der Tag, an dem der letzte Teil der Handlung begangen wurde. Durch die Einleitung des Disziplinarverfahrens wird jedoch der Fristablauf unterbrochen.

Unterrichtung, Belehrung und Anhörung des Beamten

Sobald die Aufklärung des Sachverhalts nicht mehr gefährdet ist, **muss** der betroffene Lehrer über die Einleitung des gegen ihn gerichteten Disziplinarverfahrens **unterrichtet** werden. Dabei ist ihm zu eröffnen, welches Dienstvergehen ihm zur Last gelegt wird, um ihm Gelegenheit zu geben, sich dazu zu äußern. Denn der Anspruch auf rechtliches Gehör ist in Art. 103 GG verankert und ein Gebot der rechtsstaatlichen Fairness. Gleichzeitig ist er darüber **zu belehren**, dass es ihm freisteht,

- sich mündlich oder schriftlich (innerhalb einer Frist) dazu zu äußern,
- nicht zur Sache auszusagen und
- sich jederzeit eines Anwalts oder eines anderen Beistands zu bedienen.

Die anwaltliche Unterstützung muss nicht von Anfang an in Anspruch genommen werden. Ein Kollege kann das Verfahren zunächst ohne Unterstützung antreten, später aber, wenn es kritisch wird, eine solche hinzuziehen.

> **!** **Wichtig!** Die Belehrung sollte **unbedingt schriftlich** erfolgen und der Empfang vom Lehrer **quittiert** werden. Denn falls die Belehrung unterbleibt oder unvollständig ist, folgt daraus ein Verwertungsverbot der vom Lehrer gemachten Äußerungen.

Aus dem Beschleunigungsgebot folgen Fristen für den Betroffenen, entlastende Äußerungen abzugeben, und zwar

- einen Monat bei schriftlichen Äußerungen,
- zwei Wochen beim Wunsch, sich mündlich zu äußern.

Um Verzögerungen zu vermeiden, sollte man den Kollegen belehren, dass er unverzüglich mitteilen muss, falls er diese Fristen nicht einhalten kann. Entschließt sich der Kollege innerhalb der zwei Wochen, eine mündliche Stellungnahme abzugeben, ist innerhalb der nächsten drei Wochen ein Termin für diese **Anhörung** anzuberaumen. Für die Ladung zu diesem Termin (Muster des gesamten Schreibens im Anhang auf S. 231) ist folgender Zusatz wichtig:

> »Wenn Sie aus zwingenden Gründen zu diesem Termin verhindert sind, bitte ich um rechtzeitige Mitteilung. Falls Sie ohne ausreichende Begründung nicht erschei-

nen, gehe ich davon aus, dass Sie sich zu dem erhobenen Vorwurf nicht äußern wollen. Die Ermittlungen werden dann ohne Ihre Anhörung fortgesetzt.«

Die Ermittlungen

Sie wissen bereits, dass ermittelt werden muss, sobald ein hinreichender Verdacht auf ein Dienstvergehen besteht. Allerdings sollten Sie sich als Vorgesetzter gut überlegen, ob **Sie selbst** die erforderlichen Maßnahmen der Sachaufklärung einschließlich der Beweiserhebung vornehmen wollen. Sie sind zwar **zuständig** für die Ermittlungen, müssen diese aber nicht selbst durchführen.

Vielfach ist es für den Schulleiter günstiger, sich wie ein Richter zurückzuhalten und einen **Ermittlungsführer** zu beauftragen. Da dieser die Ermittlungen neben seiner Unterrichts- und Korrekturtätigkeit zu führen hat und die Ermittlungen zügig durchgeführt werden sollen, empfiehlt es sich, ihn für diese Zeit zu entlasten. Bei sehr komplexen Sachverhalten kann der Ermittlungsauftrag auch an mehrere Kollegen ergehen. Der Ermittlungsführer hat nicht nur die belastenden, sondern auch die für den Betroffenen günstigen Umstände zu ermitteln. Sein Vorgehen ähnelt damit dem eines deutschen (nicht eines amerikanischen!) Staatsanwalts.

Zunächst ist zu unterscheiden, ob ein innerdienstliches oder ein außerdienstliches Dienstvergehen vorliegt. An Letzteres werden deutlich höhere Anforderungen gestellt, da der Lehrer nun als Privatperson handelt und nicht jede seiner Handlungen dienstrechtlich relevant ist. Denn entgegen einer weitverbreiteten (falschen) Ansicht ist der Beamte keineswegs immer im Dienst. Auch er hat eine Privatsphäre, in der bestimmte Handlungen liegen.

Fährt ein Lehrer während einer Dienstfahrt bei Rot über die Ampel und verursacht einen Schaden, so liegt ein innerdienstliches Dienstvergehen vor. Geschieht das Gleiche jedoch auf der Urlaubsreise eines Lehrers, wird man nicht von einem (außerdienstlichen) Dienstvergehen sprechen. Um also ein außerdienstliches Dienstvergehen anzunehmen, müssen die Umstände des Einzelfalls klar die Pflichtwidrigkeit zeigen und bestimmte Bedingungen erfüllen:

- Der Verstoß muss geeignet sein, das Vertrauen in den Lehrer in **erheblicher** Weise zu beeinträchtigen.
- Er muss negative Auswirkungen auf das **konkrete Amt** des betreffenden Lehrers oder auf das **Ansehen der Lehrerschaft** insgesamt haben.

Ein Verhalten, das als außerdienstliches Dienstvergehen gewertet wurde, lag vor, als eine Lehrkraft mehrfach durch Trunkenheitsfahrten am Schulort auffiel oder als der Direktor einer Grundschule des (privaten) Konsums von Kinderpornografie überführt wurde. In solchen Fällen war selbst der außerdienstliche Verstoß keine Privatsache mehr, sondern der Beamte beschädigte durch sein Verhalten zugleich das Ansehen des gesamten Lehrerstandes.

Durch den Ermittlungsführer sind die erforderlichen Beweise zu erheben. Die wichtigsten davon sind:

- Zeugen (und Sachverständige)
- Urkunden (und Akten)
- Inaugenscheinnahme
- Dienstliche Auskünfte, z. B. von anderen Dienststellen

Da der Begriff der »Urkunde« missverständlich ist, sei er kurz erklärt. Als »Urkunde« im juristischen Sinne gelten nicht nur mit Stempel oder Siegel versehene Schriftstücke. Vielmehr ist jedes Schriftstück, das einen menschlichen Gedanken verkörpert und den Aussteller erkennen lässt, eine Urkunde. Auch eine handschriftliche Notiz, ein Bierdeckel mit Strichen darauf oder ein Kontoauszug gelten juristisch als Urkunde.

Nicht nur der Ermittlungsführer kann Beweise sammeln, sondern auch der betroffene Lehrer darf formell **Beweisanträge** stellen, von denen er sich eine Entlastung verspricht. Dabei muss der Kollege allerdings präzise angeben, was ermittelt oder wer wozu befragt werden soll. Den Beweisanträgen des Betroffenen muss grundsätzlich nachgegangen werden. Sie können allerdings abgelehnt werden, wenn die Beweiserhebung unmöglich oder unzumutbar ist oder die zu beweisenden Tatsachen unerheblich sind.

Unter dem Beweisantrag steht die informelle **Beweisanregung**. Sie enthält den **Wunsch**, dem gefolgt werden kann, in eine bestimmte Richtung zu ermitteln. Grundsätzlich hat der Beamte das Recht, an den Beweiserhebungen teilzunehmen. Dies vor allem bei der Vernehmung von Zeugen oder Sachverständigen oder bei der Einnahme des Augenscheins. In diesem Zusammenhang dürfen sowohl der betroffene Lehrer als auch sein Anwalt sachdienliche Fragen stellen.

Die Beweisaufnahme mittels Zeugen (und Sachverständigen) wird wie in der Strafprozessordnung (§§ 48 bis 71 für Zeugen, §§ 72 bis 85 StPO für Sachverständige und Augenschein) abgewickelt. Die Ergebnisse dieser Beweiserhebung sind selbstredend zu protokollieren.

Der Ermittlungsführer, der **vor der Disziplinarentscheidung** das Ergebnis seiner Ermittlungen zusammenfassen muss, sollte Folgendes wissen: Obwohl das Disziplinarrecht keine strafrechtlichen Intentionen hat, orientiert sich das Vorgehen doch stark am Straf- bzw. Strafprozessrecht. Vom Ermittlungsführer oder von Ihnen als Vorgesetzten wird also eine quasi strafrechtliche Beurteilung des gesamten Vorgangs gefordert. Dies ohne strafrechtliche Grundkenntnisse zu bewältigen, ist ohne juristische Vorbildung selbst für schulische Führungskräfte nicht einfach. Auch im Disziplinarrecht muss deshalb (vgl. I.4.) **jede** der folgenden drei Stufen geprüft und erfüllt sein, bevor eine disziplinare Maßnahme verhängt werden kann.

Kriterien für das Verhängen einer Disziplinarmaßnahme

1. Der **Tatbestand** eines Dienstvergehens muss erfüllt sein.
2. Das Handeln muss **rechtswidrig** gewesen sein.
3. Der Lehrer muss **schuldhaft** gehandelt haben.

Befassen wir uns (noch einmal) kurz mit den drei Stufen. Die ausführliche Fassung mit allen dazugehörigen Erwägungen finden Sie im einführenden Kapitel ab S. 27.

1. Der **Tatbestand** eines Dienstvergehens ist erfüllt, sobald der Lehrer gegen eine Beamtenpflicht verstößt, indem er z. B. häufig zu spät zum Dienst erscheint. Das ist in der Regel der einfachste Prüfungsschritt, wenn der Sachverhalt klar ist.
2. Es darf keinen **Rechtfertigungsgrund** für das Verhalten des Lehrers geben. Dies wäre der Fall, wenn der Kollege einen Schüler geschlagen hätte, sich im Rahmen der Ermittlungen aber herausstellt, dass er selbst angegriffen wurde und deshalb in Notwehr (§ 32 StGB) oder aber in Nothilfe (auch § 32 StGB) gehandelt hat, um einem schwächeren Schüler mit körperlicher Gewalt zu helfen.

Neben diesen beiden häufigsten Rechtfertigungsgründen und den auf S. 28 genannten gibt es noch zwei weitere mögliche Rechtfertigungsgründe, die Sie als Ermittlungsführer bzw. als Schulleiter kennen sollten. Es sind dies:

- die vorläufige Festnahme durch jedermann (§ 127 I StPO)
- die Wahrnehmung berechtigter Interessen (§ 193 StGB)

Die vorläufige Festnahme (»Jedermannparagraph«) kennen Sie sicherlich oder können Sie leicht nachschlagen, die **Wahrnehmung berechtigter Interessen** möchte ich erläutern. Denn mit diesem »Joker« können Sie einen Kollegen, dem verbale Entgleisungen vorgeworfen werden, manchmal elegant aus der Schusslinie bringen, sofern Sie es denn wollen.

Um den § 193 StGB zu verstehen, sollte man wissen, dass er auf die **Straftaten gegen die Ehre** (Beleidigung bis Verleumdung) folgt, sich also **nur auf diese** Vergehen bezieht. Die Regelung stellt eine Ausnahme dar und kann den Unrechtsgehalt von tadelnden oder beleidigenden Lehreräußerungen aufheben. Schließlich macht es einen Unterschied, ob man eine fast fehlerfreie Arbeit als »dilettantisch« bezeichnet oder eine, die mit Fehlern übersät ist.

Der Paragraph berücksichtigt also, dass es Verhaltensweisen oder Leistungen gibt, die so katastrophal sind, dass sie mit wohlgesetzten Worten nicht mehr angemessen zu erfassen sind. Wenn ein Abiturient eines Leistungskurses in einer Arbeit extrem viele Fehler macht und selbst grundlegende Dinge nicht beherrscht, so darf diese Arbeit ausnahmsweise auch als »stümperhaft« bezeichnet werden. Das ist sicher keine pädagogisch abgewogene Äußerung, aber ob es sich angesichts der Fakten um eine Beleidigung handelt, darf bezweifelt werden.

Und wenn ein Schüler wieder einmal andere beleidigt und geschlagen hat, darf der Lehrer dies als »asozial und kriminell« bezeichnen und sich im Falle einer Beschwerde auf den § 193 StGB stützen. Die Berufung auf berechtigte Interessen setzt allerdings voraus, dass derjenige, der sich darauf stützt, **anerkannte Rechte** ausübt oder zu verteidigen sucht. Dafür muss eine Abwägung vorgenommen werden zwischen dem Recht des »Beleidigten« und dem der anderen Schüler, die durch diese Äußerung des Lehrers **geschützt** werden sollen. Das ist im obigen Fall gegeben. Der Lehrer hat versucht, die Ehre und die körperliche Unversehrtheit der Mitschüler für die Zukunft zu schützen. Die ehrenrührige Aussage des Kollegen geschah folglich, um durch harsche öffentliche Kritik das sozialschädliche Schülerverhalten zu unterbinden.

3. Die dritte Stufe der Prüfung umfasst die **Schuld:** Das Dienstvergehen muss durch ein **vorwerfbares** Verhalten des Lehrers verschuldet worden sein. Liegt ein Dienstvergehen vor, wird dies zwar in der Regel schuldhaft geschehen sein, aber nicht immer. Auch hier gibt es Ausnahmen, sogenannte Schuldausschließungsgründe, die man als Vorgesetzter kennen sollte. Es sind dies vor allem:
   - Schuld**un**fähigkeit bzw. verminderte Schuldfähigkeit (§§ 20 u. 21 StGB)
   - Notwehrexzess (§ 33 StGB)
   - Verbotsirrtum (§ 17 StGB)

Die (seltene) völlige Schuldunfähigkeit wäre gegeben, wenn der Kollege wegen seelischer Störungen das Unrecht seines Dienstvergehens nicht einsehen kann. In diesem Fall dürfte keine Disziplinarmaßnahme ergriffen werden, weil der Kollege krank ist und man ihm daraus keinen Vorwurf machen kann.

Häufiger wird man auf eine **verminderte Schuldfähigkeit** treffen. Hier wird der Vorwurf aufgrund besonderer Umstände gemildert, was bei der Zumessung der Disziplinarmaßnahme berücksichtigt werden muss. Die verminderte Schuldfähigkeit kann durch leichte psychische Störungen (z. B. Borderline-Syndrom, gespaltene Persönlichkeit, Spielsucht, Alkoholrausch, Drogen oder Medikamente) begründet werden.

Eine andere Möglichkeit zur Schuldminderung liegt in sogenannten **Affekthandlungen**, wobei aber bestimmte Bedingungen (vgl. S. 32) vorliegen müssen, um einen Affekt zu begründen. Auch der **Notwehrexzess** wird nur entschuldigt, wenn der Kollege **aus Furcht oder Verwirrung** überreagiert und sich stärker wehrt, als es durch die Notwehr (oder Nothilfe) geboten wäre.

Die Anforderungen an den **Verbotsirrtum** (§ 17 StGB) als wirksame Entschuldigung sind hoch, da alle Lehrer verpflichtet sind, die für ihren Beruf wichtigen Normen zu kennen. Ein Verbotsirrtum liegt vor, wenn ein Lehrer etwas Verbotenes tut, von dem er jedoch meint, es sei erlaubt. Entschuldigend wirkt dies aber nur dann, wenn der Beamte den Irrtum **nicht vermeiden konnte**.

Das würde vorliegen, falls ein Sportkollege in einem Sonderfall unsicher bei der Auslegung des Schwimmerlasses ist. Der Leiter der Fachschaft und der Schulleiter sind nicht im Hause, die stellvertretende Schulleiterin ist krank und nicht ansprechbar. Also ruft der Kollege beim Rechtsdezernat des Kultusministeriums an und bittet dort um eine Auskunft. Der Jurist am anderen Ende der Leitung gibt ihm eine Antwort, die aber falsch ist. Der Lehrer handelt entsprechend, worauf etwas passiert, das man ihm vorwirft. In solch einem Fall wäre der Kollege entschuldigt, weil er in dieser Situation den Irrtum nicht vermeiden konnte. Er hat alles getan, was er konnte, um sich sachkundig zu informieren. Denn wenn selbst ein Jurist aus dem Kultusministerium sich irrt, kann man ihm als einfachem Lehrer den Irrtum nicht vorwerfen. Sie sehen an diesem Beispiel: An die Unvermeidbarkeit des Irrtums werden hohe Anforderungen gestellt.

Nachdem die drei Stufen von Tatbestand, Rechtswidrigkeit und Schuld abgearbeitet sind, kommt das Disziplinarverfahren zum Abschluss. Als Grundlage dafür fasst der Ermittlungsführer das Ermittlungsergebnis zusammen. Dabei sollte er folgende Punkte berücksichtigen:

1. Persönliche und dienstliche Verhältnisse des Betroffenen
2. Nennung des disziplinaren Vorwurfs
3. Gang der Ermittlungen
4. Beweiswürdigung
5. Ergebnis

Abschließende Anhörung

Nach Beendigung der Ermittlungen, aber **vor der Entscheidung**, ist der Lehrer abschließend anzuhören. Dafür muss ihm oder seinem Bevollmächtigten Akteneinsicht gewährt werden, damit er seine Rechte in vollem Umfang wahrnehmen und sich gegen etwaige Vorwürfe zur Wehr setzen kann. Je nach Schwere der Verfehlung bzw. nach dem Umfang der Unterlagen ist es geboten, für die abschließende Anhörung einen gesonderten Termin anzuberaumen. Das Einverständnis des Betreffenden und seines Anwalts vorausgesetzt, kann die abschließende Anhörung auch am gleichen Tag wie die Zusammenfassung des Ergebnisses – nach einer Pause – stattfinden. Das Ergebnis der abschließenden Anhörung muss protokolliert werden.

Entscheidung

Das behördliche Disziplinarverfahren endet mit der sogenannten Abschlussentscheidung, die drei grundsätzliche Möglichkeiten bietet:

- Einstellungsverfügung (Einstellung des Verfahrens)
- Disziplinarverfügung (Disziplinarmaßnahme)
- Disziplinarklage

Die Einstellungsverfügung (Einstellung des Verfahrens) ist angezeigt, wenn

- ein Dienstvergehen nicht erwiesen ist oder
- ein (leichtes) Dienstvergehen vorliegt, das keine Maßnahme erfordert.

Die Verfügung muss begründet und dem Beamten unverzüglich zugestellt werden. Auch der Dienstvorgesetzte muss über die Einstellung unterrichtet werden.

5.5 Kriterien für die Bemessung der Disziplinarmaßnahme

Als (Dienst-)Vorgesetzter müssen Sie nach den Ermittlungen und nach Abwägung aller Argumente zu einer Entscheidung kommen. Bevor gleich eine Übersicht über bereits gefällte Disziplinarurteile folgt, an denen Sie sich orientieren können, werden relevante Aspekte genannt, die immer wieder auftauchen. Dabei handelt es sich um Kriterien, die vor, während oder nach dem Dienstvergehen vorliegen können. Hauptmaßstab ist immer die Schwere des eigentlichen Dienstvergehens.

Kriterien für die Beurteilung eines Dienstvergehens

Milderungsgründe sind etwa:
- Geständnis **vor** der Entdeckung des Dienstvergehens
- Unverschuldete Notlage
- Gute dienstliche Leistungen
- Verminderte Schuldfähigkeit, Spielsucht, Alkoholabhängigkeit
- Vermeidbarer, aber nachvollziehbarer Verbotsirrtum
- Einsicht und (tätige) Reue, z. B. unaufgeforderte Wiedergutmachung des Schadens

Keine Milderungsgründe hingegen sind:
- Geständnis, wenn Dienstvergehen bereits offenkundig
- Geringer Wert der veruntreuten Gegenstände
- Selbst verschuldete finanzielle Schwierigkeiten
- Übergehen bei einer Beförderung
- Unzureichende Beaufsichtigung des Beamten

Erschwerende Gründe können sein:
- Leugnen des Dienstvergehens
- Uneinsichtigkeit
- Abschieben der Schuld auf andere
- Stellung des Beamten, Vorbildfunktion
- Dienstvergehen im Kernbereich der Funktion, z. B. gefälschte Noten oder Sex mit einer Schutzbefohlenen (Schülerin)
- Schlechte Führung, schwache dienstliche Leistungen

Keine Erschwerungsgründe sind:
- Schwere Folgen, die nicht vorhersehbar waren
- Verweigerung der Aussage

Die Disziplinarverfügung schließt mit einer Disziplinarmaßnahme. Schulintern können verhängt werden: ein Verweis oder eine Geldbuße bis zu einem Monatsgehalt. Der Verweis ist ein schriftlicher Tadel, der wie die Geldbuße einer späteren Beförderung (bei entsprechender Bewährung) nicht entgegensteht. Die oberste Dienstbehörde kann zudem Kürzungen der regelmäßigen Dienstbezüge vornehmen.

Verstoß	Maßnahme	Gericht
Nichtbefolgen einer Weisung: Schulleiter verbietet Film, Lehrer zeigt ihn trotzdem	schriftliche Missbilligung	VG Berlin, 1974
Beleidigung (»miese Arbeitsbedingungen«) einer Firma, die einen Schüler nicht einstellt	schriftliche Missbilligung	VG Berlin, 1981
körperliche Züchtigung auf das Gesäß eines Problemschülers	dienstrechtlicher Verweis	VG Schleswig, 1976
Lehrer erscheint nicht zu einer wichtigen Besprechung an einem unterrichtsfreien Tag	schriftliche Missbilligung	VGH Kassel, 1986
Schulleiter erfährt Sachverhalt, der auf Dienstvergehen hinweist, und unternimmt nichts	schriftliche Verwarnung	VGH Mannheim, 1986
zwei (private) Trunkenheitsfahrten mit Unfällen innerhalb einiger Wochen	Geldbuße 100 Mark	VG Berlin, 1978
zwei Ohrfeigen mit der flachen Hand gegen den Kopf eines Schülers	Geldbuße 100 Mark	VG Berlin, 1979
Aufruf zu halbstündiger Unterrichtsniederlegung aus politischen Gründen	Geldbuße	OVG Berlin, 1986
schuldhaftes Fernbleiben vom Dienst an einem Tag mit zwei Unterrichtsstunden	Kürzung des Gehalts für ganzen Schultag	OVG Lüneburg, 1995
Lehrer nimmt über lange Zeit häufig die Frühaufsicht nicht wahr	Geldbuße 1 000 Mark	VG München, 1991
Lehrer beleidigt mehrfach Schüler, wirft deren Taschen aus dem Fenster, schlägt Schüler mit Buch	Gehaltskürzung, insgesamt etwa 8 000 Mark	VGH Mannheim, 2001
dienstliche Bestellung von Produkten, die der Betreffende entwickelt hat und an deren Verkauf er verdient, im Wert vom 6 000 Mark	Kürzung der Bezüge um 1 / 15 für 2 Jahre (entspricht etwa 9 000 Mark)	BVerwG, 1999
Diebstahl von dienstlich angeschafften Gegenständen	Entlassung aus dem Dienst	VG Trier, 1992
Lehrerin gibt 13-jährigem Schüler bei sich zu Hause erst Alkohol und verführt ihn dann	Entlassung aus dem Dienst und 30 Monate Haft	AG Regensburg, 2005
privater Besitz und Versenden von Kinderpornos durch Grundschullehrer	Entlassung aus dem Dienst	OVG Lüneburg, 2005

Die hier aufgeführte Tabelle kann nur ein grober Anhaltspunkt sein, die Höhe einer Disziplinarmaßnahme anzusetzen, aber das ist – in meinen Augen – besser als nichts.

Sollte das Fehlverhalten einer Lehrkraft so schwerwiegend sein, dass es nicht über die Maßnahmen einer Disziplinarverfügung angemessen geahndet werden kann, ist Disziplinarklage vor dem Verwaltungsgericht (Disziplinarkammer) zu erheben. In solchen Fällen übernimmt regelmäßig die vorgesetzte Dienstbehörde den Fall, sofern sie es nicht schon vorher getan hat.

Vorläufige Dienstenthebung

Begleitend zum behördlichen Disziplinarverfahren kann die für die Erhebung der Disziplinarklage zuständige Behörde die vorläufige Dienstenthebung verfügen. Die beiden wichtigsten Gründe hierfür sind:

- Die Verfehlung ist so schwer, dass eine spätere Entfernung aus dem Dienst wahrscheinlich ist.
- Das Verbleiben im Dienst würde die Ermittlungen stark beeinträchtigen.

Rechtsmittelbelehrung

Die Entscheidung der Behörde wird schriftlich verkündet und gegen Empfangsbestätigung überreicht. In diesem Schreiben sollte auf keinen Fall die Rechtsmittelbelehrung (eigentlich Rechtsbehelfsbelehrung) fehlen, in der man auf die Möglichkeit hinweist, innerhalb eines Monats Widerspruch gegen die Entscheidung einzulegen. Der Widerspruch hat aufschiebende Wirkung, sofern nicht von der Behörde der sofortige Vollzug (§ 80 II 1 VwGO) im öffentlichen Interesse angeordnet wird.

6. Personalvertretungsrecht

Sie wollen vielleicht demnächst in den Personalrat Ihrer Schule oder sind bereits Mitglied, vielleicht sogar als Vorsitzender. Deshalb sollten Sie die wichtigsten Regeln des Personalvertretungsrechts kennen – am besten noch mit einigen kleinen Details, von denen sonst kaum jemand weiß. Aber auch als Schulleiter (oder Stellvertreter) müssen Sie die Rechte und Pflichten der Personalvertretung an Ihrer Schule kennen. Da die Paragraphen der einzelnen Landesgesetze zur Personalvertretung leicht variieren, sind im Folgenden die Paragraphen des BPersVG angeführt, die mit Ihrem Landesrecht jedoch fast inhaltsgleich sind, da dieses sich am Personalvertretungsgesetz des Bundes orientiert.

6.1 Grundlegende Rechte und Pflichten

Die im öffentlichen Dienst beschäftigten Lehrkräfte sollen einerseits ein Mitspracherecht haben, soweit ihre Interessen durch schulische Maßnahmen berührt werden.

Andererseits ist zu beachten, dass die Schule in erster Linie einen Bildungsauftrag gegenüber den Schülern (und der Allgemeinheit) zu erfüllen hat, der im Zweifelsfall vorgeht.

Das Zusammenwirken von Schulleiter und Personalrat ist nicht auf Konflikt, sondern auf eine **vertrauensvolle Zusammenarbeit** angelegt. Diese zieht sich wie ein roter Faden durch das Gesetz, das die Art und Weise der Zusammenarbeit im Sinne einer gleichberechtigten Partnerschaft regelt. Der Grundsatz der vertrauensvollen Zusammenarbeit ist dabei nicht nur eine schöne Idee, sondern unmittelbar **geltendes Recht**. Dies bedeutet: Bei Verstößen gegen dieses Prinzip können sogar Mitglieder des Personalrats aus diesem ausgeschlossen werden. Konkret bedeutet die vertrauensvolle Zusammenarbeit, dass es bei etwaigen Streitfragen immer um die Suche nach einvernehmlichen Lösungen gehen muss, wobei der Aufgabenbereich der anderen Seite zu respektieren ist.

Der Gesetzgeber unterstützt dieses Prinzip noch, indem er beiden Seiten vorschreibt, sie mögen über strittige Fragen mit dem **ernsten Willen zur Einigung** verhandeln und Vorschläge für die Beilegung von Meinungsverschiedenheiten machen. Als Konsequenz dieser Haltung sind alle Formen der Beteiligung (Anhörung, Mitwirkung, Mitbestimmung) auf Verständigung angelegt.

»Beschäftigte« im Sinn des Personalvertretungsgesetzes (PVG) sind alle Personen, die zu einer Dienststelle gehören und die zum Schulleiter in einem arbeits- oder beamtenrechtlichen Verhältnis stehen. Dabei ist unerheblich, ob die Beschäftigten in vollem Umfang, in Teilzeit oder nur für kurze Zeit arbeiten. Innerhalb der Schule sind das nicht nur Beamte, sondern – vor allem in den neuen Bundesländern – auch angestellte Lehrkräfte und schulische Hilfskräfte (Sekretärin, Hausmeister), für die zum Teil andere Bedingungen gelten. Dabei ist Folgendes zu beachten: Es herrscht das sogenannte **Gruppenprinzip**. Das bedeutet: Die Wahrnehmungen der persönlichen Interessen erfolgt nur durch Vertreter der eigenen Gruppe.

Für die Wahl des Personalrats gibt es spezielle Bestimmungen, die genau einzuhalten sind und die hier wegen vieler Detailregelungen nicht dargestellt werden. Sie finden sich im Personalvertretungsgesetz Ihres Landes oder in fast identischer Form im Bundespersonalvertretungsgesetz (§§ 12 bis 25). Bei einem Verstoß gegen die Wahlbestimmungen kann die Wahl angefochten werden. Die regelmäßige Amtszeit des Personalrats beträgt vier Jahre. Für jedes Personalratsmitglied ist ein Ersatzmitglied zu wählen, das im Falle der zeitweiligen Verhinderung einspringen kann, um die Funktionsfähigkeit des Personalrats sicherzustellen.

Ansprechpartner der Personalvertretung ist der jeweilige **Schulleiter**. Grundsätzlich soll er alle Verhandlungen mit dem Personalrat führen, nur im Fall der Verhinderung kann der ständige Vertreter den Schulleiter ersetzen. Sinn dieser Regelung ist es, dem Personalrat den kompetentesten Gesprächspartner mit entsprechender Entscheidungsbefugnis gegenüberzustellen.

Die Mitglieder des Personalrats sollen unabhängig sein. Um dies zu gewährleisten, dürfen die Mitglieder nicht benachteiligt, aber auch nicht bevorzugt werden. Aus der Personalratstätigkeit resultiert also z. B. kein Anspruch auf eine schnellere Beförderung. Als Benachteiligung zählt jede Behinderung der Personalratsarbeit wie das Fernhalten eines Personalratsmitglieds von den Sitzungen wegen einer unwichtigen dienstlichen Angelegenheit, das Vorenthalten von benötigten Unterlagen oder die Verweigerung der Kostenübernahme für Dinge, die für die Personalratsarbeit benötigt werden. Dabei ist es nicht nötig, dass der Schulleiter schuldhaft handelt, entscheidend ist allein, ob die Personalratsarbeit durch sein Verhalten erschwert wird oder nicht. Selbst der kritische Hinweis des Schulleiters gegenüber dem Kollegium auf zu hohe Personalratskosten, durch die andere, (das Kollegium begünstigende) Maßnahmen unterbleiben müssten, kann schon eine Behinderung darstellen.

Die Schweigepflicht

Sie ist ein zentraler Punkt der vertrauensvollen Zusammenarbeit. Nur durch die Wahrung des Schweigens kann ein Vertrauensverhältnis begründet und erhalten werden. Jede Schulleitung muss sich darauf verlassen können, dass über alles, was er gegenüber den Personalvertretern sagt oder tut, grundsätzlich Stillschweigen bewahrt wird. In der Praxis wird leider hiergegen häufig verstoßen, indem befreundeten Kollegen, natürlich unter dem Siegel der Verschwiegenheit, vertrauliche Dinge mitgeteilt werden. Von dort aus zieht die Information immer weitere Kreise, bis es das gesamte Kollegium weiß. Die Verletzung der Schweigepflicht ist deshalb der häufigste grobe Pflichtverstoß, der zum Ausschluss aus dem Personalrat führt (S. 129).

Ein Verstoß gegen die Schweigepflicht (§ 10) liegt vor, wenn z. B. ein Personalratsmitglied die Presse tendenziös informiert, um die von ihm favorisierte Meinung durchzusetzen. Zugleich verstößt ein solcher Kollege mit seiner »Flucht in die Öffentlichkeit« gegen einen wichtigen Grundsatz des Beamtengesetzes.

Die Bedeutung der Schweigepflicht wird zudem dadurch unterstrichen, dass Personalratssitzungen **nicht öffentlich** sind. Der Prozess der Meinungsbildung oder das Abstimmungsverhalten der einzelnen Mitglieder unterliegen ebenfalls der Schweigepflicht. Auch die Ersatzmitglieder, sofern sie nicht in Vertretung an einer Personalratssitzung oder am Monatsgespräch (siehe S. 127) teilnehmen, sind nicht einzuweihen.

Ausgenommen davon ist hingegen das **Ergebnis** der Sitzung, weil das Kollegium – zumindest im Rahmen des Tätigkeitsberichts – einen Anspruch darauf hat, die Meinung des Personalrats zu bestimmten Fragen zu erfahren.

Auch Personalversammlungen sind – trotz der Menge der Anwesenden – nicht öffentlich, und das dort Besprochene sollte vertraulich behandelt werden. Als Vorsitzender des Personalrats empfiehlt es sich deshalb, das Kollegium auf diese Tatsache hinzuweisen.

Die Schweigepflicht gilt allerdings nicht mehr, sobald bestimmte Tatsachen bereits allgemein bekannt sind. Ebenfalls gilt die Schweigepflicht nicht gegenüber der Stufenvertretung bei der vorgesetzten Dienststelle, wenn diese, z. B. zwecks Beratung, angerufen wird. Soll ein zur Verschwiegenheit verpflichtetes Personalratsmitglied als Zeuge vernommen werden, so muss die Schweigepflicht aufgehoben werden. Dies kann der Schulleiter als Vorgesetzter und Hüter des »Amtsgeheimnisses«.

Die Friedenspflicht

Entsprechend dem Grundsatz des vertrauensvollen Miteinanders haben Schulleitung und Personalrat alles zu unterlassen, was ein gedeihliches Miteinander innerhalb der Schule gefährden könnte. Dazu gehören (§ 66 II, Friedenspflicht) sämtliche Handlungen, die den Ablauf des Dienstbetriebs stören, und zwar nicht nur in rechtlicher, sondern auch in parteipolitischer oder menschlicher Hinsicht. Diese sind schon dann zu unterlassen, wenn sie **geeignet** sind, den Frieden der Dienststelle zu stören. Es kommt also nicht darauf an, ob der Schulfrieden tatsächlich gestört wird, sondern nur darauf, ob eine Störung möglich gewesen wäre. Auch hier ist die Schwelle so niedrig, dass sie schon durch geringe Verstöße überschritten werden kann.

Verstöße gegen die Friedenspflicht

Als Verstöße gegen die Friedenspflicht werden von den Gerichten eingestuft:

- **Aufruf des Personalrats zum Streik oder zum »Dienst nach Vorschrift«**
- **Aufforderung, vom Schulleiter angeordnete Maßnahmen nicht zu befolgen**
- **Einseitige Erweiterung des Teilnehmerkreises bei Personalversammlungen**
- **Verteilung von Fragebögen über die (darüber nicht informierte) Schulleitung, um Ansatzpunkte für Beschwerden zu haben**
- **Herausgabe eines Flugblattes, in dem der Schulleiter angegriffen und indirekt zum Rücktritt aufgefordert wird**
- **Eine für beide Seiten geltende Verletzung der Friedenspflicht liegt (§ 66 III) vor, wenn sie vorschnell die Gespräche abbrechen und das Verwaltungsgericht (als außenstehende Stelle) anrufen.**

Die Waffengleichheit

Dieser angestrebte Grundsatz findet sich nicht in einem einzigen Paragraphen, sondern zieht sich wie ein roter Faden durch das gesamte Personalvertretungsgesetz. Was versteht man nun darunter? Ein Personalrat ist nur dann zu einer sachgerechten Zusammenarbeit mit dem Schulleiter fähig, wenn er sich auf demselben Informationsstand wie dieser befindet. Der Personalrat ist darum vom Schulleiter **umfassend zu informieren**. Dazu gehört nicht nur die **vollständige**, sondern auch die **rechtzeitige** Unterrichtung des Personalrats. Vorher dürfen keine Entscheidungen (oder Vorentscheidungen) gefällt werden. Bei komplexen Sachverhalten ist es außerdem erforderlich, dem Personalrat die Informationen so rechtzeitig zu geben, dass er sich gründlich darüber informieren kann. Das werden mindestens einige Tage sein. Ebenfalls müssen dem Personalrat alle erforderlichen Unterlagen verfügbar gemacht werden, damit er zu einer sachgerechten Entscheidung beitragen kann.

Das Personalvertretungsrecht kennt eine abgestufte Beteiligung, indem es unterscheidet zwischen

- Anhörung,
- Mitwirkung und
- Mitbestimmung.

Darüber hinaus besitzt der Personalrat ein **Initiativrecht**: Er hat nicht nur die Möglichkeit, auf bestehende oder geplante Entscheidungen zu reagieren, vielmehr besitzt er ebenso das Recht, von sich aus konkrete Vorschläge zu machen. Bei der **Anhörung** hat der Personalrat das Recht, über die beabsichtigte Maßnahme informiert und dazu gehört zu werden. Falls der Personalrat eine Maßnahme ablehnt, hindert das die Schulleiter nicht daran, ihre Absicht ausführen. Die Anhörung ist z. B. vorgesehen bei:

- Fristlosen Entlassungen, außerordentlichen Kündigungen
- Baumaßnahmen in Bezug auf die Diensträume
- Änderungen von Arbeitsabläufen

Bei der **Mitwirkung** ist zwar nicht die Zustimmung des Personalrats erforderlich, er kann aber für die Dauer des Mitwirkungsverfahrens die beabsichtigte Maßnahme blockieren. Kommt also eine Einigung zwischen Personalrat und Dienststelle bzw. Dienststellenleiter nicht zustande, wird die Angelegenheit der übergeordneten Dienststelle vorgelegt, die versuchen muss, sich mit ihrem Personalrat zu einigen. Spätestens im Ministerium endet das Verfahren, da es als oberste Dienstbehörde das **Letztentscheidungsrecht** besitzt. Eine Mitwirkung ist vorgesehen bei:

- Ordentlicher Kündigung
- Erlass einer Disziplinarverfügung gegen eine Lehrkraft
- Entlassung von Beamten auf Probe oder Widerruf
- Vorzeitiger Versetzung in den Ruhestand
- Auflösung von Teilen der Dienststelle

Das stärkste Beteiligungsrecht ist die **Mitbestimmung**. Geplante Maßnahmen, die der Mitbestimmung unterliegen, können nur **mit Zustimmung** des Personalrats getroffen werden. Dabei unterscheidet man die eingeschränkte und die volle Mitbestimmung. Die Art der Mitbestimmung hängt einmal von den zu beschließenden Inhalten ab, zum anderen von der Art, wie das Verfahren bei Dissens zu Ende geführt wird. Bei der eingeschränkten Mitbestimmung gibt es erst ein Einigungsverfahren, danach entscheidet die oberste Dienstbehörde. Bei der vollen Mitbestimmung liegt die Letztentscheidung bei einer paritätisch besetzten Einigungsstelle.

Die Mitbestimmung ist vorgesehen bei:

- Personalangelegenheiten wie:
  - Einstellung, Anstellung
  - Beförderung
  - Versetzung, Abordnung, Umsetzung

- Sozialen Angelegenheiten wie:
  - Gewährung von Unterstützung, Vorschüssen und Darlehen
- Organisatorischen Regelungen wie:
  - Beginn und Ende der täglichen Arbeitszeit
  - Regelung der Schulordnung
  - Gestaltung der Arbeitsplätze
  - Maßnahmen, die Verhalten / Leistungen der Beschäftigten überwachen
  - Einführung grundlegend neuer Arbeitsmethoden

Verfahren bei Nichteinigung

Abgestuft nach den Mitwirkungsmöglichkeiten des Personalrats sind auch die Konsequenzen, falls Schulleitung und Personalrat nicht zu einer Einigung kommen. Die geringsten Möglichkeiten besitzt der Personalrat bei der Anhörung: Wird die vom Schulleiter vorgeschlagene Maßnahmen in der Anhörung nicht gebilligt, ist der Schulleiter trotzdem nicht gehindert, seine Absicht umzusetzen.

Anders ist es bei der Mitwirkung: Die vom Schulleiter geplante Maßnahme ist vor ihrer Durchführung mit dem Personalrat zu erörtern. Das bedeutet: Der Personalrat ist nicht nur umfassend zu informieren, sondern ihm muss auch genügend Zeit zu einer Beschlussfassung verbleiben, damit er noch gestaltend auf die Maßnahme einwirken kann. Falls der Personalrat im Anschluss an die Erörterung mit dem Schulleiter der geplanten Maßnahme nicht zustimmt, muss der Schulleiter sich ernsthaft mit den Einwendungen des Personalrats auseinandersetzen. Bleibt er danach bei seiner Entscheidung, muss er dem Personalrat seine Entscheidung **unter Angabe der Gründe schriftlich** innerhalb einer Frist von zehn Arbeitstagen mitteilen.

Sollte der Personalrat auch danach mit der Entscheidung nicht einverstanden sein, so kann er mit der Angelegenheit in das sogenannte **Stufenverfahren** gehen. Da in Mit**wirkungs**angelegenheiten ein Verfahren vor einer Einigungsstelle nicht vorgesehen ist, entscheidet die oberste Dienstbehörde endgültig.

Anders ist es bei Angelegenheiten, die der Mit**bestimmung** unterliegen. Wenn der Schulleiter eine der Mitbestimmung unterliegende Maßnahme plant, kann er sie **nur mit Zustimmung** des Personalrats durchführen. Verweigert dieser die Zustimmung, können sowohl der Schulleiter als auch der Personalrat innerhalb von sechs Arbeitstagen das Stufenverfahren einleiten. Allerdings kann die Schulleitung eine vorläufige Maßnahme treffen, wenn die Angelegenheit sofort geregelt werden muss.

Für das grundsätzlich durchzuführende Stufenverfahren legen beide Parteien den Vorgang auf dem Dienstweg ihrer jeweiligen übergeordneten Dienststelle vor. Ergibt sich nach Einschalten des Bezirkspersonalrats und auch nach der Vorlage an die oberste Dienstbehörde keine Einigung mit dem dort bestehenden Hauptpersonalrat, kann die Einigungsstelle zu Entscheidung angerufen werden. Ob ihr das Letztentscheidungsrecht zusteht, ist anhand des gleich folgenden Kriteriums zu prüfen.

Hier kommt die Kompetenz der sogenannten »**Einigungsstelle**« ins Spiel. Sie ist eine Einrichtung, in die die oberste Dienstbehörde und der Hauptpersonalrat jeweils drei Mitglieder entsenden und bei der sich beide Parteien auf die Person des Vorsitzenden einigen. Die Einigungsstelle kann immer dann angerufen werden, wenn das vorangegangene Stufenverfahren ergebnislos verlaufen ist. Allerdings kommt der Einigungsstelle **nicht immer ein Letztentscheidungsrecht** zu, sondern ihre Entscheidung stellt manchmal nur eine Empfehlung dar, die von der obersten Dienstbehörde jedoch nicht übergangen werden darf.

Diese Einschränkung resultiert aus einem Urteil des BVerfG (1995), nach dem der Mitbestimmung im öffentlichen Dienst **Grenzen** gesetzt werden müssen. Dies gelte vor allem für solche Fälle, die die **Erledigung von Amtsaufgaben** betreffen. Diese dürfen nicht der Stelle entzogen werden (Ministerium), die dem Parlament gegenüber verantwortlich ist. Angelegenheiten, bei denen die Einigungsstelle nur eine Empfehlung aussprechen kann, sind deshalb alle personellen Angelegenheiten.

In diesem Zusammenhang sollen einige Begriffe geklärt werden, die manchmal im Verwaltungs- bzw. Beamtenrecht auftauchen und für mehr oder weniger große Verwirrung sorgen. Zuerst die für alle Rechtsbereiche geltenden Begriffe:

Einwilligung – Zustimmung – Genehmigung
- Einwilligung: vorherige Zustimmung
- Zustimmung: Einverständnis während des Rechtsaktes
- Genehmigung: nachträgliche Zustimmung

Nun geht es zu den Begriffen, mit denen das Maß der Beteiligung umschrieben wird, und zwar von der geringsten Form der Beteiligung bis zum Ergreifen einer Maßnahme, die keinerlei Beteiligung von anderen erfordert:
- **»nach Anhörung von X«**: geringste Form der Mitwirkung. X muss gehört werden, aber die Behörde kann auch anders entscheiden.
- **»im Benehmen mit X«**: etwas qualifizierter als die »Anhörung«. Es geht in Richtung einer Beratung, aber auch hier ist die Stellungnahme von X nicht bindend und entfaltet keine Außenwirkung.
- **»auf Vorschlag von X«**: X hat ein Vorschlagsrecht, kann also Initiative ergreifen, die entscheidende Behörde kann aber trotzdem ablehnen.
- **»im Einvernehmen mit X«**: Zustimmung muss eingeholt werden. Eine mildere Form, die notfalls einen längeren Diskussionsprozess fordert.
- **»mit Zustimmung von X«**: wie »im Einvernehmen«, nur klarer formuliert.
- **»auf Weisung von«**: Behörde braucht niemanden auch nur zu hören.

6.2 Tätigkeiten des Personalrats

Eine wichtige Tätigkeit ist die Durchführung von Personalratssitzungen. Mögliche Teilnehmer an den Sitzungen sind nur, dem Grundsatz der Nichtöffentlichkeit fol-

gend, Personalratsmitglieder beziehungsweise Personen, denen das **Gesetz** die Teilnahme ausdrücklich zugesteht. Dies sind:
- Schuleiter
- Gewerkschaftsbeauftragte
- Sachverständige / Auskunftspersonen

Beschlüsse können nur in der Personalratssitzung selbst gefasst werden. Die Beschlussfähigkeit ist gegeben, wenn mindestens die Hälfte der Mitglieder des Personalrats anwesend ist. Die Beschlüsse werden mit einfacher Mehrheit der anwesenden Mitglieder gefasst. Bei Stimmengleichheit ist ein Antrag abgelehnt, Stimmenthaltungen gelten als Ablehnung. Über jede Sitzung ist ein Protokoll anzufertigen, das als Urkunde über die Beschlussfassung dient. Mit dem Protokoll, das genehmigt werden muss, sollen Meinungsverschiedenheiten verhindert werden, die im Anschluss an die Personalratssitzungen entstehen können.

Dem Personalrat steht es frei, sich eine Geschäftsordnung zu geben, in der die Richtlinien für den internen Geschäftsbetrieb (laufende Geschäfte) festgelegt werden. Dabei kann vieles, was für die Konferenzen gilt, auch hier übernommen werden. Weitere mögliche Punkte einer Geschäftsordnung sind:
- Anzahl der ordentlichen Sitzungen
- Bedingungen für außerordentliche Sitzungen
- Stellen von Anträgen
- Verfahren bei Abstimmungen
- Beschlussfähigkeit, Ladung von Ersatzmitgliedern
- Anfertigung eines Protokolls, Genehmigung
- Bildung von Ausschüssen für bestimmte Angelegenheiten
- Tätigkeitsbericht, Personalversammlung
- Führung der laufenden Geschäfte, Geschäftsverteilungsplan
- Sprechstunde

Innerhalb des Personalrats ist der **Vorsitzende** »Primus inter Pares«, also Erster unter Gleichen: Er hat die Aufgabe, die vom Personalrat gefassten Beschlüsse umzusetzen, vertritt folglich den Personalrat nach außen. Gleichzeitig organisiert er auch die inneren Abläufe des Personalrats. Der Vorsitzende des Personalrats
- beruft die Personalratssitzungen ein und bestimmt den Zeitpunkt,
- legt die Tagesordnung fest und lädt Schulleitung (und etwaige Gäste) ein,
- leitet die Personalratssitzungen,
- unterschreibt das Protokoll und
- leitet die Personalversammlungen.

Der Vorsitzende hat weitere Sitzungen einzuberufen, wenn dies ein Viertel der Personalratsmitglieder, die Mehrheit des Kollegiums oder der Schulleiter beantragen. Hält die Mehrheit der Vertreter einer Gruppe (z. B. der Angestellten) einen Beschluss des

Personalrats für falsch, so ist auf ihren Antrag (suspensives Veto) der Beschluss für sechs Arbeitstage auszusetzen. In dieser Frist soll eine Verständigung versucht werden. Nach Fristablauf ist über die Angelegenheit neu zu beschließen. Wird der erste Beschluss erneut bestätigt, so ist die Angelegenheit damit erledigt.

Neben den Personalratssitzungen sind weitere grundlegende Tätigkeiten des Personalrats im Gesetz (§ 68) formuliert. Es handelt sich dabei im Wesentlichen um:

- Überwachung der zugunsten der Kollegen geltenden Gesetze / Verordnungen
- Beantragung von Maßnahmen, die den Kollegen dienen
- Annahme von Anregungen und Beschwerden der Beschäftigten
- Eingliederung schutzbedürftiger Personen
- Durchsetzung der Gleichberechtigung

Zudem soll der Personalrat regelmäßig **Sprechstunden** abhalten, die auch in der Arbeitszeit liegen **können**. In diesen soll den Kollegen die Gelegenheit gegeben werden, dem Personalrat **individuelle Probleme** darzulegen und Zweifelsfragen mit ihm zu klären. Informationen und Fragen von **kollektiver** Bedeutung sind dagegen in einer **Personalversammlung** zu klären.

Allerdings sind die Zeiten, in denen Personalratsmitglieder für Sprechstunden regelmäßig zur Verfügung stehen, mit dem Schulleiter abzusprechen, da wegen des **Vorrangs des schulischen Bildungsauftrags** die Unterrichtsversorgung der Schüler zu berücksichtigen ist. Sowohl die planmäßige als auch die außerplanmäßige Wahrnehmung von Personalratstätigkeiten ist notfalls nachrangig zu behandeln. Bei außerplanmäßigen Tätigkeiten wie Fortbildungen ist eine Abmeldung (keine Genehmigung) beim Schulleiter erforderlich.

Die Mitglieder des Personalrats erfüllen ihre Aufgabe ehrenamtlich und haben einen **gesetzlichen Anspruch** auf Dienstbefreiung zur Ausübung ihrer Personalratsaufgaben. Sie besitzen zudem einen Anspruch, an Fortbildungen teilzunehmen, die ihnen notwendige oder nützliche Kenntnisse für ihre Tätigkeit vermitteln.

Das sog. **Monatsgespräch** sollte, wie im Gesetz vorgesehen (§ 66 I), mindestens einmal monatlich stattfinden. Einvernehmliche Abweichungen sind jedoch möglich, sodass in Einzelfällen auch mehr als ein Monat zwischen den Gesprächen liegen kann (z. B. Sommerferien). Bei entsprechendem Bedarf können sich beide Parteien auch häufiger treffen. Das Gespräch ist aber immer mit dem **gesamten** Personalrat zu führen. Eine Regelung, wonach das Gespräch nur zwischen Schulleiter und Vorsitzendem stattfindet, ist deshalb nicht zulässig. Der Teilnehmerkreis ist durch das Gesetz abschließend geregelt: der gesamte Personalrat, der Schulleiter, zudem Referenten, auf die sich Schulleiter und Personalrat einigen, um Sachfragen zu klären.

Das Gespräch hat die Aufgabe, einen ständigen Meinungsaustausch zwischen Schulleitung und Personalrat zu gewährleisten. Themen des Monatsgesprächs sind nicht nur die Angelegenheiten, die in die Zuständigkeit des Personalrats fallen, sondern alle Vorgänge, von denen die Beschäftigten betroffen sind.

In seiner Tätigkeit hat der Personalrat auf die Verwirklichung der Gleichbehandlung zwischen den Kollegen zu achten. Personalratsmitglieder, die zugleich Mitglied in einer Gewerkschaft sind, sollten jedoch auf eine klare Trennung von Personalratsarbeit und Gewerkschaftszugehörigkeit achten. Im Konfliktfall – wenn die neutrale Amtsführung es erfordert – muss notfalls die gewerkschaftliche Betätigung zurücktreten.

Das Personalvertretungsgesetz will die ungestörte Amtsausübung des Personalrats und seiner Mitglieder sichern. Dies geschieht nicht zuletzt durch die Übernahme der notwendigen **Kosten** durch die Dienststelle (§ 44 BPVG). Das Gesetz legt fest, dass die Schule dem Personalrat für Sitzungen, Sprechstunden und laufenden Geschäfte zur Verfügung stellen muss:

- Räumlichkeiten (z. B. Einrichtung eines Geschäftszimmers)
- Geschäftsbedarf (z. B. Bürobedarf, benötigte Finanzmittel)
- Persönliche Kosten (z. B. Reisekosten)
- Eventuell Büropersonal (z. B. Mitnutzung der Sekretärin)

Als Mitglied eines Organs, das **dem Schulleiter nicht unterstellt** ist, brauchen Personalratsmitglieder **keine Genehmigung** für Reisen, die sie für ihre Personalratstätigkeit durchführen. Allerdings müssen die schulischen Verpflichtungen (wichtige Arbeiten, Prüfungen) berücksichtigt werden und der Schulleiter muss im Sinne einer vertrauensvollen Zusammenarbeit **informiert** werden. Personalratsmitglieder haben für notwendige Reisen sogar Anspruch auf einen Kostenvorschuss, selbst Kinderbetreuungskosten können unter Umständen zu den notwendigen und damit zu ersetzenden Kosten von Personalratsmitgliedern zählen, wenn sie mit der Wahrnehmung von Personalratsaufgaben unmittelbar zusammenhängen.

Der Kostenerstattung durch die Dienststelle muss ein entsprechender **Beschluss** des Personalrats **vorausgehen**. Zwar ist der Personalrat grundsätzlich nicht verpflichtet, vor einer kostenwirksamen Entscheidung die **Zustimmung** des Schulleiters einzuholen, aber auch für den Personalrat gelten der Grundsatz der sparsamen Haushaltsführung und die Aufforderung zur Absprache.

Mehrere Oberverwaltungsgerichte haben geklärt, dass die Schulleitung die Notwendigkeit von Aufwendungen für den Personalrat nicht kleinlich bewerten darf. So gehören z. B. nicht nur Gesetze, sondern auch **Kommentare** zum »unentbehrlichen Rüstzeug« (BVerwGE, 1988) der Personalratsarbeit. Grundsätzlich sind folgende Kosten von der Dienststelle zu erstatten:

- Lehrbücher/Kommentare zum Personalvertretungsgesetz bzw. den grundlegenden Gesetzen (z. B. Beamtengesetz) und Verordnungen
- Bezug einer Fachzeitschrift
- Telefon mit Anrufbeantworter und Telefaxgerät
- Computer und Internetzugang für E-Mails
- Eigene Homepage
- Hinzuziehung von Sachverständigen
- Notfalls Beratungskosten eines Rechtsanwalts

Um Begehrlichkeiten des Personalrats zu relativieren, sei erwähnt, dass die Kostenerstattungspflicht vom Einzelfall abhängt und davon, ob die Aufwendung **wirklich erforderlich** ist. Dies sei am Beispiel der Beratung durch einen Rechtsanwalt erläutert: Solche Kosten sind erst dann zu erstatten, wenn alle internen Möglichkeiten zur Informationsbeschaffung ergebnislos verlaufen sind. Hat der Personalrat jedoch alle Möglichkeiten ausgeschöpft und will einen Rechtsanwalt mit der Wahrnehmung seiner Interessen beauftragen, so ist er hierbei nicht an die Genehmigung seines Schulleiters gebunden. Der Beschluss des Personalrats, einen Anwalt einzuschalten, wäre allerdings vom Schulleiter angreifbar, wenn das entsprechende Vorgehen »von vornherein als haltloses Unterfangen« (so BVerwGE, 2004) einzustufen wäre.

Die Kollegen hören es ungern, aber ich kann es nicht ändern: Es gehört nicht zu den Aufgaben des Personalrats, die Interessen einzelner Kollegen vor Gericht zu vertreten.

Etwaige Kosten des Personalrats können von der Schulleitung nicht damit abgelehnt werden, die Haushaltsmittel seien bereits verplant. Dies könnte zwar ausnahmsweise der Fall sein, wenn der Personalrat Ende November noch Kosten erstattet haben möchte, das Argument greift aber nicht während des laufenden Schuljahres. Denn der Personalrat hat einen Anspruch darauf, dass ihm Haushaltsmittel in erforderlichem Umfang bereitgestellt und diese zumindest in der gleichen Höhe wie im Vorjahr eingeplant werden. Allerdings muss auch der Personalrat den voraussehbaren Mittelbedarf rechtzeitig **vor Aufstellen des Haushalts** geltend machen. Für die Schulleitung kann es deshalb sinnvoll sein, einen festen Satz des Budgets für die Personalvertretung anzusetzen, anstatt die anfallenden Kosten von Fall zu Fall zu erstatten.

6.3 Ausschluss aus dem Personalrat

Aufgrund der Unabhängigkeit des Personalrats kann nur ein Verwaltungsgericht (dort: Fachkammer für Personalvertretungssachen) den Ausschluss eines Mitglieds oder die zwangsweise Auflösung des Personalrats beschließen. Dies kann eingeleitet werden durch ein Viertel der Wahlberechtigten, eine in der Schule vertretene Gewerkschaft – oder durch die Schulleitung. Grobe schuldhafte Verstöße des Personalratsvorsitzenden können nicht, wie es manchmal versucht wird, durch Mehrheitsbeschlüsse des Personalrats ausgeglichen bzw. aufgehoben werden. Als Grund für einen Ausschluss kommt die grobe Verletzung der gesetzlichen Rechte oder Pflichten in Betracht. Mit diesem Argument kann auch der Personalrat selbst den Ausschluss eines Mitglieds (oder Ersatzmitglieds) beantragen.

Das Personalvertretungsrecht reagiert bei Verstößen seiner Mitglieder recht hart. So genügt für einen Ausschluss schon ein **einmaliger** grober Verstoß, es muss also nicht erst gewarnt werden. Ebenfalls niedriger als in anderen Bereichen des Beamtenrechts ist die Stufe der Schuld, die vorliegen muss. Während in vielen Fällen erst die grobe (bewusste) Fahrlässigkeit zu negativen Konsequenzen führt, genügt in sensiblen

Bereichen der Personalvertretung bereits die leichte (unbewusste) Fahrlässigkeit, die man umgangssprachlich als Versehen, als Vergessen bezeichnet.

Damit der Personalrat gegen ein eigenes Mitglied den Ausschluss **beantragen** kann, ist ein entsprechender **Beschluss** nötig. An der Abstimmung hierüber ist das betreffende Mitglied wegen Befangenheit nicht zu beteiligen. Geschieht dies doch, ist der Beschluss (Antrag auf Ausschluss) unwirksam. Allerdings ist es nicht möglich, einen wirksamen Beschluss mit sofortiger Wirkung selbst umzusetzen, also das Mitglied umgehend auszuschließen. Erst mit der Rechtskraft der verwaltungsgerichtlichen Entscheidung verliert das Mitglied sein Amt. Folgende Verstöße wurden von den Gerichten als grobe Pflichtverstöße angesehen:

- Verletzung der Schweigepflicht
- Nichteinladung unbeliebter Personalratsmitglieder
- Weitergabe eines Beschlusses in eigenmächtig veränderter Form
- Bekanntgabe der Zustimmung zu einer Personalmaßnahme vor dem Vollzug
- Anträge eines Mitglieds an den Schulleiter im Namen des gesamten Personalrats
- Häufiges Fernbleiben von den Sitzungen ohne Abmeldung

6.4 Die Personalversammlung

Die **Personalversammlung** ist das Forum des Kollegiums, in dem es sich mindestens einmal im Jahr über dienstliche Angelegenheiten aussprechen kann. Zugleich bietet sie dem Personalrat die Möglichkeit, einen Tätigkeitsbericht über seine Arbeit abzugeben. Die Personalversammlung ist nicht, wie manche Kollegen fälschlicherweise meinen, das »Parlament« der Dienststelle und somit das übergeordnete Organ des Personalrats. Deshalb können **in Personalversammlungen keine Beschlüsse** gefasst werden, denn das Entscheidungsorgan ist allein der Personalrat.

Allerdings kann die Personalversammlung dem Personalrat **Anträge** unterbreiten und zu seinen Beschlüssen Stellung nehmen. Sie kann dem Personalrat aber keine Aufträge erteilen. Bei Abstimmungen zählt die Mehrheit der anwesenden Mitglieder, und zwar ohne Rücksicht darauf, zu welcher Gruppe sie gehören.

Unzulässig sind die Erörterung außenpolitischer Themen, die Abfassung allgemeinpolitischer Resolutionen, die Werbung für Gewerkschaften/Berufsverbände oder politische Parteien, die Erörterung von Streik oder streikähnlichen Maßnahmen.

Anders als in den Sitzungen des Personalrats können **dienststellenfremde Personen** grundsätzlich nicht an der Personalversammlung teilnehmen, auch nicht in beratender oder informierender Funktion (Ausnahme: Beauftragte der in der Dienststelle vertretenen Gewerkschaften/Verbände). Schon gar nicht sind Persönlichkeiten des öffentlichen Lebens (z.B. Landtagsabgeordnete) oder Medienvertreter zugelassen. Auch Kollegen, die freigestellt sind (z.B. nach dem Blockmodell), sind mit der Freistellung aus der Dienststelle ausgeschieden und dürfen deshalb nicht an den Sitzungen teilnehmen. An der Personalversammlung können neben dem Kollegium und dem Schulleiter hingegen teilnehmen:

- Beauftragte der in der Schule vertretenen Gewerkschaften / Berufsverbände
- Mitglieder der nächsthöheren Stufenvertretung
- Mitglieder des Gesamtpersonalrats
- Beauftragte der vorgesetzten Dienstbehörde

Nicht die Schulleitung darf zur Personalversammlung einladen, denn diese ist eine Veranstaltung der Personalvertretung. Die Versammlung wird vom Vorsitzenden des Personalrats geleitet, dem in dieser Eigenschaft auch zeitweise das Hausrecht zusteht. Er hat die Sitzung zu eröffnen, das Wort zu erteilen und zu entziehen, die Diskussion zu leiten und die Versammlung zu schließen. In der Personalversammlung können alle Angelegenheiten behandelt werden, die einen Bezug zur Dienststelle haben, z. B.:

- Fragen der Frauenförderung
- Vereinbarkeit von Familie und Beruf
- Besoldungsfragen
- Arbeit und Unfallschutz
- Durchführung von Dienstvereinbarungen
- Arbeitszeitfragen
- Fragen der Beförderungspraxis
- Vergabe von Dienstposten
- Aus- und Fortbildung

Neben der ordentlichen Personalversammlung können weitere **außerordentliche** Personalversammlungen stattfinden, wenn dies geboten erscheint. Dazu ist der Personalrat jederzeit berechtigt. Er ist darüber hinaus zu einer Einberufung verpflichtet, wenn ein Viertel der Beschäftigten oder der Schulleiter dies wünschen. Aber auch im letzten Fall lädt nicht der Schulleiter ein, sondern der Personalrat bzw. sein Vorsitzender.

V. Versicherungsrecht

1. Vorbemerkungen

Warum sollten Sie etwas über das Versicherungsrecht wissen? Weil es auch für die Schule relevant ist und man sich vielleicht gerade an Sie wendet, um erste Auskünfte einzuholen. Unter Umständen müssen Sie die Kollegen beruhigen oder vermeiden, dass sie Fehler bei der Abwicklung machen. Und dann ist es gut, die Grundregeln des Versicherungsrechts zu kennen.

Die Behandlung von Versicherungsfragen in der Schule ist ein schwieriges und komplexes Gebiet. Deshalb gibt es fast nichts an Literatur zu diesem Thema. Auch in der Ausbildung der Lehrkräfte wird dieser heikle Bereich gern ausgespart, und zwar aus gutem Grund: Es gibt so viele Einflussgrößen auf einen Versicherungsfall, dass es fast unmöglich ist, ein überschaubares System für alle Fälle zu entwickeln.

An einem Beispiel möchte ich zeigen, wie eine zunächst einfach erscheinende Feststellung bei genauer Betrachtung relativiert bzw. abgeändert werden muss: Schüler A hat während der Pause Schüler B einen Schaden zugefügt, und nun soll festgestellt werden, wer dafür haftet. Was dabei unbedingt geklärt werden muss, ist die Frage, welcher Stufe der Schuld (vgl. S. 30) das Handeln von Schüler A entspricht. Denn schließlich ist es ein Unterschied, ob A den anderen Schüler vorsätzlich oder fahrlässig (aus Versehen) verletzt.

Daneben spielt es eine Rolle, ob beide Schüler zu diesem Zeitpunkt von einer Lehrkraft beaufsichtigt wurden oder nicht. Im zweiten Fall wäre nämlich zu prüfen, ob nicht die Lehrkraft eine Aufsichtspflichtverletzung begangen hat. Und das ist noch nicht alles: Es macht auch einen Unterschied, ob ein Personenschaden oder nur ein Sachschaden vorliegt.

Wenn wir den Ausgangsfall einmal kurz verlassen, sind noch andere Geschädigte möglich. Schließlich können auch nicht zur Schule gehörige »Dritte« durch Schüler **außerhalb** der Schule geschädigt werden, zum Beispiel bei einer Klassenfahrt. Sie sehen also, es gibt viele Kombinationsmöglichkeiten. Trotzdem werde ich versuchen, Schneisen in dieses fast undurchdringliche Dickicht zu schlagen, damit Sie eine verlässliche Orientierung bekommen.

Selbst die beste Versicherung kann keine Schäden verhindern. Sie kann nur die durch Schäden entstandenen finanziellen Nachteile ausgleichen. Dies geschieht durch den **Risikotransfer:** Die finanzielle Belastung des einen Versicherten wird auf die anderen Versicherungsnehmer verteilt. Es geht also immer ums Geld, das Versicherungen nur nach zähem Widerstand auszahlen. Das liegt nicht nur am Wunsch, die Beiträge niedrig zu halten, sondern auch an der Tatsache, dass viele Menschen einen Schadensfall nutzen oder vortäuschen, um sich mehr oder weniger zu bereichern. Ich erwähne das nur, damit Sie begreifen, warum Versicherungen manchmal so hart sind bzw. so hartnäckig nachfragen. Wegen dieser Härte sollten Sie sich vor drei Fehleinschätzungen hüten, wenn Sie sich auf das Gebiet der Versicherungen begeben:

- Versicherungen denken sozial und geben demjenigen Geld, der es braucht.
- Versicherungen tun alles, damit ihre Kunden zufrieden sind.
- Versicherungen lohnen sich.

Um mit dem Letzten anzufangen: Versicherungen lohnen sich nicht in dem Sinne, dass jeder sein eingezahltes Geld herausbekommt. Da es sich um einen Solidarpakt handelt, werden einige nie etwas zurückbekommen, damit andere im Schadensfall eine große Summe Geld erhalten können. Deshalb ist man unzufrieden, wenn man Beiträge zahlt und keinen Schaden hat – allerdings auch, wenn man einen erleidet. Denn in der Regel gibt es weniger, als man sich wünscht. Da Versicherungen nicht das Sozialamt sind, bekommt zudem nicht derjenige Geld, der es braucht, sondern nur derjenige, dem es von Vertrags wegen zusteht. Und da gibt es leider viel Kleingedrucktes.

> ! Der wichtigste Satz im Versicherungsrecht lautet:
> **Eine Versicherung zahlt nur, wenn der Versicherte zahlen müsste.**

Dieser Satz klingt banaler, als er ist, wie Sie gleich sehen werden. Denn häufiger als man glaubt, gibt es Fälle, in denen niemand (auch die Versicherung nicht!) zahlen muss. Das ist hart für die Geschädigten, aber nicht zu ändern.

Damit ich es nicht bei jedem späteren Fall wiederholen muss, mache ich jetzt das, was die Juristen als »**Vor-die-Klammer-Ziehen**« bezeichnen: Das, was für alles Folgende wichtig ist, wird einmal vorab geklärt – und damit ist es erledigt. Aus diesem Grund sollten Sie die nächsten Absätze nicht überspringen, selbst wenn Sie die konkreten Beispiele verständlicherweise mehr interessieren.

Zunächst einmal ist es maßgeblich, zwischen einem **verursachten** und einem **verschuldeten** Schaden zu unterscheiden. Denn grundsätzlich haftet jemand nur, falls er einen Schaden **verschuldet** hat. Das heißt, er muss sich so fehlerhaft verhalten haben, dass man ihm dieses Verhalten **vorwerfen** kann. Ein älterer Herr, der auf dem Fahrrad plötzlich einen Herzinfarkt erleidet, darauf umstürzt und so einen Verkehrsunfall (mit enormem Schaden) herbeiführt, hat diesen zwar verursacht, aber **ihn trifft keine Schuld**. Denn das Erleiden eines Herzinfarktes ist nichts, was man ihm vorwerfen kann. Also muss er den dadurch verursachten Schäden **nicht** zahlen und auch seine Versicherung – für die meisten Menschen überraschend – würde nicht zahlen, weil **er** nämlich nicht zahlen muss. Das ist das konkrete Beispiel zum Merksatz aus dem letzten grauen Kasten.

Daneben gibt es aber auch Fälle, in denen der Versicherte zahlen muss, die Versicherung aber trotzdem den Schaden nicht übernimmt. Denn keine Versicherung zahlt, wenn der Versicherungsnehmer den Schaden **vorsätzlich** verschuldet hat.

1.1 Die Stufen der Schuld

Und damit kommen wir unweigerlich zu den Stufen der Schuld. Die ausführliche Erklärung finden Sie auf Seite 30. Es gibt (etwas vereinfacht) folgende vier Stufen der Schuld, zwei zählen zum Vorsatz und zwei zur Fahrlässigkeit:

- Direkter Vorsatz (Absicht)
- Bedingter Vorsatz
- Grobe (bewusste) Fahrlässigkeit
- Leichte (unbewusste) Fahrlässigkeit

> **Wichtig! Bei vorsätzlichem Handeln, also auch bei bedingtem Vorsatz, zahlt grundsätzlich keine Versicherung.**

Was die beiden Varianten der Fahrlässigkeit betrifft, ist es leider nicht so, dass alle Versicherungen für jede Form der Fahrlässigkeit zahlen. In der Privat- und Amtshaftpflichtversicherung wird glücklicherweise auch bei grober Fahrlässigkeit gezahlt, bei der Kfz-Haftpflichtversicherung werden die meisten Formen der groben Fahrlässigkeit übernommen. Allerdings nicht, wenn jemand Alkohol trinkt (Trunkenheitsklausel) oder bei Rot über die Ampel rauscht, wenn also schon einfachste, ganz naheliegende Überlegungen nicht berücksichtigt werden.

1.2 Arten der Versicherung

Einige Versicherungen sind freiwillig, andere verpflichtend. Zu den Letzteren gehören: die gesetzliche Krankenversicherung (für bestimmte Personen), die gesetzliche Unfallversicherung, die Kfz-Haftpflichtversicherung. Während die Kfz-Haftpflicht eine echte Pflichtversicherung ist, ist die private **Haftpflichtversicherung** seltsamerweise **freiwillig**. Ihren Namen trägt sie, weil grundsätzlich jedermann verpflichtet ist, für die von ihm verschuldeten Schäden zu haften.

Für Autos und Motorräder besteht eine Versicherungspflicht, weil sie juristisch als »**gefährliche Sachen**« eingestuft werden, die auch ohne einen Fehler des Fahrers (Reifen platzt) erhebliche Schäden verursachen können. Deshalb hat der Gesetzgeber folgende Lösung gewählt: Man darf solche gefährlichen Gegenstände besitzen, aber man haftet selbst dann, **wenn einen keine Schuld trifft**, sondern die gefährliche Sache quasi alleine einen Schaden verursacht. Das nennen die Juristen »**Gefährdungshaftung**«. Die unterste Stufe dieser Gefährdungshaftung umfasst Tiere, die häufigste Variante ist das Auto, die oberste Stufe wird von Eisenbahnen, Flugzeugen und Atomkraftwerken verkörpert.

Die **gesetzliche Unfallversicherung** ist für die Schule wichtig, weil über sie Wegeunfälle (Hin- und Rückwege zur Arbeit) und Arbeitsunfälle versichert sind:

- von Schülern beim Schulbesuch
- von Lehrkräften (und Hilfspersonal) beim Dienst

Bezüglich der Versicherung von gestohlenen Sachen in der Schule gilt es, mit einem weit verbreiteten Irrtum aufzuräumen. Viele Lehrkräfte haben ihren Hausrat z. B. gegen **Diebstahl** versichert. Deshalb glauben sie, der Schulträger habe für wertvolle Gegenstände der Schule (Beamer, Laptops usw.) ebenfalls eine Versicherung abgeschlossen. Das ist in der Regel **nicht** der Fall, und zwar aus folgendem Grund: Ein Privathaushalt ist nur wenigen Personen zugänglich (geringes Risiko), deshalb ist die Versicherungsprämie durchaus bezahlbar.

Die Wertgegenstände einer Schule wären ebenfalls theoretisch versicherbar. Da aber viele unterschiedliche Personen Zugang zu den Räumen oder Schränken haben, ist das Risiko und damit die Prämie so hoch, dass eine Versicherung unrentabel ist. Anstatt eine solch enorme Prämie zu zahlen, kann der Schulträger günstiger die von Zeit zu Zeit gestohlenen Geräte ersetzen. Auf die erstaunliche Tatsache, dass wertvolle Geräte der Schule nicht versichert sind, empfiehlt es sich, die Kollegen hinzuweisen, weil die nämlich etwas anderes annehmen und mit den Geräten entsprechend sorglos umgehen.

2. Das Kleingedruckte

Schon vor dem Eintritt eines Schadens sollte man einige Begriffe des Versicherungsrechts kennen, um die komplizierten Verträge mindestens ansatzweise zu begreifen und keine schwerwiegenden Fehler zu begehen, die unter Umständen den Versicherungsschutz beeinträchtigen. Bei jedem Versicherungsvertrag hat auch der Beitragszahler sogenannte **Obliegenheiten** (Verpflichtungen) gegenüber der Versicherung. Dahinter verbirgt sich leider mehr als nur die Grundpflicht, regelmäßig seine Prämien zu zahlen. Der Versicherungsnehmer muss sich vertragstreu im Sinne des Kleingedruckten verhalten. Und wenn Sie in der Schule einen Versicherungsfall abwickeln, dann agieren Sie indirekt als Versicherungsnehmer.

Vor Schadenseintritt: Von einer **Gefahrerhöhung** spricht man, wenn sich das Risiko erhöht, sodass der Eintritt des Versicherungsfalls jetzt wahrscheinlicher wird. Dies muss die Schule dem Versicherer unverzüglich mitteilen. Eine Gefahrerhöhung stellt es z. B. dar, wenn auf dem Pausenhof eine drei Meter hohe Kletterwand aufgestellt wird, an der ohne Aufsicht geklettert werden kann. Das erhöhte Risiko kann die Versicherung problemlos akzeptieren, sie kann aber auch die Prämie erhöhen oder (im Extremfall) den Vertrag sogar kündigen. Um die mittlere Variante zu verhindern, begehen viele Versicherte den Fehler, ihre Versicherung nicht zu informieren. Das ist kurzsichtig, denn es führt im Schadensfall dazu, dass die Versicherung nur bedingt oder gar nicht zahlen muss.

Beim bzw. nach dem Schadenseintritt gibt es ebenfalls einige Stolpersteine, die Sie besser vermeiden sollten. Dreh- und Angelpunkt ist die **Schadensminderungspflicht**, die nicht nur im Kleingedruckten steht, sondern ihre gesetzliche Grundlage im § 254 II BGB (Mitverschulden) hat. Diese Schadensminderungspflicht wird manchmal auch »Anerkennungsverbot« oder »Regulierungsvollmacht« (des Versicherers) genannt. Im Kern geht es darum, dass Sie als Versicherungsnehmer nichts tun oder sagen dürfen, was die Versicherung verpflichten könnte, mehr als unbedingt nötig zu zahlen.

Die **Anzeigepflicht** eines Schadens bei der Versicherung ist unerfreulich kurz, meist nur **drei Tage**, selten bis zu einer Woche. Dadurch soll der Versicherung die Möglichkeit gegeben werden, den Sachverhalt **selbst zu überprüfen**, solange die Spuren noch frisch sind. Nach dem Schadenseintritt braucht die Schule keine eigenen umfangreichen Ermittlungen anzustellen, sie muss aber vollständige und wahrheitsgemäße Angaben zum Schadenshergang und zur Schadenshöhe machen. Das hört sich einfach und problemlos an, der Teufel steckt jedoch wie immer im Detail:

Da viele Kollegen das Versicherungsrecht nicht verstehen, färben sie nach einem Schaden den Sachverhalt zu ihren Gunsten und zählen auf, was sie alles getan haben, um den Schaden zu verhindern, und wie ungeschickt sich der Geschädigte aufgeführt habe. Ein geschickter Schadensregulierer schreibt das alles lächelnd auf und verschwindet, ohne ein Wort zu sagen.

Einige Tage später erhält der Geschädigte einen Brief der Versicherung, der mit den Worten schließt: »Somit ist unserem Versicherungsnehmer kein fahrlässiges Ver-

halten zur Last zu legen, sodass wir die Ansprüche als unbegründet zurückweisen.« Nun kommt die übliche Klage: Wofür gibt es eigentlich die Versicherung, wenn bei einem so eindeutigen Schaden nicht gezahlt wird? Das versicherungstechnische Problem: Wer sich als Lehrkraft so umfassend entschuldigt, zerstört unwissentlich den Anspruch des Geschädigten. Um die Versicherung zum Zahlen zu bringen, liegt das Geheimnis darin, fahrlässiges Verhalten zuzugeben, nicht mehr und nicht weniger. Oder man sagt einfach die Wahrheit.
Ebenso ungeschickt ist es, wenn Sie eigentlich **keine** Schuld haben, dem geschädigten Schüler bzw. seinen Eltern jedoch sagt, sie sollten sich keine Sorgen machen, natürlich komme die Schule für den Schaden auf, schließlich sei man ja über die »Schulversicherung« versichert. Das gilt ebenfalls bezüglich der Amtshaftung des Dienstherrn, der den Schaden ja nicht aus eigener Tasche, sondern über eine Versicherung zahlt. Wenn jetzt die Versicherung den Schadensfall überprüft und zu der Einschätzung kommt, Sie hätten **nicht fahrlässig** gehandelt, dann haben Sie ein Problem: Die Versicherung zahlt nicht, aber **Sie** haben dem Geschädigten gegenüber Ihre Schadensersatzpflicht anerkannt. Mit diesem Anerkenntnis würde der Geschädigte vor Gericht vermutlich gewinnen. Über das gängige Argument, man sei so geschockt gewesen, dass man die Schuld fälschlich eingeräumt habe, kommt man heute aus dieser Zwickmühle nicht mehr heraus.

Bitte glauben Sie nicht, die Versicherung würde nach einem solchen Prozess doch noch den Schaden übernehmen. Sie wird argumentieren, Sie hätten gegen Ihre **Schadensminderungspflicht** (Anerkennungsverbot) verstoßen, die im Versicherungsvertrag steht. Dort steht sie so lange unbemerkt, bis man über sie stolpert und zu spät begreift: Sie dürfen der Versicherung **nicht vorgreifen**. Ihr Zugeständnis gegenüber dem Geschädigten war zwar nett gemeint, wird aber für Sie zum finanziellen Bumerang. Also: Sie riskieren den Versicherungsschutz, sobald Sie voreilig Ihre Schuld (bzw. die der Schule) in Bezug auf den Schaden eingestehen.

> **!** **Lernen Sie also für den Schadensfall folgenden Satz auswendig (kein Scherz!): Ich werde meiner Versicherung (der Schulversicherung) den Vorfall wahrheitsgemäß schildern, und sie wird sich dann mit Ihnen in Verbindung setzen.**

Noch schlimmer als ein Anerkenntnis wäre nur, wenn Sie einen Anspruch des Geschädigten ganz oder teilweise vorab selbstständig regulieren. Damit verstoßen Sie gegen die **Regulierungsvollmacht** des Versicherers, wodurch die Versicherung leistungsfrei wird, d.h. sie muss nicht zahlen. Wer also einem Schüler erst einmal aus eigener Tasche den Schaden vorstreckt, darf damit rechnen, dass die Versicherung ihm diesen nicht erstattet.

Bevor es gleich an die häufigsten Fallkonstellationen geht, soll kurz geklärt werden, was eigentlich ein Unfall ist.

Definition Unfall

Ein Unfall ist ein plötzlich von außen auf den menschlichen Körper einwirkendes Ereignis. Ein Gesundheitsschaden wegen des Einatmens von Lösungsmitteln über einen Zeitraum von mehreren Stunden (Workshop Nitrofrottage im Kunstunterricht) ist also kein Unfall. Aber ein Insektenstich, der einen allergischen Schock auslöst, ist ein solcher, ebenso die Muskelzerrung im Sportunterricht durch erhöhte Kraftanstrengung.

Die nun folgenden Fälle spielen sich, wenn nichts anderes vermerkt, in der Schule ab. Zum Schluss werden drei besonders wichtige Fälle behandelt.

3. Die Schadensvarianten

Vorweg noch etwas zum sog. »Haftungsprivileg« in der Schule. Es besagt, dass alle an der Schule Beteiligten bei Schäden, die sie sich in der Schule gegenseitig zufügen, auf die gesetzliche Unfallversicherung verwiesen sind. Darüber hinaus können sie keine weitergehenden Forderungen (z. B. Schmerzensgeld) in Anspruch nehmen. Nun aber die wichtigsten Fallkonstellationen:

Schüler verletzt sich in der Schule, indem er auf der Treppe stolpert: Hier zahlt die gesetzliche Unfallversicherung, da es ein »Arbeitsunfall« ist. Allerdings wird nur für Personenschäden gezahlt, Sachschäden, z. B. zerrissene Kleidung, hingegen nicht. Und es gibt eine Besonderheit, die Ihnen nicht einleuchten muss, die Sie aber unbedingt kennen sollten: Nicht versichert sind **»eigenwirtschaftliche Tätigkeiten«** der Schüler wie Essen in der Mensa / Cafeteria oder der Toilettenbesuch. Die **Wege** zu diesen Tätigkeiten sind zwar mitversichert, mit dem Durchschreiten der Mensa- / Toilettentür endet jedoch der Versicherungsschutz. Wer diese Regelung kennt, kann dieses Wissen einsetzen. Und nun die Ausnahme von der Ausnahme: Bei Grundschülern ist auch das Essen (und Trinken) mitversichert.

Schülereigentum wird in der Schule beschädigt, indem sich der Schüler an einem defekten Stuhl (überstehende Niete) die Kleidung zerreißt. Da der Schulträger, z. B. die Stadt, für die Ausstattung der Schule und deren ordnungsgemäßen Zustand zu sorgen hat, muss die Versicherung des Schulträgers zahlen.

Schülereigentum wird gestohlen: Die Fürsorgepflicht der Schule umfasst nicht nur den Schutz vor körperlichen Schäden, sondern auch vor Vermögensschäden. Allerdings braucht die Schule nur das zu tun, was ihr zuzumuten ist. Sie muss z. B. die Klassenräume während der großen Pausen abschließen oder Wertgegenstände während des Sportunterrichts in der Lehrerkabine verwahren, mehr aber nicht. In diesen Fällen sind Gegenstände, die zum Schulbesuch **zwingend erforderlich** sind, über den Schulträger versichert. Schüler und Eltern sollten, z. B. über die Schulordnung, darauf hingewiesen werden: Wertvolle Gegenstände (teurer als 100 Euro) werden erst gar nicht zur Schule mitgebracht, vor allem dann nicht, wenn sie nicht erforderlich sind. Werden sie doch mitgebracht, so geschieht das auf eigenes Risiko.

Schüler verletzt einen anderen Schüler: Beim Herumrennen auf dem Pausenhof läuft ein Schüler in einen anderen und bringt ihn zu Fall, wobei der Gestürzte sich verletzt. Da das Herumrennen nur unachtsam (also fahrlässig) war und die Pause mit zur Schulzeit (Arbeitszeit) gehört, zahlt die gesetzliche Unfallversicherung. Versicherungstechnisch ist es ein Arbeitsunfall.

Bei der zweiten Variante wird ein Schüler durch einen anderen (elf Jahre alt) durch Schläge **vorsätzlich** verletzt. Da bei Vorsatz keine Versicherung zahlt, wird auch die gesetzliche Unfallversicherung nicht zahlen, sondern der schlagende Schüler muss zahlen. Und wenn er, was zu vermuten ist, nicht zahlen kann? Dann **müssen nicht** die Eltern zahlen, denn ab dem siebten Lebensjahr haftet zivilrechtlich jeder selbst für seine Taten. Die **Eltern können zahlen** und werden es in einigen Fällen vielleicht auch tun, aber verpflichtet sind sie dazu nicht.

Für beide Fälle soll unterstellt werden, dass eine Pausenaufsicht vor Ort war, den Schaden aber erst bemerkt hat, nachdem er eingetreten ist. Die Gerichte bestätigen in vielen Urteilen, dass eine Pausenaufsicht nicht in der Lage ist, Unfälle zu verhindern. Daraus aber nun zu folgern, man könne auf die Aufsicht verzichten, ist falsch. Wenn nachweislich schuldhaft keine Aufsicht da war, hat der betreffende Kollege seine Aufsichtspflicht verletzt – und dann haftet er für den Schaden. Und seit dem Urteil des BGH zur **Beweislastumkehr** (2012) ist die Verpflichtung für Lehrkräfte noch höher. Etwaige Unklarheiten beim Ausmaß der Aufsichtsführung gehen jetzt nämlich zu Lasten der jeweiligen Lehrkraft. Sie muss im Zweifelsfall nachweisen, wie sie ihrer Aufsichtspflicht nachgekommen ist.

Schüler beschädigt Eigentum eines anderen Schülers: Wenn der Schüler dabei fahrlässig handelt, indem er z. B. aus Unachtsamkeit ein Tuschefläschchen umwirft, so zahlt die Privathaftpflichtversicherung des Schülers, falls er denn eine (über seine Eltern) hat. Handelt der Schüler vorsätzlich, zahlt auch eine etwaige Versicherung nicht, sondern der Schüler muss selbst zahlen.

Lehrer beschädigt Eigentum des Dienstherrn: Für jede Lehrkraft besteht nicht nur eine **Außenhaftung** (gegenüber Dritten), sondern auch eine **Innenhaftung** gegenüber dem Dienstherrn. Denn auch dem Dienstherrn bzw. dem Schulträger gegenüber muss ein Lehrer sich sorgfältig verhalten und dessen Eigentum pfleglich behandeln und nicht beschädigen. Allerdings greift die finanzielle Einstandspflicht des Lehrers oder seiner Versicherung nur bei vorsätzlichem oder grob fahrlässigem Verhalten. Falls eine Lehrkraft aus Versehen zu einer nicht hitzebeständigen Folie greift und diese in den Kopierer schiebt, wo sie verschmort, dürfte leichte Fahrlässigkeit vorliegen, für die die Lehrkraft nicht zivilrechtlich herangezogen wird.

Lässt ein Schüler aus Versehen einen Beamer fallen, den er für eine Lehrkraft trägt, so handelt der Schüler als **Gehilfe** der Lehrkraft und haftet nicht selbst. Wie im obigen Fall greift die Amtshaftung des Dienstherrn.

Lehrer verletzt anderen Lehrer: Ein Kollege stolpert und bringt einen anderen zu

Fall, der sich daraufhin verletzt. Der stolpernde Kollege hat nicht aufgepasst (Fahrlässigkeit) und dadurch eine Amtspflichtverletzung begangen. Der dadurch verursachte Schaden wird zunächst durch den Dienstherrn bezahlt, der dann entscheidet, ob er sich das Verauslagte zurückholt.

Gleichzeitig ist der Verletzte über die gesetzliche Unfallversicherung abgesichert, da es sich um einen Arbeitsunfall handelt. Gesetzliche Unfallversicherung und Dienstherr werden den Schaden unter sich aushandeln. Wie bei der Pausenrangelei der Schüler merkt man hier, dass zu Arbeitsunfällen ebenfalls Tätigkeiten gehören, die nach herkömmlichem Verständnis nicht unbedingt als »Arbeit« verstanden werden.

Lehrer verletzt Schüler: Der ähnliche Fall wie oben, nur dass jetzt die Außenhaftung greift, indem ein Schüler, ein beamtenrechtlich Außenstehender, verletzt wird. Die Regelung ist aber identisch.

Lehrer beschädigt Schülereigentum: Ein Kollege passt nicht auf und stellt eine Kiste mit Lexika auf den Füller eines Schülers, worauf dieser zerbricht. Rein rechtlich handelt es sich hierbei um eine Amtspflichtverletzung, bei der über Art. 34 GG zunächst der Dienstherr einspringt. Bei einer solchen Bagatelle würde aber auch eine Berufshaftpflichtversicherung des Lehrers, die er hoffentlich hat, sofort (aus Kulanz) zahlen. Der Dienstherr zahlt also für alle Schäden, die der Lehrer in Ausübung seines Dienstes verursacht. Liegt jedoch grobe Fahrlässigkeit (oder sogar Vorsatz) vor, kann der Dienstherr zurückfordern.

Lehrereigentum wird in der Schule von einem Schüler beschädigt: Wenn der Schädiger bekannt ist, muss dieser natürlich für den Schaden aufkommen, sofern er älter als sieben Jahre ist. Ist der Schädiger unbekannt, hat der Kollege Pech gehabt: An dieser Stelle merken Sie, dass es Schäden gibt, für die niemand haftet, weil man niemanden konkret für den Schaden verantwortlich machen kann. Die einzige Versicherung, die so etwas zahlen würde (die es aber nicht gibt!), wäre eine private Vollkaskoversicherung. Die zahlt nämlich beim Pkw sogar für die Schäden, die einen ereilen, ohne einen Schuldigen greifen zu können.

Lehrereigentum wird gestohlen: Natürlich ist in diesem Beispiel der Dieb unbekannt, sonst könnte man sich ja an ihn halten. Nehmen wir also folgenden Fall: Ein Kollege lässt seinen Laptop im Lehrerzimmer, weil er eine Vertretungsstunde absolvieren muss – und danach ist der Laptop verschwunden. Selbst über eine freundliche Suchanzeige am Schwarzen Brett kommt das Gerät nicht wieder zurück. Nun zur juristischen Klärung:

Wenn der Schulträger nicht bei solchen Verlusten zahlen will, muss er jeder Lehrkraft ein abschließbares Fach (im Lehrerzimmer) stellen. Wer dieses jedoch nicht für seinen teuren Laptop nutzt, sondern für Ersatzschwamm und Klassenarbeitshefte, hat leider Pech gehabt. Dies auch deshalb, weil der Laptop vielleicht für den Unterricht sinnvoll, aber – aus Sicht der Versicherung! – **nicht zwingend notwendig** ist. Denn nur solche Gegenstände sind versichert. Wenn also der Mantel (kein Pelzmantel) oder der Schirm aus der nicht individuell abschließbaren Lehrergarderobe gestohlen würde, müsste der Schulträger bzw. seine Versicherung dafür zahlen.

Unfälle auf dem Schulweg: Über die gesetzliche Unfallversicherung ist nicht nur die Zeit in der Schule versichert, sondern auch der Hin- und Rückweg. Dabei spielt es keine Rolle, **wie** die Schüler den Weg zur Schule zurücklegen, solange sie sich dabei an die Verkehrsregeln halten. Wer also auf einem kleinen Tretroller zur Schule kommt, ist bei einem Unfall versichert. Ebenso ist es der Schüler, der beim Vater eines Schulfreundes mitfährt. Selbst wenn eine Lehrkraft einen Schüler mitnimmt, sind beide auf dem Weg zur Schule (zu ihrer Arbeitsstätte) versichert. Es ist für die Lehrkraft allerdings keine Dienstfahrt (Dienstgang), sodass Schäden am Pkw nicht gedeckt sind.

Schulveranstaltung an einem anderen Ort: Wie sieht es aus, wenn ein Kollege nach der großen Pause mit seiner Klasse ins Museum möchte, das man zu Fuß, aber auch mit dem Rad erreichen kann? Muss er mit der Gruppe geschlossen oder können die Schüler individuell dorthin gehen? Bei dem Weg zum Museum handelt es sich um einen sogenannten **Unterrichtsgang**, auf dem die Schüler ebenfalls versichert sind. Die Frage, ob man geschlossen dorthin geht oder fährt, hängt vom Alter bzw. von der Reife der Schüler ab. Bei jungen Schülern (etwa bis zur 7. Klasse) ist das sinnvoll. Handelt es sich bei einer 8. Klasse jedoch um eine Lerngruppe, die vernünftig ist und die Anweisungen des Lehrers befolgt, spricht nichts dagegen, sie selbstständig zum Museum gehen bzw. mit dem Fahrrad fahren zu lassen. Schließlich kommen diese Schüler ja auch selbstständig zu Fuß oder mit dem Rad zur Schule.

Dringend zu empfehlen ist eine vorherige Belehrung, die Sie auch im Klassenbuch vermerken sollten. Ich weiß schon, was Sie denken. Sie meinen, die Belehrung stoße bei einigen Schülern sowieso auf taube Ohren. Aber darum geht es nicht. Es geht um **Ihre Absicherung**. Falls tatsächlich etwas passiert, wird man fragen, was Sie denn unternommen haben, um das Risiko zu verringern. Und dann ist »Nichts Besonderes« eine ungünstige Antwort.

Für die Fahrt zum Schwimmbad, dem wir uns gleich widmen, ist mehr verlangt, wie leicht einzusehen ist. Stellen wir uns einmal einen hochsommerlichen Tag vor, an dem der Schwimmunterricht im örtlichen Freibad stattfinden soll. Was wird wohl passieren, wenn die Sonne brennt, das Wasser lockt, aber die Lehrkraft noch nicht da ist? Richtig, die Schüler werden der Kassenfrau so überzeugend erzählen, Sie kämen sofort, dass sie die Schüler vermutlich hineinlässt. Was dann passieren kann, wissen Sie selbst. Damit das nicht geschieht, sollten Sie zusätzlich zur Belehrung, **nicht ohne Sie** ins Bad zu gehen, Klassensprecher und Stellvertreter anweisen, dies notfalls durchzusetzen, darüber hinaus sollten Sie beim Bad anrufen. Dann haben Sie alles getan, was Sie tun konnten, und sind versicherungstechnisch auf der sicheren Seite.

! **Wichtig!** Auf Schulfahrten sind die Schüler während der Zeiten, die ihnen **zur freien Verfügung** gelassen werden (Stadtbummel, Freizeit), ebenfalls **nicht über die Schule versichert**, weil wieder eine »eigenwirtschaftliche Tätigkeit« vorliegt.

Schüler beschädigt außerhalb der Schule das Eigentum eines Dritten: Ein Sportkurs rudert nachmittags auf dem Kanal der Stadt. Die Schüler steigen in die Boote, der Kollege fährt mit einem kleinen Motorboot nebenher. Mal ist er vorne, mal ist er hinten, denn überall gleichzeitig kann er nicht sein. In einem der Boote wird gelacht und gescherzt, was dazu führt, dass der Steuermann nicht aufpasst und das Boot eines Privatmannes rammt, das am Anlieger vertäut liegt. Der Schaden beträgt 300 Euro. Und wer zahlt?

Natürlich ist es eine Schulveranstaltung, aber das ist nicht der entscheidende Punkt. Nur weil es sich um eine Schulveranstaltung handelt, ist leider nicht alles versichert, was dabei passiert. Bei der Rangelei auf dem Schulhof, bei der ein Schüler den anderen verletzt, zahlt die gesetzliche Unfallversicherung. Aber nur, weil es sich um einen Personenschaden handelte und weil der Geschädigte als Mitglied der Schule sich »im Dienst« befand. Das liegt hier beides nicht vor. Ein Schüler hat aus Unachtsamkeit (Fahrlässigkeit) einem Dritten einen Sachschaden zugefügt. Und dafür haftet er persönlich. Es sei denn die Schule hätte eine freiwillige Schüler-Zusatzversicherung (etwa 1 € pro Schüler und Schuljahr). Dann wäre der Schaden abgedeckt.

4. Drei kritische Fälle

4.1 Schwimmbadbesuch

Immer wieder stellt sich die Frage nach dem **Schwimmbadbesuch**, weil widerstreitende Gerüchte kursieren. Es sind drei Unterfälle zu unterscheiden:

1. Sportlehrkraft geht ins Schwimmbad.
2. Normale Lehrkraft geht während der Schulzeit ins Schwimmbad.
3. Normaler Lehrkraft geht während einer Klassenfahrt ins Schwimmbad.

1. Der erste Fall ist klar. Sportlehrkräfte dürfen mit Lerngruppen ins Schwimmbad, wenn sie Rettungsschwimmer sind (eine gültige »Rettfähigkeit« besitzen) und wenn bestimmte Regelungen eingehalten werden. So darf jede Lehrkraft nur eine bestimmte maximale Zahl an Schülern (meist 15) beaufsichtigen, und die Lehrkraft muss außerhalb des Wassers sein, wenn die Schüler im Wasser sind. Hier gilt es, den Schwimmerlass Ihres Bundeslandes peinlich genau zu beachten.

2. Nun wird es interessanter, denn jetzt geht es um die Frage, ob auch ein »normaler« Lehrer mit seinen Schülern während der Schulzeit (z. B. im Hochsommer) ins Schwimmbad gehen kann. Denn dort, so die Begründung der Kollegen, sei doch ein Bademeister, der fachkundig die Aufsicht übernimmt. Tatsächlich gibt es einige Bundesländer, die so mutig sind, auch einem »normalen« Lehrer den Besuch eines Schwimmbades einfach so zu erlauben.

Aber die meisten Bundesländer verbieten es (zu Recht) mit folgender Begründung:

Der Bademeister, der heute gar nicht immer zugleich ein »Schwimmmeister« ist, hat sich nicht nur um die Überwachung der Badenden zu kümmern. Er muss auch Verwaltungstätigkeiten erledigen, Chlor nachfüllen, Telefonate beantworten, jemanden verarzten oder mal auf die Toilette gehen. Ihn als Garantie für die ständige Sicherheit der Schüler anzusehen ist sehr optimistisch. Möglich ist es über eine mündliche Absprache mit dem Schwimmmeister, die quasi einen mündlichen Vertrag darstellt. Falls also der Schwimmmeister zusichert, auch die Beaufsichtigung der Schülergruppe mit zu übernehmen, ist alles im grünen Bereich. Im Zweifelsfall sollten die Kollegen den Leiter der Fachschaft Sport fragen. Der kennt den Schwimmerlass Ihres Bundeslandes auswendig.

3. Für die Bundesländer, in denen der Schwimmbadbesuch in Begleitung einer »normalen« Lehrkraft nicht erlaubt ist, gibt es trotzdem einen Ausweg: Stellen wir uns vor, Sie würden als Lehrer eine Klassenfahrt an einen Ort durchführen, an dem sich auch ein Schwimmbad befindet. Dürfen Ihre Schüler dann ins Schwimmbad? Ja, unter bestimmten Bedingungen. Während einer Klassenfahrt gibt es fast immer auch Freizeit, die von den Juristen **»Bereich der privaten Lebensführung«** genannt wird. Haben die Schüler also Freizeit, dann können sie über diese – deswegen heißt sie ja so – frei verfügen. Selbstredend dürfen sie als Minderjährige z. B. keinen Alkohol trinken, müssen sich also an die geltenden Gesetze halten. Aber so, wie sie zu Hause mit Freunden ins Schwimmbad gehen können, dürfen sie das mit Zustimmung ihrer Eltern auch während der Klassenfahrt.

Allerdings müssen die **Eltern** nicht nur vorab über das Vorhandensein eines Schwimmbads **informiert werden, sondern sie müssen auch** ihre **Zustimmung erteilen**, dass ihr Kind auch **ohne Aufsicht** durch eine Lehrkraft ins Bad darf (Einverständniserklärung im Anhang auf S. 228). Wenn die Eltern das unterschreiben, steht einem Schwimmbadbesuch in der Freizeit nichts im Wege. Um Regressansprüchen vorzubeugen, sollten Sie unmissverständlich deutlich machen, dass **Sie die Kinder nicht ins Bad begleiten**. Es ist also eine vergleichbare Situation wie zu Hause. Sie sollten unbedingt vermeiden, mit den Schülern zugleich ins Bad zu gehen, ansonsten könnte der Eindruck entstehen, Sie würden doch die Aufsicht übernehmen. Lassen Sie die Schüler allein ins Schwimmbad gehen und kommen Sie, falls Sie es denn unbedingt wollen, eine halbe Stunde später dazu. Dann ist klar, dass Sie nicht die Aufsicht der Schüler sind.

4.2 Mitnahme im Auto

Der zweite Fall ist die **Mitnahme von Schülern** im Auto der Lehrkraft: Eine junge Kollegin möchte mit ihrem Oberstufenkurs einen Theaterbesuch in der nächstgrößeren Stadt machen. Aus Kostengründen und weil die öffentlichen Verkehrsverbindungen abends sehr schlecht sind, entscheidet sie sich, die Fahrt mit Privatfahrzeugen durchzuführen. Sie selbst will drei Schüler mitnehmen, die restlichen verteilen sich auf andere Autos, die von Eltern (odervolljährigen Schülern) gefahren werden.

Es muss noch erwähnt werden: Die Kollegin hat für ihr Auto eine ganz normale Kfz-Haftpflichtversicherung (ohne Vollkasko) abgeschlossen.

Nach dem Theaterbesuch geht es gut gelaunt nach Hause. Die Außentemperatur liegt bei etwa zwei Grad. Auf einer Brücke, die von einem kalten Wind umweht wird, liegt die Temperatur unter dem Gefrierpunkt. Der Wagen gerät auf der eisglatten Fahrbahn ins Schleudern und knallt gegen die Leitplanke. Die Lehrerin selbst und die in ihrem Auto mitfahrenden Schüler werden mittelschwer verletzt und haben lange Schmerzen. Einer Schülerin wird die Kleidung zerrissen, das Auto ist erheblich beschädigt, die Leitplanke (auch die ist wichtig) ist leicht verbeult.

Nach dem Unfall stellt sich die Frage, welche Schäden abgedeckt sind. Diese Frage ist leider nicht mit einem Satz zu beantworten, denn es liegen ganz unterschiedliche Schäden vor. Im Telegrammstil: Die Verletzungen der Schüler und der Lehrerin trägt die Schulversicherung (gesetzliche Unfallversicherung), die Beschädigung der Leitplanke übernimmt die Kfz-Haftpflichtversicherung der Lehrerin, den Schaden am eigenen Wagen muss sie selbst zahlen.

Nun etwas ausführlicher: Die Schüler sind während des Weges zu und von einer schulischen Veranstaltung – und die liegt hier vor – über die gesetzliche Unfallversicherung abgesichert. Diese übernimmt die **Körperschäden** der Schüler. Allerdings zahlt sie kein Schmerzensgeld und **keine Sachschäden** (die zerrissene Kleidung).

Die Kfz-Haftpflichtversicherung der Kollegin zahlt nur sogenannte Fremdschäden, d. h. Schäden an einem **anderen** Fahrzeug oder wie in unserem Beispiel den Schaden an der Leitplanke. Der Schaden am eigenen Fahrzeug würde nur gezahlt, wenn die Kollegin eine **Voll**kaskoversicherung hätte. Über die verfügt sie in unserem Fall aber nicht. Die gleichen Grundsätze gelten auch für Eltern oder volljährige Schüler, die selbst fahren oder Mitschüler mitnehmen. Die wichtigsten Schäden (Verletzungen) sind also abgedeckt, deshalb braucht man auch keine Insassenversicherung.

Wenn die Kollegin während der Fahrt jedoch mit dem Handy telefoniert hätte (grob fahrlässig!), würde sie ihren Unfallschutz verlieren und müsste später an die gesetzliche Unfallversicherung zurückzahlen. Darüber sollte man volljährige Schüler, die andere mitnehmen, eindringlich belehren.

Der Schaden am Auto der Kollegin wird **nicht** vom Dienstherrn übernommen, da es sich **nicht um eine Dienstfahrt** handelt. Zum einen weisen die meisten Bundesländer darauf hin, dass möglichst öffentliche Verkehrsmittel oder Transportunternehmen zu buchen sind. Zum anderen liegt bei Fahrten mit dem eigenen Pkw wieder eine »eigenwirtschaftliche Tätigkeit« vor. Das heißt: Die Kollegin macht es zwar, um für die Schüler Kosten zu sparen; der Dienstherr sieht aber, dass sie die Beantragung einer Dienstreise vermeidet und die für sie bequemste Variante wählt. Deshalb muss sie, die keine Vollkaskoversicherung hat, den Schaden selbst tragen.

Weil ich immer wieder danach gefragt werde, kläre ich über die (eigentlich überflüssige) **Insassenunfallversicherung** auf. Sie zahlt bei einem Unfall ohne Schuldigen (Ölspur auf der Straße), sie zahlt für **alle** Insassen, also auch für den Fahrer, aber das macht die gesetzliche Unfallversicherung auch. Sie leistet allerdings ohne Rücksicht auf Verschulden (nicht aber bei Alkoholeinfluss des Fahrers) und gilt nicht nur für Verletzungen, sondern zahlt auch bei Todesfall und Invalidität.

Kommen wir nun zum **Personenbeförderungsschein**, der von einigen Schulleitern gefordert wird, bevor sie Kollegen erlauben, Schüler im Auto mitzunehmen. Er ist keine Versicherung, sondern ein **Zuverlässigkeitsnachweis**, den jeder braucht, der **gewerblich** bis zu acht Personen befördern möchte, z.B. Taxifahrer. Seine Kosten belaufen sich auf ca. 300 Euro für eine medizinische Untersuchung, ein polizeiliches Führungszeugnis, eine Auskunft über den Punktestand in Flensburg und eine Überprüfung der Ortskenntnis für den Bereich, in dem der Schein gelten soll.

Vermutlich handelt es sich bei der Forderung nach einem Personenbeförderungsschein um einen Trick, die Mitnahme von Schülern abzulehnen. Das geht jedoch auch leichter, denn die Erlasse der meisten Bundesländer schreiben für solche Fälle vor, entweder auf öffentliche Verkehrsmittel oder auf gewerbliche Transportunternehmen (Busunternehmen) zurückzugreifen. Wer also die Mitnahme von Schülern im Pkw aus welchen Gründen auch immer nicht möchte, hat mit der geltenden Erlasslage bereits eine gute Handhabe, um dies abzulehnen.

4.3 Lebensmittel in der Schule

Indirekt hat auch der Verzehr bzw. Verkauf von privat hergestellten Lebensmitteln in der Schule mit Versicherungsfragen zu tun. Immer wieder bringen Schüler zum Geburtstag einen selbst gebackenen Kuchen von zu Hause mit. Oder auf einem Schulfest werden Lebensmittel und Getränke verkauft. Lassen Sie uns einmal davon ausgehen, dass von den Müttern leckere Mettbrötchen, Milchshakes oder ein echtes Tiramisu (mit rohen Eiern) hergestellt, verkauft und verzehrt werden sollen.

Fangen wir mit dem unproblematischen Kuchen an, den eine Schülerin selbst gebacken und zu ihrem Geburtstag mitgebracht hat. Ein solcher Kuchen wird in der Regel zur Schule gebracht und dort sogleich verzehrt. Zudem wird das Mitbringen solcher Kuchen Ihnen als Schulleitung nicht angekündigt, sondern allenfalls mit dem Klassenlehrer abgesprochen. Sie als Schulleitung tragen deshalb keine Verantwortung dafür, weil die Herstellung des Kuchens außerhalb Ihrer Zuständigkeit lag und er gleich nach dem Mitbringen verzehrt wurde, vor allem aber darin, dass der feste Klassenverband wie ein privater Familien- oder Freundeskreis gewertet wird, in dem keine besonderen Sorgfaltspflichten gelten. Hier greift das Prinzip der Eigenverantwortung. Es haftet derjenige, der diesen Kuchen hergestellt hat, hier also die Schülerin.

Deutlich anders sieht es bei einem Schulfest mit Verkauf von Lebensmitteln und Getränken aus. Zum einen deshalb, weil kommerziell gehandelt wird (wenn auch für einen guten Zweck), vor allem aber, weil der Vertrieb/Verkauf jetzt öffentlich ist. Nicht nur der Kreis der Konsumenten wird jetzt unüberschaubar groß, die Speisen und Getränke stehen viel länger vor dem Verzehr, was die Gefahr weiter erhöht.

Wenn wir uns jetzt einmal eine Mutter vorstellen, die ein Tiramisu (nicht mehr ganz frischen) mit rohen Eiern herstellt, ahnen Sie, was passieren könnte: Das Tiramisu steht lange bei sommerlichen Temperaturen herum, bevor es verzehrt wird. In der lauwarmen Eierspeise haben sich gefährliche Salmonellen entwickelt, die etlichen Besuchern des Festes so auf den Magen schlagen, dass sie ins Krankenhaus müssen. Sofort stellt sich die Frage nach der Verantwortlichkeit. Und damit kommen wir zu zwei wichtigen juristischen Begriffen: dem Organisationsverschulden und dem Gefahrübergang.

Zwar ist bei einem Schulfest eigentlich jeder für das von ihm Mitgebrachte verantwortlich, aber nur bis zu dem Moment, in dem das Produkt die Schultür passiert. Denn danach ist es im Zuständigkeitsbereich der Schule. Das ist der sog. **Gefahrübergang**, also der Zeitpunkt, an dem die Verantwortung (die Gefahr) für eine Sache auf jemand anderen übergeht. Die Tiramisu-Schöpferin wird natürlich argumentieren, sie sei davon ausgegangen, für ihr einwandfreies Tiramisu bestehe in der Schule eine angemessene Kühlmöglichkeit und es werde dort sachgerecht gelagert. Fazit: Die Mutter wird versuchen, die Schuld auf die Schule abzuwälzen, wofür die Chancen nicht schlecht stehen.

Und damit kommen wir zum sog. **Organisationsverschulden**: Als Schulleitung (oder Organisator des Schulfestes) brauchen Sie nicht alles selbst zu machen oder sogar selbst zu kontrollieren. Aber Sie müssen die Veranstaltung so organisieren, dass Rechtsverstöße und etwaige Schäden minimiert werden. Wer das nicht tut, dem ist ein Organisationsverschulden anzulasten, für das er haftet. Dafür sollten Sie wissen, dass es eine Landeshygieneordnung gibt, in der Hygieneregeln für Straßenfeste aufgeführt sind, die sich direkt auf Schulfeste übertragen lassen. Die wichtigsten dieser Regeln mit einer Kenntnisnahme der Eltern finden Sie im Anhang Nr. 11 auf Seite 237. Nun müssen die Klassenlehrer nur noch diese Liste kopieren, an die Eltern verteilen und unterschreiben lassen. Diese bestätigen mit ihrer Unterschrift, die Regeln nicht nur gelesen zu haben, sondern sich auch daran zu halten. Das ist schon die »halbe Miete«.

Die andere Hälfte besteht darin, für das Schulfest (oder generell) einen Hygienebeauftragten festzulegen, der von Zeit zu Zeit eine Runde dreht und darauf achtet, dass verderbliche Produkte nicht stundenlang in der Sonne stehen. Dann haben Sie als Verantwortlichen des Schulfestes oder als Schulleiter Ihre Organisationspflicht erfüllt und alles getan, was in Ihrer Macht steht, um Gesundheitsschäden zu verhindern. Wie schon gesagt: Sie brauchen nicht jede Speise von der Herstellung bis zum Verzehr des letzten Stückes zu überwachen, aber Sie können Merkblätter verteilen lassen und ein Mindestmaß an Kontrolle organisieren.

Ebenso ist es sinnvoll, eine Liste der mitgebrachten Lebensmittel zu erstellen, aus der hervorgeht, wer was mitgebracht hat. Denn falls etliche Schüler, Eltern und Lehrkräfte krank werden, sollte man möglichst schnell und zuverlässig die Krankheitsquelle herausfinden. Und warum zahlt die »Schulversicherung« nicht die oben angenommenen Schäden? Weil die Schulversicherung eine gesetzliche Unfallversicherung ist und eine Salmonelleninfektion kein Unfall ist (vgl. S. 138).

VI. Ordnungsmaßnahmen

An vielen Schulen werden heute von Schülern schwere Verstöße begangen, auf die nicht mehr mit Erziehungsmaßnahmen angemessen reagiert werden kann. Vielleicht sind diese schon erfolglos verhängt worden oder es liegt ein so gravierender Verstoß vor, dass die Schule gezwungen ist, sofort zu einschneidenden Maßnahmen zu greifen. Wenn Sie Klassenlehrer des betreffenden Schülers sind, müssen Sie das Verfahren einleiten bzw. durchführen, wenn Sie Schulleiter sind, liegt die ordnungsgemäße Durchführung in Ihrer Verantwortung. Dafür sind Sie Führungskraft. Alle Kollegen, die von dem Verstoß erfahren, dürfen zwar dazu ihre Meinung abgeben, aber einer muss die Führung übernehmen. Damit Sie ein solches Verfahren justizfest durchführen können, spielen wir den typischen Ablauf einmal chronologisch durch.

Doch zuvor noch ein kleiner Einschub: Bevor die stärkeren Ordnungsmaßnahmen verhängt werden, sollten **im Regelfall** zuerst die milderen Erziehungsmittel eingesetzt werden. Die wenigen Ausnahmen, bei denen das nicht erforderlich ist, stelle ich Ihnen gleich vor.

Zunächst sind also Erziehungsmittel (Erziehungsmaßnahmen) anzuwenden. Indem viele Schulen diesen Satz vernachlässigen, begehen sie einen Fehler, der sie später vor einem Verwaltungsgericht scheitern lässt. Hier der typische (falsche) Ablauf: Der Schüler begeht einen Verstoß – und die Schule ergreift keine Erziehungsmaßnahme, sondern belässt es bei einer lauwarmen Ermahnung. Ähnliche Untätigkeit wiederholt sich beim zweiten und dritten Mal. Beim vierten Verstoß reißt der Schule der Geduldsfaden und sie greift erbost zur Ordnungsmaßnahme, die natürlich vom Verwaltungsgericht verworfen wird. Denn die Schule hätte abgestuft vorgehen und immer einschneidendere Maßnahmen verhängen müssen. Dieses mühsame Vorgehen hat sie sich erspart – und ist gescheitert.

Ich verstehe zwar die Schulen, die bei manchen Problemschülern (vermutlich zu Recht) davon ausgehen, milde Maßnahmen würden vermutlich nichts bewirken. Aber darum geht es nicht. Denn woher will man sicher wissen, dass diese Maßnahmen nicht wirken? Das kann man doch definitiv erst sagen, wenn man sie erfolglos angewendet hat. Genau so argumentieren der Anwalt des Schülers und die Verwaltungsgerichte.

Die Kollegen sollten es einmal andersherum sehen: Sie verhängen die milden Erziehungsmaßnahmen. Diese haben, wie jeder natürlich ahnt, keinen Erfolg. Dann hat man jetzt einen nachvollziehbaren Grund, zum schwereren Geschütz der Ordnungsmaßnahme zu greifen, und das Verwaltungsgericht wird dieser Entscheidung folgen. Bevor die Kollegen lautstark Ordnungsmaßnahmen fordern, sollten sie prüfen, ob vorher schon, wie gefordert, Erziehungsmittel verhängt wurden.

Die wenigen Ausnahmen, bei denen quasi ohne Vorwarnung eine Ordnungsmaßnahme (meist Ausschluss vom Schulbesuch) verhängt werden darf, sind an einer Hand abzuzählen. Gerichtlich bestätigt sind: der **Drogenhandel** an der Schule, Schlagen eines Lehrers, Verbrennen eines Notenbuchs kurz vor den Zeugnissen und das Betrunkenmachen eines Mitschülers, der darauf mit einer Alkoholvergiftung ins Krankenhaus muss. Als ebenso schwerwiegend einzustufen sind vermutlich die Ankündigung eines Amoklaufs, die Vergewaltigung einer Mitschülerin oder die gefährliche Körperverletzung, z. B. durch einen ernsthaften Messerstich.

Bei unserem Musterfall liegt dies alles aber nicht vor. Ein Schüler (Marvin) hat einen anderen (Lukas) mit den Fäusten geschlagen, und zwar auch ins Gesicht, wobei Lukas das Nasenbein gebrochen wurde. Marvin ist schon mehrfach durch körperliche Gewalt aufgefallen, wenn auch nicht so extrem, und wurde schriftlich verwarnt. Die Eltern haben von den vorherigen Vorfällen erfahren, und zwar entweder über ein Schreiben oder über ein Gespräch mit dem Klassenlehrer.

Die im Vorfeld verhängten Erziehungsmaßnahmen sind noch keine Verwaltungsakte und können deshalb nicht durch Widerspruch und Klage angefochten werden. Die nun anstehende Ordnungsmaßnahme hingegen ist aufgrund ihres stärkeren Eingriffs ein **Verwaltungsakt** und kann angefochten werden. Wegen der möglichen gravierenden Folgen ist ein korrektes Verfahren so wichtig. Denn vermutlich dürfen Sie damit rechnen, dass die Eltern dieses problematischen Schülers schon bald mit einem Anwalt aufkreuzen, der jeden Ihrer Schritte genauestens überprüft. Und es wäre pädagogisch fatal, wenn ein solcher Rüpel ungeschoren davonkäme, nur weil Sie als federführende Lehrkraft oder Schulleiter einen Formfehler begangen haben.

Falls Sie als Klassenlehrer von dem neuen Vorfall erst über Ihren Schulleiter erfahren haben, könnte dieser Sie mit den Ermittlungen beauftragen und fordern, das Ergebnis und einen Entscheidungsvorschlag für eine Klassenkonferenz vorzutragen. Den Klassenlehrer mit den Ermittlungen zu beauftragen ist sinnvoll, weil er in der Regel den Schüler am besten kennt und weil er in unserem Fall persönlich **nicht betroffen** ist. Hätte Marvin seinen Klassenlehrer geschlagen, wäre eine Ermittlung durch diesen ausgesprochen ungünstig, weil man ihm eine einseitige Darstellung der Ergebnisse unterstellen würde. Besser wäre die Ermittlung durch einen unbeteiligten Kollegen, der dann den Klassenlehrer quasi als Opfer hört und seine Aussage bewertet. Sie merken bereits an meiner Terminologie, dass wir uns in einem Bereich bewegen, der stark nach strafrechtlichen Grundsätzen organisiert ist. Das sagt zwar niemand so offen, aber so ist es.

Im Verlauf meines Beispiels werden Sie sich vielleicht wundern, warum ich bei der Durchführung des Verfahrens den Fall manchmal abändere und Ihnen dabei immer wieder Steine in den Weg lege. Dieses Worst-Case-Szenario konstruiere ich, um möglichst viele Probleme zu klären, die auftauchen können. Denn was hätten Sie von einem Buch, das Ihnen nur den idealen, reibungslosen Ablauf vorstellen würde? Den könnten Sie auch in Handreichungen des Kultusministeriums nachlesen oder in Büchern, die dieses Thema auf einer halben Seite sehr allgemein abhandeln. Was aber machen Sie beispielsweise, wenn Sie in der konkreten Situation mit einem Anwalt des Schülers konfrontiert werden, der an der Klassenkonferenz teilnehmen will und Ihnen vorwirft, Marvins Aussagen seien unter Druck zustande gekommen? Also lieber auf alles Unangenehme vorbereitet sein als später unangenehm überrascht werden.

1. Ermittlung und Vernehmung

Kommen wir nun zu den Ermittlungen. Falls z. B. **mehrere Schüler** einen anderen geschlagen haben, besteht der wichtigste Schritt darin, die **Verdächtigen sofort zu trennen**, sodass eine Absprache der Aussagen nicht mehr möglich ist. Denn gerade die Übereinstimmung von Details in den verschiedenen Aussagen ist ein wichtiges Kriterium für die Glaubwürdigkeit.

Aber zurück zum Grundfall, in dem wir glücklicherweise nur Marvin haben, der befragt werden soll, aber nicht geständig ist. Das wäre auch zu schön, würde mir jedoch die Möglichkeit nehmen, weitere Probleme zu klären. Marvin leugnet zwar nicht, den kleinen Lukas geschlagen zu haben, er macht aber geltend, Lukas habe angefangen und ihn grob beleidigt, und er habe **sich nur gewehrt**. Durch diese Situation haben wir zwei Probleme: die Glaubwürdigkeit und die behauptetet Notwehr. Beides werden wir nacheinander klären.

Vor jeder Ermittlung sollte man sich fragen: Will ich dem Betreffenden moralische Vorwürfe machen oder will ich Informationen von ihm? Natürlich kann man einen verdächtigen Schüler gleich mit Beschuldigungen und Vorwürfen konfrontieren – wenn der Sachverhalt bereits vollständig geklärt ist. Denn jemand, den man mit Vorwürfen überschüttet, wird »mauern« und nichts preisgeben. Braucht man hingegen noch Informationen von dem Verdächtigen, ist es viel sinnvoller, zunächst ein positives Verhältnis zum Befragten aufzubauen, um ihn zum Sprechen zu bringen.

Dafür sollte man es vermeiden, sofort zum Thema zu kommen. Um festzustellen, wie sich jemand verhält, wenn er die Wahrheit sagt, ist es günstig, sich zunächst über etwas Unverfängliches zu unterhalten und ihn dabei zu beobachten. Erst dann geht es zum eigentlichen Vorfall, bei dessen Besprechung sich vermutlich Gestik und Mimik ändern.

Wer gerne Krimis sieht, der weiß, dass professionelle Vernehmer immer wieder gleiche oder ähnliche Fragen stellen. Der Grund liegt nicht darin, dass sie vergessen hätten, welche Frage sie schon gestellt haben. Vielmehr sind Verstellung und Lügen für den Betreffenden extrem anstrengend, sodass im Laufe der Zeit verstärkt Ermüdungserscheinungen auftreten, die zu Fehlern führen.

Ungünstig ist es, gleich mit einer gezielten Frage zu beginnen: »Warum hast du Lukas geschlagen?« Vermutlich werden Sie als ermittelnder Lehrer darauf die Antwort erhalten: »Weil er mich beleidigt hat!« Sie müssen sich dann aber immer weiter zurückarbeiten, um die gesamte Geschichte zu erfahren. Lassen Sie besser den Schüler erst einmal die gesamte Geschichte aus seiner Sicht erzählen, und hören Sie genau zu, selbst wenn Sie davon ausgehen, er würde dabei lügen. Marvin muss nun nämlich auf die Schnelle einen kompletten, in sich schlüssigen Ablauf des Geschehens konstruieren und formulieren, was viel schwieriger ist, als auf einzelne Fragen immer wieder nur kurze Antworten zu geben.

Manchmal hört man den Vorschlag, den Schüler vor Beginn der Befragung seine Version der Geschichte **aufschreiben** zu lassen. Das ist nur sinnvoll, wenn es **mehrere** beschuldigte Schüler gibt. Diese kann man später auf ihre schriftlich fixierten Aussagen festnageln und eventuelle Widersprüche aufdecken. Bei nur einem Schüler besteht die Gefahr, ihm durch das (langsamere) Schreiben wertvolle Zeit (und Ruhe) zu geben, um eine in sich schlüssige Geschichte zu konstruieren und niederzuschreiben.

Wir sind zwar, wie schon gesagt, nicht in einem förmlichen Strafverfahren. Dennoch sollten Sie **auf Drohungen verzichten**, um z. B. ein Geständnis zu erzielen. Falls Marvin unter Druck gesteht und die später folgende Ordnungsmaßnahme klaglos akzeptiert, haben Sie Glück gehabt. Aber was ist, wenn er es sich zu Hause anders überlegt, die Eltern einen Anwalt einschalten und dieser der Schule bzw. Ihnen dann vorwirft, Sie hätten das Geständnis nur unter Druck erhalten? Wollen Sie dann lügen? Das wird man merken. Also lieber nicht zu übereifrig. Denn die entscheidende Phase für die Verhängung einer Ordnungsmaßnahme gegen Marvin ist nicht Ihre Vernehmung, sondern die Klassenkonferenz. **Dort** muss der Betreffende seine Tat einräumen, damit die Konferenz eine angemessene Maßnahme ergreifen kann.

Ideal ist es, wenn der Befrager nur etwa 30 Prozent Sprechanteil hat, der Verdächtige jedoch 70 Prozent. So eigenartig es klingen mag, aber jeder Täter hat **Gründe** für seine Tat, **die er andern mitteilen will**. Er möchte verstanden werden, möchte seinen Unmut äußern, möchte eigentlich die Wahrheit erzählen. Deshalb kann man Schüler manchmal zu einem Geständnis bringen, wenn man ihnen erklärt, sie könnten dadurch auch **ihren** Standpunkt der Ereignisse darlegen.

> **Wichtig! Nach dem Geständnis den Schüler loben und ihm zeigen, dass jetzt die Spannung gelöst und eine wichtige Hürde auf dem Weg der Aufarbeitung genommen ist.**

Haben Sie ein Geständnis erzielt, sollten Sie dieses unverzüglich absichern. Am einfachsten gehen Sie mit dem Schüler zum Schulleiter (»Komm, dann haben wir es hinter uns!«) und lassen ihn dort das Geständnis wiederholen. Das ist letztlich beweiskräftiger als ein schriftlich aufgesetztes, dem man später vorwerfen kann, es sei unter Druck zustande gekommen.

In der Vernehmung muss ebenfalls die Aussage des geschlagenen Schülers zu Protokoll genommen und von ihm unterschrieben werden. Falls das versäumt wird, kann es später in der Konferenz unnötige Schwierigkeiten geben, wenn die Verletzung auf einmal von Marvins Anwalt bestritten wird und Lukas (aus Angst?) das Ganze herunterspielt. Auch die Aussagen von Mitschülern, die den Vorfall gesehen haben, sollten gesichert werden. Am einfachsten und überzeugendsten ist es, wenn die Zeugen des Vorfalls einfach niederschreiben, was sie beobachtet haben. Das wirkt authentischer, als wenn es der Ermittler mit seinen Worten formuliert.

1.1. Glaubwürdigkeit und Notwehr

Ein wesentlicher Aspekt der Vernehmung ist die **Glaubwürdigkeit** des Beschuldigten. Um es vorwegzunehmen: Die Aussage von Marvin ist eine **unglaubwürdige Schutzbehauptung**. Das darf man so deutlich sagen, weil es Belege dafür gibt. Die Aussagen zweier Schüler sind nämlich nur so lange als gleichwertig einzustufen, wie es keine Anhaltspunkte für eine unterschiedliche Glaubwürdigkeit gibt. Da Marvin schon vorher wegen ähnlicher Verstöße aufgefallen ist, hat dadurch seine Glaubwürdigkeit (in Bezug auf Prügeleien) gelitten. Dass er nun versucht, über eine Schutzbehauptung die Schuld von sich zu weisen, ist verständlich, aber nicht überzeugend.

Mit allen Vorbehalten gibt es in der juristischen Glaubwürdigkeitslehre einige Merkmale für Lügen. Die wichtigsten sind: Schwitzen, gerötetes Gesicht, trockener Mund, Schlucken, Vermeiden des Blickkontakts, Räuspern und Verändern der Stimmlage, demonstrativ zur Schau getragenes Lächeln, Selbstkontakt mit der Hand im Gesicht (meist Nase), verkrampfte Hände oder Beine (über Kreuz). Daneben gibt der Blick des Befragten Auskunft darüber, welcher Teil des Gehirns genutzt wird: Beim Blick nach rechts (oben) wird das Erinnerungszentrum des Gehirns genutzt, um das abzurufen, was tatsächlich passiert ist. Beim Blick nach links (oben) wird jedoch die Gehirnhälfte genutzt, in der kreativ erfunden (gelogen) wird. Dies sind keine justiziablen Beweise, es sind aber statistisch untermauerte Indizien, die dem ermittelnden Lehrer eine Hilfe sein können, die Glaubwürdigkeit des Befragten einzuschätzen.

Einer Aussage ist meist zu misstrauen, wenn der Befragte mit Gegenangriffen reagiert. Dadurch will er nicht nur vom eigenen Verhalten ablenken, sondern auch demonstrieren, dass nur jemand mit einem guten Gewissen es wagen würde, zum Gegenangriff überzugehen. Über die gängige Gegenfrage »Warum sollte ich das tun? Ich hab doch gar keinen Grund dazu!« wird versucht, die eigene Machtposition zu verbessern. Denn wer fragt, hat die Macht. Der Beschuldigte dreht den Spieß um, indem jetzt der Ermittler antworten und Gründe liefern soll, die vom Schüler natürlich nicht akzeptiert werden.

Ein weiteres Indiz ist die übermäßige Entrüstung. Viele Täter glauben nämlich, zu Unrecht Beschuldigte müssten hochgradig entrüstet sein. Das ist aber keineswegs der Regelfall, vielmehr sind diese Personen meist ganz entspannt, weil sie wissen, dass man ihnen nichts vorwerfen kann. All diese Indizien könnten Marvins Glaubwürdigkeit relativieren.

Jetzt geht es um seine Einlassung, der kleine Lukas habe ihn grob beleidigt und er habe sich nur gegen die Ehrverletzung gewehrt. Marvin bezieht sich mit dieser Argumentation auf die gesetzlich verbriefte Notwehr, die es jedermann erlaubt, sich gegen Angriffe – notfalls mit Gewalt –zur Wehr zu setzen. Für eine Legitimierung müssen allerdings Angriff und Verteidigung ungefähr die gleiche Intensität haben. Damit stellen Marvins Schläge keine gerechtfertigte Notwehr dar, weil es überzogen ist, auf eine verbale Beleidigung mit kräftigen Schlägen zu reagieren.

Zudem greift der Notwehrparagraph nur, wenn keine Staatsmacht in der Nähe ist und es keine andere Möglichkeit gibt, sich Hilfe zu verschaffen. Und genau daran fehlt es. Denn die Schüler stehen unter der Aufsicht der Lehrkräfte. Selbst wenn sich nur eine Aufsicht auf dem Pausenhof befindet, wäre es für den Schüler zumutbar, **sich an diese zu wenden**, falls er beleidigt wird. Für Selbstjustiz ist in der Schule kein Platz.

1.2. Öffentliches Interesse und Notkompetenz

Wie geht es nun weiter? Marvin hat zugegeben, Lukas geschlagen zu haben, wofür es auch Zeugen gibt. Seine Einlassung, er habe sich nur gewehrt, ist zur Kenntnis genommen und im Protokoll über die Befragung vermerkt worden. Anders als bei polizeilichen Verhören ist es nicht notwendig, den beschuldigten Schüler das Protokoll unterschreiben zu lassen. Aber es schadet auch nicht.

Als Nächstes ist zu prüfen, ob durch das Schlagen des kleinen Lukas die **Sicherheit** in der Schule so sehr bedroht ist, dass sofort gehandelt werden muss. Im Regelfall wird eine entsprechende Ordnungsmaßnahme zwar erst nach der Klassenkonferenz verhängt, in Ausnahmesituationen kann der Schulleiter jedoch von seiner **Notkompetenz** Gebrauch machen, d.h. die Ordnungsmaßnahme wird im Wege einer Eilentscheidung angeordnet. Fast immer wird die Notkompetenz mit der **sofortigen Vollziehung** gekoppelt sein, bei der der Schüler **als vorläufige Maßnahme** sofort vom Unterricht ausgeschlossen wird. Die sofortige Vollziehung (§ 80 VwGO) ist möglich, wenn vorliegen:

- öffentliches Interesse oder
- überwiegendes Interesse eines Beteiligten

Das besondere Interesse an der sofortigen Vollziehung ist grundsätzlich schriftlich zu begründen. Aber in dringenden Fällen kann auch zuerst vollzogen und die schriftliche Begründung nachgereicht werden.

Nun zu den beiden Bedingungen, unter denen die sofortige Vollziehung von der Schulleitung angeordnet werden kann: Der für die Schule häufigere Fall ist die sofortige Vollziehung im Interesse eines Beteiligten. Dies liegt vor bei einem der Schüler, der geschlagen wurde, oder einem Mädchen, das bedroht wurde (»Wir vergewaltigen dich«), es trifft also auf alle Fälle zu, bei denen durch Marvins Verbleib die **Sicherheit** von anderen Schülern bedroht ist.

Aber es kann auch ein **öffentliches Interesse** an einer sofortigen Vollziehung bestehen, der Schulöffentlichkeit zu demonstrieren, ein schwerer Verstoß werde umgehend geahndet. Als Beispiel hierfür dient das öffentliche Verbrennen des Notenbuchs eines Lehrers. Durch diese Handlung wird, anders als beim Schlagen von Mitschülern, die Sicherheit der anderen Schüler nicht bedroht. Trotzdem handelt es sich um einen schweren Verstoß, auf den unverzüglich und sichtbar reagiert werden muss. Man stelle sich einmal vor, in diesem Fall würde erst die Klassenkonferenz einberufen, deren Termin vom Schüler und seinen Eltern wochenlang verzögert wird. Nach dem Beschluss der Konferenz wird Widerspruch eingelegt, der bei einigen Ordnungsmaßnahmen aufschiebende Wirkung hat. Gegen den abgelehnten Widerspruch wird Klage vor dem Verwaltungsgericht eingelegt, die manchmal wieder aufschiebende Wirkung hat.

Ohne die sofortige Vollziehung könnte es also Monate dauern, bis der Schüler vom Unterricht ausgeschlossen wird. Ich finde (mit den Gerichten), das öffentliche Interesse rechtfertigt es, hier und in ähnlich schweren Fällen sofort eine Maßnahme zu verhängen, um die Schule nicht als »zahnlosen Papiertiger« dastehen zu lassen.

Wenn der eigentliche Verwaltungsakt nach einer **groben summarischen** Prüfung offensichtlich rechtmäßig ist, folgen die Gerichte regelmäßig ebenfalls der sofortigen Vollziehung durch die Schulleitung.

Da der Schulleiter durch Notkompetenz und sofortige Vollziehung die zuständige Konferenz übergeht, muss er sie unverzüglich über diesen Schritt informieren. Damit wir uns nicht missverstehen: Er braucht die Konferenz dafür nicht um Erlaubnis zu bitten. Das wäre auch zeitlich gar nicht möglich, denn Eltern- und Schülervertreter müssten ebenfalls kontaktiert werden, was erhebliche Zeit in Anspruch nehmen würde. Dadurch würde die sofortige »Suspendierung« des Schülers ihrer pädagogischen Wirkung beraubt. Denn wenn der Schüler den Schultag noch bis zum Ende in der Schule verbringen dürfte, wäre das Gegenteil von dem erreicht, was man bewirken will. Allerdings muss zu einem späteren Zeitpunkt die zuständige Konferenz einberufen werden, die dann ganz normal über den Fall entscheidet.

Bei Marvins Fall soll von der Notkompetenz keinen Gebrauch gemacht werden, aber es ist gut, diese Möglichkeit zu kennen. Sei es, um sie als Schulleiter selbst anzuwenden, sei es, um als Klassenlehrer einen zögerlichen Schulleiter auf diese Möglichkeit hinzuweisen.

1.3. Waffen und Delikte

In unserem Beispiel hat Marvin seinen Mitschüler »nur« mit den Fäusten geschlagen, aber es sind Fälle denkbar, in denen ein Messer eingesetzt wird. Durch eine Waffe erhält ein Angriff eine völlig andere Qualität. Bevor wir gleich konkret auf Messer eingehen, soll klargestellt werden, dass der Begriff der »**Waffe**« juristisch sehr weit zu fassen ist. Selbst Dinge, die im normalen Leben nicht als Waffe gelten (Baseballschläger, Schraubenzieher), können in einer Auseinandersetzung als Waffe gebraucht werden.

Entscheidend ist also nicht die technische Zuordnung, sondern die **Art der Benutzung** in einem konkreten Angriff. Weitere Gegenstände, deren Einsatz von den Gerichten als Waffe eingestuft wurde: Schere, Schlauch (zum Schlagen), Schlüsselbund, Schal (beim Würgen), glimmende Zigarette (beim Ausdrücken auf dem Körper), Kugelschreiber, Rasierklinge. Falls die Hausordnung Ihrer Schule also das Mitbringen von Waffen oder besser von »gefährlichen Gegenständen« verbietet, sind davon auch Baseballschläger oder Schraubenzieher erfasst, sofern sie nicht für den Unterricht (Sportunterricht, Werkunterricht) benötigt werden und ihr Mitbringen von einer Lehrkraft angeordnet wurde.

Widmen wir uns nun den Messer mit ganz unterschiedlichen Eigenschaften: Ganz unten auf der Gefährlichkeitsskala (Taschenmesserprivileg) stehen Taschenmesser, die nur **mit beiden Händen** zu öffnen sind, wie das beliebte Schweizer Taschenmesser. Die nächste Gruppe bilden Messer mit feststehender Klinge von weniger als zwölf Zentimetern Länge. Bis hierhin ist das Mitführen (nicht in der Schule!) grundsätzlich zulässig. Nun wird es kritisch, denn es folgen »einfache« Einhandmesser (unabhängig von der Klingenlänge!) mit sich **feststellender Klinge**. Das sind Messer, auf deren Klinge z. B. ein Stift sitzt, der über die Griffschale hinausragt, mit dem man mit einer Hand die Klinge ausklappen kann. Diese Messer dürfen seit 2008 **nicht in der Öffentlichkeit geführt** werden (Trageverbot). Die letzte Stufe von Messern, die auch einhändig zu bedienen sind, deren **Besitz** aber bereits **verboten** ist, umfasst neben Faustmessern die sog. Butterfly-, Fall- oder Springmesser, wenn die Klingenlänge über 8,5 cm liegt oder sie beidseitig geschliffen ist.

Warum diese detaillierte Aufzählung? Nicht jede Lehrkraft hat eine Sozialisation genossen, bei der man die unterschiedliche Gefährlichkeit dieser Messer kennenlernt. Und manch wohlmeinender Pädagoge vertritt die etwas naive Ansicht, ein Butterfly-Messer sei halt auch nur ein Messer wie alle anderen. Da inzwischen in fast allen Bundesländern bei Tätlichkeiten mit Waffen die Polizei bzw. Staatsanwaltschaft informiert werden muss, entscheidet die Messerart über die Dringlichkeit der Information. Ein normales Taschenmesser, mit dem man einen Apfel schälen kann, hat eine völlig andere Qualität als ein hochgefährliches Faustmesser, mit dem man vieles kann – aber keine Äpfel schälen.

Die Polizei als Hilfsorgan der Strafverfolgungsbehörde (Staatsanwaltschaft) übernimmt in der Regel die Vernehmung, sobald sie informiert wird, z. B. bei einer **gefährlichen Körperverletzung** (§ 224 StGB). Diese liegt nicht nur bei einer Verletzung mittels einer Waffe oder eines gefährlichen Gegenstands vor, sondern auch bei einer **gemeinschaftlichen** Körperverletzung. Hiervon spricht man bereits, wenn auch nur **eine weitere Person** die Waffe anreicht oder die Flucht des Bedrängten verhindert. Ebenso umfasst die gefährliche Körperverletzung den überfallartigen Angriff (Hinterlist), auf den ein Betreffender sich nicht vorbereiten kann.

1.4. Einladung zur Konferenz

Da aber Marvins alleiniger körperlicher Übergriff nicht so schwerwiegend war, wird nur eine Klassenkonferenz einberufen, die den Fall verhandeln und eine angemessene Maßnahme verhängen soll.

Die Einladung zur Konferenz geht sowohl an die Kollegen als auch an die Schüler- und Elternvertreter und natürlich ebenfalls an Marvin und seine Eltern (die Erziehungsberechtigten). Denn auch er bzw. seine Eltern können sich zu den erhobenen Vorwürfen äußern, bevor die Maßnahme verhängt wird.

Empfehlenswert ist es, im Schreiben an die Eltern aufzuführen, was man ihrem Kind vorwirft. Also: »Wir legen Ihrem Sohn Marvin zur Last, am (Datum) den Schüler Lukas R. geschlagen zu haben.« Wer den konkreten Vorwurf vergisst, muss damit rechnen, einen Tag vor der Konferenz einen Brief von Marvins Anwalt zu bekommen, der die (berechtigte) Verschiebung der Konferenz fordert, weil nicht gesagt wurde, **was** man seinem Mandanten eigentlich vorwirft, und er ihn deshalb nicht beraten konnte.

Sinnvoll ist auch der belehrende Zusatz, der Schüler könne sich in der Konferenz nicht nur von seinen Eltern unterstützen lassen, sondern (je nach Bundesland) auch von einem Schüler und / oder einem Lehrer seines Vertrauens. Fehlt dieser Hinweis, weil man ihn »vergessen« hat, könnte nämlich Folgendes passieren: Der Schüler bzw. seine Eltern fragen gleich zu Beginn der Konferenz, ob es eigentlich stimme, dass sie einen Anspruch auf weitere Unterstützung hätten, und warum man ihnen dies nicht gesagt habe. Und dann hat man ein echtes Problem.

Es ist ein Irrglaube zu meinen, es laufe reibungsloser, wenn man den Beschuldigten nicht über seine Rechte aufklärt. Das Gegenteil ist der Fall. Das »Vergessen« dieser Informationen verursacht meist nicht nur erheblich mehr Arbeit, sondern liefert auch einen Beleg dafür, dass die Schule ihre Verfahrensvorschriften nicht kennt – oder nicht anwenden will. Über eine solche Steilvorlage verhilft man selbst mittelprächtigen Anwälten zum Erfolg.

Schicken Sie das Einladungsschreiben als **Einschreiben mit Rückschein!** Das kostet zwar ein wenig mehr, spart Ihnen aber viel Ärger. Denn nur so können Sie nachweisen, dass die Eltern das Schreiben tatsächlich erhalten haben. Denn ein Hauptproblem liegt in der Praxis darin, dass schwierige Eltern mit allen Mitteln versuchen, das angelaufene Verfahren zu verzögern.

Wichtig ist deshalb der Zusatz: »Falls Sie aus zwingenden Gründen verhindert sein sollten, bitte ich um unverzügliche Mitteilung. Falls Sie ohne ausreichende Begründung nicht zu dem Termin erscheinen, gehe ich davon aus, dass Sie sich zu dem erhobenen Vorwurf nicht äußern wollen. Das Verfahren wird dann ohne Ihre Anhörung fortgesetzt.« Wer dies unterlässt, riskiert, dass Schüler und / oder Eltern nicht erscheinen und die Konferenz deshalb nicht durchgeführt werden kann.

Ich weiß, das erscheint Ihnen alles sehr aufwendig und überflüssig. Aber es gibt gerissene Eltern, die mit allen Tricks arbeiten und denen es ein diebisches Vergnügen bereitet, die Schule als machtlos vorzuführen. Und als schulische Führungskraft sollte man diesen Eindruck vermeiden.

Das Schreiben (Muster im Anhang auf S. 231) ist raus, und zwar mit allen Absicherungen. Da keine gegenteilige Antwort der Eltern kommt, kann die Schule vom Erscheinen des Schülers und seiner Eltern ausgehen. Schulintern hat man beschlossen, dass der Schulleiter den Vorsitz in der Konferenz führen soll. Das ist nicht zwingend erforderlich, in einigen Bundesländern kann auch der Klassenlehrer den Vorsitz der Konferenz führen, und die Schulleitung begleitet und überwacht nur das Verfahren. Das ist immer dann gut möglich, wenn beide einer Auffassung über das Vorgehen und die angestrebte Maßnahme sind.

Das Schlimmste in einer solchen Konferenz ist, wenn Klassenlehrer und Schulleiter unterschiedliche Strategien verfolgen und **in der Konferenz** einen Machtkampf austragen. Abgesehen davon, dass ein solch offener Dissens auf Schüler- und Elternvertreter ausgesprochen ungünstig wirkt, würde nur der beschuldigte Schüler davon profitieren. Klassenlehrer und Schulleiter sollten sich also **vorher** ins Benehmen setzen und abstimmen. Falls keine Einigung erzielt werden kann, ist es günstiger, dass der Schulleiter, quasi als »Vorsitzender Richter«, das Verfahren leitet, und der Klassenlehrer quasi als »Staatsanwalt« die Vorwürfe vorträgt. Anschließend entscheidet die »Jury«, also die Konferenz.

2. Der Anwalt der Gegenseite

Zeitsprung. Der Nachmittag der Konferenz ist endlich da. Die Kollegen, Schüler- und Elternvertreter sind anwesend, nur der Schüler und seine Eltern fehlen noch. Da öffnet sich die Tür und herein kommt Marvin, begleitet von einem gut gekleideten Herrn, der offensichtlich nicht sein Vater ist. Es ist Marvins Anwalt, der eine Vollmacht der Eltern präsentiert, aus der hervorgeht: Die Eltern seien durch den Vorfall gesundheitlich angeschlagen und könnten leider nicht erscheinen. Zudem glauben sie, dass sie ihren Sohn nicht so gut vertreten könnten wie ein Anwalt ihres Vertrauens. Und sie verweisen darauf, dass volljährige Schüler sich statt von ihren Eltern auch von einer beliebigen Person ihres Vertrauens begleiten und vertreten lassen könnten.

Was nun? Damit hat niemand gerechnet, aber es muss eine Entscheidung gefällt werden, und zwar von Ihnen. Die Kollegen lehnen sich interessiert zurück und warten, was nun passiert. Zur Lösung komme ich auf das zurück, was ich vorne angesprochen habe: Eine Klassenkonferenz ist kein Strafprozess. Von daher brauchen Sie in einigen Bundesländern den Anwalt nicht als Vertretung der Eltern in einem pädagogischen Verfahren zu akzeptieren. Sobald die Sache vor Gericht geht, können Marvin und seine Eltern selbstredend ihren Anwalt mitbringen, aber es gibt **keinen Rechtsanspruch auf eine anwaltliche Vertretung in der Klassenkonferenz.** Zudem haben Sie als Schulleiter das Hausrecht und könnten den Anwalt auffordern zu gehen.

Aber es ist die Frage, ob dieses rigorose Vorgehen sinnvoll ist. Denn was, wenn nicht nur der Anwalt, sondern mit ihm auch Marvin wieder den Raum verlässt? Dann haben Sie ein großes Problem. Wollen Sie die Maßnahme verhängen, ohne den Schüler dazu gehört zu haben? Das wäre sehr bedenklich. Natürlich können Sie warten, bis die Eltern irgendwann wieder gesund sind, und dann einen neuen Termin einberufen, aber auch das ist nicht optimal.

Sehen Sie es einmal andersherum: Wer sich einen Anwalt nimmt und damit bei der Konferenz auftaucht, wird ihn auch für ein späteres Verfahren einsetzen. Sie bzw. die Schule kommen folglich um die Auseinandersetzung mit dem Anwalt nicht herum. Warum also nicht gleich die Angelegenheit klären? Ich weiß, Anwälte sind unangenehm, vor allem, wenn sie so überraschend auftauchen. Aber sie kochen auch nur mit Wasser, wie Sie gleich sehen werden. Und die Tatsache, dass Sie den Anwalt in der Konferenz zulassen, zeigt natürlich Ihre Offenheit, weil Sie nichts zu verbergen haben. Außerdem wird es für den Anwalt schwierig, später Verfahrensmängel zu rügen, wenn er der Konferenz beigewohnt und nur inhaltliche Kritik geübt hat. Und dass Marvin und sein Anwalt während der entscheidenden **Beratung den Raum verlassen müssen**, versteht sich ja von selbst. Die beiden dürfen also vortragen, was aus ihrer Sicht zu Marvins Gunsten spricht – und dann raus.

Falls Sie noch nicht mit gegnerischen Anwälten zu tun hatten, folgen nun ein paar Tipps, um die Angelegenheit richtig einzuschätzen. Das Wichtigste zuerst: Marvins Anwalt interessiert nicht die Wahrheit, sondern nur ein mildes Urteil für seinen Mandanten. Das ist sein Job, dafür wird er bezahlt. Und wenn er seine Tätigkeit schon länger ausübt, geht ihm diese Einstellung in Fleisch und Blut über. Gleich zu Anfang wird er deshalb unmissverständlich deutlich machen: Das gesamte Verfahren der Schule sei für eine jugendliche Rangelei völlig überzogen. Selbst wenn sein Mandant (über eine Fotomontage) Köpfe von Lehrkräften in eine pornografische Darstellung eingebaut hat, wird ein Anwalt dies als Scherz werten, »der anspruchsvoller ist, als einem Lehrer eine Reißzwecke auf den Stuhl zu legen« (Originalton aus einem Anwaltsschreiben).

Für »normale« Lehrkräfte ist es unfassbar, wie ein erwachsener Mensch einfach Dinge ignoriert, die wirklich offenkundig sind. Ein befreundeter Anwalt hat es mir gegenüber einmal auf den Punkt gebracht, indem er einräumte: »Wenn ich einen Mandanten vertrete, dann bestreite ich zunächst einmal **alles**!« Genau das werden Sie also erleben. Alles, was nur entfernt mit der Schlägerei zusammenhängt, wird bestritten, vielleicht sogar, dass Marvin zu dieser Zeit auf dem Schulhof war (kein Scherz!). Warum? Nun, die Gegenseite soll sich abarbeiten, sie soll merken, wie mühsam die Auseinandersetzung werden wird. Der Anwalt wird immer mehr Dinge in Zweifel ziehen, wobei in dieser Phase der Konjunktiv der alles beherrschende Sprachmodus ist.

Danach regiert der Indikativ, denn jetzt geht es um die Zukunft des Verfahrens. Und die ist sonnenklar. Alles wird noch viel aufreibender, falls man seinem Mandanten nicht deutlich entgegenkommt. Neben dem Auftürmen von Schwierigkeiten wird es ebenfalls versteckte Drohungen geben. Der Anwalt wird ankündigen, dass man im Falle einer harten Ordnungsmaßnahme natürlich vor Gericht ziehen wird. Auch das Ergebnis des Verfahrens kennt der Anwalt schon: Die verhängte Ordnungsmaßnahme wird natürlich von jedem Verwaltungsgericht »gekippt«. Diese Prognose, die eigentlich eine Gewissheit darstellt, trägt er so überzeugend vor, dass die ersten Kollegen unsicher werden. Eingestreut werden immer wieder juristische Fachbegriffe wie der Grundsatz der Verhältnismäßigkeit (vgl. S. 166).

Dies alles soll dazu führen, in den Köpfen der Konferenzmitglieder eine günstige Entscheidung vorzubereiten. Nicht nur die aufgeworfenen Zweifel, sondern auch die Zeit arbeitet für den Anwalt. Irgendwann wollen die ersten Kollegen nach Hause und sind bereit, Zugeständnisse zu machen, wenn es nur schnell geht. Die Standardlösung ist deshalb die **Androhung** der geplanten Maßnahme, also eine Bewährungsstrafe ohne echte Auswirkungen, mit der Marvin und sein Anwalt sehr gut leben können, denn das war ihr Ziel.

Falls Sie ein solches Ergebnis nicht wollen, können Sie es verhindern, indem Sie Marvin und seinen Anwalt zu Wort kommen lassen, aber **nach Ihren Spielregeln**. Gestehen Sie beiden am Anfang zu, sich zu der Sache äußern zu dürfen, aber lassen Sie sich nicht das Heft aus der Hand nehmen. Lassen Sie vor allem nicht zu, dass der Anwalt den Ablauf des Verfahrens bestimmt oder zu beeinflussen sucht. Ziehen Sie das Ganze wie einen kleinen Strafprozess durch. Das hat für Sie den Vorteil, ein Schema für Ihr Vorgehen zu haben, dem Anwalt zeigt es, dass er es mit einer schulischen Führungskraft zu tun hat, die geordnet vorgeht. Hier also in dürren Worten mein Vorschlag:

1. Feststellung, ob der betreffende Schüler mit Eltern bzw. Vertrauenspersonen und der ermittelnde Lehrer anwesend sind. Auf die Ladung des geschlagenen Schülers (als Zeuge) kann man verzichten, wenn dieser bei der Vernehmung befragt und das Ergebnis schriftlich festgehalten wurde.
2. Der Vorsitzende der Konferenz trägt vor, was dem Schüler vorgeworfen wird, und fragt, ob er diesen Vorwurf eingesteht.
3. Der Schüler erklärt zunächst, ob er die Tat einräumt oder nicht. Leugnet er, so wird zunächst er zum Sachverhalt befragt. Dabei kann er, ohne ernsthaft unterbrochen zu werden, den Hergang aus seiner Sicht schildern. Der Vorsitzende wird vielleicht die eine oder andere Verständnisfrage stellen, aber kein Verhör führen.

Danach sollte der ermittelnde Lehrer seinen **Bericht vortragen**. An dieser Stelle wird sichtbar, wie wichtig es ist, die Ermittlungen durch einen Lehrer führen zu lassen, der von dem Fehlverhalten nicht persönlich betroffen ist und dem man deshalb keine Befangenheit vorwerfen kann.

Nach Abschluss des Ermittlungsberichts (aber nicht vorher!) können die Anwesenden Fragen zur Darstellung des Schülers oder den Ermittlungen stellen. Jetzt kann auch der Anwalt seine Fragen stellen. Da wir uns jetzt in der »Beweisaufnahme« befinden, sollte der Vorsitzende der Konferenz darauf achten, dass **Fragen** gestellt und beantwortet werden. Etwaige **Stellungnahmen** haben später ihren Platz. Nicht nur den Anwalt, sondern auch die Kollegen wird man ermahnen müssen, nicht alles durcheinander zu diskutieren. Wer hier nicht für Ordnung sorgt, dem wird das Verfahren entgleiten. Die Phase der »Beweisaufnahme« wird abgeschlossen, indem die Beteiligten gefragt werden, ob es noch offene Fragen gibt. Ist das nicht der Fall, wird der Punkt abgeschlossen.

4. Um im System zu bleiben, wird jetzt der Vorsitzende das Ergebnis der Konferenz **aus seiner Sicht** zusammenfassen. Es ist **nicht notwendig**, schon an dieser Stelle zu sagen, welche Ordnungsmaßnahme die Schule plant. Auf jeden Fall sollte aber aus der Bewertung des Vorsitzenden klar werden, ob er die Vorwürfe gegen den Schüler ganz, teilweise oder gar nicht für gerechtfertigt hält.
5. Nun haben der betroffene Schüler bzw. sein Anwalt das (letzte) Wort und stellen aus ihrer Sicht das Ergebnis der Konferenz dar. Hier kann der Anwalt bestimmte Ergebnisse kritisieren, eine Stellungnahme abgeben oder schlimme Konsequenzen androhen. Danach verlassen der Schüler und seine Vertrauenspersonen den Raum.
6. Es folgt die geheime Beratung durch die Konferenzmitglieder. An dieser Stelle sind auch pädagogische oder soziale Erwägungen angebracht, die man vorher zurückgestellt hat.

Damit Marvin wirksam mit einer Ordnungsmaßnahme belegt werden kann, müssen drei Voraussetzungen gegeben sein:

Kriterien für die Verhängung einer Ordnungsmaßnahme

1. Es muss ein **verbotener Tatbestand verwirklicht** sein (Körperverletzung).
2. Der Schüler muss **rechtswidrig** gehandelt haben.
3. Der Schüler muss zudem **schuldhaft** gehandelt haben.

Häufig liegen mit der Erfüllung des Tatbestands auch die Rechtswidrigkeit und die Schuld vor, aber nicht immer. Und es müssen **alle drei Punkte** erfüllt sein, zwei von dreien reichen leider nicht (vgl. S. 27ff.).

Hinter der **Rechtswidrigkeit** verbirgt sich die Frage: »Durfte er das?« In Notwehr dürfte jemand zwar eine Körperverletzung begehen, diese wäre aber nicht rechtswidrig. Falls Marvin in einer echten Notwehrsituation gewesen wäre, was er aber nicht war, dann wäre ein Zurückschlagen gerechtfertigt gewesen.

Die Frage der **Schuld** prüft die Vorwerfbarkeit, also: »Kann man dem Betreffenden daraus einen **Vorwurf** machen?« Auch hier kann man jemandem, der rechtswidrig eine Körperverletzung begeht, regelmäßig schuldhaftes Handeln unterstellen, allerdings nicht immer. Jemand, der reflexartig einem geworfenen Ball ausweicht und dabei einen anderen zu Fall bringt, sodass dieser sich verletzt, handelt nicht schuldhaft. Daher kann er **strafrechtlich** nicht zur Verantwortung gezogen werden.

Zwar reicht für die Entscheidung einer Ordnungsmaßnahme formal die einfache Mehrheit, aber man sollte überlegen, ob man für eine andere Maßnahme eine höhere Zustimmung bekommt. Denn falls nur eine hauchdünne Mehrheit zustande kommt und die Entscheidung über einen Widerspruch der vorgesetzten Schulbehörde vorgelegt wird, signalisiert eine knappe Mehrheit, dass der Fall offensichtlich nicht so klar war. Auch für ein späteres Gericht ist eine sehr knappe Mehrheit ein Indiz dafür, dass eine andere Sicht auf die Dinge möglich ist.

3. Gebilligte Ordnungsmaßnahmen – Übersicht

Die folgende Tabelle zeigt an einigen exemplarischen Entscheidungen, was von den Gerichten als Maßnahme akzeptiert wird. Den Anfang machen Maßnahmen, die nicht gerichtlich überprüft wurden, weil sie noch auf der Ebene der Erziehungsmaßnahmen, die keine Verwaltungsakte sind, liegen. Danach folgen einige Entscheidungen, die meist aus formalen Gründen zurückgewiesen wurden. Den Abschluss bilden rechtskräftige Entscheidungen.

Vorfall	Maßnahme	gerichtliche Bestätigung
Beschmieren eines Tisches	Reinigen aller Tische im Klassenraum	keine, da Erziehungsmaßnahme
starke Beleidigung eines Schülers (nicht rassistisch oder sexistisch)	Nachsitzen, dabei Abschreiben eines Textes über Ehrverletzungen	keine, s. o.
Zerstörung von Eigentum eines Mitschülers (Federtasche)	Ersatz der Federtasche und Reinigungsdienst in Schule	keine, s. o.
Beleidigung eines Lehrers (»Sie Arschloch!«)	Brief an die Eltern (Verweis) und Hilfsdienste für den betreffenden Lehrer	keine, s. o.

Vorfall	Maßnahme	gerichtliche Bestätigung
7. Klasse Hauptschule, Schüler werfen brennendes Papier aus dem Fenster, unklar, wer angezündet hat	sofortiger Schulausschluss: eine Woche für Schüler A.	nein, VG Braunschweig, 2005
Hitlergruß eines Schüler (8. Klasse) beim Verlassen des Raumes durch Lehrer	Ausschluss für drei Wochen	nein, Ausschluss auf eine Woche reduziert, VG Meiningen, 1997
Schülerin einer 5. Klasse stört ständig	Ausschluss von der Klassenfahrt ohne Anhörung der Schülerin	nein, wegen Formfehlers, VG Berlin, 1984,
Androhung von Gewalt (»Ich schlage dich so, dass Blut fließt«) durch Zwölfjährigen, der vorher schon andere geschlagen und mit Messer bedroht hat	Ausschluss vom Unterricht für zwei Tage	VGH Mannheim, 2004
Luftablassen am Pkw eines Lehrers durch 19-jährigen Schüler mit Führerschein	Unterrichtsausschluss für acht Tage, kurz vor dem Abitur	VGH Mannheim, 1996
Unterrichtsboykott vor dem Schulgebäude (außerhalb des Schulgeländes)	Ausschluss für zwei Wochen	VG Karlsruhe, 1972
Teilnahme am Unterrichtsboykott und Störung des Unterrichts durch Megafon	Ausschluss vom Unterricht für zwei Wochen, sofortiger Vollzug	VGH Mannheim, 1973
Schüler (10. Klasse) kommt oft erheblich zu spät zum Unterricht bzw. schwänzt diesen, befolgt Anordnungen der Lehrkraft nicht	Ausschluss von der Klassenfahrt	VG Leipzig, 2000
Volljähriger trägt auf Stadtfest ein Sweatshirt mit Aufschrift »CONSDAPLE« so unter der Jacke, dass nur »NSDAP« sichtbar ist	sechs Monate auf Bewährung	LG Neuruppin, 2010
antisemitischer Eintrag ins Gästebuch eines KZ während Klassenfahrt	Versetzung in Parallelklasse	VG Göttingen, 2001
Grundschule, große Spannungen zwischen den Eltern eines Schülers, der Klassenlehrerin und den anderen Eltern	Überweisung in eine Parallelklasse	OVG Bremen, 2002
ständiges Stören in der Klasse und häufige Streiche (Herausdrehen von Fahrradventilen)	Überweisung in die Parallelklasse	VGH München. 1985
gewaltsamer Übergriff auf Mitschüler an Bushaltestelle vor der Schule	Androhung des Schulverweises	OVG Münster, 1998

Vorfall	Maßnahme	gerichtliche Bestätigung
Summe vieler Verstöße (Beleidigung eines Lehrers, Täuschungsversuch, Gewaltbereitschaft)	Überweisung an eine andere Schule	VG Braunschweig, 2000
Schülerin stiftet Dritte an, einen Mitschüler außerhalb der Schule zusammenzuschlagen	Überweisung an eine andere Schule	OVG Greifswald, 2001
rechtsextremes Verhalten (Hitlergruß), Bedrohung einer Mitschülerin (»Wir vergewaltigen und töten sie!«)	sofortiger Unterrichtsausschluss und Überweisung an eine andere Schule	VG Braunschweig, 1998
nach häufigen anderen Verfehlungen und früherem Drogenkonsum Rauchen eines Joints (Marihuana)	sofortiger dauerhafter Ausschluss vom Unterricht	VG Koblenz, 2004
Fotomontage von Lehrkräften in pornografisches Bild durch einen Schüler der Jahrgangsstufe 11	Überweisung an eine andere Schule	VG Hannover, 2001
volljähriger Schüler stellt Mitschüler in Fotomontage als Hitler dar, Verschicken per E-Mail	sofortiger Ausschluss vom Unterricht, Überweisung an eine andere Schule	VG Lüneburg, 2002
öffentliches Verbrennen des Notenbuchs eines Lehrers	sofortiger Schulausschluss ohne Androhung	VG Saarlouis, 1978
Mitbringen einer Signalpistole in die Schule durch volljährigen Schüler	Entlassung aus der Schule, sofortiger Vollzug	OVG Münster, 1993
tätlicher Angriff auf Lehrkraft	sofortiger Schulausschluss auf Dauer	VG Mainz, 1998
tätlicher Angriff auf Lehrkraft: Faustschlag gegen den Oberarm, durch einen Schüler der 6. Klasse	sofortiger Schulausschluss ohne vorherige Androhung	VGH Mannheim, 2003

Anmerkungen: Nach dem Anschauen der Tabelle sind Ihnen sicher zwei Dinge aufgefallen: Zum einen gibt es nur wenige Urteile zu leichten Ordnungsmaßnahmen, zum anderen fehlen Urteile zu Androhungen von strengen Maßnahmen. Der Grund dafür ist einsichtig: Kein Schüler bzw. sein Anwalt wird gegen die Androhung der Überweisung in eine Parallelklasse klagen, denn die Androhung ist ja letztlich nicht mehr als ein erhobener Zeigefinger, der aber noch keine Auswirkungen hat. Ähnlich ist es bei gering belastenden Ordnungsmaßnahmen. Nur sehr wenige Schüler und Eltern werden sich gerichtlich wehren, wenn ihr Kind wegen eines Vergehens für zwei Tage vom Schulbesuch ausgeschlossen ist.

Das bedeutet: Je schwerwiegender die Maßnahme, desto mehr Gerichtsurteile gibt es. Umgekehrt heißt das für die Schule: Je geringer die Ordnungsmaßnahme belastet – und die Androhung einer Maßnahme belastet eigentlich gar nicht – desto weniger braucht die Schule mit einer Klage dagegen zu rechnen. Vielleicht gibt es einen Widerspruch, der zur Schulbehörde geht, aber mehr wird realistischerweise kaum zu erwarten sein. Ich sage das so deutlich, weil viele Eltern (mit und ohne Anwalt) gerne mit einer Klage drohen, aber nur die wenigsten es tatsächlich machen. Das sollten Sie als schulische Führungskraft wissen. Ob Sie dieses Wissen einsetzen, um immer nur für Androhungen zu plädieren, bleibt Ihnen überlassen.

Die Entscheidung der Konferenz

Will die Konferenz verhindern, dass über die manchmal noch bestehende aufschiebende Wirkung von Widerspruch und Klage die Maßnahme u. U. erst in ein paar Monaten vollzogen wird, kann sie ähnlich wie der Schulleiter (über die Notkompetenz) auch ihre Entscheidung mit dem Zusatz der **sofortigen Vollziehung** versehen. Diese muss allerdings schriftlich begründet werden.

Die Entscheidung über eine Maßnahme ist der letzte wichtige Punkt, der ins Protokoll der Konferenz gehört. Da dies später vom Gericht herangezogen wird, um die Rechtmäßigkeit der Ordnungsmaßnahme zu überprüfen, sei auf drei Fallstricke hingewiesen, die man im Auge haben sollte:

1. Unbedingt den Begriff der »**Strafe**« oder »bestrafen« vermeiden! In den Schulgesetzen aller Länder ist der Begriff der Strafe getilgt, und zwar nicht nur aus kosmetischen Gründen. Die Schulgesetzgeber haben festgelegt und die Gerichte haben bestätigt: Der **Zweck** von schulischen Ordnungsmaßnahmen ist nicht die Strafe. Nein, es soll erzogen oder geordnet, notfalls auch noch gemaßregelt, aber niemals gestraft werden. Als Konferenzleiter sollten Sie schon während der Diskussion darauf achten und die Kollegen darüber belehren. Sprechen Sie von erzieherischen Einwirkungen oder eben von Ordnungsmaßnahmen, aber nicht öffentlich von einer Strafe. Falls Sie das böse Wort in der Diskussion unkorrigiert zulassen, steht es auf einmal im Protokoll – und darin später herumzustreichen macht sich nicht so gut.
   Warnen Sie deshalb Ihren Protokollführer vor diesem Wort. Bitte glauben Sie nicht, dass clevere Eltern oder ihr anwesender Anwalt Sie auf diesen Ausrutscher hinweisen werden. Die freuen sich im Stillen, dass etwas Unzulässiges im Protokoll steht, was ihnen die Anfechtung erleichtert.
2. Vergessen Sie nicht die **Rechtsmittelbelehrung!** Unter der schriftlichen Entscheidung, die dem Schüler und seinen Eltern zugeht, sollte der Hinweis auf mögliche Rechtsmittel (eigentlich Rechtsbehelfe) stehen. Also: »Gegen diese Entscheidung können Sie innerhalb eines Monats Widerspruch einlegen.« Manche Schulen halten sich für besonders schlau und verzichten auf diesen Hinweis, weil sie den Schüler und seine Eltern nicht auf den Gedanken bringen wollen, gegen die Entscheidung vielleicht Widerspruch einzulegen.
   Ich halte das für keine gute Idee. Erstens wissen die meisten Problemschüler, ihre Eltern oder Anwälte natürlich um diese Möglichkeit. Zweitens zeigen Sie einem

Gericht, falls Sie diesen Hinweis »vergessen«, dass Sie die formalen Regeln entweder nicht kennen (schlecht) oder nicht anwenden wollen (noch schlechter). Und drittens verlängert sich die Widerspruchsfrist, wenn die Belehrung fehlt, auf ein ganzes Jahr (ganz, ganz schlecht). Diejenigen Schulen, die so vorgehen, haben also nichts gewonnen, sondern müssen ein ganzes Jahr zittern, ob die Entscheidung angefochten wird oder nicht.

3. Beachten Sie den **Grundsatz der Verhältnismäßigkeit!** Im Gegensatz zum Wort »Strafe«, das nicht erwähnt werden darf, **muss** das Wort **»verhältnismäßig«** hinein, damit die Entscheidung nicht gekippt wird. Dazu würde ein Satz reichen wie: »Unter Abwägung aller Argumente hält die Konferenz die verhängte Maßnahme für verhältnismäßig.« Das ist das Minimum, mit dem Sie zeigen, diesen wichtigen Punkt berücksichtigt zu haben. Und damit sind Sie formal im grünen Bereich.
   Der Grundsatz der Verhältnismäßigkeit ist eine Geheimwaffe, die von Juristen gerne eingesetzt wird, wenn von staatlicher Seite belastende Entscheidungen gefällt werden. Dieser Grundsatz **steht in keinem Gesetz**, trotzdem besitzt er den **Rang einer Verfassungsnorm**. Er steht also auf der Stufe der Grundrechte und damit über den normalen Gesetzen. Das BVerfG hat ihn im Zuge seiner Rechtsprechung entwickelt und ständig wiederholt, und heute ist er unbestritten. Was besagt nun dieser wichtige Grundsatz? Salopp formuliert:

> ! **Man darf nicht mit Kanonen auf Spatzen schießen, selbst wenn das Gesetz dies erlauben würde.**

Das Prinzip ist einfach, die Schwierigkeiten stecken im Detail. Doch zunächst ein berühmter Fall (»Falknerjagdschein«, BVerfGE 55, 159), an dem ich Ihnen das Prinzip gut erklären kann. Wie Sie wissen, bezeichnet Falknerei die eigentümliche Jagd mit einem abgerichteten Falken, der aus der Luft zum Boden stürzt und Kleinwild erlegt, das der Jäger dann einsammelt. Da in Deutschland alles geregelt ist, sollte und wollte ein angehender Falkner zur Ausübung seiner Jagd den Jagdschein ablegen. Allerdings war er nicht bereit, eine Schießprüfung abzulegen, die normalerweise (lt. Landesgesetz) dazugehört. Nun wird bei der Jagd mit dem Falken aber überhaupt nicht geschossen, unser Falkner wollte auch keine Schusswaffe führen. Deshalb klagte er gegen die Schießprüfung.

Schließlich bekam er vom Bundesverfassungsgericht Recht, das feststellte, dass der Falkner durch das Ablegen eines Jagdscheins mit Schießprüfung **stärker belastet würde, als unbedingt notwendig**. Das Gericht war schon der Meinung, er solle eine Jagdprüfung ablegen, die Schießprüfung hielt man jedoch für eine unverhältnismäßig hohe Anforderung, da sie nicht notwendig sei, um die Falknerei auszuüben. Das ist, an einem berühmten Beispiel demonstriert, der Grundsatz der Verhältnismäßigkeit.

Leitfragen zur Feststellung der Verhältnismäßigkeit

- **Kann mit der fraglichen Maßnahme der gewünschte Erfolg erzielt werden?**
- **Gibt es kein milderes Mittel, um den Zweck zu erreichen?**
- **Stimmt das Verhältnis von Maßnahme und angestrebtem Zweck?**

Erst wenn alle drei Fragen bejaht werden, ist eine Maßnahme verhältnismäßig.

Nun ein Beispiel aus dem Schulrecht: Ein Schüler, der ständig seine Hausaufgaben nicht macht, soll als Ordnungsmaßnahme für zwei Wochen vom Schulbesuch ausgeschlossen werden. Das ist vom Gesetz her in den meisten Bundesländern theoretisch möglich, schauen Sie sich den Passus über Ihre Ordnungsmaßnahmen ruhig einmal an. Die Maßnahme wäre theoretisch möglich, sie verstieße jedoch gegen den Grundsatz der Verhältnismäßigkeit (und wäre zudem ziemlich unsinnig).

Das Bundesverfassungsgericht hat also richtig erkannt, dass es gesetzliche Regelungen gibt, die zwar formal korrekt sind, manchmal aber trotzdem nicht angewendet werden dürfen, da sie den Betroffenen unverhältnismäßig stark belasten. Für Sie als Konferenzleiter bedeutet es, im Protokoll (oder der schriftlichen Entscheidung an den Schüler) deutlich zu machen, dass Sie an diesen Punkt gedacht haben. Das reicht den Gerichten.

4. Rechtsbehelfe gegen die Verwaltung

Gegen eine Entscheidung der Schule können sich Marvin bzw. seine Eltern mit sogenannten »Rechtsbehelfen« wehren, die man in förmliche und formlose Rechtsbehelfe (Rechtsmittel) unterteilen kann.

4.1 Die formlosen Rechtsbehelfe

Fangen wir mit den formlosen Rechtsbehelfen an, die **vor** Widerspruch und Klage liegen und die man einsetzen kann, aber nicht muss. Früher sagten die Juristen ironisch, diese Rechtsbehelfe seien »**FFF**« und meinten damit: formlos, fristlos – und fruchtlos. Das war früher zutreffend und förderte die Tätigkeit der Anwälte. Denn diese geben sich ungern mit solchem Kleinkram ab, sondern greifen lieber gleich zu den stärkeren Geschützen, um ihre Mandanten zu beeindrucken. Heute jedoch wirken bereits die formlosen Rechtsbehelfe: Da es auch in der öffentlichen Verwaltung einen Beförderungsstau gibt, darf jeder, der weiterkommen will, nicht zu viele Fehlentscheidungen treffen. Marvin und seine Eltern könnten also zunächst Folgendes versuchen:

Die Gegenvorstellung (Gegendarstellung)

Es ist die Darlegung ihrer Auffassung, meist mit einer ausführlichen Begründung, mit der **Bitte um eine erneute Sachprüfung**. Sie ist an die Schule als erlassende Behörde gerichtet. Nun werden Sie fragen: Warum sollte sich jemand noch einmal an die Behörde wenden, die gerade den belastenden Bescheid gegen sein Kind erlassen hat? Was kann er da erwarten?

Die Schule hat so viel zu tun (das meine ich nicht ironisch!), dass manchmal nur Standardentscheidungen gefällt werden. Durch eine **Gegenvorstellung** wird signalisiert, dass Marvin bzw. seine Eltern sich nicht einfach mit der Entscheidung zufriedengeben. Dadurch bekommt die Schule bzw. die Konferenz die Gelegenheit, den Fall noch einmal gründlich in Ruhe zu prüfen. Vielleicht liefern Marvin und seine Eltern ja nun eine nachvollziehbare Begründung, die es der Schule erleichtert, nach der erneuten Prüfung nun anders zu entscheiden.

Die Fachaufsichtsbeschwerde

Wird die Gegenvorstellung abgelehnt, kommt als nächster Schritt die Fachaufsichtsbeschwerde (nicht zu verwechseln mit der Dienstaufsichtsbeschwerde!). Sie richtet sich an die übergeordnete Schulbehörde mit der Bitte, die Entscheidung der Schule zu überprüfen. Falls die Schulbehörde (das Schulamt) erkennt, dass »unten«, also nicht von ihr selbst, ein Fehler gemacht wurde, warum sollte sie den nicht zugunsten des Schülers korrigieren? Dieses »kundenfreundliche« Verhalten wird gefördert, wenn Marvins Eltern dezent andeuten, sie seien notfalls bereit, noch weiter zu gehen. Würde sich dann die Entscheidung als fehlerhaft herausstellen, wäre das für die vorgesetzte Schulbehörde peinlich. Bis hierher haben Schüler bzw. Eltern erfahrungsgemäß eine Erfolgsaussicht von etwa 30 Prozent.

Die Dienstaufsichtsbeschwerde

Jetzt zu einem Rechtsbehelf, der sehr ähnlich klingt, aber etwas völlig anderes ist, nämlich die Dienstaufsichtsbeschwerde. Sie ist keine Kritik an einer Sachentscheidung, sondern eine **Kritik am dienstlichen Verhalten** einer Lehrkraft, gerichtet an deren Schulleiter. Wenn Marvin oder seine Eltern also von oben herab »abgekanzelt« werden, wenn man sie beleidigt oder ungerecht behandelt, wäre das ein Grund für eine Dienstaufsichtsbeschwerde.

Während Schüler/Eltern die ersten beiden Rechtsbehelfe nur anwenden dürfen, wenn sie **selbst** betroffen sind, gilt das nicht für die Dienstaufsichtsbeschwerde. Wenn Schüler also mitbekommen, dass ein Lehrer den Großteil der Klasse höflich und zuvorkommend behandelt, einen bestimmten Schüler aber ständig fertigmacht, so können auch die nicht Betroffenen eine Dienstaufsichtsbeschwerde schreiben.

Fazit formlose Rechtsbehelfe

- **Sie sind an keine besondere Form der Mitteilung gebunden (man könnte sie sogar als Gedicht verfassen).**
- **Sie sind an keine Frist gebunden (man könnte sie erst zwei Monate nach der Entscheidung einreichen, obwohl das unwahrscheinlich ist).**
- **Sie sind nicht mehr grundsätzlich fruchtlos.**

Formlose Rechtsbehelfe führen allerdings nicht immer zum Erfolg. Aber das tut eine Klage auch nicht. Denn es ist nicht auszuschließen, dass die Schule auch einmal Recht hat, vielleicht gerade in Marvins Fall.

4.2 Die förmlichen Rechtsbehelfe

Kommen wir nun zu den »förmlichen« Rechtsbehelfen, das sind der Widerspruch und die Klage. Damit die betroffenen Schüler bzw. Eltern einen förmlichen Rechtsbehelf einlegen können, muss es sich um einen **Verwaltungsakt** handeln.

Wenn eine Lehrkraft nie Hausaufgaben aufgibt, so kann man sich darüber beschweren, aber man kann nicht dagegen klagen. Das Gleiche gilt für die einzelne Klassenarbeit, auch sie ist kein Verwaltungsakt, gegen den Schüler oder Eltern klagen könnten. Klagen kann man nur gegen Verwaltungsakte, also Entscheidungen von einigem Gewicht, die eine Behörde (also die Schule) zur Regelung eines Einzelfalls erlässt und die auf Rechtswirkung nach außen gerichtet sind.

Nehmen wir als Musterfall folgenden (belastenden) Verwaltungsakt: Marvin soll in drei Tagen für zwei Wochen vom Schulbesuch ausgeschlossen werden, was man den Eltern schriftlich mitteilt. Die Eltern bzw. ihr Anwalt wollen keine Zeit verlieren und gleich mit stärkeren Mitteln dagegen angehen, wofür es einen guten Grund gibt, nämlich die kurze Zeit bis zur Vollstreckung der Maßnahme.

Vorweg ein kleiner Wermutstropfen für die Klagewilligen und die Anwälte: Man kann gegen einen (belastenden) Verwaltungsakt nicht sofort klagen, sondern das Verfahrensrecht (§ 68 ff. VwGO) fordert zwingend ein **Vorverfahren**, um die Gerichte zu entlasten und der Schulverwaltung die Möglichkeit zu geben, die fragliche Entscheidung nochmals zu überprüfen. Das Vorverfahren meint den Widerspruch, der vor einer Klage eingelegt werden muss. Marvin und seine Eltern sollten sich also bitte merken, wenn es gegen die Schule geht: **Grundsätzlich immer erst Widerspruch – dann (vielleicht) Klage**.

Eine Ausnahme ist die **Leistungsklage**, die sofort erhoben werden kann, und zwar ohne dass dafür ein Verwaltungsakt vorliegen muss. Dafür ist es notwendig, dass die Schule eine Leistung, zu der sie verpflichtet ist, **nicht erbringt**. Beispiele dafür wären: Eine Lehrkraft, die überhaupt keine mündlichen Note erteilt, oder eine Schule, die eine Auskunft zu einer berechtigten Anfrage verweigert.

Aber zurück zur typischen Anfechtungsklage und zum vorgelagerten Widerspruch: Der **Widerspruch hat grundsätzlich aufschiebende Wirkung** (§ 80 VwGO), was bei einigen Ordnungsmaßnahmen jedoch aufgehoben ist. Schauen Sie einmal in Ihr Schulgesetz. Das heißt, solange über den Widerspruch nicht endgültig entschieden ist, darf die Maßnahme nicht vollzogen werden. Es sei denn, die Schule beantragt wegen der besonderen Dringlichkeit, die jedoch begründet werden muss, die schon erwähnte (S. 154) »sofortige Vollziehung« (§ 80 II VwGO).

Der Widerspruch ist an die erlassende Schule zu richten, die eine sogenannte **Abhilfeprüfung** durchführt. In ihr prüft die Schule, z. B. die Klassenkonferenz als Disziplinarkonferenz, ob dem Widerspruch nicht »abgeholfen«, d. h. ihm stattgegeben werden kann. Wenn der (belastende) Verwaltungsakt aufgehoben oder zugunsten des Schülers abgeändert wird, so darf das die Schule tun, die den belastenden Verwaltungsakt (z. B. die Ordnungsmaßnahme) erlassen hat. Warum auch nicht? Eine **Ablehnung** muss jedoch grundsätzlich von der nächsthöheren Behörde erfolgen, damit im Widerspruchsverfahren eine unabhängige Kontrolle gewährleistet ist.

Theoretisch können Marvin und seinen Eltern durch den Widerspruch **Kosten** entstehen, was in der Praxis aber selten ist. Da der Schule bzw. der vorgesetzten Dienstbehörde durch die Bearbeitung des Widerspruchs meist kein großer Aufwand entsteht, werden die Kosten im Regelfall nicht sehr hoch sein (ca. 100 Euro). Aber das braucht man Marvin bzw. seinen Eltern ja nicht zu sagen. Klärend wirkt es jedoch, die Widerspruchsführer auf mögliche Kosten hinweisen, um zu testen, wie stark das angeblich erlittene Unrecht sie tatsächlich belastet.

Im Widerspruchsverfahren wird nicht nur die Rechtmäßigkeit (formale Übereinstimmung mit den Rechtsnormen), sondern auch – und das ist ebenso wichtig – die **Zweckmäßigkeit** der Entscheidung überprüft. Sie erinnern sich noch daran, dass eine rechtmäßige Maßnahme nicht zwangsläufig zweckmäßig ist (Grundsatz der Verhältnismäßigkeit). Falls sie es nicht ist, muss sie im Vorverfahren aufgehoben werden.

Spielen wir einmal durch, dass Marvins Widerspruch abgelehnt wurde. Dann könnte er jetzt den nächsthöheren förmlichen Rechtsbehelf einlegen und endlich klagen. **Auch die Klage** vor dem Verwaltungsgericht **hat aufschiebende Wirkung**. Die Eltern / Schüler haben also mit Widerspruch und Klage zwei Mittel in der Hand, mit denen sie belastende Entscheidungen aufschieben können. Bei geschicktem Einsatz kann man hiermit indirekt eine begünstigende Entscheidung herbeiführen, wie der folgende Fall (aus der Praxis) zeigt:

Justin, ein intelligenter, aber fauler Schüler, wird am Ende der 8. Klasse knapp nicht versetzt. Da keine Rechtsbehelfsbelehrung unter dem Zeugnis steht, warten die Eltern mit dem Widerspruch bis zum letzten Ferientag. Der eingelegte Widerspruch hat aufschiebende Wirkung, also besucht Marvin nach den Sommerferien zunächst die 9. Klasse. Für eine sofortige Vollziehung gibt es keinen Grund. Selbst wenn die Behörde schnell arbeitet, dauert es ein paar Wochen, bis der Widerspruch abgelehnt wird. Daraufhin legen die Eltern Klage ein, die wieder aufschiebende Wirkung hat, und beantragen, Marvin aus Gründen des **vorläufigen Rechtsschutzes** in der 9. Klasse zu lassen, bis der Fall vor dem Verwaltungsgericht geklärt ist.

Vom Einreichen der Klage bis zum Prozess dauert es vielleicht knapp ein Jahr. Jetzt wird klar, warum die Schulbehörde den Schüler vorläufig in der höheren Klasse lässt. Wenn sie es ihm verweigert und er den Prozess gewinnt, hätte die Schule den Verlust eines ganzen Jahres verschuldet, d. h. ein Jahr weniger Verdienst, ein Jahr weniger Rentenansprüche usw. Über eine solche Schadensersatzklage freut sich jeder Anwalt. Weil die Schule dieses Risiko nicht eingehen will, bleibt Marvin bis zur endgültigen Entscheidung in der 9. Klasse. Und da er weiß, dass es für ihn um Sein oder Nichtsein geht, strengt er sich an. Seine Leistungen sind nicht gut, aber passabel, das Halbjahreszeugnis weist keine Fünf mehr auf, und die Arbeiten im zweiten Halbjahr bestätigen diese Tendenz. Das 9. Schuljahr endet, und er hat ein Zeugnis, mit dem man jeden Schüler versetzen müsste.

Bedenkt man, dass die damalige Nichtversetzung eigentlich eine Prognoseentscheidung darüber gewesen ist, ob er in der 9. Klasse erfolgreich mitarbeiten kann, so hat Marvin die damalige Prognose faktisch widerlegt. Er wird zum Ende des Schuljahres (natürlich vorläufig, da die Entscheidung des Verwaltungsgerichts noch aussteht) von der Versetzungskonferenz zähneknirschend in die 10. Klasse versetzt.

Genau einen Tag später kommt die Entscheidung des Verwaltungsgerichts: Die damalige Nichtversetzung war fehlerfrei! Was nun? Soll der Schüler nun doch noch die 8. Klasse wiederholen, obwohl er die darauf aufbauende 9. Klasse bereits erfolgreich absolviert hat? Damit würde man eine Rechtsposition durchdrücken, die durch die zeitliche Entwicklung überholt und deshalb unvertretbar ist. »**Rechtsmissbrauch**« nennen die Juristen so etwas: Ein bestehendes Recht wird durchgesetzt, ohne dass es dafür einen vernünftigen, legitimen Grund gibt. Das Recht wird nur genutzt, um jemandem zu schaden. Sie merken sich bitte: **Widerspruch und Klage haben aufschiebende Wirkung**, und manchmal kann es für Schüler vorteilhaft sein, dass die überlasteten Gerichte nur sehr langsam vorankommen.

4.3 Die Überprüfung durch das Gericht

Nach der Lektüre vieler Gerichtsurteile zu Ordnungsmaßnahmen kann man Folgendes feststellen: Die große Hürde sind weniger die Gerichte, sondern vielmehr die vorgesetzten Schulbehörden, die bereits verhängte Maßnahmen herunterfahren, um aufwendige gerichtliche Auseinandersetzungen zu vermeiden. Dadurch wird den Antragstellern aus grundsätzlicher Nachgiebigkeit ein wichtiger Teilsieg zugestanden. Dies geschieht häufig, indem die beabsichtigte Maßnahme (z. B. Überweisung in eine Parallelklasse) in eine Androhung umgewandelt wird. Die Schule darf sich formal damit trösten, dass ihre Maßnahme ja nur abgeschwächt und nicht vollständig aufgehoben wird.

Bei gründlicher Analyse der Urteile wird jedoch klar: Die Bedenken der vorgesetzten Dienstbehörde sind häufig unbegründet, denn die Gerichte stehen den Schulen und ihren Entscheidungen aufgeschlossener gegenüber, als man gemeinhin vermutet. Kleinere Verfahrensmängel, die bei der Schulbehörde bereits die Unterstützung wegbrechen lassen, werden von den Gerichten oft als unerheblich eingestuft. Denn kleine Mängel können, so der juristische Terminus, »**geheilt**« werden, notfalls noch im Verfahren vor dem Verwaltungsgericht. Dazu gehören z. B. ein nicht unterschriebenes Protokoll oder ein nicht ganz klares Ermittlungsergebnis. Letzteres kann z. B. nachgeholt werden, indem der Schüler vor Gericht seine Auffassung vorträgt und das Gericht dann über seine Glaubwürdigkeit entscheidet.

Sobald Ihre Maßnahme die entscheidende Hürde der eigenen Schulbehörde passiert hat, müssen Sie eigentlich nur noch warten. Denn wenn Sie die oben genannten Ratschläge befolgt haben, wird auch ein etwaiges Gericht Ihrer Entscheidung folgen.

VII. Schule und Geld

Falls Sie sich auf die Stelle der Haushaltsführung bewerben oder diese gerade übernommen haben, sind Sie als Mitglied der Schulleitung verantwortlich für die Finanzmittel der Schule und sollten etwas über die Finanzierung einer Schule wissen. Aber auch als Leiter einer Fachschaft (Abteilungsleiter) kann es nicht schaden, ein wenig hinter die Kulissen der Schulfinanzen zu schauen. Denn die »normale« Lehrkraft hat kaum Berührungspunkte mit den Finanzmitteln der Schule. Wenn sie etwas für den Unterricht benötigt, z. B. Kreide oder Kopierfolien, führt der erste Gang ins Sekretariat, wo die Materialien hoffentlich vorhanden sind und man sie nur abholt. Für Ausstattungswünsche (Beamer, Laptop o. ä.) ist der Leiter der Fachschaft (Fachobmann) oder der »Haushaltsexperte« der Schulleitung zuständig. Doch nun sind Sie selbst in dieser Position, die Kollegen kommen zu Ihnen und tragen mit erwartungsvollen Augen ihre kleinen oder großen Wünsche vor. Doch wie finanziert sich eigentlich eine Schule? Wo kommt das Geld her, um die Materialien für den Unterricht zu kaufen?

Früher waren Schule und Geld zwei Dinge, die nur wenig miteinander zu tun hatten. Der Schule wurde von staatlicher Seite eine bestimmte Summe Geld zugewiesen und es wurde ihr auch vorgeschrieben, wofür sie dieses einzusetzen hatte. Diese wenig flexiblen, aber entspannten Zeiten sind vorbei. Denn man hatte erkannt, dass diese Verteilung des Geldes von oben nicht der effektivste Weg war. Also kam man auf die Idee, den Schulen eine bestimmte Summe (Budget) Geld zuzuweisen, über das sie recht eigenständig verfügen können. Das entspricht dem heutigen Standard.

Durch das Verschwinden der Kameralistik und den Einzug der **Doppik** in die öffentliche Verwaltung werden die verfügbaren Finanzmittel wirtschaftlicher und transparenter eingesetzt. Im Schulbereich wirkt sich dies positiv auf die Unterrichtsqualität aus, da die vorhandenen Ressourcen zielgerichtet und effektiv eingesetzt werden können. Ferner schafft die Transparenz eine größere Zufriedenheit bei den Kollegen, da sie an den Entscheidungsprozessen beteiligt sind und in einigen Bereichen mitbestimmen können.

Ich weiß, das Haushaltswesen der Schule sorgt bei Dienstbesprechungen nicht gerade für Begeisterungsstürme bei den Kollegen, doch wer als Führungskraft den Umgang mit Finanzmitteln beherrscht, »regiert« über einen wichtigen Aufgabenbereich. In den folgenden Abschnitten werde ich deshalb versuchen, Ihnen die Angst vor den geheimnisvollen Finanzen zu nehmen und Ihnen die unterschiedlichen Begriffe näher zu bringen.

1. Finanzmittel der Schule

Die der Schule zugewiesenen Finanzmittel bzw. Budgets dienen vor allem der Erfüllung des staatlichen Bildungs- und Erziehungsauftrags. Mittlerweile stellen Land und Schulträger der Schule die Finanzmittel in der Regel als **Budget** zur Verfügung. Denn in den Schulgesetzen wird ausdrücklich die finanzielle Eigenständigkeit der Schulen betont. Aus ihr resultieren das Recht und die Pflicht zur teilweisen oder völligen **Selbstbewirtschaftung**. In den jeweiligen Schulgesetzen wird geregelt, für welchen Bereich das Land und für welchen der Schulträger zuständig ist. Eine Trennung der Budgets ist weiterhin erforderlich, da gemeinsame Budgets (Schulträger- und Landesmittel werden zugewiesen, und die Schule bestimmt die Verwendung der Mittel) noch die große Ausnahme darstellen.

1.1 Schulträgermittel

Die Schulgesetze unterscheiden beim Personal- und Sachaufwand für Schulen eine innere und äußere Schulverwaltung. In der Regel ist der Schulträger für die Kosten der **äußeren Schulverwaltung** zuständig. Dazu gehören:

- Sachleistungen (u. a. Vorhaltung von Schulgebäuden, Einrichtung und Ausstattung, Unterhaltungskosten für Schulgebäude und -einrichtung)
- Sachkosten (Kosten für den laufenden Betrieb von Schule und Unterricht)
- Personalkosten für das **nichtunterrichtende** Personal (u. a. Hausmeister, Schulsekretärinnen, Schulassistenten) und den dazugehörigen Kosten für Fortbildung, angeordnete Mehrarbeit etc.
- Übernahme von Schülerbeförderungskosten (z. B. Jahreskarten für Busse)
- Vorhaltung von Medienzentren (für die kostenlose Ausleihe von Medien).

Der Schulträger weist den Schulen ein **Sachkosten**budget zu, das sich meist an den Schülerzahlen orientiert und über das die Schule eigenverantwortlich verfügen darf. Dies kann auf ein Konto erfolgen, das von der Schule selbstständig bewirtschaftet wird, indem die Schule (in Abschlägen) die Finanzmittel erhält und fällige Rechnungen bezahlt. Oder die Rechnungen werden mit dem entsprechenden Vermerk (»sachlich und rechnerisch richtig«) an den Schulträger zur Auszahlung geleitet. Unter das Sachkostenbudget fallen:

- Verwaltungskosten (u. a. Büromaterialien, Porto- und Telefonkosten, Toner und Tinte für Drucker, Fachbücher und -zeitschriften, Kopierkosten)
- Reparaturkosten an Sachausstattung, Arbeitsmaterialien für Hausmeister
- Kosten für Öffentlichkeitsarbeit (u. a. Broschüren, Flyer, Homepage)
- Kosten für den Unterricht (u. a. Kreide, Klassenbücher, Fachbücher und -zeitschriften, unterrichtliche Ausstattung)
- Kosten für Hygiene und Erste-Hilfe-Ausstattung.

Je nach Organisation der Schule kann das zugewiesene Budget im Rahmen der Haushaltsplanung auf Fachgruppen, Abteilungen oder Teams verteilt werden. Dazu später mehr im Abschnitt über das Haushaltswesen.

Ferner wird den Schulen in der Regel ebenfalls ein Budget für **investive Maßnahmen** zur Verfügung gestellt. Die Schule entscheidet in eigener Verantwortung, welche Ausstattungsgegenstände angeschafft werden sollen. Diese investiven Mittel werden jedoch vom Schulträger verwaltet und fließen nicht monetär an die Schule. Vielmehr nimmt der Schulträger hier eine Servicefunktion wahr und übernimmt für die Schulen die Ausschreibung und die Beschaffung. Unter investive Maßnahmen fallen Materialien und Ausstattungsgegenstände mit einem Nettowert über ca. 400 EUR (hängt von der Regelung des jeweiligen Schulträgers ab), wie z. B.

- Klassenraumausstattung (u. a. Tafeln, Stühle, Tische, Schränke)
- Unterrichtsausstattung (u. a. EDV-Ausstattung, Lizenzen, Sportgeräte)
- Verwaltungsausstattung (u. a. Büroausstattung, Lehrerzimmereinrichtung).

1.2 Landesmittel

Das Land ist nach den gesetzlichen Regelungen für die Kosten der **inneren Schulverwaltung** zuständig. Zu diesen Kosten zählen:

- Personalkosten für den Bildungs- und Erziehungsauftrag (u. a. für Lehrkräfte, sozialpädagogische Mitarbeiter) und den dazugehörigen Kosten für Fortbildung, angeordnete Mehrarbeit etc.
- evtl. Lernmittelfreiheit (Schulbücher usw. – nur in einigen Bundesländern)
- Kosten für Landeselternbeirat und Landesschülerrat.

Über die Landesmittel entscheidet die Schule ebenfalls in eigener Zuständigkeit auf Grundlage des Schulprogramms in Verbindung mit einem Haushaltsplan. In der Regel fließen die Landesmittel nicht monetär an die Schule, sondern werden von der Schulbehörde oder vom zuständigen Ministerium direkt verwaltet. Die Höhe der Landesmittel richtet sich in der Regel nach den Schülerzahlen und der Zahl der zugewiesenen Lehrerstellen. Die Rechnungen werden mit dem entsprechenden Vermerk (»sachlich und rechnerisch richtig«) von der Schule zur Auszahlung weitergeleitet.

1.3 Einwerbung von Fremdmitteln (Fundraising)

Angesichts der prekären Lage der öffentlichen Haushalte versuchen viele Schulen, zusätzliche Geldquellen zu finden, um damit die Ausstattung der Schulen zu verbessern. Dabei ist grundsätzlich zu unterscheiden zwischen: Spenden, Sponsoring und Werbung.

Spenden: Anders als Werbung oder Sponsoring handelt es sich bei Spenden um eine zivilrechtliche **Schenkung**, die ohne Vorbedingungen oder Gegenleistungen gewährt wird. Der Vorteil für den Schenkenden besteht darin, die Spende steuerlich absetzen zu können, daneben in einem Imagegewinn, der sich denjenigen gegenüber entfaltet, die von seiner Spende erfahren.

Der Spender hat die Möglichkeit, seine Spende einem ganz bestimmten Zweck zu widmen, z. B. dem Sportunterricht. Diese Zweckbindung ist zulässig und zu berücksichtigen, allerdings muss der Zweck mit dem Bildungsauftrag der Schule vereinbar seien.

Zu den Spenden i. w. S. gehören auch **ehrenamtliche Tätigkeiten** der Eltern, indem sie zum Beispiel ihrer Arbeitszeit kostenlos zur Verfügung stellen. Dies könnte vorliegen bei: Betreuung der Schüler in der Mittagspause, Ausgabe von Essen und Getränken in der Cafeteria, Malerarbeiten in einem Klassenraum oder Buchausgabe in der Schulbibliothek. Für den Fall, dass Eltern solche Aufgaben übernehmen, muss die Schule für eine Absicherung (z. B. bei Unfällen) sorgen.

Spenden bzw. Schenkungen werden gerne von den Schulen angenommen, weil die öffentlichen Mittel knapp sind, jedoch ist die Annahme grundsätzlich von der **Zustimmung des Schulträgers** abhängig. Das ist vor allem bei Sachspenden (z. B. Kühlschrank) einsichtig, da häufig Folgekosten anfallen, und sei es nur die Entsorgung, die man im ersten Moment übersieht.

Da der Schulträger letztlich für die finanziellen Belange der Schule zuständig ist, darf grundsätzlich nur er die **Spendenbescheinigung** ausstellen. **Sachspenden**, sofern der Spender dafür eine Spendenquittung möchte, sollten erst angenommen werden, wenn geklärt ist, dass der Schulträger tatsächlich eine Spendenbescheinigung ausstellt. Das ist immer dann nicht selbstverständlich, wenn der Gegenstand steuerlich bereits voll abgeschrieben wurde, einer Tatsache, über die sich die Schulen in der Regel keine Gedanken machen. **Geldspenden** müssen an den Schulträger weitergeleitet werden, der die Gelder für die Schule verwahrt. Auf diese Weise werden unzulässige schwarze Kassen vermieden.

Weil die Unterscheidung zwischen Sponsoring und Werbung nur graduell ist, sei hier noch einmal geklärt: Als Sponsoring bezeichnet man die Zuwendung von Geld oder Sachmitteln, die die Schulen als Gegenleistung für die werbewirksamen **Herausstellung der Sponsoren** erhält. Sponsoring wäre es, wenn **nur der Schriftzug** bzw. das Logo von Coca-Cola oder Mc Donald's gezeigt würde, **(Produkt-)Werbung** wäre es hingegen, wenn auf einem Bild groß ein Big Mäc oder eine Flasche Coca-Cola gezeigt würde. Sponsoring ist, weil man nur den Namen des Produzenten sieht, also weniger problematisch als die Werbung für konkrete Produkte.

Werbe- und Sponsoringverträge werden entweder direkt durch den Schulträger oder durch die Schule, d. h. den Schulvorstand, mit Zustimmung des Schulträgers geschlossen.

Sponsoring ist ein Mittel, um positive Aufmerksamkeit zu erzeugen. In der Werbebranche spricht man von sog. **Aufmerksamkeitswerbung**, die den ersten Schritt einer Werbestrategie darstellt. Gerade Schulen mit überwiegend minderjährigen Schülern, die sich leicht beeinflussen lassen, sind für Sponsoring bzw. Werbung ideal. Schließlich tauchen die Sponsoren für die jugendlichen Schüler quasi als Wohltäter auf, weil sie ihnen bzw. der Schule Geld geben. Der durch das Sponsoring erworbene Imagegewinn ist in der freien Wirtschaft nicht mit Gold aufzuwiegen. Zudem sind die Schüler zum Besuch der Schule verpflichtet, so dass sie sich dem werbenden Einfluss dieser Maßnahmen nicht entziehen können. Ebenfalls wird der werbende Effekt durch den Anschein verstärkt, die Firmen bzw. ihre Produkte seien von der Schule geprüft und für unbedenklich befunden worden.

Kritische Eltern / Schüler könnten sich zu Recht darüber beschweren, in der Schule, die eigentlich der Neutralität verpflichtet ist, von kommerzieller Werbung belästigt zu werden. Die landesrechtlichen Vorschriften über Sponsoring bzw. Werbung sollten daher im Zweifelsfall eng ausgelegt werden.

Die Bedingung des Sponsorings sollten klar definiert und offen gelegt werden, um den Eindruck von Begünstigung zu vermeiden. Hoch problematisch wird Sponsoring, sobald es von Eltern initiiert wird, die zugleich Kinder auf der Schule haben, eine Verwicklung, die viele Kultusministerien nicht sehen (wollen). Heikel wird es auch, wenn Unternehmen eine Schule sponsern, die im Gegenzug öffentliche Aufträge an diese Firma erteilt.

Liegen mehrere Sponsoringangebote vor, sollte nicht einfach die höchste finanzielle Leistung den Ausschlag geben. Große Vorsicht ist geboten, sobald der Sponsor Exklusivität für seinen Bereich fordert. Dem sollte nicht nachgegeben werden. So verlockend es auch sein mag, sollte die Schule sich nicht auf regelmäßige Leistungen des Sponsors verlassen, denn dadurch würde eine wirtschaftliche Abhängigkeit begründet. Zudem könnte der Schulträger regelmäßig fortlaufende Sponsoringverträge dazu nutzen, den Schuletat zu verringern. Prekär erscheint zuletzt die Tatsache, dass durch das Sponsoring die finanzielle Ausstattung einiger Schulen mit guten Beziehungen so begünstigt wird, dass die Chancengleichheit zu Schülern an anderen Schulen in eine arge Schieflage gerät.

Früher war jede Form der **Werbung** bzw. des Sponsoring in der Schule verboten, weil eine Kommerzialisierung dem Bildungsauftrag widersprach. In meinen Augen hat kommerzielle Werbung auch heute an öffentlichen Schulen grundsätzlich nichts zu suchen.

Im Zuge der Finanzknappheit der öffentlichen Kassen und einer zunehmenden Privatisierung des öffentlichen Lebens stehen die Kultusministerien dieser Form der Geldeinnahme inzwischen recht offen gegenüber. Nicht nur Sponsoring, sondern auch Werbung ist jetzt möglich, wenn sie den Bildungsauftrag der Schule nicht gefährdet oder wenn die betreffenden Produkte bzw. Leistungen der Schule helfen, ihren Bildungsauftrag zu erfüllen. Das könnte vorliegen, wenn für Veranstaltungen geworben wird, die das Bildungsangebot der Schule ergänzen oder für Bücher und Arbeitsmaterialien, die dem Schüler beim Erfassen des Unterrichtstoffs helfen. Man denke dabei nur an Arbeitshefte der großen Schulbuchverlage oder an die früher so beliebten Erläuterungen von Dr. König. Auch die Werbung für Sportbekleidung erscheint unproblematisch.

Wenn auch Sponsoringverträge und der Verkauf von Werbeflächen an private Firmen gern gesehenes Geld in die öffentlichen Kassen spült, so ist doch zu beachten, dass durch solche Finanzierungsmaßnahmen der Kommerz in den nach anderen Gesichtspunkten organisierten Bildungsbereich eindringt. Kritisch wird es bei Produkten, die der reinen Unterhaltung dienen oder deren Genuss die Gesundheit nicht fördert. Noch kritischer ist politische oder religiöse Werbung zu sehen.

Leider ist es so, dass die lukrativsten Angebote gerade von Firmen kommen, die der schulischen Bildung eher fern stehen. Und man sollte sich als Schulleitung oder Mitglied im Schulvorstand nichts vormachen: Zunächst geht es für Sponsoren bzw. Werbepartner darum, überhaupt einen Fuß in die Schule zu setzen. Ist dies erst einmal gelungen, werden weitergehende Wünsche geäußert – natürlich verbunden mit der Zusicherung weiterer finanzieller Zuwendungen.

Von daher ist bemerkenswert, dass christliche Kreuze als religiöse Symbole aus den Klassenzimmern verbannt werden, weil man eine Beeinflussung vermutet, diese Befürchtung aber nicht mehr gilt, wenn es darum geht, Geld aufzutreiben. Aber seien wir nicht ungerecht. Sponsoring kann das Erreichen bestimmter schulischer Ziele erleichtern. Allerdings gibt es die Werbegelder nicht zum Nulltarif. Für die schulischen Entscheider ist deshalb zu beachten:

> **!** **Der Werbeeffekt des Sponsoring muss deutlich hinter dem schulischen Nutzen zurücktreten. Der Schulbetrieb bzw. der Bildungsauftrag darf durch das Sponsoring nicht merklich beeinträchtigt werden. Insbesondere sollten Schüler, Eltern und Lehrer nicht direkt in Werbeaktivitäten eingebunden werden.**

Nicht so spektakulär, aber kommerziell sehr interessant ist die Tätigkeit des **Schulfotografen**. Wer hier einmal den Fuß in der Tür hat, dessen Einkommen ist gesichert. Denn das Fotografieren der Schüler – einzelnen oder als Klassenfoto – ist leicht verdientes Geld. Schulrechtlich kritisch ist schon die Tatsache, hierfür wertvolle Unterrichtszeit zu opfern. Anders wäre es, wenn der Schulfotograf nur die Schüler fotografieren könnte, die freiwillig nach dem Ende des Unterrichts noch in der Schule blieben. Das wäre noch vertretbar, denn bei dem Fotografieren handelt es sich um nichts, was den Bildungsauftrag der Schule fördern würde. Daran ändert selbst die Tatsache nichts, dass ein Teil der Fotos für die Schülerausweise verwendet wird.

Fast schon an Bestechung grenzt es, wenn den Schulleitern als »Gegenleistung für deren Aufwand« wertvolle Gegenstände wie Drucker, Computer oder Beamer überreicht werden. Zwar hat der BGH in einem Urteil 2005 die Geschenke für unbedenklich erklärt, aber dabei ging es um das Wettbewerbsrecht, also das Verhalten zu anderen Anbietern, und nicht um den Vorwurf der Bestechlichkeit. Es empfiehlt sich also für Schulleiter, vorsichtig zu sein und lieber beim eigenen Kultusministerium nachzufragen, bevor man diese Dinge annimmt. Ein weiteres Unding ist die Tatsache, dass das Eintreiben des Geldes in der Regel nicht vom Fotografen selbst vorgenommen wird, sondern auf den Klassenlehrer bzw. den Klassensprecher abgewälzt wird.

> **! Auch wegen des Datenschutzes sollten solche kommerzieller Fotos nur mit Einwilligung der Eltern angefertigt werden.**

1.4 Der Förderverein

An vielen Schulen bestehen Vereine, die durch Beiträge und Spenden Geld einwerben und dies der Schule dann auf Antrag für bestimmte Projekte oder zum Ausgleich sozialer Härten bereitstellen. Darüber hinaus kann der Förderverein verschiedene Einrichtungen der Schule betreiben, z. B. die Cafeteria, die Bibliothek oder die Hausaufgabenbetreuung.

Eltern, Schüler (auch ehemalige), Lehrer und andere Personen können einen Schulverein gründen, der in der Regel folgende Ziele hat:

- Kauf von zusätzlich benötigten Unterrichtsmaterialien
- Finanzielle Hilfen an benachteiligte Schüler
- Organisation und Finanzierung von Schulveranstaltungen.

Da mit einem Förderverein **kein wirtschaftlicher Zweck** verfolgt wird, handelt es sich um einen **Idealverein** im Sinne des § 21 BGB, der durch die Eintragung ins Vereinsregister des Amtsgerichts rechtsfähig wird (e. V.). Das hat unter anderem zur Folge, dass er nur mit dem vorhandenen Vereinsvermögen haftet. Ein solcher Verein kann zudem beim zuständigen Finanzamt formlos die **Gemeinnützigkeit** beantragen. Voraussetzung dafür ist, dass der Verein ausschließlich steuerbegünstigte Zwecke verfolgt. Ob dies zutrifft, stellt das Finanzamt durch einen Fragebogen fest. Die Bescheinigung über die Gemeinnützigkeit befreit den Verein von der Körperschaftsteuer und ist zugleich Voraussetzung für die steuerliche Abzugsfähigkeit der eingenommenen

Mitgliedsbeiträge und Spenden. Damit profitiert er von der steuerlichen Absetzbarkeit seiner Mitgliedsbeiträge und Spenden.

1.5 Selbstständige Schulen

Nur am Rande sei hier erwähnt, dass es Schulen in einigen Bundesländern – darunter Hessen und Schleswig-Holstein – ermöglicht wurde, den Weg in die rechtliche Selbstständigkeit zu beschreiten. Je nach rechtlicher Ausgestaltung, z. B. als rechtsfähige Anstalt des öffentlichen Rechts, können diese Schulen über den staatlichen Bildungs- und Erziehungsauftrag hinaus Aufgaben wahrnehmen, um weitere Finanzmittel zu generieren. In der Regel verfügen diese Schulen über ein etabliertes Qualitätsmanagement und sind entsprechend zertifiziert. Sie können sich dann u. a. um Maßnahmen bewerben, die z. B. von der Agentur für Arbeit ausgeschrieben werden, und bei Zuschlag diese entsprechend durchführen und abrechnen. Ferner können Angebote für den Fort- und Weiterbildungsmarkt von den selbstständigen Schulen abgedeckt werden. Hierbei kann auf regionale Gegebenheiten und spezifische Bedürfnisse eingegangen werden. Bei allen Betätigungen sollte jedoch nicht das Kerngeschäft aus den Augen verloren werden: die Erfüllung des staatlichen Bildungs- und Erziehungsauftrags.

2. Haushalts- und Rechnungswesen

Wie in den vorherigen Abschnitten bereits ausgeführt, fließen Finanzmittel von unterschiedlichen Stellen und auf verschiedenen Wegen in die Schule. Damit Sie als Führungskraft nicht den Überblick verlieren und möglicherweise falsche Entscheidungen treffen, ist es notwendig, die Finanzströme zu bündeln, übersichtlich darzustellen und strategisch zu planen. Daher finden Sie in den jeweiligen schulgesetzlichen Regelungen der einzelnen Bundesländer die Vorgabe, dass jede Schule einen **Haushaltsplan** aufstellen muss, der den geplanten Mitteleinsatz und die geplante Mittelverwendung abbildet. Da es sich fast ausschließlich um Steuergelder handelt, welche als Finanzmittel in die Schule fließen, sind diese verantwortungsvoll und sparsam einzusetzen. Deshalb richtet sich die Verteilung der Mittel nicht danach, welche Kollegen in der Schule am lautesten rufen. Vielmehr muss es das Ziel der Haushaltsplanung sein, die unterrichtliche Entwicklung voranzutreiben und die Qualität des Unterrichts zu verbessern. Zudem sollte die Haushaltsplanung transparent und damit auch für Außenstehende nachvollziehbar sein.

2.1 Haushaltswesen

Je nach schulgesetzlicher Vorgabe können die Haushaltspläne unterschiedlich aufgebaut und strukturiert sein. In der Regel unterliegen sie nicht den Finanzgesetzen der Bundesländer, sondern die Schulen erhalten vom Schulträger und vom Land entsprechende Planungs- und Steuerungshilfen, Haushaltsüberwachungslisten usw. Mit diesen Instrumenten soll es den Verantwortlichen der Schule ermöglicht werden, die Finanzmittel zu planen. Welche Struktur der Haushaltsplan hat, ist abhängig von der Organisation bzw. dem Geschäftsverteilungsplan der Schule. Hier ein Beispiel (Auszug) aus einem Haushaltplan einer hessischen Schule:

Planung Abteilung I – StD Wilfried Mustermann

Zur Verfügung stehende Haushaltsmittel*:		Geplante Ausgaben:	
Schulträger:	**2.500,00 EUR**	**Schulträger, davon:**	**2.500,00 EUR**
		Fachliteratur	250,00 EUR
		Toner, Tinte	500,00 EUR
		Öffentlichkeitsarbeit	750,00 EUR
		unterrichtl. Ausstattg.	1.000,00 EUR
Land, davon:	**5.850,00 EUR**	**Land, davon:**	**5.850,00 EUR**
Fortbildung	850,00 EUR	Fortbildung	1.100,00 EUR
Lernmittelfreiheit	4.500,00 EUR	Lernmittelfreiheit, davon:	
Mehrarbeit	500,00 EUR	Bücher	2.850,00 EUR
		Papier, Folien	550,00 EUR
		Lernmaterialien	1.350,00 EUR
		Mehrarbeit	0,00 EUR
Gesamt:	**8.350,00 EUR**	**Gesamt:**	**8.350,00 EUR**

* Hinweis: Schulträger- und Landesmittel sind nicht gegenseitig deckungsfähig. Eine Deckungsfähigkeit ist nur innerhalb der jeweiligen Mittel gegeben.

Aufgrund unterschiedlicher Strukturen, die in Schulen existieren, können die Wege der Mittelanmeldung und Haushaltsaufstellung hier nur exemplarisch dargestellt werden. Die **Mittelanmeldungen** für das kommende Haushaltsjahr erfolgen logischerweise bereits im Vorjahr, meistens im Oktober oder November. Diese Anmeldungen werden zentral gesammelt und entweder von der Schulleitung oder einem Haushaltsausschuss bearbeitet.

Danach erfolgt die Sichtung und Aufstellung eines **Haushaltsentwurfs**, der in die zuständigen schulischen Gremien zur Beratung und Beschlussfassung weitergeleitet wird. Die Gesamtkonferenz / Schulkonferenz oder das Plenum übernimmt hier eine Beratungsfunktion und wird zum Entwurf gehört. Nach Abgabe eines Votums durch die Konferenz / das Plenum entscheidet letztlich der Schulvorstand / Schulausschuss endgültig über den Haushaltsplan, der dann für das Haushaltsjahr Gültigkeit hat.

Das **Haushaltsjahr** ist nicht das Schul-, sondern das **Kalenderjahr**. Allerdings darf nicht bereits vom 1. Januar an über die Mittel verfügt werden, sondern erst, wenn der Haushalt »festgestellt« (d. h. beschlossen) ist. Bis zum endgültigen Beschluss des Haushalts gelten die Regelungen der vorläufigen Haushaltsführung: Es dürfen nur Ausgaben getätigt werden, zu denen die Schule verpflichtet ist oder die zwingend erforderlich sind. Zudem darf meist nicht sofort über das gesamte Budget verfügt werden, sondern im Laufe des Haushaltsjahres jeweils über bestimmte Teile (Abschläge auf das Budget).

Für die Schulleitung oder den Haushaltsausschuss ist es sinnvoll, zum **Schul**jahresende einen Zwischenstand zu erheben, um danach die Ausgaben des neuen Schulhalbjahres zu steuern. Wenn dies unterbleibt, kommt es meistens zum sog. »Dezemberfieber«, das sich in überhasteten und teilweise nicht sinnvollen Bestellungen (»Nikolausdecke«) äußert. Als Folge davon kommen Rechnungen dann erst nach dem Haushaltsschluss des jeweiligen Rechnungsjahres, was zu unnötigen Schwierigkeiten führt.

Auch kann es passieren, dass der Schulträger und / oder das Land gegen Jahresende eine **Haushaltssperre** verhängt, weil in anderen Bereichen die Ausgaben höher als geplant waren. Die schwierige Verpflichtung der Schulleitung oder des Haushaltsausschusses ist es, das vorhandene Budget so zu planen, dass auch **mit** einer etwaigen Haushaltssperre alle wesentlichen Ausgaben beglichen werden können.

> ! **Fazit: Große Ausgaben oder wichtige Anschaffungen sollten am besten vor den Herbstferien getätigt sein.**

Das Budget der Schule wird auf verschiedene **Haushaltsstellen** verteilt, die vom Schulträger oder Land vorgegeben werden, und das damit verbundene Geld muss grundsätzlich auch für diese Positionen ausgegeben werden. Allerdings können verschiedene Haushaltsstellen zu einem »Deckungskreis« zusammengefasst werden, sie sind untereinander deckungsfähig. Die **Deckungsfähigkeit** besagt: Mehrausgaben in einem Bereich können durch Einsparungen in einem anderen Bereich ausgeglichen werden. Dies ermöglicht eine flexiblere Haushaltsführung in dem eher starren System der Haushaltsstellen. Von der Deckungsfähigkeit darf aber erst Gebrauch gemacht werden, wenn die Mittel des deckungsberechtigten Ansatzes in voller Höhe ausgegeben sind. Ferner ist zu beachten: Die Mittel des Schulträgers sind in der Regel nicht mit den Landesmitteln deckungsfähig. Die Mittel müssen streng getrennt werden, da ein gemeinsames Budget zur Zeit noch Zukunftsmusik ist.

Eine weitere Möglichkeit der Deckungsfähigkeit läuft über die **Zweckbindung** der Haushaltsmittel. Die bis zum Jahresende nicht ausgegebenen Mittel **können** ins nächste Haushaltsjahr übertragen werden, wobei die jeweiligen Regelungen des Schulträgers und des Landes für die einzelnen Budgets zu beachten sind. Zwar ist die **Jährlichkeit**, d. h. das Denken in abgeschlossenen Jahren, ein wichtiger Haushaltsgrundsatz. Davon darf aber abgewichen werden, sobald etwas für **übertragbar** erklärt worden ist, was allerdings im Haushaltsplan niedergelegt sein muss.

Bei der **Übertragbarkeit** unterscheidet man die »geborene« und die »gekorene« Übertragbarkeit. Die geborene bezeichnet eine zeitlich nicht begrenzte Übertragbarkeit, die gekorene hingegen ist zeitlich begrenzt.

Grundsätzlich gilt aber: Die bis zum Abschluss eines Haushaltsjahres nicht ausgegebenen Mittel gelten als **erspart**. Erst durch die Bildung eines **Haushaltsrestes** oder einer **Rücklage** stehen die Mittel (auf Antrag der Schule beim Schulträger bzw. Land) im folgenden Haushaltsjahr noch zur Verfügung. Allerdings hat die Schule auch bei einer Budgetierung nur den Spielraum, den ihr der Schulträger oder das Land zugesteht.

Sollte die Schule mit den ihr zugewiesenen Budgets nicht auskommen, z. B. durch unvorhersehbare Ereignisse, kann sie weitere Mittel (beim Schulträger oder Land) beantragen, muss dies allerdings nachvollziehbar begründen. Werden die Mittel genehmigt, ist ein Nachtragshaushaltsplan erforderlich, der wie der normale Haushaltsplan aufzustellen ist und das gleiche Verfahren durchlaufen muss.

Für die Führung und Überwachung des Haushalts (Controlling) ist **letztlich die Schulleiterin oder der Schulleiter verantwortlich**, selbst wenn er diese Aufgabe an einen Haushaltsausschuss oder an eine sonstige Person delegiert. Nur die Vorgenannten sind berechtigt, Kassenanordnungen zu unterschreiben bzw. elektronische Kontenbewegungen freizugeben.

Mit dem Haushaltswesen eng verbunden ist das **Auftrags- und Beschaffungswesen**. Aufträge und Beschaffungen sollten grundsätzlich von den Fachleuten (Leiter der Fachschaften, Fachobleute, Abteilungsleiter) veranlasst bzw. geprüft werden. Um Doppelbestellungen zu vermeiden, macht es Sinn, die Aufträge zentral von einer Stelle (z. B. aus der Verwaltung) zu erteilen. Diese Stelle sollte einen Überblick über die Haushaltsplanung und die bereits verausgabten Mittel haben, um Überschreitungen zu vermeiden.

Für größere Anschaffungen sind grundsätzlich **Angebotsvergleiche** vorgeschrieben. Die Grenze dafür ist in den einzelnen Bundesländern unterschiedlich hoch, in einigen Ländern liegt sie bereits bei 250 Euro. Dazu müssen in der Regel zwei oder drei vergleichbare Angebote **verschiedener Anbieter** eingeholt werden. Drei unterschiedliche Beamer (Sony, NEC, Philips) von Media-Markt genügen dieser Anforderung also nicht.

Zwar ist prinzipiell das preisgünstigste Angebot zu wählen. Aber aus dem **Grundsatz der Wirtschaftlichkeit** folgt, dass nicht zwangsläufig das billigste Angebot zu nehmen ist, sondern das wirtschaftlichste. Gerade für die Schule bedeutet dies, robuste, einfach zu bedienende Produkte auszuwählen. Mit einer solchen Begründung ist auch die Anschaffung eines teureren Produkts vom Grundsatz her möglich.

Für bestimmte Artikel haben Schulträger und Land oft eine **zentrale Beschaffung** vorgesehen, um Kosten zu sparen. Dies gilt meist für Papier, Bürobedarf und Verbandsmaterial, evtl. auch für Sportartikel, EDV-Material oder Schulmobiliar.

! Wichtig! Vor jeder Bestellung ist vom Bestellenden zu prüfen, ob die dafür erforderlichen Finanzmittel noch vorhanden sind! Ein Grundsatz, gegen den immer wieder verstoßen wird.

2.2 Rechnungswesen

Die Rechnungen für getätigte Bestellungen gehen an die Schule und werden dort von der zuständigen Person bearbeitet. Diese packt das Paket aus und vermerkt das Datum des Eingangs von Waren und Rechnung. Sie kontrolliert die Vollständigkeit der Lieferung anhand der vorliegenden Bestellung und den Rechnungsbetrag. Auf der Rechnung wird unter dem Rechnungsbetrag vermerkt: **»sachlich und rechnerisch richtig«** oder als Kurzform: »für die Richtigkeit« (fdR). Je nach Größe und Organisation der Schule sind möglicherweise weitere Vermerke auf der Rechnung für den Haushaltsbeauftragten hilfreich, um diese richtig zuordnen zu können, z. B. »Chemie, LU (Lehr- und Unterrichtsmittel)«.

Handelt es sich um größere Anschaffungen wie ein neues Spektrometer, das kein Verbrauchsmaterial ist, so muss es mit einer Inventarnummer versehen und inventarisiert werden, sobald der Anschaffungswert über dem vom jeweiligen Schulträger festgelegten Nettowert (meist 50 Euro) liegt. Nun muss nicht jeder Stuhl (à 55 Euro) oder jeder Rechner eines EDV-Raums einzeln inventarisiert werden, sondern es können sog. **Sachgesamtheiten** gebildet werden. Es wird also ein »Klassensatz« Rechner oder ein »Klassensatz« Stühle inventarisiert.

Eine überholte, aber immer noch gültige Regelung der Inventarisierung stammt aus einer Zeit, in der Bücher etwas ganz besonders Wertvolles waren: Bücher müssen unabhängig vom Anschaffungspreis inventarisiert, also auch ein Taschenbuch, das 9,90 Euro gekostet hat. Allerdings können auch hier, z. B. bei Lektüren, ganze Klassensätze inventarisiert werden. Für die Art, wie genau zu inventarisieren ist (was, wann, wie etc.), gibt es in der Regelung Vorgaben des Schulträgers und/oder des Landes, in der die Einzelheiten festgelegt sind. Einmal im Jahr sollte die Vollständigkeit der inventarisierten Gegenstände überprüft und festgestellt werden. Verschwinden inventarisierte Gegenstände, so ist darüber eine **Verlustmeldung** abzugeben. Defekte Gegenstände werden, falls sich eine Reparatur nicht mehr lohnt, ausgesondert und aus der Inventarliste ausgetragen.

> **!** **Wichtig! Der Gegenstand wird nicht aus der Liste gelöscht, sondern erhält z. B. den Zusatz: »verschwunden durch Diebstahl in den Sommerferien« oder »Zerstörung durch Unachtsamkeit«.**

Ist die Lieferung ordnungsgemäß erfolgt und die Rechnung verfügt über die entsprechenden Buchungsvermerke, kann die Rechnung entweder vom schuleigenen Girokonto bezahlt oder zur Auszahlung an den Schulträger oder das Land weitergeleitet werden, da die Schule in der Regel über kein Buchungssystem verfügt (gebucht wird beim Schulträger oder beim Land), sondern entsprechende Haushaltsüberwachungslisten führt. Unter Buchungsvermerken versteht man die Feststellung der sachlichen und rechnerischen Richtigkeit, die Angabe der Kostenstelle (z. B. Abteilung I) und des Sachkontos (z. B. Fachliteratur und -zeitschriften) sowie die Anordnung der Auszahlung. Dies bedeutet, dass vorher feststehen muss, aus welchem Budget (Schulträger oder Land; investiv oder konsumtiv; Vermögenshaushalt oder Verwaltungshaushalt) der Rechnungsbetrag bezahlt werden soll. Handelt es sich um eine Rechnung, welche dem investiven Bereich zuzuordnen ist, wird auf der Rechnung der entsprechende Buchungsvermerk angebracht und die Rechnung an den Schulträger weitergeleitet. Dort wird die Rechnung gebucht (Anlagenbuchhaltung) und zur Auszahlung gebracht.

2.3 Haushaltsüberwachung (Controlling)

Die Grundsätze ordnungsgemäßer Buchführung (Rechnungswesen) gelten für die laufende Buchführung und für den Jahresabschluss, selbst wenn dies bei Schulen »nur« im Rahmen von Haushaltsüberwachungslisten vorgenommen wird. Dabei müssen sich alle finanziell relevanten Ereignisse (Finanzvorfälle) von ihrer Entstehung (z. B. Bestellung oder Auftragserteilung) bis zur letzten Phase der Abwicklung (Bezahlung) verfolgen lassen. Dabei gilt der Grundsatz der **Klarheit und Übersichtlichkeit**. Das bedeutet: Alle Buchungen müssen zeitnah und geordnet erfasst werden. Hierbei ist der Beleg (die Rechnung) das Bindeglied zwischen dem Geschäftsvorgang, z. B. der Bestellung und der Eintragung in die Überwachungslisten.

> **!** **Wichtig! Es darf keine Auszahlung** (Buchung) **ohne Rechnung** (Buchungsbeleg) **vorgenommen werden.**

Alle Belege müssen **einzeln** erfasst und eingeordnet werden. Ähnlich wie bei der Inventarliste gilt das Gebot der Vollständigkeit mit seinem »**Radierverbot**«, das es verbietet, Buchungen bzw. Auszahlungen aus irgendwelchen Gründen einfach zu löschen oder nachträglich handschriftlich auf dem Beleg zu ändern. Wird z. B. eine Fehlbuchung vorgenommen, so muss diese storniert, also für Außenstehende nachvollziehbar wieder rückgängig gemacht werden. Zu jedem Jahresende sind alle Belege an den Schulträger oder das Land zu übergeben, damit dort jeweils der Jahresabschluss ordnungsgemäß aufgestellt werden kann.

3. Grundlagen der Doppik

Nun also geht es in die geheimnisvolle neue Doppik, welche die alte Kameralistik endgültig abgelöst hat. Und schulische Führungskräfte, die sich mit dem Haushalt einer Schule beschäftigen, sollten zumindest die Grundzüge verstehen, die sich hinter den einzelnen Buchungen und Kontenbewegungen verbergen. Dies soll das Verständnis für die Buchhaltung erhöhen, selbst wenn in den meisten Schulen (noch) keine Buchhaltungssoftware im Einsatz ist.

Zunächst etwas zum Begriff: »Doppik« ist ein Kunstwort und bedeutet: »**Dopp**elte Buchführung **i**n **K**onten«. Da die wenigsten Lehrkräfte aus der freien Wirtschaft kommen bzw. über kein Wirtschaftsstudium wie z. B. Berufsschullehrer verfügen, müssen wir klären, was man im Rechnungswesen unter »Konten« versteht, um dann die doppelte Buchführung anzugehen. Wenn Lehrkräfte an ein »Konto« denken, dann ist es das eigene Girokonto, aber in der Doppik gibt es sehr viele »Konten«. Und was ist an der doppelten Buchführung eigentlich doppelt? Das Doppelte liegt darin, dass bei jedem Buchungsvorgang immer zwei Konten gleichzeitig »bebucht« werden.

Der Vorteil der komplizierten Doppik liegt in einer höheren Transparenz und in einem flexibleren und damit hoffentlich effektiverem Umgang mit den Finanzen. Die Kameralistik war ein sog. **Geldverbrauchs**konzept, das in einzelnen Jahren dachte und sich wenig um das kümmerte, was davor war bzw. was danach kam. Und so wurde in einem Jahr ein Kopierer für vielleicht 10.000 Euro gekauft, Papier und Toner lassen wir aus didaktischen Gründen einmal außen vor. Nach vier Jahren geht der Kopierer plötzlich kaputt, so dass ein neuer her muss, der auch gekauft wird. Aber in der Zwischenzeit tauchte der Kopierer überhaupt nicht auf, da er ja (kameralistisch gesehen) keine Kosten verursachte. Stattdessen wurde er in der gesamten Zwischenzeit immer noch als Vermögenswert in Höhe von 10.000 Euro geführt.

Diese Sichtweise ist möglich, aber nicht sehr weitsichtig, denn natürlich verliert der Kopierer durch die Abnutzung **ständig** an Wert, bis er »abgeschrieben« ist. Diese Abschreibungen sind immer monatsgenau zu buchen. Wenn am 1. Juni des Jahres ein Kopierer gekauft wird, so wird noch sieben Monate die Abschreibungsrate als Aufwand gebucht. Wenn man diesen Wertverlust z. B. pro Monat ausrechnet, kann man entscheiden, ob es günstiger ist, einen Kopierer zu kaufen – oder zu mieten. Wer dies versteht, hat bereits das andere Denken verstanden, das hinter der doppelten Buchführung steckt, bei der es um den **Verbrauch von Ressourcen** geht. Denn die gleichzeitige »Bebuchung« der Konten ist nur die Spitze des Eisbergs, das Entscheidende ist die andere Denkweise.

Während man in der Kameralistik tolle Sachen anschaffen konnte, ohne über laufende Kosten oder Wertverlust nachzudenken, geht dies bei der Doppik nicht mehr. Es wird also nicht zu Lasten der nächsten Generation gewirtschaftet, weil die Kosten der Zukunft sofort transparent erfasst werden. Des Weiteren ist die Kameralistik eine Vorschaurechnung, da sie geschätzte Finanzmittel für das kommende Jahr bereitstellt, die man ausgeben kann. Die Doppik mit ihrer Bilanz (Gewinn- und Verlustrechnung) zum Jahresabschluss ist eher eine Nachschau, in der nachträglich der **Erfolg** des letzten Jahres bewertet wird. Dafür muss aber zum Beginn oder zum Ende des Haushaltsjahres geprüft werden, welcher Rechnungsperiode eine Rechnung zuzuordnen ist. Entscheidend ist in der Doppik nämlich nicht, wann die Rechnung eingegangen ist oder wann sie fällig wird, sondern wann die Forderung für die Rechnung **entstanden** ist, wann also bestellt wurde.

Insgesamt ermöglicht die Doppik mehr Flexibilität, sie erfordert aber von der für den Haushalt beauftragten Person eine größere Sorgfalt bei der Überwachung der Haushaltsmittel.

Die Doppik taucht in den einzelnen Bundesländern unter verschiedenen Namen auf: Neues Kommunales Rechnungswesen (NKR) oder Neues kommunales Finanzmanagement (NKF) oder Enterprise-Resource-Planning (ERP). Da die Detailregelungen in den einzelnen Ländern unterschiedlich sind, ist hier nur ein grober Überblick möglich, der aber das Verständnis für die Materie erleichtern kann.

In Abgrenzung zur doppelten Buchführung der Privatwirtschaft mit Bilanz und reiner Gewinn- und Verlustrechnung wird in der öffentlichen Verwaltung ein erweitertes sog. 3-Komponenten-Modell verwendet. Dieses umfasst

- Bilanz
- Ergebnisrechnung (entspricht Gewinn- u. Verlustrechnung)
- Finanzrechnung (ähnelt der alten Kameralistik).

Finanzrechnung	Bilanz		Ergebnisrechnung
Einzahlungen bzw. Auszahlungen	Aktiva	Passiva	Erträge bzw. Aufwendungen
=	Vermögen	Eigenkapital ←	=
Finazsaldo →	liquide Mittel	Fremdkapital	Ergebnissaldo

Das Drei-Komponenten-Modell

3.1 Die Konten

In der Doppik gibt es nicht nur ein (Giro-)Konto, sondern viele Konten (Bestandskonto, Erfolgskonto, Aufwands- und Ertragskonto). Dabei bezeichnet der Begriff »Konto« eine Denkschublade, in die etwas hineingetan oder aus dem etwas herausgenommen wird. Die Konten sind also das, was in der Kameralistik die Haushaltsstellen waren. Für das Folgende sollten Sie sich gedanklich von Ihrem Girokonto lösen, weil es Missverständnisse verursacht.

Vom jeweiligen Gesetzgeber wird ein Konten**rahmen** vorgegeben, der die grundsätzliche Verteilung der Konten vorgibt. Der Schulträger kann nicht benötigte Konten streichen, aber auch zusätzliche Konten aufstellen, wenn sie in die Gesamtsystematik passen. Der Kontenrahmen ist häufig in vier Stellen (Ziffern) unterteilt, die nacheinander die Konten**klasse**, dann die Konten**gruppe**, dann die Konten**art** (Hauptkonto oder Unterkonto) und schließlich das eigentliche **Konto** angeben. Hier einige unvollständige Beispiele, was zu den Konten**klassen** gehören kann:

- Kontenklasse 0: Immaterielle Vermögensgegenstände, Sachvermögen
- Kontenklasse 1: Finanzmittel, liquide Mittel
- Kontenklasse 2: Umlaufvermögen, Vorräte
- Kontenklasse 3: Eigenkapital, Rücklagen
- Kontenklasse 4: Verbindlichkeiten
- Kontenklasse 5: Erträge
- Kontenklasse 6: Aufwendungen
- Kontenklasse 7: Steueraufwendungen
- Kontenklasse 8: Ergebniskonten
- Kontenklasse 9: Kosten- und Leistungsrechnung

Einige sind Aufwand- und Ertragskonten (5 und 6), andere Bilanzkonten sowie Finanzkonten (2), die mit unserem Girokonto vergleichbar sind.

Bei dem Schaubild des 3-Komponentensystems ähnelt die linke Spalte (Finanzrechnung) der ehemaligen Haushaltsrechnung in der Kameralistik. Der rechte Block (Ergebnisrechnung) ist die Gegenüberstellung von Gewinn und Verlust durch Erträge und Aufwendungen, wobei diese nicht unbedingt Geldflüsse darstellen. **Aufwendungen** entstehen auch dadurch, dass unser gekaufter Kopierer jährlich an Wert verliert. Erträge der Schule können aus Schulfesten oder durch Preisgelder aus Wettbewerben entstehen.

Und wenn man privatwirtschaftlich Ertrag und Aufwand einer Unterrichtsstunde betrachtet, kommt man zu dem Ergebnis, dass es (finanziell!) viel günstiger ist, eine Unterrichtsstunde über bezahlte Mehrarbeit einzukaufen. Denn da kostet sie die Schule bzw. das Land z. B. nur 26 Euro (Niedersachsen). Eine reguläre Unterrichtsstunde eines Beamten liegt aber durch Zusatzkosten wie Beihilfe oder Pensionsansprüche bei gut 50 Euro. Im Zuge des neuen wirtschaftlichen Denkens könnten wir deshalb bald mehr bezahlte Überstunden haben, um dadurch Lehrerstellen einzusparen.

Das Kernstück der Doppik ist jedoch die **Bilanz**, in der Aktiva und Passiva gegenübergestellt werden. Versuchen Sie als Laie des Rechnungswesens nicht, diese beiden Begriffe zu verstehen oder abzuleiten. Nehmen Sie sie einfach als gegeben hin. Ganz grob kann man sagen: Aktiva klärt die Frage, **wo** das Kapital angelegt ist (in Vermögenswerten oder in liquiden Mitteln?) und Passiva klärt die Frage, **woher** das Kapital stammt (Eigen- oder Fremdkapital?). Für den doppischen Buchungsvorgang ist wichtig, ob ein Rechnungsposten zur Aktiv- oder zur Passivseite gehört.

Nun zum Buchungsvorgang: Die Konten bezeichnet man in der Doppik auch als **T-Konten** wegen ihrer **T-Form,** bei der sich links das Soll und rechts das Haben befindet. Bitte vergessen Sie Ihr Girokonto mit einer Soll- und einer Habenseite (zu Ihren Lasten / zu Ihren Gunsten), denn die Begriffe »Soll« und »Haben« in der Doppik meinen etwas anderes. So können z. B. Verbindlichkeiten (Zahlungsverpflichtungen) in der Doppik auch auf der Habenseite stehen. Lassen Sie uns für »Soll« einfach links und für »Haben« einfach rechts sagen, das erleichtert vieles.

Wenn gebucht werden soll, bildet man einen sog. **»Buchungssatz«**. Damit ist tatsächlich ein sprachlicher Satz gemeint, in dem bestimmte standardisierte Formulierungen auftauchen. Der Kernsatz dafür lautet: **»Soll wird an Haben gebucht.«** Oder etwas ausführlicher: »Von dem Sollkonto wird an das Habenkonto gebucht.« In diesem Satz wird gesagt, welcher Betrag auf welchem Konto auf welcher Seite gebucht wird. Das Konto, auf dem links (Soll) gebucht wird, wird immer als erstes genannt, dann folgt das Bindewörtchen **»an«** und schließlich das Konto, auf dem rechts (Haben) gebucht wird. Es werden also – ganz anders als bei Ihrem Girokonto – Zugänge und Abgänge nicht auf einem Konto gebucht, sondern **von einem Konto auf ein anderes**. Genau das ist das Doppelte der doppelten Buchführung. **Es werden immer zwei Konten »bebucht«**, wie die Fachleute sagen. Und es gibt mehr als zwei Konten, es gibt sehr viele, z. B. ein Konto »Büromaterial«.

Nun kommt noch die Sache mit der Aktivseite oder der Passivseite. Denn je nachdem, um welche Seite es sich handelt, wird anders gebucht. Fangen wir mit der Passivseite (Geld) an. Dort werden die Anfangsbestände bzw. die Zugänge immer im Haben (rechts) und die Abgänge immer im Soll (links) gebucht. Das leuchtet noch ein, oder? Aber nun:

Auf der Aktivseite (Vermögen) wird der Anfangsbestand immer im Soll (links) und der Schlussbestand immer im Haben (rechts) gebucht. Auch die Zugänge werden im Soll und die Abgänge im Haben gebucht. Das leuchtet nicht ein, weil man immer an das private Girokonto denkt, mit dem dies alles aber gar nichts zu tun hat. Lässt man dieses störende Vorwissen im Kopf weg, lautet das Ganze: Bei einem Vermögenskonto wird der Zugang immer links und der Abgang immer rechts gebucht. Und auf einmal geht es etwas leichter. Machen wir es abschließend an einem Beispiel: Die Schule will Kreide für 20 Euro kaufen (Verbrauchsmaterial, Umlaufvermögen und damit Aktivseite) und muss dies an einen Lieferanten (Verbindlichkeit) zahlen. Der Buchungssatz würde lauten:

Büromaterial 20 Euro links an Verbindlichkeiten (Lieferant) rechts.

Und jetzt eine schematische Übersicht, wie diese Buchung aussehen würde. Lösen Sie sich von Ihrem Girokonto und denken Sie daran, Doppik bedeutet, zwei Konten gleichzeitig zu »bebuchen«, also von einem in ein anderes. Sie sehen also gleich zwei Konten: ein Konto für Büromaterial und ein Konto für Verbindlichkeiten. Und wie lautet der Schlüsselsatz für Buchungen? Richtig! Es wird immer Soll an Haben gebucht! Dabei stellt der Pfeil das Wörtchen »an« dar.

Konto Büromaterial	
Soll	Haben
20,00	

→

Konto Verbindlichkeiten	
Soll	Haben
	20,00

Wenn Sie sich wundern, warum beim Konto »Büromaterial« die 20 Euro im »Soll« stehen, liegt es daran, dass Sie wieder an Ihr privates Girokonto denken. Es wird einfach nur links gebucht, weil es ein Vermögenskonto (Aktivseite) ist. Und dort werden die Zugänge immer links gebucht, die Abgänge immer rechts (Haben). Das war ganz schön kompliziert nicht wahr? Aber zumindest das Grundprinzip müssten Sie jetzt verstanden haben.

Die sog. Kosten- und Leistungsrechnung (KLR) innerhalb der Doppik hat das Ziel, den Haushalt wirtschaftlicher zu führen. Dafür werden die erbrachten Leistungen, z. B. die erteilten Unterrichtsstunden mit den entstandenen Kosten gegenübergestellt. Dazu gehören nicht nur die Personalkosten, sondern auch die Abschreibungen der Geräte (Kopierer) oder die Energiekosten. Unter diesem Aspekt ist nicht nur die Ganztagsschule wirtschaftlicher als die Halbtagsschule, auch der Unterricht am Samstag oder eine Verkürzung der Ferien wäre bei einer Raumknappheit sinnvoll, um eine gleichmäßigere Auslastung zu erzielen.

4. Kassenwesen

Als letzter Unterpunkt in diesem Kapitel folgt nun noch das Kassenwesen, welches heute eine eher untergeordnete Rolle spielt, aber trotzdem nicht unerwähnt bleiben soll. In der öffentlichen Verwaltung sind Kassen bzw. Zahlstellen Einrichtungen, die Einzahlungen annehmen und auch Auszahlungen in Bargeld vornehmen. Früher konnte man z. B. ein Auto nur anmelden, wenn die fälligen Gebühren sofort entrichtet wurden, oder die Leistungen zum Lebensunterhalt wurden in bar ausgezahlt. Durch den heute üblichen bargeldlosen Zahlungsverkehr sind Kassen kaum noch vorhanden. Schulen verfügen grundsätzlich über keine Bargeldbestände; aber wie Sie sich schon fast gedacht haben, gibt es auch hier die eine oder andere Ausnahme. Der Umgang mit Bargeld soll daher im Folgenden kurz behandelt werden.

4.1 Sammlungen in Schulen

In Dienstgebäuden und Behörden – und damit auch in Schulen – sind entsprechende Bargeldbestände (auch »Sammlungen« genannt) grundsätzlich untersagt. Aber nicht jedes Einsammeln von Geld ist eine »Sammlung« im juristischen Sinn. Diese liegt nur vor, wenn (auf freiwilliger Basis) Geldbeträge eingesammelt werden, um aus diesem Gewinn einen bestimmten Zweck zu unterstützen. In der Schule zulässige Sammlungen können sein: eine »Freud- und Leidkasse« des Kollegiums oder die Klassenkasse. Zulässig ist auch das **Einsammeln** eines Kostenbeitrags für gesellige Veranstaltungen des Kollegiums oder das Einsammeln des Eintrittsgeldes, um den Theaterbesuch einer Klasse am Abend schnell geschlossen bezahlen zu können.

Anders sind echte Sammlungen für einen wohltätigen oder gemeinnützigen Zweck (Rotes Kreuz, Heilsarmee, Müttergenesungswerk) zu werten. Hier kann das jeweilige Kultusministerium durch Erlass Ausnahmen zulassen. Aber auch in diesen Fällen darf, sofern das Kultusministerium nicht anderes bestimmt, theoretisch keine Unterrichtszeit dafür geopfert und dem Veranstalter der Sammlung keine organisatorische Unterstützung durch die Schule gewährt werden. Allerdings darf die Schule auf gemeinnützige Sammlungen am Schwarzen Brett hinweisen.

4.2 Handkassen, Schwarze Kassen und graue Geldeinnahmen

Nun kann die Schule nicht nur Geld ausgeben, sondern auch Geld einnehmen, und zwar offiziell über Geldspenden. Die offiziellen Einnahmen stehen, wie Sie bereits wissen, nicht direkt der Schule zu, sondern dem Schulträger. Gleiches gilt auch für Einnahmen, die über den Verkauf von Ausstattungsgegenständen erzielt werden. Beispiel: Verkauf einer nicht mehr benötigten Wandtafel. Da die Ausstattung beim Schulträger bilanziert ist, muss dieser dem Verkauf zustimmen, die Tafel muss aus der Inventarliste entfernt und die Einnahme an den Schulträger weitergeleitet werden. Dieser kann (und wird) das Geld in aller Regel wieder der Schule zukommen lassen.

Wie Sie sicher vermuten oder vielleicht sogar wissen, gibt es an vielen Schulen auch inoffizielles Geld, ein Gebiet, über das niemand gerne offen redet. Trotzdem soll es in diesem Buch, das sich die Praxisnähe auf die Fahne geschrieben hat, erwähnt werden. Denn mit diesem Problem müssen sich schulische Führungskräfte ebenfalls – so oder so – auseinandersetzen.

Eine der wichtigsten Fragen hierbei ist, ob es sich bei der inoffiziellen Kasse um eine Handkasse oder eine schwarze Kasse handelt.

Was nun ist eine **Handkasse**? Es ist eine Kasse, aus der man schnell und problemlos

Geld für kleine Barausgaben entnehmen kann. Das wohl bekannteste Beispiel für eine solche Handkasse ist die Portokasse, die in vielen Schulen (und Betrieben) existiert, um auf die Schnelle ein paar Briefmarken zu kaufen oder ein Einschreiben oder ein Paket aufzugeben. Dabei wird das Geld als »Vorkasse« (Handvorschuss) entnommen. Die Geldentnahme für die Portokasse, z. B. vom Schulkonto, muss von der Schulleitung angeordnet und ordnungsgemäß nachgewiesen werden. Es empfiehlt sich daher, auch für die Portokasse eine entsprechende Überwachungs- / Postausgangsliste zu führen und Wochenabschlüsse zu erstellen, damit man nicht die Übersicht verliert. Ferner sollten die Belege (z. B. Kaufbelege von Briefmarken, Einschreiben etc.) aufgehoben werden, damit die Geldbewegungen für Außenstehende nachvollzogen werden können. Fazit: In einer Handkasse ist zum einen nur eine kleine Menge Bargeld, deren maximale Höhe festgelegt ist, und zum anderen entsteht durch eine Handkasse **nie ein Gewinn**.

Damit kommen wir zu den ganz anderen, den sog. **Schwarzen Kassen**. Sie heißen so, weil in ihnen erhebliche Summen an illegalem oder unversteuertem Geld (»Schwarzgeld«) aufbewahrt wird, das für illegale Zwecke, z. B. Bestechungen, verwendet wird. In aller Regel wird über sie nicht Buch geführt, oder die Buchführung geschieht im Dunkeln und scheut das Licht des Finanzamtes. Bei **erheblichen Beträgen** kann bereits das Führen einer Schwarzen Kasse in einem Betrieb oder öffentlichen Einrichtung strafrechtlich als Untreue gem. § 266 StGB gewertet werden, weil dadurch dem Berechtigten der Einnahmen (hier dem Schulträger) die Verfügungsgewalt über das Geld entzogen wird. Anders als in großen Unternehmen ist die Tatsache, dass es über diese Kassen keine Buchführung gibt, in den meisten Fällen darauf zurückzuführen, dass der Aufwand (hohe Fluktuation) einer ordentlichen Buchführung sich für die eher geringen Beträge meist nicht lohnt.

Das häufigste Beispiel einer inoffiziellen Kasse ist vermutlich die »Kaffeekasse«, die es nicht nur in Schulen, sondern in fast jedem Betrieb gibt. Aus ihr wird nicht nur der Kaffee für die Angestellten des Betriebs finanziert, sondern auch der Kaffee, den man etwaigen Gästen anbietet. Einige Gäste vergessen zu zahlen, andere zahlen pauschal einen Betrag, den sie bei mehreren Besuchen abtrinken und einige zahlen als zufriedene Kunden des Betriebs auch mehr, als sie an Kaffee vertrinken und versuchen damit vielleicht, sich ein späteres Entgegenkommen zu erkaufen.

Wegen dieser letzten Möglichkeit und der fehlenden Buchführung schlagen einige Bürokraten vor, auf Kaffeekassen zu verzichten. Das ist natürlich hundertprozentig korrekt, genauso wie die Aufforderung, nie mit dem Auto zu schnell zu fahren oder im Parkverbot abzustellen. Wer trotzdem nicht auf eine Kaffeekasse verzichten möchte, sollte dafür sorgen, dass Überzahlungen für den Kaffee nicht angenommen werden. Um den Vorwurf der persönlichen Bereicherung zu minimieren, empfiehlt es sich, das Geld der Kaffeekasse nicht mit privatem Geld zu mischen. Am besten ist eine Kasse bzw. eine Geldtasche, in dem das gesamte Geld der Kaffeekasse aufgehoben ist. Hier wird direkt eingezahlt und hieraus wird auch direkt entnommen. Falls die Summe der Kasse nicht groß ist und kein Gewinn gemacht wird, könnte man die Kaffeekasse bei großzügiger Auslegung noch als Handkasse einstufen.

Schwieriger ist dies bei inoffiziellen Kassen in anderen Bereiche: So z.B., wenn die Sportlehrer bei Aldi Apfelschorle oder andere gesunde Erfrischungsgetränke kaufen und diese **mit einem kleinen Gewinn** an die durstigen Schüler weiterverkaufen, damit diese etwas Isotonisches trinken und sich nicht mit Coca-Cola zuschütten. Oder wenn die Kunst- bzw. Werklehrer einer Schule im Großhandel Sperrholz einkaufen, damit daraus ein Weihnachtsgeschenk für die Oma gebastelt werden kann. Die Großhandelspreise werden beim Weiterverkauf leicht aufgerundet, um runde Beträge zu haben, und der kleine Gewinn fließt dem Kunstbereich zu. Vor allem aber machen die Kollegen dies, um den Schüler die Mühe und Geld zu sparen und um sicherzustellen, dass alle Schüler wirklich das Material dabei haben, um anzufangen.

Dieses Verhalten ist juristisch unzulässig. Zum einen wegen der schwarzen Kasse, die wieder entsteht, zum anderen aber auch deshalb, weil durch den Einkauf beim (überregionalen) Großhändler dieser bevorzugt wird und die örtlichen Händler darunter leiden könnten. Bei individuellen Käufen der Schüler würden diese sich verteilen, indem ein Schüler im Geschäft A, ein anderer im Geschäft B kauft. Wer trotzdem an der zentralen Beschaffung und einer schwarzen Kasse festhalten will, sollte berücksichtigen: Das Geld muss sich in einer gesonderten Kasse befinden und Schülern und Eltern sollte offen gesagt werden, dass es einen kleinen Gewinn gibt, der dann für den Sportbereich oder den Werkbereich verwendet wird.

Ein weiteres, von Schulen gern praktiziertes Verhalten, ist das Vereinnahmen von Geld für Verwaltungstätigkeiten. Jeder kennt das: Ein Schüler kommt ins Sekretariat und möchte gerne eine Kopie, eine beglaubigte Zeugniszweitschrift, einen Schülerausweis haben oder zu Hause anrufen. Manchmal werden für diese Tätigkeiten entsprechende Gegenleistungen (Gebühren) verlangt. Wenn die Sekretärin die gewünschten Tätigkeiten für die Schüler übernimmt, wird ihre eigentliche Aufgabenerledigung unterbrochen und es werden (von der Schule gekaufte) Materialien verbraucht. Durch die geforderten Gebühren erzielt die Schule keine Reichtümer, weil die Beträge gering sind, trotzdem ist diese Verfahrensweise rechtlich nicht korrekt. Gebühren für Verwaltungstätigkeiten dürfen nur verlangt werden, wenn eine entsprechende Gebührenordnung nebst Gebührenverzeichnis oder ein Kostenverzeichnis des Schulträgers vorhanden ist, welche die gebühren-/kostenpflichtigen Tätigkeiten in Schulen regelt.

Damit wir uns nicht missverstehen: Ich will diese Handlungen nicht kriminalisieren. Aber Sie als schulische Führungskraft sollten zumindest über die juristischen und wirtschaftlichen Hintergründe informiert sein. Welchen Weg Sie dann gehen oder gehen lassen, ist Ihre Entscheidung.

Eine Möglichkeit, Geld in größerem Maße einzunehmen, sind Theater- oder Musikveranstaltung, die von Schülerinnen und Schülern aufgeführt werden und bei denen **Eintritt** verlangt wird. Da werden bei einer gut besuchten Veranstaltung schnell 1.000 Euro erzielt. Hierdurch ergeben sich gleich zwei Verstöße: Einmal gibt es Einnahmen in eine Schwarze Kasse (der Theater-AG), zum anderen liegt ein Verstoß gegen das Urheberrecht vor. Denn vergütungsfrei sind Schulaufführungen nur dann, sofern dafür kein Eintritt erhoben wird. Der korrekte Weg, wenn man denn Eintritt nehmen will, wäre folgender: Zahlung einer Vergütung für die Aufführung des Stückes, Einnehmen der Eintrittsgelder, Abziehen der Kosten, Übereignung des Restes an den Schulträger, der dann das Geld wieder an die Schule geben könnte. Das wäre der korrekte Weg. Aber wer macht das schon?

4.3 Warenverkauf in der Schule

Der Verkauf von Waren in der Schule bzw. auf dem Schulgelände widerspricht grundsätzlich dem (nicht an Profit orientierten) Bildungsauftrag der Schule. Ausnahmen gelten für Speisen und Getränke, die in den Pausen vom Hausmeister, einem lokalen Pächter oder durch Warenautomaten vertrieben werden. In den meisten Fällen ist hierfür die Zustimmung des Schulträgers erforderlich. Manchmal wird die schuleigene Cafeteria auch von Eltern und Schülern, die Freistunden haben, betrieben. Hier stellt sich die Frage, wem eigentlich der Erlös zusteht, was problemlos ist, falls es einen Förderverein gibt. Auf jeden Fall **unzulässig** ist der Verkauf von alkoholischen Getränken und Tabakwaren in der Schule und auf dem Schulgelände.

Kommen wir jetzt zur zweiten Variante des **Warenverkaufs**, und zwar bei Schulveranstaltungen wie Basaren oder Schulfesten. Auch bei diesen Veranstaltungen werden in der Regel nicht nur die Kosten gedeckt, sondern es soll ein Gewinn erzielt werden, der direkt oder indirekt der Schule wieder zugutekommt. Aber bevor wir auf das liebe Geld eingehen, noch ein zweiter Aspekt, den es zu beachten gilt: die Unbedenklichkeit der angebotenen Lebensmittel. Da der deutsche Staat fast alles regelt, ist auch der öffentliche Verkauf von Lebensmitteln grundsätzlich genehmigungspflichtig oder zumindest anmeldepflichtig. Denn es ist ja nicht auszuschließen, dass eine nachlässige Mutter die letzten übrig gebliebenen Eier verwertet und daraus ein salmonellenträchtiges Tiramisu zaubert, das sie zum Schulfest beisteuert (mehr zu dieser Thematik auf Seite 146 / 147). Wer haftet jetzt, wenn sich etliche Schüler den Magen so verderben, dass sie ins Krankenhaus müssen? Falls Sie hoffen, dies würde die schulische (gesetzliche) Unfallversicherung tun, dann muss ich Sie enttäuschen, weil es kein **Unfall**, sondern der Ausbruch einer **Krankheit** ist. Es haftet also die Mutter, die das Essen beigesteuert hat. Allerdings nur bis das Essen die Schule erreicht. Danach beginnt die **Grauzone der Aufbewahrung** und die Mutter könnte argumentieren, sie sei natürlich davon ausgegangen, in der Schule habe es eine ausreichende Kühlmöglichkeit gegeben. Sie als Verantwortlicher für die Organisation dieser Veranstaltung sollten, um sich abzusichern, vorher darauf hinweisen (Anlage S. 237), nur einwandfreie Lebensmittel zu verwenden. Dadurch kann man solche Zwischenfälle nicht verhindern, aber Sie können sich entlasten.

Der nächste Aspekt sind die Einnahmen, die durch den Verkauf der Produkte und Lebensmittel in die Kasse kommen. Wenn Sie dieses Kapitel von Anfang an gelesen haben, wissen Sie natürlich, wem eigentlich das dort eingenommene Geld zusteht: Dem Schulträger, der es dann wieder an die Schule zurückgeben kann. Allerdings gibt es eine Möglichkeit, diesen Umweg zu vermeiden und trotzdem korrekt zu handeln. Sobald nämlich der **Förderverein** das Schulfest oder den Basar organisiert, kann er als gemeinnütziger Verein das Geld einnehmen und für schulische Zwecke einsetzen.

Abschließend soll an dieser Stelle darauf hingewiesen werden: Alle Bargeldbestände, egal ob offizielle oder inoffizielle, sind in der Schule **sicher aufzubewahren**. Leider sind Schulen heutzutage oft das Ziel von Einbrechern, die es neben Ausstattungsgegenständen (z. B. EDV-Ausstattung) auch auf Bargeld abgesehen haben. Es reicht nicht, Bargeld in verschlossenen Schränken oder Schreibtischschubladen aufzubewahren, da diese nicht sicher gegen Aufbrüche sind. Es empfiehlt sich daher, einen entsprechend sicheren Tresor in der Schule vorzuhalten. Dann gibt es eigentlich keine Probleme mit der Versicherung beim Ersatz von gestohlenem Bargeld. Aber Vorsicht! Inoffizielle Kassen werden von Versicherungen natürlich nicht ersetzt. Und man sollte sich gut überlegen, ob man sie im Schadensfall wirklich angeben will.

VIII. Vermischtes

1. Datenschutz

Kommen wir nun zum Thema Datenschutz in der Schule. Die übergeordneten Landesdatenschutzgesetze sind für öffentliche Schulen nur maßgebend, sofern schulische Verordnungen und Erlasse keine speziellen Regelungen treffen, was aber meistens der Fall ist. Trotz (vielleicht auch wegen) der ausführlichen Vorgaben tun sich die Schulen mit der konkreten Umsetzung des Datenschutzes meist recht schwer.

Als Schulleiter liegt auch der Datenschutz in Ihrem Verantwortungsbereich, vielleicht sind Sie aber auch der bedauernswerte Kollege, der vom Schulleiter damit betraut wurde, sich um diesen heiklen Punkt zu kümmern. Zwar brauchen Schulen nicht (wie andere »Unternehmen«) zwingend einen eigenen Datenschutzbeauftragten, sondern dieser kann auch außerhalb der Schule sitzen und zudem für mehrere Schulen gemeinsam bestellt werden. Wer jedoch nach dem Grundsatz handelt: »Führen heißt vorausdenken«, wird bereits jetzt einen geeigneten Kollegen abstellen, der sich um diesen sensiblen Bereich kümmert, denn die wachsende Bedeutung des Datenschutzes wird irgendwann von jeder Schule genau dies erforderlich machen.

Doch bevor es richtig losgeht, lassen Sie mich ein wenig ausholen. Der Ursprung des Datenschutzes liegt im sogenannten »Volkszählungsurteil« des Bundesverfassungsgerichtes aus dem Jahre 1983. Die damalige Regierung wollte eine Volkszählung durchführen und dabei auch Informationen über die Wohnungssituation und die Einkommensverhältnisse gewinnen. Die Hausjuristen der Bundesregierung hatten dafür ein schönes Gesetz parat, aber keine Bedenken. Die jedoch hatten mehrere Bürger, die gegen das Gesetz klagten und in den wichtigsten Punkten gewannen. In diesem maßgeblichen Urteil prägte das BVerfG zwei Begriffe, die für den gesamten Datenschutz von zentraler Bedeutung wurden. Es sind dies die Begriffe »**Recht auf informationelle Selbstbestimmung**« und »**personenbezogene Daten**«.

Das BVerfG stellte fest, dass jeder Mensch – als Ausfluss seines Rechts auf freie Entfaltung seiner Persönlichkeit (Art. 2 GG) – auch das Recht besitzt, über die Verwendung seiner (personenbezogenen) Daten zu bestimmen. Dieses Recht auf informationelle Selbstbestimmung wird **wie ein Grundrecht** eingestuft und erhält dadurch eine überragende Bedeutung. Es ist also vergleichbar mit dem Recht auf Leben oder körperliche Unversehrtheit. Unter dem pädagogischen Aspekt der Offenheit mag man bedauern, dass das BVerfG den Datenschutz so hoch angesiedelt hat, aber es ist ein Faktum, mit dem die Schule leben muss.

Was sind nun **personenbezogene Daten?** Es sind Informationen, die durch die **Verbindung mit einem Namen** (oder einer Adresse) schnell und eindeutig einer Person zuzuordnen sind.

Noch stärkerer Schutz ist gefordert, falls über Daten nicht nur etwas Objektives (Geburtsdatum) sondern etwas mitgeteilt wird, das zu einer **Bewertung** führen kann. Früher wurde bei den Schülern ohne Weiteres nach dem Beruf des Vaters gefragt, heute wird aus gutem Grund darauf verzichtet. Sonst hätte man einige Schüler, die mit stolzgeschwellter Brust »Arzt«, »Professor« oder »Fliesenleger« in den Raum rufen, und andere, die mit rotem Kopf und gesenktem Blick »Pfarrer«, »Hartzer« oder »Lehrer« herausstottern. Deshalb dürfen die Noten von Klassenarbeiten mit den dazugehörigen Schülernamen nicht ins Klassenbuch eingetragen werden. Stünden die Noten dort so verschlüsselt, dass nur die unterrichtenden Lehrkräfte sie entschlüsseln könnten, wäre das theoretisch möglich. Derart verschlüsselte Daten wären anonymisiert und unterlägen damit nicht mehr dem Datenschutz. Aber das wäre ein enormer Aufwand.

Gegenstand des Datenschutzgesetzes sind zunächst die in **Dateien** erfassten Informationen. Dabei ist unerheblich, ob diese automatisch (über Computer) oder von Hand nach bestimmten Merkmalen geordnet und verwertet werden. Zwar sind Klassenbücher, Schülerakten, Konferenzprotokolle oder Zeugnisbögen keine »Dateien« im eigentlichen Sinne des Datenschutzgesetzes. Das Gesetz hat aber seine Schutzwirkung mittlerweile ebenfalls auf diese Formen der Datensammlung ausgeweitet, sodass auch lose Schülerstammblätter, Schülerbögen oder Zeugnislisten geschützt sind.

Wer Daten speichert und verarbeitet, muss sie vor unbefugtem Zugriff technisch und organisatorisch schützen, das gilt für automatisierte und manuell erstellte Dateien. Der Datenschutz gilt im Übrigen nicht nur für Schüler, sondern auch für Lehrkräfte. Auch ihre Daten, so z. B. ihre Fehlzeiten, sind geschützt.

Alle Lehrkräfte sind gesetzlich zur Wahrung des Datengeheimnisses verpflichtet. Deshalb ist es ihnen grundsätzlich untersagt, personenbezogene Daten unbefugt zu verarbeiten, bekannt zu geben, zugänglich zu machen oder sonst zu nutzen. Eine Ausnahme ist die Verarbeitung zu genau definierten Zwecken, die vom Kultusministerium ausdrücklich erlaubt sein müssen. Diese Begrenzung ist die logische Konsequenz der **Amtsverschwiegenheit** der Beamten, die hier nur präzisiert wird. Als Schulleiter oder Verantwortlicher für den Datenschutz an Ihrer Schule sollten Sie zur eigenen Absicherung von allen Kollegen eine datenschutzrechtliche Verpflichtungserklärung (Muster im Anhang auf S. 227) unterschreiben lassen.

Allerdings wirkt der Datenschutz nicht unbegrenzt. Beim Leben in der Gemeinschaft muss vielmehr jeder Bürger staatliche Maßnahmen hinnehmen, die im überwiegenden Interesse der Allgemeinheit liegen. Grundsätzlich ist es der Schule erlaubt ist, Daten zu sammeln, wenn dies entweder durch eine Rechtsvorschrift ausdrücklich erlaubt ist oder die Schüler bzw. ihre Erziehungsberechtigten damit einverstanden sind.

Falls Schüler oder Eltern nicht einwilligen, ist die **Weitergabe von folgenden Daten unzulässig:** Namen und Adressen von Schülern an Banken, Sparkassen und Versicherungen, Daten eines Schülers an die Erziehungsberechtigten eines anderen Mitschülers (unten eine Ausnahme), öffentliche Aushänge über Nachprüfungstermine bei schwachen Schülern.

Da sich die »Datenverarbeitung« der Schule im Spannungsfeld von Pädagogik und Datenschutz befindet, ist zu fragen, wie das Verhältnis der beiden Pole grundsätzlich zu sehen ist. Durch die enorme Bedeutung des Datenschutzes genügt nicht irgendein pädagogischer Nutzen einer Datenverarbeitung. Vielmehr muss die Bedeutung der Daten für die Pädagogik so groß sein, dass der Erziehungserfolg gefährdet ist.

Die Erhebung von Daten ist nur in dem Maße zulässig, wie sie zur Erfüllung des Schulzwecks zwingend notwendig ist. Unproblematisch ist die Dokumentation von Schülerleistungen, da hiervon die Versetzung oder Nichtversetzung in die nächste Klasse abhängt. Es ist deshalb nicht nur zulässig, sondern geboten, dass die Lehrkräfte ihre Bewertung der Leistungen aufzeichnen, untereinander austauschen und dass die Schule die vorgeschriebenen Leistungsbewertungen verwahrt, sofern sie nicht bei der einzelnen Lehrkraft verbleiben. Dazu gehören nicht nur Jahres- oder Halbjahreszeugnis, sondern ebenso die für einige Schulformen und Jahrgangsstufen geforderten Lernstandsberichte.

An außerschulische öffentliche Stellen dürfen Daten nur herausgeben werden, soweit dies zur **Erfüllung der gesetzlichen Aufgaben** dieser Stellen erforderlich ist oder wenn ein Rechtsanspruch auf Übermittlung der Daten besteht. Besonders diskret sind **Gesundheitsdaten** zu behandeln, denn sie unterliegen zum einen der ärztlichen Schweigepflicht, zum anderen aber werden sie, wenn sie in der Schule gesammelt werden, durch den Datenschutz noch einmal zusätzlich geschützt.

Entsprechend den Erfordernissen der jeweiligen Schulformen ist es **zulässig**, folgende Daten zu speichern:

- allgemeine Schülerdaten wie Name, Vorname, Adresse, Geschlecht, Geburtsdatum, Geburtsort, Staatsangehörigkeit, Muttersprache und Religion

- schulische Daten wie Eintritt in die Schule, Klasse, Wiederholungen oder Überspringen von Klassen, Unterrichtsbefreiungen und Unterrichtsversäumnisse, Erziehung- und Ordnungsmaßnahmen, Schulwechsel
- sogenannte Leistung- und Prüfungsdaten wie Noten, Punktzahl, Zeitpunkt und Ergebnis von Prüfungen und Versetzungskonferenzen

Auch die Daten der Erziehungsberechtigten dürfen intern gespeichert werden. Zulässig ist ferner die Weitergabe von Daten zu schulstatistischen Zwecken an die Schulaufsicht, an das Jugend- oder Gesundheitsamt, an andere Schulen desselben Schulträgers und an sonstige Behörden.

Vorsicht! Viele **Wettbewerbe**, die von privaten Unternehmen an die Schule herangetragen werden, sind ein Vorwand und haben nur ein einziges Ziel, nämlich an Name und Adresse der Schüler bzw. ihrer Eltern zu kommen. Da solche Daten auf dem freien Markt bares Geld bedeuten, ist der mögliche Gewinn für wenige Schüler (oder eine Klasse) nur ein vergleichsweise geringer Preis, den das Unternehmen zahlt. Daran sollten Sie als Schulleiter denken, wenn es darum geht, mit Schulklassen an irgendwelchen Wettbewerben teilzunehmen.

Etwas weiter oben hatte ich gesagt, die Schule dürfe **grundsätzlich** nicht die Daten eines Schülers an die Eltern eines Mitschülers herausgeben. Dabei gibt es allerdings eine wichtige Ausnahme: Wenn ein Schüler einen anderen schädigt und sich weigert, seinen Namen bzw. die Adresse seiner Eltern anzugeben. In diesem Fall würde der Datenschutz die **Wahrnehmung berechtigter Interessen** verhindern. Damit die Eltern ihre Forderung überhaupt geltend machen können, darf die Schule die Adresse des Schülers bzw. seiner Eltern bekannt geben. Keine Verletzung des Datenschutzes ist es ebenfalls, wenn kriminelle Delikte an die Strafverfolgungsbehörden (Polizei, Staatsanwalt) weitergeleitet werden, wie es mittlerweile in fast allen Bundesländern über eine Rechtsverordnung vorgeschrieben ist.

Um festzustellen, ob alle schulpflichtigen Kinder wirklich die Schule besuchen, müssen die Schülerdaten mit dem örtlichen Melderegister abgeglichen werden. In Zeiten eines kaum kontrollierten Zustroms von Flüchtlingen kann es problematisch werden, wenn Kinder von illegal in Deutschland lebenden Ausländern in einer Schule angemeldet sind. Der Abgleich mit der Meldebehörde könnte dazu führen, dass das Kind und seine Eltern abgeschoben werden. Falls die vorgesetzte Schulbehörde hier keine Entscheidungshilfe gibt, muss der Schulleiter diesen Gewissenskonflikt notfalls mit sich selbst klären. Andererseits ist es nur durch den Abgleich mit den Meldebehörden möglich, zu erfahren, ob das schulpflichtige Kind einer Familie tatsächlich die Schule besucht oder irgendwo in der Wohnung eingesperrt ist und vor sich hinvegetiert.

Nach den meisten Landesschulgesetzen sind die Schüler verpflichtet, sich von Zeit zu Zeit ärztlich untersuchen zu lassen. Diese Pflicht umfasst nicht nur die Einschulungsuntersuchung, sondern ebenso spätere Untersuchungen im Rahmen der **Schulgesundheitspflege**. Zuständig für diese Untersuchungen ist der schulärztliche Dienst, der in der Regel bei den staatlichen Gesundheitsämtern angegliedert ist. Eine Verpflichtung zur Teilnahme an ärztlichen Untersuchungen ist unproblematisch, weil die uneingeschränkte Schulfähigkeit eine zentrale Voraussetzung für die Teilnahme am Unterricht ist. Daneben setzt die Behebung bestimmter Lernschwierigkeiten voraus, diese Einschränkungen überhaupt zu erkennen.

Zudem haben die Schüler einen Anspruch darauf, während des Schulbesuchs vor Infektionen geschützt zu werden. Die Schule ist verpflichtet, so über ihre Schüler zu wachen, wie es gute Eltern für ihre Kinder tun. Untersuchungen der Schulgesundheitspflege dienen außerdem dazu, gesundheitlichen Störungen vorzubeugen, sie frühzeitig zu erkennen und zu beheben. Über diese Untersuchungen sind die Schüler bzw. ihre Eltern vorher zu informieren. Ihnen muss die Gelegenheit gegeben werden, die Ergebnisse der Untersuchungen zu erfahren und zu besprechen. Dafür haben sie das Recht, die entsprechenden medizinischen Akten einzusehen.

An dieser Stelle möchte ich einen juristischen Begriff klären, das **konkludente Handeln**. Zwar liegt seine größte Bedeutung im Zivilrecht, er ist aber auch für den Datenschutz von enormer Wichtigkeit, wie Sie nach einem kleinen Exkurs gleich sehen werden: Normalerweise wird eine Willenserklärung in mündlicher oder schriftlicher Form abgegeben. Aber in vielen Bereichen des täglichen Lebens geht es deutlich einfacher, und zwar so: Wer jeden Morgen am Zeitungskiosk vorbeigeht, dort seine 80 Cent auf den Tresen legt und vom Kioskbesitzer wortlos ein Exemplar der Bild-Zeitung bekommt, der schließt über konkludentes Handeln einen Vertrag.

Konkludentes Handeln ist also ein **Handeln, das einer Willenserklärung entspricht**. Und für banale Vorgänge des täglichen Lebens ist das völlig ausreichend. Wer sich in den Zahnarztsessel setzt und den Mund öffnet, gibt damit (konkludent) zu erkennen, dass er sich zumindest untersuchen lassen will.

Aber nun zum Datenschutz. Wenn ältere Schüler an einem Sportwettkampf teilnehmen und sich danach **ohne Widerspruch** aufstellen und fotografieren lassen, so geben sie damit konkludent ihr Einverständnis zu dem Foto. Und wenn später der Sportlehrer ankündigt, das Foto auf die Homepage der Schule zu stellen, und sich erneut kein Widerspruch regt, so stellt auch dies ein stillschweigendes Einverständnis (über konkludentes Handeln) dar.

Das heißt, der Datenschutz wird **nicht** verletzt, sobald bestimmte Informationen bereits öffentlich bekannt sind oder wenn die **Einwilligung** der Betreffenden vorliegt. Diese Einwilligung muss, wie Sie jetzt wissen, nicht zwingend in schriftlicher (oder mündlicher) Form vorliegen, manchmal reicht auch die stillschweigende Zustimmung. Bei heiklen Informationen ist es jedoch günstiger, das Einverständnis in schriftlicher Form zu fordern, weil die Zustimmung dann leichter zu beweisen ist. Dies gilt vor allem für junge Schüler (vor dem 14. Lebensjahr), die noch nicht »**selbstbestimmungsfähig**« sind und vielleicht die Tragweite ihrer Einwilligung noch nicht begreifen.

Heute gibt es kaum noch Kollegen, die eine öffentliche **Notenbesprechung** durchführen, wie sie früher üblich war. Sie wäre nach wie vor möglich, wenn die Schüler damit einverstanden sind. Hier hat also der juristische Datenschutz über das pädagogische Prinzip der Transparenz gesiegt. Die Notenbesprechung in der »Diskretionszone« (auf dem Flur) hat für Lehrkräfte aber auch Vorteile: Sie müssen ihre Note jetzt nur **einem** Schüler gegenüber rechtfertigen und nicht vor vielen, die normalerweise den Mitschüler unterstützen. Und so ist nachzuvollziehen, dass fast alle Kollegen inzwischen die Notenbesprechung unter vier Augen praktizieren.

Diese diskrete Form der Notenbesprechung hat für Lehrkräfte noch einen weiteren Vorzug. Sie brauchen **nicht auf die Noten anderer Schüler einzugehen**, die oftmals zum Vergleich angeführt werden. Keine Lehrkraft muss offenlegen, warum sie einem anderen Schüler eine bessere Note gegeben hat. Wenn also Schüler eine individuelle Notenbesprechung fordern, müssen sie auch etwaige Nachteile daraus tragen.

Unzulässig ist es, bei der Rückgabe von Klassenarbeiten die Noten oder eine entsprechende Einstufung öffentlich in den Raum zu rufen. Erlaubt ist es hingegen, den Notenspiegel an die Tafel zu schreiben, denn dort erscheint er ohne Namen und ist damit anonymisiert.

Schließen wir mit dem, was zurzeit nur klein am Horizont sichtbar ist, sich aber bald so vergrößern könnte, dass die Schule davor die Augen verschließen kann. Und Sie als pädagogische Führungskraft sollten zu denjenigen gehören, die dieses Problem des Datenschutzes bereits im Ansatz erkannt haben und entsprechend darauf reagieren. Worum handelt es sich? Es geht um den Wunsch einiger Eltern, in den Klassenlisten, die an andere Eltern verteilt werden, **nicht mehr ihre Adresse** der elterlichen Wohnung aufzuführen. Was zuerst eigenartig und überspannt wirkt, ist bei gründlicher Überlegung nicht von der Hand zu weisen.

Sicher haben Sie schon von Google **»Street View«** gehört. Dafür fahren Autos mit Kameras auf dem Dach durch Wohngebiete und fotografieren die Umgebung. Später kann man bei Google unter Eingabe der Stadt und der Straße genau diese Häuser bzw. Wohnblocks sehen. Man bekommt einen recht guten Eindruck vom sozialen Status der jeweiligen Wohngegend (»social screening«) und ihrer Bewohner. Aber sogar ohne Google ist den Eingeweihten einer Stadt klar, welche Straßen in welchem Wohngebiet liegen. Und da nicht auszuschließen ist, dass einige Kollegen bei der Übernahme einer neuen Klasse einen neugierigen Blick auf die Adressen werfen, ist die Forderung nach einem sparsamen Umgang mit Anschriften nicht so übertrieben, wie es auf den ersten Blick scheint. Natürlich muss die Schule (das Sekretariat) die Adressen der Eltern haben, aber ob der Klassenlehrer sie sofort haben muss, ist fraglich. Und die anderen Eltern haben darauf gar keinen Anspruch, sie von der Schule zu bekommen.

Ich meine nicht, dass Sie als Schulleiter schon jetzt in vorauseilendem Gehorsam auf die Angabe der Anschriften in Klassenlisten verzichten müssten. Aber Sie sollten für dieses Problem sensibilisiert sein.

2. Urheberrecht

Für die Beschäftigung mit dem komplizierten Urheberrecht ist es wichtig, einige Bereiche zu unterteilen bzw. zu definieren. Zum einen muss der Bereich geklärt werden, in dem sich das sogenannte »Werk« befindet. Es macht nämlich einen Unterschied, ob es sich um ein Werk mit Text, Ton, Einzelbild oder Film handelt. Denn leider sind die Regelungen für diese Bereiche und ihre Unterformen nicht immer identisch, vor allem nicht, wenn es sich um die besonders geschützten Unterrichtsmaterialien handelt.

Die zweite Klärung ist begrifflicher Art, weil das Urheberrechtsgesetz von Juristen entworfen wurde, und zwar in ihrer Fachsprache. Und so findet man drei Begriffe, die für Lehrkräfte fast identisch klingen, die aber jeweils etwas anderes meinen. Juristisch macht es eben einen großen Unterschied, ob Sie etwas wiedergeben, kopieren oder öffentlich zugänglich machen.

Schlüsselbegriffe des Urheberrechtsgesetzes

Wiedergeben meint die unkörperliche Wiedergabe, also das Vorlesen eines Textes oder das Abspielen eines Musikstückes.
Kopieren meint das **analoge** Vervielfältigen, also die Fotokopie eines Gedichtes, eines Bildes oder von Musiknoten.
Öffentlich zugänglich machen meint die digitale Vervielfältigung oder die digitale Verbreitung von Texten, Bildern oder Musik über einen Schulserver (Intranet) oder das weltweite Internet.

Völlig unproblematisch sind »**gemeinfreie**« Werke. Dieser Begriff bedeutet: allgemein frei. Glücklicherweise ist nicht jedes Werk urheberrechtlich geschützt. Bestimmte Werke sind immer frei zugänglich, z. B. Gesetzestexte, Parlamentsdebatten, Reden vor staatlichen Organen, Parteiprogramme und Texte, deren Autor nicht bekannt ist (z. B. Witze, Anekdoten, Flugblätter). Bei anderen Werken erlischt das Urheberrecht, wenn der Urheber mehr als 70 Jahre tot ist (bei Fotos: 50 Jahre).

Das bedeutet: Wenn ein Englischlehrer Shakespeares »Romeo und Julia« (um 1600) in der Originalfassung bekäme oder in einer Fassung, in der das Original quasi nur abgeschrieben wurde, so ist das Werk urheberrechtlich frei. Denn die eigene Leistung des abschreibenden Bearbeiters ist nicht so hoch zu werten, dass daraus ein eigenes Werk entstünde. Bei einer deutschen Übersetzung, die z. B. vor 30 Jahren verfasst wurde, sieht es schon ganz anders aus, weil die Übersetzung eine eigene schöpferische Leistung darstellt.

Die reine Wiedergabe von Werken in der Schule ist ebenfalls relativ problemlos. Bei der sogenannten **unkörperlichen Wiedergabe** von Werken wird am geringsten in das Recht des Urhebers eingegriffen, z. B. wenn der Lehrer sich einen Gedichtband kauft und daraus dann etwas vorträgt. Die Schüler bekommen also nichts in die Hand, sondern nur einen akustischen Eindruck. Aus diesem Grund eröffnet das Urheberrecht hier die größten Spielräume. Für Filme gelten allerdings strengere Regeln.

Für die Kollegen bedeutet das: Sie können problemlos ihren Schülern Texte vorlesen oder Musik von Mozart vorspielen. Im Kunstunterricht können Bilder von Kunstwerken präsentiert werden, um sie zu besprechen. Ohne Einschränkungen dürfen sie Werke von Künstlern zeigen, die länger als 70 Jahre tot sind, von allen anderen können sie »kleine Teile« des Werks zeigen. Was das ist, erkläre ich gleich bei den Kopien. Lehrkräfte dürfen im Klassenraum auch aktuelle Sendungen bzw. Beiträge aus Radio und Fernsehen live vorspielen.

Die **Aufzeichnung** solcher Sendungen ist jedoch anders zu bewerten. Denn damit verlassen wir den Bereich des reinen Wiedergebens und nähern uns dem Kopieren (siehe S. 200), da die Sendung ja irgendwie gespeichert werden muss.

Als nächste Möglichkeit kommt die Aufführung von Theaterstücken und Schulkonzerten. Zwar gelten die Aufführungen vor der gesamten Schule als öffentlich. Aber es spielt eine Rolle, ob das Werk nur schulintern aufgeführt wird (dazu gehören auch die Eltern) oder ob die Aufführung ebenfalls Außenstehenden zugänglich ist. Und ganz wichtig ist die Frage, ob dafür ein **Eintrittsgeld** erhoben wird.

Für eine rein schulinterne Aufführung ohne Eintrittsgeld braucht man keine Erlaubnis des Urhebers. Sie wäre auch vergütungsfrei (gebührenfrei), weil

- es sich um einen abgegrenzten, schulinternen Personenkreis handelt,
- die Vortragenden keine Gage bekommen und
- die Aufführung dem Bildungszweck dient.

Falls jedoch ein Eintrittsgeld erhoben wird oder Außenstehende (Plakate in der Stadt?) daran teilnehmen können, wäre die Aufführung nicht mehr schulintern oder hätte einen »Erwerbszweck«, was nicht bedeutet, dass die Schule damit Gewinn machen müsste. Dann ist es erforderlich, die Zustimmung des Rechteinhabers einzuholen, also des Verlages, der das Theaterstück als Text verlegt, oder von den sogenannten **Bühnenverlagen**. Und wenn das Urheberrecht für das Stück noch nicht abgelaufen ist, muss dafür eine Vergütung gezahlt werden. Dass dies kaum eine Schule macht, ändert nichts an der Rechtslage. Zudem sollten Sie wissen, dass das eingenommene Geld nicht direkt der Theatergruppe gehört, sondern eigentlich dem Schulträger zusteht, der es dann wieder der Schule geben kann.

2.1 Kopien aus Büchern

Nun geht es um das häufig auftretende Problem, dem Kopieren aus Büchern. Zuerst eine Vorbemerkung: Als Kopien im Sinne des Gesetzes werden nur **analoge** Kopien (Fotokopien oder Video- bzw. Audio-Kassetten) betrachtet, nicht jedoch digitale Kopien, da diese auf Knopfdruck tausendfach verschickt werden können.

Zweite Vorbemerkung: Auch für das deutsche Urheberrecht gilt der internationale

Grundsatz des »fair use«, d. h. jeder Inhaber eines Rechts muss andere – nicht unbedingt kostenlos – daran teilhaben lassen, sofern sie ein berechtigtes Interesse haben.

Der **§ 52 a UrhG** präzisiert das sogenannte **Bildungsprivileg**. Danach ist es den Schulen erlaubt, aus urheberrechtlich geschützten Werken **kleine Teile** oder **Werke geringen Umfangs** (kleines Werk) für Unterrichtszwecke zu kopieren und den Schülern einer Lerngruppe auszuhändigen. Dafür zahlen die Kultusminister an die Verlage eine pauschale Vergütung. Das Prinzip des »kleinen Teils« oder des »kleines Werks« (Werk geringen Umfangs) gilt in der Schule grundsätzlich für sämtliche Arten von Werken, also Texte, Musik und Bilder.

Nun zu dem, was als kleiner Teil betrachtet wird. Es sind maximal zwölf Prozent eines Werkes mit folgenden Obergrenzen: Ein kleiner Teil darf nie mehr sein als ein kleines Werk. Für Druckwerke wird im Urheberrechtsgesetz die Obergrenze des kleinen Teils dabei auf maximal 20 Seiten gesenkt. Leider gilt diese Regelung nicht für jede Woche, wie manche Kollegen meinen. Die Privilegierung der Schule über den kleinen Teil gilt für **jede Lerngruppe nur einmal pro Jahr**. In der Regel reicht das auch, allerdings nicht für die Kollegen, die ihren Unterricht fast ausschließlich über Hunderte von kopierten Arbeitsblättern gestalten.

Allerdings darf ein Lehrer nur für seine Lerngruppe kopieren, nicht für andere Kollegen oder deren Lerngruppen. Dass jetzt der Begriff der Lerngruppe und nicht des Klassenverbandes gewählt wird, ist kein Fehler: Das Kopieren ist z. B. auch für Kurse oder andere »gemischte« Lerngruppen möglich. Der Grund dafür: Filme sind, da attraktiver, stärker geschützt als Papierkopien.

Der Begriff des »Werks geringen Umfangs«, die (mit einer wichtigen Ausnahme) vollständig kopiert werden dürfen, bedeutet: Druckwerke mit maximal 20 Seiten, Filme von maximal fünf Minuten Länge, maximal sechs Seiten Musiknoten, ein Musikstück von maximal fünf Minuten Länge, Bilder, Fotos und sonstige Abbildungen (ohne Einschränkung).

Jetzt die wichtige Ausnahme: Bei **Unterrichtsmaterialien** ist das vollständige Kopieren kleiner Werke ausgeschlossen, aus ihnen dürfen **immer nur kleine Teile** kopiert werden, selbst wenn der Umfang des Gesamtwerkes, z. B. eines Arbeitsheftes, unter 20 Seiten liegen sollte. Zulässig wären in diesem Fall also maximal zwei Seiten (entspricht zwölf Prozent). Da das Ganze so kompliziert ist, folgt am Ende des Kapitels eine Übersicht.

Manchmal, vor allem in Latein und Geschichte, stellt sich die Frage nach dem Urheberrecht von **vergriffenen Büchern** oder auch Musiknoten. Wenn sie seit mindestens zwei Jahren vergriffen sind, dürfen sie kopiert werden, und zwar vollständig. Das gilt übrigens auch für Musiknoten. Der Grund ist einsichtig: Durch das Kopieren eines seit Längerem vergriffenen Werkes wird der Inhaber der Rechte nicht mehr geschädigt. Falls einzelne Exemplare noch in Antiquariaten kursieren, spielt das keine Rolle. Entscheidend ist die (nicht mehr vorhandene) Bezugsmöglichkeit über den regulären Buchhandel.

Jetzt etwas ganz anderes aus dem Urheberrecht: Wenn Schüler sich bei Ihnen darüber beschweren, dass sie ihre Kunstarbeiten von einigen Kollegen nicht zurückbekommen, sollten Sie Folgendes wissen: Den Kunstlehrern wird es nicht gefallen, aber die **Kunstarbeiten gehören den Schülern** als Urheber der Werke. Selbst wenn die Materialien (Papier, Farben) von der Schule gestellt werden, ist die schöpferische Leistung das Ausschlaggebende. Das ist seit über 100 Jahren im BGB (§ 950, Verarbeitung) geregelt. Allenfalls könnte die Schule die Materialkosten zurückfordern. Die Kunstkollegen können aber die Schüler bitten, ihre Arbeiten der Schule für eine bestimmte Zeit (oder auf Dauer) als Leihgabe zu überlassen.

2.2 Filme

Zunächst die unangenehme Nachricht: Das Abspielen von Filmen (z. B. auf DVD) vor der ganzen Schule oder anderen **spontan zusammengesetzten Lerngruppen** ist ohne Vergütung unzulässig. Und bei Filmen spielt selbst die unentgeltliche Vorführung keine Rolle. Die Begründung: Dies ist eine **öffentliche Aufführung**, weil die Teilnehmer nicht durch enge persönliche Beziehungen untereinander verbunden sind.

Nun wird es angenehmer: **Nicht öffentlich** ist es hingegen, wenn ein Film **im festen Klassenverband** (mit 15 oder mehr gemeinsamen Wochenstunden) gezeigt wird. Der wird nämlich wie ein Familien- oder Freundeskreis gesehen, in dem man problemlos gemeinsam einen Videofilm anschauen darf. Kurse in der Profiloberstufe mit vielen gemeinsamen Stunden könnten eventuell auch noch von dieser Auslegung profitieren. Und das Beste: Das gilt nicht nur für gekaufte Filme, sondern auch für gemietete aus der Videothek, allerdings nicht für illegale Kopien. Damit kein Missverständnis aufkommt: Es geht nicht darum, wie viele Stunden eine Lehrkraft in der Klasse unterrichtet, sondern darum, wie lange die Schüler in dieser Zusammensetzung zusammen sind.

Es wäre schön, wenn es zu diesem für die Schule wichtigen Komplex ein Urteil von einem Gericht oder sogar dem BGH gäbe. Dass es noch keines gibt, hat vermutlich folgenden Grund: Bevor sich die Inhaber der Rechte (z. B. die Videoverleiher) vor Gericht eine Niederlage holen, für die sie noch zahlen müssten, lassen sie es lieber bei der Unsicherheit, die in vielen Schulen herrscht. Das ist für sie viel günstiger. Diese Unsicherheit wird noch dadurch geschürt, dass im Vorspann solcher Filme regelmäßig steht, sie seien ausschließlich für den privaten Gebrauch bestimmt und der **Einsatz in Schulen** sei nicht erlaubt. Das stimmt so nicht.

Die Hersteller und Verleiher der Filme setzen darauf, dass der Durchschnittsbürger das glaubt, was irgendwo geschrieben steht, selbst wenn es juristisch nicht wirksam ist. Denken Sie an das Baustellenschild »Eltern haften für ihre Kinder«. Auch das stimmt nicht, aber jeder Bauherr darf es aufstellen, um Eltern und Kinder abzuschrecken. Und in den meisten Fällen wirkt es auch.

Zudem ist höchst fraglich, ob solche Bedingungen im Vorspann, die man ja erst **nach** dem Kauf erfährt, überhaupt wirksam sind. Und, man achte auf die Feinheit: In

Schulen (im Sinne einer gesamten Schule!) dürfen solche Filme ja tatsächlich nicht vorgeführt werden, sondern nur im einzelnen festen Klassenverband.

Eine Grauzone haben wir bei 2- oder 4-stündigen Kursen in der Oberstufe oder bei Arbeitsgemeinschaften. Sind die (juristisch gesehen) auch ein Freundeskreis oder noch nicht? Im Zuge der Liberalisierung des Urheberrechts gibt es die Auffassung, dass man sagt: Wenn eine solche Lerngruppe sich nicht nur wenige Male so zusammenfindet, sondern in dieser Form ein gesamtes Halbjahr zusammenbeleibt, kann man in dieser Gruppe auch Filme zeigen.

Wenn Ihre Kollegen jedoch in einer nur kurz so zusammengesetzten Lerngruppe, die ja nach dieser Definition kein fester Verband ist, einen Film zeigen wollen, sollten Sie Ihre Stadt- oder Landesbildstelle bitten, den Film mit **Vorführlizenz** anzuschaffen. Falls dort kein Geld mehr vorhanden ist, kauft eben die Fachschaft / Fachgruppe den Film mit Lizenz, die preiswerter ist, als viele Lehrer glauben. Fast jeden gängigen Film bekommen Sie mit einer solchen Lizenz. Und das Schöne daran: Je anspruchsvoller der Film ist, desto geringer seine Lizenzgebühr.

2.3 Online-Nutzung

Nun zum Urheberrecht in der **Online-Nutzung**. Die Kollegen sollten beim **Internet** in der Schule Folgendes beachten: Natürlich darf sich jeder die interessanten Dinge im Internet anschauen. Das bedeutet aber nicht, dass eine Lehrkraft das dort Präsentierte einfach weiter **vervielfältigen** darf. Das gefährlichste Beispiel ist der **Stadtplan** im Internet: Man darf ihn anschauen, darf ihn für seinen persönlichen Gebrauch ausdrucken. Aber für einen Stadtbummel darf eine Lehrkraft ihn **nicht kopieren und an die Schüler verteilen**. Allerdings dürfte sich jeder Schüler zu Hause diesen Stadtplan ausdrucken, denn bei dieser Variante nutzt jeder Schüler als Privatperson seine rechtliche Möglichkeit. Und der Anbieter des Stadtplans profitiert davon, weil er jetzt mehr Zugriffe (Klicks) auf seine Seite bekommt, was seine Werbeeinnahmen erhöht.

Wenn Sie also möchten, dass Ihre Schüler über einen Stadtplan verfügen, sollten Sie ihn nicht für sie kopieren, sondern den Schülern sagen, wo und wie sie Stadtpläne im Internet finden und selbst ausdrucken können – dann sind Sie auf der sicheren Seite.

Um herauszubekommen, wer der Inhaber der entsprechenden Rechte einer Internetseite ist, sollte man ins Impressum schauen. Allerdings muss der Rechteinhaber nicht zwingend genau dort vermerkt sein. Er könnte auch an einer anderen Stelle der Internetseite stehen, z. B. bei »Wir über uns« oder »Kontakt«. Dort findet man auch seine Kontaktdaten, falls man mit dem Rechteinhaber über den Preis einer Lizenz verhandeln will.

Seit der Urheberrechtsnovelle (2008) gilt die Regelung des kleinen Teils ebenfalls für das Internet. Auch von im Internet zugänglich gemachten Werken können kleine Teile kopiert werden, und zwar zur **Veranschaulichung des Unterrichts**. Der so beliebte Stadtplan ist aber kein kleiner Teil. Denn es zählt nicht der Gesamtumfang der Internetseite (z. B. Google Maps), sondern jeder darin enthaltene Stadtplan ist ein »Werk« für sich. Zudem dient er bei einer normalen Tagesfahrt mit Stadtbummel nicht der Veranschaulichung des Unterrichts. Anders wäre es, wenn ein Stadtplan z. B. im Rahmen des Verkehrsunterrichts oder des Erdkundeunterrichts (Stadtanlage mit Befestigungswall) eingesetzt wird. Eine großzügigere Regelung gilt ab 2013 für die früher stärker geschützten Unterrichtswerke. Wenn nichts anderes vermerkt ist, dann dürfen auch davon kleine Teile genutzt werden. Allerdings muss immer die Quelle angegeben werden.

Nun zum schulinternen **Intranet:** Die dort eingestellten Inhalte dürfen immer nur einem kleinen Kreis von Schülern (durch ein Passwort geschützt) zugänglich sein. Es ist ähnlich (aber nicht genauso) wie bei den Filmen und Kopien. Inhalte für **eine** Lerngruppe (Klasse oder Kurs) zugänglich zu machen, ist erlaubt. Nicht erlaubt ist es hingegen, Inhalte für andere Klassen, für Kollegen oder sogar für die ganze Schule zugänglich zu machen.

Auch für die Nutzung im Intranet zahlen die Kultusminister eine pauschale Vergütung an die Verwertungsgesellschaften, nicht zuletzt, um Kopierkosten zu reduzieren und den Schülern die Möglichkeit zum Selbststudium zu bieten.

Noch zwei Dinge sollten beachtet werden: Positiv ist, dass nicht nur Dinge eingestellt werden dürfen, die für den Unterricht direkt benötigt werden, sondern alles, was zur **Veranschaulichung des Unterrichts** geeignet ist. Das ist deutlich weiter gefasst als früher und ermöglicht auch Informationen aus angrenzenden Bereichen.

Allerdings dürfen keine Inhalte eingestellt werden, die keinen konkreten Unterrichtsbezug haben (z. B. Gedulds- oder Geschicklichkeitsspiele, allgemein gehaltene Rätsel).

2.4 Urheberrecht auf einen Blick

Wunsch / Problem	Zu beachten
Kopieren von aktuellen Gesetzestexten, Parteiprogrammen, Texte von unbekannten Autoren	Nichts, da gemeinfreie Texte
Kopieren von Texten, deren Autor vor 1940 gestorben ist	Nichts, Urheberrecht erloschen, jetzt gemeinfrei
Kopieren von Fotos, deren Schöpfer oder Rechteinhaber vor 1960 gestorben ist	Nichts, Urheberrecht erloschen, gemeinfrei
Kopieren von seit mehr als 2 Jahren vergriffenen Büchern oder Musiknoten	Nichts, keine Schädigung von Rechten
Vorlesen eines Buches, Vorspielen von Musik	Problemlos, da unkörperliche Wiedergabe

Wunsch / Problem	Zu beachten
Aufführung von Theaterstücken (Konzerten), und zwar nur schulintern, ohne Eintritt	Problemlos, zulässig
Aufführung von Theaterstücken mit Zugang für jedermann oder mit Eintritt	Nur mit Zustimmung des Rechteinhabers, Zahlung einer Gebühr
Anschauen einer Parlamentsdebatte mit der gesamten Schule	Problemlos, da gemeinfrei
Aufzeichnung einer Fernsehsendung zu Hause, Abspielen in einer Klasse	Kopie und zulässige Vorführung, da nicht öffentlich
Vorführen eines gekauften oder gemieteten Films in einem festen Klassenverband	Zulässige Wiedergabe, da nicht öffentlich
Vorführen eines gekauften oder gemieteten Films in einem 2-stündigen Kurs (AG)	Zulässig, wenn Kurs (AG) das gesamte Halbjahr sattfindet
Vorführen eines gekauften oder gemieteten Films in einer nur kurz zusammengesetzten Lerngruppe	Unzulässige Wiedergabe, da öffentlich
Herunterladen, Ausdrucken, Kopieren und Verteilen eines Stadtplanes	Unzulässige Vervielfältigung
Kopieren eines kleinen Werks (keine Unterrichtsmaterialien): maximal 20 Seiten bei Druckwerken, fünf Minuten Musik, fünf Minuten Film, sechs Seiten Musiknoten	Problemlos
Kopieren eines kleinen Teils eines beliebigen größeren Werks (auch von Unterrichtsmaterialien). Der zulässige Teil darf dabei nicht größer sein als ein kleines Werk.	Problemlos
Kopieren von kleinen Teilen aus dem Internet, zur Veranschaulichung des Unterrichts zur Veranschaulichung des Unterrichts. Bezugspunkt für die »kleinen Teile«: nicht die gesamte Website, sondern die auf ihr versammelten Einzelwerke.	Problemlos
Kopieren von Teilen von Unterrichtsmaterialien aus dem Internet	Unzulässig, wenn nicht im Internet anders angegeben
Zeitlich begrenztes Einstellen von kleinen Teilen eines Inhalts ins Intranet	Möglich, wenn nur für eine Lerngruppe zugänglich

3. Religiöse Ansprüche

In diese Neuauflage gehört zwingend ein Themenbereich, der in den letzten Jahren immer stärker an Bedeutung gewonnen hat: Es geht um religiös begründete Ansprüche, die von Schülern, Eltern, aber auch von Lehrkräften an die Schule herangetragen werden. Glücklicherweise gibt es dazu seit September 2013 einige höchstrichterliche Klarstellungen zu diesem Problemfeld, die Sie als schulische Führungskraft kennen sollten.

Die Kopftuchurteile: Fangen wir also mit den Lehrkräften und der Klärung der Frage, ob das Tragen eines Kopftuches im Unterricht zulässig ist. Für muslimische Schülerinnen war das schon immer zulässig, weil sie im Gegensatz zu Lehrerinnen keine Vorbildfunktion haben, die einen Anpassungsdruck auf andere muslimische Schülerinnen befürchten lässt. Für muslimische Lehrerinnen hingegen hatte das BVerfG in seinem 1. Kopftuchurteil (2003) festgelegt, ein Trage**verbot** in der Schule sei zulässig, wenn dies über ein Landesgesetz geschehe. Daraufhin erließen mehrere Bundesländer ein solches Verbot, gegen das zwei muslimische Lehrerinnen vor dem BVerfG klagten. Die Klage kam vor eine **andere Kammer** des Gerichts, den 1. Senat, der im Januar 2015 entschied: Die entsprechenden Trageverbote der Landesgesetze seien verfassungswidrig, weil sie die Religionsfreiheit bereits beschränken, obwohl die Gefahr einer religiösen Beeinflussung lediglich abstrakt gegeben sei. Nach diesem Urteil ist also das Tragen eines Kopftuches aus religiösen Gründen auch für Lehrerinnen zulässig. Erst wenn es mehrfach konkrete Versuche gegeben habe, Schülerinnen zu beeinflussen, könnte ein (zeitlich begrenztes) Trageverbot ausgesprochen werden. Zwar halte ich diese Entscheidung für falsch, weil sie religiöse Konflikte nicht im Vorfeld entschärft, sondern auf den Rücken der einzelnen Schule ablädt. Aber es hilft nichts, man muss diese Entscheidung unseres höchsten Gerichts kennen und akzeptieren.

Das Burkini-Urteil: Bei muslimischen Schülerinnen gab es immer wieder Weigerungen, am Schwimmunterricht teilzunehmen, weil ihnen der Glaube verbietet, männlichen Mitschülern ihren Körper kaum verhüllt zu zeigen. Glücklicherweise kam etwa um 2010 der Burkini nach Westeuropa, ein Gewand aus ganz leichtem Stoff, das selbst bei einem nassen Körper die Konturen verschleiert, mit dem man aber trotzdem passabel schwimmen kann. Durch diese »Erfindung« konnte das BVerwG über einen Entscheidung (September 2013) die Angelegenheit klären, und zwar: Muslimische Schülerinnen sind verpflichtet, am Schwimmunterricht der Schule teilzunehmen. Notfalls müssen sie dafür einen Burkini tragen.

Das Krabat-Urteil: Es ist die dritte wichtige Entscheidung, die sich mit religiösen Ansprüchen befasst. Sie stammt ebenfalls vom September 2013 und klärt die Frage, ob religiöse Eltern einen Anspruch darauf haben, dass ihr Kind in der Schule von religiös unerwünschten Inhalten verschont bleibt. Worum ging es? Im Deutschunterricht sollten zuerst Auszüge des (mehrfach ausgezeichneten) Jugendbuches »Krabat« gelesen und anschließend die Verfilmung angeschaut werden. Bei dem Buch geht es auch um »Schwarze Magie«, ein Thema, das die Eltern aus religiösen Gründen ablehnten. Die Lektüre der Textauszüge nahmen die Eltern noch zähneknirschend hin, das Anschauen der Verfilmung wollten sie ihrem Kind nicht zumuten und beantragten darum die Befreiung vom Filmbesuch. Als die Schule die Befreiung nicht gewährte, ging die Sache vor Gericht, und zwar bis zum BVerwG. Dieses erklärte abschließend: Schüler sind verpflichtet, an allen **regulären Unterrichtsinhalten** teilzunehmen, selbst wenn ihnen (oder ihren Eltern) diese nicht gefallen. Es ist ihnen zuzumuten, in der Schule auch Inhalte kennen zu lernen, die sie persönlich ablehnen. Anders ist allerdings die Teilnahme am Weihnachtsgottesdienst zu sehen, weil dieser an einer staatlichen Regelschule kein Bestandteil des Lehrplans ist. Die Teilnahme ist damit für Schüler (und Lehrkräfte) freiwillig.

Die Klarstellung des BVerwG ist erfreulich – und war schon lange überfällig. Schließlich gab es immer mehr Eltern, die eine Befreiung ihrer Kinder von unerwünschten Inhalten forderten, was Lehrkräfte und Schulleitungen regelmäßig vor Probleme stellte. Nun wissen die Kollegen, wann sie – juristisch abgesichert – solche Wünsche nach Befreiung ablehnen dürfen.

4. Grundregeln des Prüfungsrechts

4.1 Allgemeines

Dieses Kapitel wendet sich an alle Lehrkräfte, Leiter der Fachschaften oder Schulleiter, die Prüfungen durchführen oder leiten müssen und damit für die korrekte Durchführung verantwortlich sind. Da wichtige Prüfungen einerseits über den Zugang zum Beruf entscheiden und damit Lebenschancen eröffnen oder versperren, andererseits aber durch ihren punktuellen Charakter nur eine Momentaufnahme der gesamten Fähigkeit zeigt, ist eine »rechtsförmige« Ausgestaltung erforderlich, um ein Höchstmaß an Chancengleichheit zu gewährleisten.

Wurde **früher** den Prüfenden ein großer **Beurteilungsspielraum** zugestanden, der von den Gerichten **nicht nachgeprüft** wurde, so haben wir seit etwa 25 Jahren eine etwas andere Situation, die sich zum Glück noch nicht bis zu den Schülern und ihren Eltern herumgesprochen hat. Im Jahre 1991 hat das BVerfG in zwei Urteilen (in Fachkreisen »der Blitzschlag aus Karlsruhe«) eine neue Richtung eingeschlagen (BVerfGE 84, 34 und 59). Das etwas verkürzte Fazit lautet: Wenn ein Prüfling in einer **entscheidenden Prüfung** eine **vertretbare Lösung** liefert, die er **logisch mit gewichtigen Argumenten** (z. B. der Fachliteratur) begründet, so darf diese nicht als falsch gewertet werden. Die Note der Prüfung muss (auch von den Gerichten!) **notfalls mithilfe eines Sachverständigen** festgestellt werden.

Trotz der vielen Einschränkungen ist diese Entscheidung des höchsten deutschen Gerichts eine wichtige Richtungsänderung und wird, wenn sie sich herumgesprochen hat, den Verwaltungsjuristen auf etliche Jahre hinaus Lohn und Brot sichern.

Hierzu ein konkreter Fall, damit das Neue anschaulich wird: Als berufsentscheidende Prüfung lassen Sie uns das Abitur annehmen. Ein Physiklehrer hat im Unterricht vermittelt, dass das Problem A nur auf dem Wege X zu lösen sei. Allerdings ist sein Kenntnisstand überholt. Außerdem weiß er nicht, dass Schülers S einen Physikprofessor als Vater hat, der sich mit seinem Jungen beim Essen über die neuesten Forschungen der Physik unterhält. So erfährt S, dass es mittlerweile ein **anerkanntes** Verfahren Y gibt, das oben genannte Problem wesentlich eleganter zu lösen. Es kommt, wie es kommen muss: In der Abiturklausur nutzt S das neue und anerkannte (das ist wichtig!) Verfahren, um das Problem zu lösen, was jedoch vom Lehrer als falsch bewertet wird, weil er es nicht besser weiß.

Früher, nach alter Rechtsprechung zum Prüfungsrecht, hätte dieser Schüler keine Chance gegen den Beurteilungsspielraum des Prüfers gehabt, jetzt aber kann er die (schlechte) Bewertung der Prüfungsarbeit anfechten. Das Gericht wird notfalls über einen Sachverständigen feststellen lassen, dass der Kenntnisstand des Lehrers veraltet ist und man dem Schüler nicht vorwerfen kann, besser informiert zu sein. Die Bewertung der Klausur muss folglich zugunsten des Schülers korrigiert werden.

Als Leiter der Prüfung (Fachprüfungsleiter oder Vorsitzender des Prüfungsausschusses) müssen Sie nicht nur den korrekten Ablauf der Prüfung überwachen, sondern bei Beschwerden auch entscheiden, ob diese Beanstandungen gerechtfertigt sind. Deshalb werde ich die wichtigsten Mängel, die bei der Durchführung von Prüfungen auftreten können, jeweils an einigen Beispielen aus der Praxis kurz erläutern. Auf diese Weise haben Sie konkrete Anhaltspunkte, an denen Sie sich für Ihre Entscheidung orientieren können. Doch vorweg gilt es, zwei Gruppen von Mängeln zu unterscheiden:

- Verfahrensfehler
- Inhaltliche Bewertungsfehler

4.2 Verfahrensmängel

Falsche Besetzung des Prüfungsausschusses

Sie liegt vor, falls für eine Prüfung kein Vorsitzender festgelegt ist oder der (eigentlich vorgesehene) Vorsitzende einfach »unter der Hand« einen anderen Kollegen für sich in die Prüfung schickt oder wenn statt der vorgeschriebenen drei Prüfer nur zwei anwesend sind. Ein geringes Problem ist die Krankheit des Vorsitzenden, denn für ihn könnte ein anderer Kollege (mit gleicher Qualifikation) einspringen. Schwierig ist in einer mündlichen Prüfung hingegen der **Ausfall des Prüfers**, weil dieser dem Prüfling bekannt bzw. vertraut ist. Ein kurzfristiger Wechsel des Prüfers, nur um den Prüfungstermin einzuhalten, wäre kaum gerechtfertigt. Vor dem Ansetzen eines neuen Prüfungstermins müsste zwischen Prüfling und neuem Prüfer zumindest ein intensives Gespräch stattfinden, das ein Minimum an Vertrauen aufbaut.

Mängel in der Person des Prüflings

Ebenfalls können, wie die Juristen sagen, »Mängel« in der Person des Prüflings vorliegen. Dazu gehören z. B. gesundheitliche Beeinträchtigungen, die über das normale Unbehagen hinausgehen, das sich gewöhnlich bei Prüfungen einstellt. Folglich muss vor Beginn der Prüfung festgestellt werden, ob die (gesundheitliche) Prüfungsfähigkeit gegeben ist.

Die Entscheidung, ob der Kandidat sich für prüfungsfähig hält und die Prüfung antritt, kann letztlich nur von ihm selbst getroffen werden. Anderenfalls werden Prüfer und / oder Prüfungsvorsitzender sich später vorhalten lassen müssen: »Sie wollten doch unbedingt, dass ich die Prüfung absolviere, obwohl es mir so schlecht ging!«

Problematisch ist es, wenn das Unwohlsein sich direkt nach der Bekanntgabe der Aufgabenstellung einstellt. Aber auch das gibt es. Der Prüfling sollte dann unverzüglich zum Amtsarzt (nicht zum Hausarzt!) geschickt werden, dessen Beurteilung abschließend darüber entscheidet, ob der Kandidat prüfungsfähig ist oder ob er die Prüfung zu einem späteren Zeitpunkt wiederholen darf.

Ein weiterer Mangel ist der Täuschungsversuch, der im Grundwerk »SchulRecht! Aus der Praxis – für die Praxis« ausführlich behandelt wird (S. 81 ff.). Eine unmissverständliche Belehrung vor der Prüfung wirkt in vielen Fällen präventiv und ist zudem für Abschlussprüfungen (wie das Abitur) zwingend vorgeschrieben.

Mängel in der Person des Prüfers

Nicht nur beim Prüfling, sondern auch in der Person des Prüfers kann es »Mängel« geben, die eine Anfechtung der Prüfung begründen. An erster Stelle ist die fehlende fachliche Qualifikation zu nennen. Möglicherweise prüft jemand, der zwar großes fachliches Wissen, nicht aber die amtliche Prüfungsberechtigung, die sogenannte »Fakultas« (die offizielle Lehr- und Prüfungsbefähigung) besitzt. Falls diese nicht über ein anerkanntes Fachstudium erworben wurde, muss sie von der Behörde ausdrücklich verliehen werden. Grundsätzlich kann man die entsprechende Qualifikation der Prüfer annehmen. Falls aber jemand nur aushilfsweise unterrichtet oder prüft, kann es sinnvoll sein, diesen Punkt vorher genauer zu untersuchen.

Schwierig wird es beim nächsten Aspekt, der sogenannten **Befangenheit** des Prüfers, einem Begriff, der von unzufriedenen Prüflingen gern vorschnell gebraucht wird, da sie einen Irrtum des Prüfers zu ihren Lasten bereits als untrügliches Indiz für dessen Befangenheit ansehen. Die Tatsache, dass sich ein Prüfer irrt, ist jedoch noch kein Beweis für seine Befangenheit gegenüber dem Prüfling. Andersherum gewendet: Falls sich ein Prüfer einmal zugunsten des Prüflings irrt, wird dieser wahrscheinlich nicht annehmen, der Prüfer habe dies mit Absicht gemacht. Das wird dem Prüfer nur dann unterstellt, wenn der Irrtum zu Lasten des Prüflings geht. Das ist menschlich verständlich, aber nicht logisch und juristisch nicht haltbar. Also:

> **! Ein (belastender) Irrtum des Prüfers ist kein Beleg für seine Befangenheit.**

Von Befangenheit kann erst die Rede sein, sobald begründet angenommen werden kann, z. B. über Indizien wie gehäufte sachfremde Erwägungen, dass der Prüfer **wider besseres Wissen** etwas unternimmt, um den Prüfling zu verunsichern oder auf eine falsche Fährte zu führen. Befangenheit bedeutet, dem Kandidaten nicht unvoreingenommen gegenüberzustehen, sondern ihm gegenüber Vorurteile zu haben, weil er z. B. lange Haare trägt oder häufig gefehlt hat.

Fast jeder Prüfling, der schlecht bewertet wird, hat das subjektive Gefühl, der Prüfer habe etwas gegen ihn, denn dies ist die bequemste Erklärung für seinen Misserfolg. Bei dieser Annahme hat man selbst nichts falsch gemacht, braucht folglich das eigene Verhalten nicht zu ändern. Stattdessen bekommt der voreingenommene Prüfer die Schuld, weil er Fragen zu Inhalten gestellt hat, die schon Monate zurückliegen.

Die echte Befangenheit ist naturgemäß schwierig nachzuweisen. Aber zugunsten des Prüflings genügt bereits **die begründete Besorgnis** der Befangenheit. Eine objektive Befangenheit muss folglich nicht bewiesen werden. Es geht lediglich um den Nachweis von Gründen, die mit einiger Berechtigung annehmen lassen, der Prüfer **könne** befangen sein.

Mängel im Prüfungsstoff

Ein weiterer Mangel kann in einem unzulässigen Prüfungsstoff liegen. Denn grundsätzlich kann nur das Gegenstand der Prüfung sein, was die gesetzlichen Prüfungsordnungen zulassen und was der Lerngruppe zuvor vermittelt wurde. Für jede wichtige Prüfung (z. B. Abitur) gibt es nicht nur Prüfungsordnungen, die das Formale regeln, sondern auch die sogenannten Einheitlichen Prüfungsanforderungen (EPA), die (aufbauend auf den Curricula) inhaltlich festlegen, welcher Inhalt und welcher Aufgabentyp zwingend vorgeschrieben bzw. möglich sind. Dabei gilt der Grundsatz: **Aus dem Lehrstoff muss der Prüfungsstoff folgen!**

Mit Lehrstoff sind die Inhalte gemeint, die der Gruppe während des **regulären** Unterrichts vermittelt wurden, nicht jedoch das, was der einzelne Schüler gehört hat. Wenn also ein Kandidat zur Zeit der Vermittlung (egal, ob entschuldigt oder unentschuldigt) gefehlt hat, so ist dies sein Problem, denn er muss selbstständig den versäumten Stoff nachholen. Einen Mangel im Prüfungsstoff stellen mehrdeutige Aufgabenstellungen dar. Sie dürfen nicht gegen den Prüfling ausgelegt werden, wenn seine Auslegung der Aufgabenstellung ebenfalls möglich und sinnvoll ist.

Mängel in Form und Ablauf der Prüfung

Unter diesen Verfahrensmängeln versteht man eine zu kurze Vorbereitungszeit, z. B. weil der Zeitplan der Prüfungen nicht genau eingehalten wird. Auch eine zu kurze Prüfungszeit, um vorher verlorene Zeit wieder einzuholen, ist fehlerhaft. Schließlich hätte der Kandidat ja theoretisch in den weggefallenen Minuten noch positive Punkte nennen können, die zu einem besseren Endergebnis geführt hätten.

Etwaige Störungen von außen (extreme Hitze, starker Lärm) sind ebenfalls Mängel, die allerdings vom Prüfling **unverzüglich** zu rügen sind, damit die Prüfungsleitung bzw. die Aufsicht den Mangel beheben oder durch zusätzliche Zeit ausgleichen kann. Es ist für einen Kandidaten nicht zulässig, die Prüfung unter widrigen Bedingungen zunächst klaglos abzuleisten und später den Mangel zu rügen, um so das Ergebnis verbessern zu wollen.

Formal fehlerhafte Bewertung

Hierunter versteht man z. B. das falsche Zusammenzählen von Bewertungspunkten. Die rein inhaltliche Bewertung der einzelnen (hier angenommenen) fünf Teilaufgaben war zwar zutreffend, man hat aber rechnerisch 9 + 8 + 10 + 7 + 11 fälschlich zu 35 Punkten (statt 45) zusammengezählt und ist somit zu einem falschen Ergebnis gekommen.

> **!** **Verfahrensmängel stellt man im Streitfall über die Prüfungsprotokolle fest, die bei schriftlichen und mündlichen Prüfungen angefertigt werden müssen und die hoffentlich so korrekt geführt werden, dass sie die fraglichen Punkte präzise festhalten.**

4.3 Inhaltliche Bewertungsfehler

Deutlich schwieriger als Verfahrensfehler sind inhaltliche Bewertungsfehler zu erfassen, da sie stark vom jeweiligen Einzelfall abhängen. Versuchen wir es trotzdem.

Gegenstand der Bewertung verkannt

Dieser häufige Mangel liegt vor, wenn die Prüfungsaufgabe so eng gefasst oder vom Niveau her so niedrig angelegt ist, dass sie dem Prüfling nicht erlaubt, die maximale Punktzahl zu erreichen. Hier gilt es als Prüfungsleitung aufzupassen, denn einige Prüfer wählen für schwache Kandidaten sehr einfache Prüfungsaufgaben, damit »ihr« Kandidat nicht scheitern kann. Das ist pädagogisch verständlich, aber juristisch nicht zulässig. Ein möglicher Ausweg liegt in einer zwei- oder dreigeteilten Aufgabe, von der ein schwacher Kandidat vielleicht nur den ersten und eventuell noch etwas vom zweiten Teil bearbeiten kann.

Selbstredend ist es auch fehlerhaft, falls der Prüfer einige Teile der Leistung nicht zur Kenntnis nimmt. Er liest z. B. nur den ausgesprochen schwachen Anfang einer Arbeit und bricht danach entnervt ab. Denn für ihn ist klar: Die Arbeit kann insgesamt nur unbefriedigend sein. Die Juristen sprechen in diesen Fällen davon, dass der Gegenstand der Bewertung verkannt wurde. Das bedeutet grob: Der Prüfer hat nicht berücksichtigt, was alles zum Prüfungsinhalt gehört.

Ausgehen von »falschen Tatsachen«

Dieser Begriff, den leider sämtliche Gerichte verwenden, die mit Prüfungsrecht zu tun haben (darunter auch das BVerwG), ist recht verwirrend, da es eigentlich keine falschen Tatsachen gibt. Eine Tatsache kann so oder so sein, aber nicht falsch. Deutlicher wäre es, von »falschen Voraussetzungen« zu sprechen. Gemeint ist mit diesem Terminus Folgendes: Der Prüfer glaubt, etwas sei eine Tatsache, aber diese Annahme ist falsch. Er geht also von falschen Voraussetzungen aus.

Beispiele für »falsche Tatsachen«

- **Die Leistung erfolgte nicht, wie vom Prüfer fälschlich angenommen, mit den zugelassenen Hilfsmitteln (z. B. Wörterbücher oder Formelsammlungen), sondern ohne diese, weil sie nicht wie geplant auslagen. Folglich musste ohne Hilfsmittel gearbeitet werden, was der Prüfende aber nicht zugunsten des Prüflings berücksichtigt.**
- **Der Prüfer glaubt, ein wesentlicher Teil der schriftlichen Arbeit fehle, tatsächlich aber kleben zwei Seiten zusammen und werden deshalb von ihm übersehen.**
- **In einer mündlichen Prüfung meint der Prüfer, der Kandidat habe eine Frage nicht beantwortet, obwohl er es in umständlicher Art und Weise doch getan hat.**

Die zentrale Frage, die sich hinter dem Mangel der »falschen Tatsachen« verbirgt, ist folgende: Wurden alle für die Bewertung wichtigen Tatsachen zutreffend erkannt, oder wurde vom Prüfer einiges fälschlicherweise verkannt?

Fehler beim Bewertungsvorgang

Zu den inhaltlichen Fehlern des Bewertungsvorganges rechnet man weiter, wenn Richtiges (z. T. auch Vertretbares) für falsch gehalten bzw. falsch gewichtet wird. So z. B. wenn die Rechtschreibung eines Aufsatzes zum Schwerpunkt der Bewertung wird und der inhaltliche Gehalt kaum noch eine Rolle spielt. Oder wenn in einer mündlichen Prüfung die stockende Art des Vortrags zum Schwerpunkt der Bewertung gemacht wird. Dazu gehört ebenfalls, wenn gute und schlechte Leistungen nicht gegengerechnet, sondern nur die schlechten Leistungen angekreidet werden und zu einer Abwertung führen.

Auch der Verstoß gegen die logischen Denkgesetze kann als fehlerhafter Bewertungsvorgang eingeordnet werden, z. B. wenn ein Prüfer meint, Büchners »Woyzeck« (um 1835) sei durch Brecht (etwa 100 Jahre später) wesentlich beeinflusst worden. Ein Verstoß gegen die Denkgesetze bedeutet somit eine Einschätzung des Prüfers, die jedem Fachkundigen als unhaltbar erscheinen muss.

Sachfremde Erwägungen

Gleichfalls fehlerhaft sind die sogenannten »sachfremden Erwägungen«. Das sind Überlegungen, die mit der Sache nichts zu tun haben, trotzdem aber in die Bewertung mit einfließen. Die Beurteilung durch den Prüfer darf nicht willkürlich, d. h. nicht seinem persönlichen Willen und seinen Gefühlen unterworfen sein, sondern muss durch die mehr oder weniger gute Lösung der Sachfrage bestimmt werden. Sachfremde Erwägungen liegen folglich vor bei unsachlicher, z. B. konfessioneller oder parteipolitischer Kritik (der Schüler ist dem Lehrer nicht »progressiv« genug), bei polemischen Anmerkungen über das Gesagte / Geschriebene des Prüflings.

Allerdings genügt nach Auffassung der Gerichte selbst in einer mündlichen Prüfung eine **einmalige** ironische Bemerkung des Prüfers noch nicht, um eine persönliche Befangenheit anzunehmen. Denn die mündliche Prüfung soll ein (angeregtes) Gespräch sein, in dem auch eine kritische, provozierende oder lockere Bemerkung zu akzeptieren ist, solange sie die Neutralität gegenüber dem Prüfling nicht generell in Zweifel zieht. Sie merken schon, dass es Berührungspunkte zwischen den (inhaltlichen) sachfremden Erwägungen und der (formalen) persönlichen Befangenheit eines Prüfers gibt: Gehäufte sachfremde Erwägungen können somit ein Indiz für die (schwerwiegendere) Befangenheit des Prüfers sein.

Verstöße gegen das Gleichheitsprinzip

Hierbei wird Gleiches nicht gleich gewertet: Was bei Prüfling A noch als haarsträubender Fehler gilt (Goethes Werther ist eigentlich homosexuell), wird bei Prüfling B zähneknirschend akzeptiert und bei C als originelles Argument gewürdigt.

Aber Vorsicht! Das Gleichheitsprinzip gilt nur bei demselben Prüfer innerhalb eines Jahrgangs. Verschiedene Prüfer haben als Ausfluss ihres Beurteilungsspielraums das Recht, unterschiedlich zu prüfen und zu bewerten, solange sie sich im vorgegebenen Rahmen bewegen. Und keinem Prüfer ist es verwehrt, von einem Prüfungsjahr zum nächsten schlauer zu werden und seine Meinung zu revidieren, wenn er zu neuen Erkenntnissen gelangt.

Kommen wir nun zu dem zentralen Satz: »Es gibt keine Gleichheit im Unrecht!«, der aber inhaltsleer erscheint. Um dies zu ändern, fülle ich ihn mit einem konkreten Beispiel: An einer Schule beträgt die Vorbereitungszeit für die mündliche Prüfung 30 Minuten. Bei einem Kandidaten jedoch wird nicht aufgepasst und er erhält 40 Minuten Vorbereitungszeit. Das bekommen die nachfolgenden Kandidaten mit und rufen im Chor: »Wir wollen auch 40 Minuten Vorbereitungszeit! Wir fordern Gleichbehandlung! Das steht im Grundgesetz!«. Wer sich nicht gut im Prüfungsrecht auskennt, der wird bei dieser Argumentation doch etwas unsicher. Deshalb folgt nun die Begründung, um diese Forderung zurückzuweisen: Auf eine Gleichbehandlung kann man sich nur berufen, wenn die Grundlage dafür das Korrekte ist. Jeder Kandidat hat natürlich Anspruch auf (die korrekten) 30 Minuten, das ist unbestritten. Allerdings wurde bei einem Kandidaten nicht korrekt gehandelt, und zwar zu seinen Gunsten. Deswegen gibt es für die nachfolgenden Kandidaten aber keinen Anspruch auf eine Fehlerwiederholung – selbst wenn ihnen das gefallen würde. Denn dadurch würden aus einem Fehler unendlich viele Fehler. Im Extremfall könnten dann auch die Kandidaten des nächsten Jahres 40 Minuten Vorbereitungszeit fordern. So geht es also nicht denn:

Es gibt keine Gleichheit im Unrecht!

Wie geht es denn in unserem Beispielsfall weiter? Sobald die Prüfungskommission den Fehler bemerkt, wird die Vorbereitungszeit für die nachfolgenden Kandidaten wieder auf 30 Minuten gesetzt. Bei dem einen Kandidaten, der von dem Fehler profitiert hat, muss die Prüfungskommission überlegen, ob und wie sie diesen Vorteil anrechnet. Aber das hat nichts mit den übrigen Kandidaten zu tun. Die bekommen wieder die korrekte Vorbereitungszeit.

Falls Sie Einfluss auf die Reihenfolge der Kandidaten bei mündlichen Prüfungen haben, sollten Sie Folgendes bedenken: In der ersten Prüfung wird eine Prüfungskommission sich regelmäßig schwertun, sehr gute oder sehr schlechte Bewertungen zu vergeben. Es ist so ähnlich wie beim Eiskunstlauf, wo die Punktrichter bei den ersten Läufern noch »Luft« nach oben lassen. Man weiß ja nicht, ob nicht noch jemand kommt, der deutlich besser ist. Falls Sie also in mündlichen Prüfungen eine möglichst objektive Bewertung wollen, sollten Sie nicht mit Kandidaten beginnen, die sehr gut oder sehr schlecht sind. Ideal wären Prüflinge, die durchschnittlich eingeschätzt werden. Allerdings soll es Prüfungsleiter geben, die wegen dieses Eiskunstlauf-Effekts einen schwachen Kandidaten, den sie durchbringen wollen, ganz vorne auf die Liste setzen, weil sie das typische Verhalten einer Prüfungskommission kennen.

4.4 Folgen von Prüfungsmängeln

Nicht jeder Prüfungsmangel führt zwangsläufig dazu, die gesamte Prüfung für ungültig zu erklären. Das jedoch glauben viele Prüflinge, weil sie hoffen, auf diesem Wege einen zweiten Versuch unter günstigeren Bedingungen zu haben.

Bei jeder Prüfung, die von mehreren Kandidaten absolviert wird, wird es kleine, unvermeidbare Ungleichheiten geben. So z. B. wenn ein Prüfling vor Nervosität schlecht geschlafen hat, der andere aber nicht; wenn ein Kandidat frühmorgens geprüft wird, wenn seine Leistungskurve im Hoch ist, der andere aber erst abends als letzter. Solche Mängel sind **unvermeidbar** und wegen ihrer Geringfügigkeit und ihrer subjektiven Unterschiedlichkeit juristisch unerheblich. Das kann man den Kandidaten auch offen sagen, falls diese »Mängel« gerügt werden.

Wichtig für die Folgen von Prüfungsmängeln ist regelmäßig die Frage, ob der Prüfling einen erheblichen Mangel **rechtzeitig gerügt** hat. Denn auch der Prüfling ist mitverantwortlich für einen reibungslosen Ablauf der Prüfung und dafür, dass ein Mangel bzw. seine Auswirkung abgestellt oder minimiert wird. So kann von einem Prüfling im Abitur verlangt werden, die fehlenden Formelsammlungen unmittelbar in der Prüfung (oder in den nächsten Tagen nach der Klausur) zu rügen und nicht erst zwei Wochen später oder gar erst nach Bekanntgabe der Note.

Und falls im Vorbereitungsraum einer mündlichen Prüfung unerträglicher Lärm herrscht, weil der Hausmeister draußen direkt vor dem Fenster den Rasen mäht, dann muss der Mangel umgehend bei der Aufsicht gerügt werden. Diese wird (wenn möglich) den Lärm unverzüglich abstellen oder eine entsprechende Verlängerung der Vorbereitungszeit gewähren. Es ist also unzulässig, sich klaglos unter großem Lärm vorzubereiten, dann die Prüfung abzulegen und erst nach dem schlechten Ergebnis den Lärm im Vorbereitungsraum zu rügen.

Viele **Mängel** lassen sich recht problemlos **»heilen«**, wie die Juristen sagen (VwVfG §§ 45, 46). Wenn z. B. Lärm von draußen in den Prüfungsraum dringt, so kann das Fenster geschlossen werden, und der Geräuschpegel ist von diesem Zeitpunkt an vertretbar. Der Mangel ist somit unverzüglich »geheilt« worden. Auch das (falsche) Zusammenzählen von (richtigen) Punktzahlen ist ohne großen Aufwand nachträglich heilbar. Und so sind viele kleinere Mängel im Nachhinein heilbar, ohne dass man mit großem Aufwand eine neue Prüfung ansetzen müsste.

Falls ein Mangel gerügt wird, der so gravierend ist, dass ein **Einfluss auf das Ergebnis anzunehmen** ist, erfolgt eine **Neubewertung** der Leistung (manchmal durch andere Prüfer), nicht aber zwangsläufig eine neue Prüfung. Vor allem, wenn es sich um einen klar abgrenzbaren Teil handelt (nur eine von vier Aufgaben wurde falsch bewertet), braucht ebenfalls nicht die gesamte Prüfung wiederholt zu werden.

Eine vollständige Wiederholung der Prüfung ist nur in seltenen Fällen erforderlich, so z. B. bei Befangenheit eines Prüfers (in einer mündlichen Prüfung), die den Prüfling nachhaltig verunsichert hat, oder bei einer falschen Besetzung des Prüfungsausschusses. Schüler, die Widerspruch einlegen und eine neue Prüfung fordern, sollten zudem bedenken: Eine Neubewertung im Rahmen der schulischen Abhilfeprüfung muss nicht zwangsläufig zu einem besseren Ergebnis führen. Denn bei einer sorgfältigen Neubewertung können ja durchaus weitere oder gar mehr Fehler gefunden werden, die den »Gewinn« der Neubewertung aufheben. Allerdings darf das Ergebnis nicht schlechter als vorher ausfallen, das ist das sog. »Verschlechterungsverbot« (lat.: reformatio in peius).

Die folgende Checkliste befasst sich vor allem mit mündlichen Prüfungen, weil bei ihnen der Zeitdruck wesentlich größer ist. Der Prüfungsvorsitzende muss hier innerhalb weniger Minuten richtig entscheiden – die Verwaltungsjuristen haben hinterher mehrere Wochen, um die möglichen Fehler zu entdecken.

4.5 Checkliste für (mündliche) Prüfungen (für den Vorsitzenden)

Voraussetzung	Erfüllt?
Ist der Prüfungsausschuss wie vorgesehen verfügbar?	
Bei Krankheit des Prüfers: Ist eine Vertretung zumutbar?	
Haben die Prüfungsmitglieder die entsprechende Fakultas?	
Stammt die Prüfungsaufgabe aus dem Lehrstoff?	
Liegt ein detaillierter Erwartungshorizont vor, der auch den Bezug zum Unterricht deutlich macht?	
Ist der Prüfungsraum / Vorbereitungsraum zumutbar (Lärm, Hitze?)	
Ist die Prüfungsfähigkeit des Kandidaten gesichert?	
Sind die zugelassenen Hilfsmittel tatsächlich verfügbar?	
Lässt die Aufgabenstellung auch die beste Note zu?	
Wird die Vorbereitungszeit voll gewährt?	
Sind die Prüfungsfragen und die Kommentare des Prüfers sachlich?	
Wird die Prüfungszeit voll ausgeschöpft?	
Ist die Bewertung frei von sachfremden Erwägungen?	
Wird der Kandidat nach gleichem Maßstab wie der Vorgänger bewertet?	
Falls Mängel in der Prüfung gerügt werden:	
Hat der Kandidat die Mängel rechtzeitig gerügt?	
Sind die Mängel einfach zu heilen?	
Kann die Neubewertung durch den ursprünglichen Prüfer vorgenommen werden?	
Muss eine völlig neue Prüfung durchgeführt werden?	

5. Kompetenzen der Schulordnung

Als Schulleiter werden Sie sich früher oder später mit der Frage auseinandersetzen, was in Ihrer Haus- bzw. Schulordnung stehen sollte bzw. stehen darf, um das Zusammenleben in der Schule möglichst reibungslos zu gestalten.

Die Tatsache, dass der Landesgesetzgeber den Schulen zubilligt, ihre eigene Ordnung aufzustellen, ist ausgesprochen sinnvoll. Allerdings darf die Schulordnung nicht gegen höherrangiges Recht verstoßen und sie bindet, wie die Juristen sagen, »denjenigen, den es angeht«. Zunächst aber gilt es, zwei Begriffe zu trennen, die **Hausordnung** und die **Schulordnung**.

Eine **Hausordnung** ist eine vom **Schulträger** erlassene Ordnung, die die **Benutzung des Gebäudes** regelt. Sie kann und sollte mit der Schulleitung abgesprochen sein, ist aber keine Schulordnung. In der Hausordnung sind zum Beispiel die Öffnungszeiten der Schule und die Grundsätze der schulischen Nutzung geregelt. Die Hausordnung ist, soweit nicht Ausnahmen vorgesehen sind, für jeden verbindlich, der die Schule bzw. das Schulgrundstück betritt. Sie regelt den Verkehr auf Treppen und Fluren, die Pflege und Sauberhaltung des Schulgebäudes, die Aufbewahrung der Kleidungsstücke und Fahrräder. Sie regelt unter anderem das Verbot des Warenhandels und ungenehmigter Sammlungen im Schulgebäude. Da die staatliche Regelschule eine Anstalt des öffentlichen Rechts darstellt, ist die Hausordnung eine Benutzungsordnung, ähnlich wie in Museen oder Schwimmbädern. Jeder, der die Schule betritt, ist somit der **Benutzungsordnung**, der Hausordnung, unterworfen, ohne dass sie schriftlich akzeptiert werden müsste.

Interessanter als die Hausordnung ist jedoch die **Schulordnung**, da in ihr nicht nur rein organisatorische Regelungen, sondern auch pädagogische Prinzipien ihren Niederschlag finden. Von daher stellt sich die Frage, welche Bereiche eine Schulordnung in welcher Intensität regeln darf.

Da die Einhaltung bestimmter Regeln für einen geordneten Ablauf des Schulbetriebs unverzichtbar ist, bedarf das Aufstellen einer Schulordnung eigentlich keiner expliziten Rechtsgrundlage. Anders ist es, wenn auch Eltern und Schüler in das Verfahren eingebunden werden sollen. Dafür benötigt die Schule eine Ermächtigung des Gesetzgebers. Diese liegt in den meisten Landesschulgesetzen vor, in denen der Schulvorstand (Schulausschuss) ermächtigt wird, Vorschläge für die Schulordnung zu machen oder sie zu beschließen. Dieses Zugeständnis an die Elternvertreter ist nachvollziehbar, da bereits in den höherrangigen Landesschulgesetzen die Kooperation zwischen Elternhaus und Schule angelegt ist.

Die Schulordnung dient vor allem dazu, den **schulischen Erziehungsauftrag** zu erfüllen, indem sie Grundregeln des Zusammenlebens innerhalb der Schule fixiert. Strittig ist unter Juristen nicht die Legitimation der Schulordnung, sondern die (theoretische) Frage, welche Rechtsqualität eine solche Schulordnung besitzt. Obwohl die einzelne Schule eine verselbstständigte Verwaltungseinheit ist, besitzt sie keine eigene Rechtspersönlichkeit. Somit handelt es sich nicht um eine Satzung im engeren Sinne. Weil Eltern und Schüler mitwirken, kann es auch keine Rechtsverordnung sein. Nach meiner Ansicht handelt es sich um eine Sonderverordnung, die ein Sonderrechtsverhältnis regelt. Aber diese rechtstheoretischen Feinheiten brauchen uns hier nicht zu interessieren.

Zur Durchsetzung der Schulordnung, verfügt die Schule über Erziehungsmaßnahmen und notfalls über die gesetzlich vorgesehenen Ordnungsmaßnahmen. Rechtswidrig sind Bestimmungen der Schulordnung, wenn sie unter keinem vernünftigen Gesichtspunkt sachlich zu vertreten sind (z. B. die Pflicht, trotz starken Regens das

Schulgebäude in der Pause zu verlassen). Problematisch wird es immer dann, wenn Regelungen der Schulordnung elementar in die Grundrechte der Schüler eingreifen.

In der Praxis führen vor allem drei Regelungen zu Problemen beziehungsweise Widerständen von Schülern und / oder ihren Eltern:

- das Verbot, bestimmte Kleidungsstücke in der Schule zu tragen
- das Verbot, Handys zu benutzen bzw. mitzuführen
- das Gebot, in der Schule ausschließlich Deutsch zu sprechen

5.1 Kleiderordnung

Unproblematisch ist es, den Schülern das Tragen bestimmter Kleidung oder Schmuckstücke zu untersagen, wenn dadurch eine **Gefahr** entsteht. So sind das Ablegen von Ohrringen oder Piercings im Sport sowie der Verzicht auf wallende Ärmel zur Bedienung bestimmter Maschinen gerechtfertigt. Falls auch ein Abkleben, z.B. von Piercings, die Gefahr nicht mindern kann oder die Schüler dies verweigern, sollten sie (bzw. ihre Eltern) eine entsprechende Erklärung unterschreiben, in der sie bestätigen, die erhöhte Gefahr bewusst in Kauf zu nehmen.

Einige Schüler versuchen, durch ihre Bekleidung ihre politische Position zu demonstrieren. Grundsätzlich muss dies als Ausdruck der persönlichen Meinungsfreiheit hingenommen werden und es ist nicht ganz einfach, Schülern bestimmte Kleidungsstücke zu verbieten, wenn sie keine verbotenen nationalsozialistischen Symbole (oder deren Umgehungsversuche) aufweisen.

Quasi unmöglich ist es, die Zahl 88 (H ist der achte Buchstabe im Alphabet, H. H. steht für Heil Hitler) und die Zahl 18 (A. H. für Adolf Hitler) zu verbieten. Und wie will man Schüler belangen, wenn sie sich morgens mit »Achtundachzig!« begrüßen? Genau hier liegt das Problem von Grauzonen: Mit rechtsstaatlichen Mitteln können Sie nur schwer dagegen angehen.

Deutlich besser ist sind Ihre Möglichkeiten bei den Bekleidungsmarken LONSDALE und CONSDAPLE: Diese beiden Marken eröffnen rechtsradikalen Schülern einen **Umgehungsversuch**, weil sie – vorausgesetzt man trägt die Bomberjacke entsprechend – nur den Schriftzug NSDA oder NSDAP sieht.

Wertet man die Gerichtsurteile zu diesen Marken aus, so kann man feststellen: Solange ein Schüler den gesamten Schriftzug offen zeigt, kann man nicht dagegen unternehmen. Anders ist es jedoch zu bewerten, wenn er seine Oberbekleidung so trägt, dass nur die entscheidenden Buchstaben sichtbar sind, also andere »NSDA« oder »NSDAP« erkennen. In diesem Fall kann man ihm das Tragen der Marke verbieten.

Widmen wir uns nun »Thor Steinar«, einer Marke, die bevorzugt von Rechtsradikalen getragen wird. Das Tragen dieser Marke ist bereits in mehreren Fußballstadien wirksam verboten, womit wir uns der Frage nähern, ob man diese Marke nicht auch in der Schule verbieten könnte. Ich meine, man kann.

Nehmen wir noch einen zweiten Stein des Anstoßes hinzu, bevor wir zur Lösung und ihrer Begründung schreiten: Vor allem im Sommer tragen viele Schülerinnen ihre spärliche Kleidung »**bauchfrei**« und reifere Schülerinnen zeigen manchmal großzügig Dekolleté. Sei es, um bei bestimmten Lehrern positiv aufzufallen, sei es, um Mitschüler auf ihre üppigen Reize aufmerksam zu machen.

Kann eine Schulordnung das Tragen solch aufreizender Kleidung verbieten? Ich meine wieder, sie kann. Das möchte ich begründen, da einige Kollegen, Eltern und Schüler dies vermutlich anders sehen. Bei der Einschätzung, die Schulordnung könne so etwas nicht untersagen, wird meist damit argumentiert, es sei nicht strafbar, solche Kleidung in der Öffentlichkeit zu tragen. Das ist ein falscher Ansatz. Denn wenn die Schule gegen keine Art der Bekleidung vorgehen könnte, solange sie nicht strafrechtlich verboten ist, könnten Schülerinnen im Stringtanga oder voll verschleiert und Schüler mit Stahlhelm zum Unterricht erscheinen.

Meines Erachtens unterscheidet sich der Aufenthalt in der Schule jedoch grundlegend von der Situation im öffentlichen oder gar im privaten Raum. Zwar besteht in der Schule kein »besonderes Gewaltverhältnis« mehr, in dem die Rechte der Schüler ohne Rechtsgrundlage eingeschränkt werden durften. Aber wir haben hier juristisch unbestritten eine **Sondersituation (besonderes Pflichtverhältnis)**, die besondere Verhaltenspflichten auferlegt. Dieses besondere Verhältnis führt dazu, dass zur Verwirklichung des Bildungsauftrags bestimmte Rechte der Schüler eingeschränkt werden können. Wollte man es in einem Satz komprimieren, dann könnte man sagen:

! Der Schulbesuch ist keine Freizeit!

Bereits die Schulpflicht ist eine zulässige Einschränkung der Bewegungs- und Handlungsfreiheit der Schüler. Ebenso spricht die Tatsache, dass zwei Verwaltungsgerichtshöfe die Benachrichtigung der Eltern von schon volljährigen Schülern (gegen deren Willen!) abgesegnet haben, für das besondere Verhältnis innerhalb der Schule. Auch das Lügen ist im privaten Bereich nicht strafbar, trotzdem kann es in der Schule aus erzieherischen Gründen geahndet werden.

Wenn also nachvollziehbare Gründe vorliegen, können bestimmte Einschränkungen vorgenommen werden. Dies umso mehr, da die Schulordnung nicht mehr wie früher nur vom Kollegium (Lehrerkonferenz / Gesamtkonferenz), sondern **auf demokratischem Wege** vom Schulvorstand (Schulausschuss) erlassen wird, in dem auch Eltern- und Schülervertreter paritätisch vertreten sind.

Die Lösung des Umgangs mit provozierender Kleidung besteht darin, auf zwei Begriffe zurückzugreifen, die antiquiert klingen, aber das Problem gut erfassen: der **Schulzweck** (Bildungsauftrag) und der **Schulfriede**. Die Begriffe wurden früher häufig verwendet, dann verschwanden sie wieder, und nun feiern sie ihr Comeback.

Jede Anstalt des öffentlichen Rechts dient der Erfüllung bestimmter öffentlicher Aufgaben, das ist der sogenannte **Anstaltszweck**. Dieser Zweck ist die Grundlage für diese Anstalt. Das Recht (als Schüler), eine Anstalt nutzen zu dürfen, schließt nicht aus, dass es dort einschränkende Regeln gibt.

Der **Schulzweck** ist die schulische **Bildung**, die sich in schulische Unterrichtung und schulische Erziehung unterteilt. Dieser Schulzweck dient nicht nur jedem einzelnen Schüler, sondern ebenso der **Gesamtheit der Schüler**. Deshalb ist es über eine Schulordnung möglich, Dinge zu untersagen, die den Schulzweck gefährden. Die bauchfreie Kleidung oder das weit ausgeschnittene Dekolleté sind in hohem Maße geeignet, die Aufmerksamkeit der anderen Schüler – von den Lehrern ganz zu schweigen – immer wieder auf sich zu ziehen und damit vom Unterrichtsgeschehen abzulenken.

Ähnliches greift für das Tragen von rechtsradikaler Kleidung: Zwar ist es nicht generell strafbar, es kann aber den **Schulfrieden** gefährden, indem die Kleidung **provoziert oder Angst verbreitet**, was vielleicht sogar beabsichtigt ist. Für das angestrebte konfliktarme Zusammenleben in der Schule ist jedoch von Schülern ein Auftreten gefordert, das Provokationen und Einschüchterungen vermeidet.

Durch eine Schulordnung, die solche Kleidung in der Schule verbietet, wird das Grundrecht der freien Persönlichkeitsentfaltung eingeschränkt. Bei dieser Erkenntnis zucken einige Schulleiter, aber auch Schulvorstände zurück. Allerdings ist es ein Irrtum zu meinen, Grundrechte dürften nicht eingeschränkt werden. Sie werden ständig eingeschränkt, und zwar in zulässiger Weise. Die gesetzliche Schulpflicht der Schüler ist das markanteste Beispiel dafür. Unzulässig sind Grundrechtseinschränkungen nur dann, wenn sie den **Kernbereich** eines Grundrechts, hier also die freie Persönlichkeitsentfaltung, zerstören. Es stellt sich also die Frage, ob das Verbot, bestimmte Kleidungsstücke in der Schule zu tragen, den Kernbereich der freien Persönlichkeitsentfaltung unzulässig einschränkt.

Meines Erachtens tut es das nicht. Denn die Einschränkung gilt ja nur für die Zeit des Schulbesuchs. Die Freizeit, Wochenenden und Ferien sind davon ebenso wenig betroffen wie das Leben nach dem Ende der Schulzeit. Die Beschränkung gilt damit genauso lange wie die zulässige Schulpflicht, was logisch ist, da es sich um eine Verhaltenspflicht handelt, die an die Schulpflicht gekoppelt ist.

Zudem darf die freie Persönlichkeitsentfaltung nicht die Rechte anderer verletzen und nicht gegen das »Sittengesetz« verstoßen. Denn die Rechtsausübung des Einzelnen endet nämlich dort, wo sie auf das Recht (mindestens) eines anderen Schülers trifft, hier das Recht auf ungestörte Bildung, das in den Landesschulgesetzen festgeschrieben ist. Die provozierende rechtsradikale Kleidung verstößt außerdem gegen den Bildungsauftrag der Schule, die freizügige Kleidung von Schülerinnen gegen das »Sittengesetz«, also weit verbreitete moralische Vorstellungen der Gesellschaft.

! Tipp: Einige Schulen haben gute Erfahrungen gemacht, indem sie Schülerinnen mit bauchfreier Kleidung oder weiten Ausschnitten ein extragroßes T-Shirt zum Darüberziehen gegeben haben. Der Trick dabei: Auf diese Weise kann die Schülerin weiter ihre aufreizende Kleidung tragen, aber nicht zeigen.

5.2 Handyverbot

Auch für das **Handyverbot**, das immer mehr Schulen über den Schulvorstand in die Schulordnung aufnehmen, greifen die Begriffe des Schulzwecks bzw. des Schulfriedens, je nachdem, welches Argument man dafür heranzieht: Durch Schlägereien oder Demütigungen, die von Mitschülern auf dem Schulgelände mit dem Handy aufgezeichnet und vorgespielt werden, wird der Schulfriede nachhaltig gestört. Hingegen wird der Schulzweck gefährdet, wenn die Schüler ständig abgelenkt sind und jede freie Sekunde nutzen, um an ihrem Handy herumzuspielen.

Völlig unproblematisch ist die Anweisung, das Handy während des Unterrichts ausgeschaltet **und** in einer Tasche verstaut zu haben. Allerdings ist das Spielen bzw. Filmen während der Pausen dann noch möglich.

Der nächste Schritt besteht darin, den Schülern das Mitführen des Handys zwar zu erlauben, den Betrieb aber **während der gesamten Schulzeit**, also auch während der Pausen, zu untersagen. Das ist immer möglich, wenn es zuvor an dieser Schule in den Pausen zum Missbrauch des Handys kam, wenn also Pornos oder Gewaltvideos angeschaut oder Mitschüler auf der Toilette gefilmt wurden. In diesem Fall kann die Schule auch die Benutzung in den Pausen untersagen oder nur in einem kleinen abgegrenzten Bereich zulassen, der dann gesondert überwacht wird.

Bei einer Zuwiderhandlung wird das Handy eingezogen und erst am Ende des Schultages wieder ausgehändigt. Diese Regelung hat den Vorteil, dass den Schülern für ihren Hin- und Rückweg zur Schule das Handy für etwaige Notfälle zur Verfügung steht. Dieses Argument ist gerade bei Schulen mit Schülern, die z. T. lange Strecken mit dem Rad fahren, nicht von der Hand zu weisen.

Die schärfste Regelung, bereits die Mitnahme des Handys zur Schule (oder auf eine Klassenfahrt) zu verbieten, ist gegen den Widerstand der Eltern nicht möglich, weil ein Handy eine gute Möglichkeit ist, in Notfallsituationen für sich oder andere Hilfe zu holen. Falls die Eltern jedoch eine solche »Handydiät« unterstützen, spricht nichts gegen eine solche Einschränkung.

5.3 Deutschgebot

Der letzte Streitpunkt betrifft die Sprachregelung in der Schule, d. h. die Verpflichtung, **auch in den Pausen nur Deutsch** zu sprechen. Selbst diese Regelung stellt keinen **übermäßigen** Eingriff in die Grundrechte der Schüler dar. Denn der Bildungsauftrag der Schule (der Schulzweck) beschränkt sich nicht nur auf den 45-minütigen Unterricht, sondern gleichermaßen auf die Pausen. Sprachdefizite in der deutschen Sprache haben unter Umständen eine Ursache darin, dass in jeder »freien« Minute fast ausschließlich nicht Deutsch gesprochen wird. Die Verpflichtung, in der Schule ausschließlich deutsch zu sprechen, ist deshalb nicht nur sinnvoll, sondern verhindert zudem eine ethnische Aufteilung der Schülerschaft. Vor allem werden dadurch grobe (unverständliche) Beleidigungen durch ausländische Schüler in ihrer Muttersprache unterbunden. Da es hier um das Verhalten innerhalb der Schulgemeinschaft geht, hat die Schule die Befugnis, eine solche Sprachregelung in ihre Schulordnung aufzunehmen.

Sie werden sicher festgestellt haben, dass ich bei den vorangegangenen Ausführungen zugunsten der Schule argumentiert habe. Die Chancen, solche Regelungen über den Schulvorstand rechtlich wirksam in die Schulordnung aufzunehmen, sind meines Erachtens gut. Die juristischen Begründungen dafür habe ich oben genannt. Falls Sie jedoch Zweifel haben oder Ihre überarbeitete Schulordnung absichern wollen, bitten Sie doch einfach den Hausjuristen Ihrer Schulbehörde um Prüfung. Sie werden sehr schnell spüren, ob Sie im Zweifelsfall von oben Rückendeckung bekommen oder nicht. Ich wünsche Ihnen das Erstere.

Mit diesem Wunsch ist das »SchulRecht für schulische Führungskräfte« abgeschlossen. An einigen Stellen werden Sie vielleicht bereut haben, das Buch gelesen zu haben, weil Ihr Wissen Sie nun in einen Gewissenskonflikt stürzt. Aber trösten Sie sich: Wenn es Probleme bei den von mir geschilderten Sachverhalten gibt, z. B. der Hygiene bei Schulfesten, ist es völlig unerheblich, ob Sie von der Rechtswidrigkeit wussten. Denn es gilt: **Unwissenheit schützt nicht vor Strafe.** Und als schulische Führungskraft müssen Sie die rechtlichen Bestimmungen kennen, die für die Schule relevant sind. Dieses schulrechtliche Wissen ist jetzt hoffentlich größer als vor der Lektüre und kann Ihnen helfen, etwaige Risiken realistisch einzuschätzen.

PS: Bevor Sie jetzt das Buch zur Seite legen, sollten Sie noch schnell einen Blick auf die Anhänge werfen. Einige davon können Ihnen oder Ihren Kollegen die Arbeit deutlich erleichtern.

> **!** **Sie finden alle folgenden Kopiervorlagen auch im Internet unter www.beltz.de auf der Produktseite zu diesem Buch – als Word-Datei, sodass Sie sie für Ihre Zwecke verändern können.**

IX. Anhang

1. Information zur Klassenfahrt

Sehr geehrte Eltern,
als Nachtrag zum Elternabend fasse ich die wichtigsten Punkte noch einmal zusammen:

A. Reisetermine
Fahrt mit dem Busunternehmen Müller Reisen
Abfahrt: Samstag, 29.01.2016, 7:30 Uhr,
Abfahrtsort: Parkplatz vor dem Brecht-Gymnasium
Rückkehr: Sonntag, 06.02.2016, gegen 18:00 Uhr, Ankunftsort: Parkplatz
Etwa eine Stunde vor unserer Ankunft werden Sie (über die Telefonkette) benachrichtigt.

B. Checkliste
Die Kinder müssen mitnehmen:

- Personalausweis oder Reisepass
- Handtücher und Waschzeug
- Sonnenschutz (mind. Sonnenschutzfaktor 15) und Lippenpflege
- Sonnenbrille; falls vorhanden: Skibrille
- warme, wetterfeste Kleidung, **unbedingt:** Mütze, Schal, Handschuhe, lange Unterhosen bzw. Leggings, Unterhemden oder T-Shirts zum Unterziehen, warme Pullover, dicke Socken, möglichst wasserfeste Schuhe zum Wechseln, warme Jacke, warme Hose
- Taschengeld (ca. XX Euro)
- Klassenfahrtmappe (mit Infoblättern usw.)
- Kopie des Impfpasses
- notwendige Medikamente, Pflaster, Salben, Tropfen u. Ä. für kleine Wehwehchen
- internationaler Krankenschein (für Pflichtversicherte)
- Vorhängeschloss zum Abschließen des Kleiderschranks

Empfohlen wird die Mitnahme:

- eines kleinen Rucksacks (evtl. Mittagsimbiss auf der Piste)
- evtl. einer Gürteltasche
- einer kleinen Decke und / oder eines Kopfkissens für die Fahrt
- von Müsliriegeln o. Ä. für den kleinen Hunger zwischendurch
- von Brausetabletten zur Verbesserung / Anreicherung des Trinkwassers
- von Haus- / Hüttenschuhen und/oder Badelatschen

Außerdem können die Kinder mitnehmen:
Fotoapparat, Lektüre, Karten und Gesellschaftsspiele, MP3-Spieler o. Ä., Taschenlampe, Badezeug, Schlittschuhe

Es werden nicht mitgenommen:
Lautsprechergeräte, Sachen von sehr großem Wert (z. B. Laptop)

C. Unser Aufenthaltsort: Jugendherberge Garmisch-Partenkirchen, Jochstr. 10, 82467 Garmisch-Partenkirchen, Tel. 08821/96705-0
In Notfällen können Sie uns (zwischen 7:00 Uhr und 23:00 Uhr) über unsere Handys erreichen: 0172/XXX und 0171/XXX

Bitte geben Sie die beigefügten Seiten (»Einverständniserklärung zur Klassenfahrt« und »Zustimmung zu ärztlicher Versorgung im Notfall«) ausgefüllt und unterschrieben zurück.
Sollten Sie noch Fragen haben, können Sie sich gern an uns wenden.

Mit freundlichen Grüßen

2. Einverständnis zur Klassenfahrt

Name des Kindes: ....

1. Empfangsbestätigung
Der Informationsbrief zur Klassenfahrt der Klasse 10a vom 29.01.2016 bis 06.02.2016 ist mir zugegangen. Ich habe die auf dem Elternabend beschlossenen Regeln zur Kenntnis genommen.

....

(Ort, Datum) (Unterschrift eines / einer Erziehungsberechtigten)

2. Disziplinverstöße
Ich akzeptiere, dass mein Kind bei schweren Verstößen gegen die Disziplin (z. B. Alkohol-, Drogenkonsum; Aufenthalt im Zimmer des anderen Geschlechts, unerlaubtes Entfernen) oder gegen die Anweisungen der Aufsichtspersonen mit der Heimreise rechnen muss.
Ich verpflichte mich, für mein Kind (und evtl. eine Begleitperson) die **Kosten der Rückreise** zu übernehmen. Dies gilt auch, falls eine andere Art der Rückreise infolge höherer Gewalt notwendig sein sollte (z. B. Erdrutsch, Vulkanausbruch).

....

(Ort, Datum) (Unterschrift eines / einer Erziehungsberechtigten)

3. Allgemeine Einverständniserklärung (nicht Zutreffendes bitte streichen)
Ich bin damit einverstanden / nicht damit einverstanden, dass mein Kind sich während der Klassenfahrt zeitweise ohne Aufsicht durch die begleitenden Lehrkräfte in einer Kleingruppe (mind. drei Schüler / innen) in xyz aufhalten darf.

....

(Ort, Datum) (Unterschrift eines / einer Erziehungsberechtigten)

3.1 Einverständniserklärung (nicht Zutreffendes bitte streichen)
Hiermit erlaube ich meinem Sohn / meiner Tochter, dass er / sie während der Klassenfahrt in der Freizeit ohne Aufsicht durch die begleitenden Lehrkräfte in einer Kleingruppe (mindestens drei Schüler / innen) Schlittschuh laufen darf.

....

(Ort, Datum) (Unterschrift eines / einer Erziehungsberechtigten)

3.2 Einverständniserklärung (nicht Zutreffendes bitte streichen)
Ich erkläre mich damit einverstanden, dass mein Sohn / meine Tochter während der Klassenfahrt in der Freizeit **ohne Aufsicht der begleitenden Lehrkräfte** in einer Kleingruppe (mind. drei Schüler / innen) ein öffentliches Schwimmbad besucht.
Er / Sie besitzt folgendes Schwimmabzeichen: ....

....

(Ort, Datum) (Unterschrift eines / einer Erziehungsberechtigten)

3. Gesundheitsbogen

Name des Teilnehmers / der Teilnehmerin:

a. Unser Kind hat (volljährige Teilnehmer: Ich habe) zurzeit folgende Krankheiten (z. B. Herz-Kreislauf-Schwäche, Diabetes, Epilepsie, Allergien, Bluter):

....

....

Ich bitte, hierbei auf Folgendes zu achten (evtl. Rückseite benutzen):

....

....

b. **Tetanusnachweis:** Ein Impfschutz liegt vor: ja nein
Wenn ja, bitte unbedingt Impfpass mitnehmen.

c. **Ansprechpartner für dringende Fälle:**

Name: ....

Adresse: ....

Telefon: ....

Fax: ....

E-Mail: ....

Wann / Wo zu erreichen:

d. Unser Kind ist (volljährige Teilnehmer: Ich bin) bei folgender Versicherung **krankenversichert**:

....

....

Ort, Datum, Unterschrift des / der Erziehungsberechtigten bzw. des / der volljährigen Teilnehmers / Teilnehmerin)

4. Zustimmung zu ärztlicher Versorgung im Notfall

Von den Eltern auszufüllen

Ich, der Unterzeichner, ...
(Name, Vorname der / des Erziehungsberechtigten)

Straße: ....

Postleitzahl: .... Wohnort: ....

Tel. privat: .... Tel. dienstl.: ....

Krankenversicherung: .... Mitgliedsnummer: ....

erteile den Verantwortlichen der Fahrt die Erlaubnis, meinem (minderjährigen) Kind nach Hinzuziehung eines praktizierenden Arztes jede medizinische Versorgung zukommen zu lassen, die im Falle eines Unfalls, einer ansteckenden Krankheit oder jeder anderen schweren Erkrankung notwendig sein könnte.

Name des Kindes: .... Vorname: ....

Geburtsdatum: .... Geschlecht: ....

Im Notfall **während meiner Abwesenheit** zu benachrichtigen:

Straße: .... Verwandtschaftsverhältnis: ....

Postleitzahl: .... Wohnort: ....

Tel. privat: .... Tel. dienstl.: ....

Ich verpflichte mich, dem Verantwortlichen die medizinischen und pharmazeutischen Kosten zu erstatten, die für die Behandlung meines Kindes ausgegeben wurden.

Ich bestätige, dass die oben gemachten Angaben exakt sind und der Wahrheit entsprechen.

Ort: .... Datum: ....

....
hier: »gelesen und akzeptiert« hier: Unterschrift

(Der Unterschrift **muss** die **handschriftliche** Formulierung **»gelesen und akzeptiert«** vorausgehen.)

5. Einladung Schüler / Eltern zur Konferenz (Ordnungsmaßnahme)

Adresskopf der Schule
Klassenlehrer oder
Schulleiter

Ort, Datum

Herrn und Frau
Dosenkohl
Adresse
– gegen Empfangsbestätigung –

Sehr geehrte Frau Dosenkohl, sehr geehrter Herr Dosenkohl,

wegen des Verdachts eines schweren Verstoßes gegen die Schulordnung habe ich gegen Ihren Sohn Marvin ein Verfahren eingeleitet, das mit der Verhängung einer Ordnungsmaßnahme enden kann.
Ihrem Sohn wird zur Last gelegt, am 08. 3.2016 in der zweiten großen Pause einen kleineren Schüler (Lukas R.) so stark mit den Fäusten ins Gesicht geschlagen zu haben, dass dieser ärztlich behandelt werden musste.
Um diese Angelegenheit abschließend zu behandeln, habe ich für den 15.03.2016 um 16.00 Uhr eine Klassenkonferenz einberufen, die über den Fall entscheiden wird.
Es steht Ihrem Sohn, aber auch Ihnen frei, zu der Konferenz zu erscheinen und sich zum Sachverhalt zu äußern. Dabei kann sich Ihr Sohn zusätzlich von einem Schüler und einem Lehrer seines Vertrauens unterstützen lassen.
Sollten Sie oder Ihr Kind aus zwingenden Gründen zu dem angesetzten Termin verhindert sein, bitte ich um rechtzeitige Mitteilung.
Falls Ihr Sohn oder Sie ohne ausreichende Begründung **nicht** zu der Konferenz erscheinen, gehe ich davon aus, dass Sie sich nicht zu den erhobenen Vorwürfen äußern wollen. Die Konferenz wird dann ohne Ihre Anhörung durchgeführt.

Mit freundlichen Grüßen

Unterschrift

6. Beschluss der Konferenz über Ordnungsmaßnahme

Adresskopf der Schule Ort, Datum
Klassenlehrer oder
Schulleiter

Herrn und Frau
Dosenkohl
Adresse
– gegen Empfangsbestätigung –

Sehr geehrte Frau Dosenkohl, sehr geehrter Herr Dosenkohl,

die Klassenkonferenz der Klasse 8c am 18.03.2016 hat bezüglich des Verhaltens Ihres Sohnes Marvin folgende Ordnungsmaßnahme verhängt:

Schulausschluss für eine Woche

Begründung:
Die Klassenkonferenz sieht es als erwiesen an, dass Ihr Sohn am 08.03.2016 in der zweiten großen Pause den Schüler Lukas Rösner so schwer mit den Fäusten ins Gesicht geschlagen hat, dass dieser ärztlich behandelt werden musste.
Die Einlassung Ihres Sohnes, er habe sich nur gegen eine Beleidigung gewehrt, stellt nach Meinung der Konferenz eine unglaubwürdige Schutzbehauptung dar.
Die Konferenz hat alle Argumente sorgfältig abgewogen, insbesondere die Verhältnismäßigkeit, und ist zu dem Ergebnis gekommen, dass diese Maßnahme geboten ist, um auf Marvin erzieherisch einzuwirken.
Für diese Maßnahme ordne ich die sofortige Vollziehung (gem. § 80 II VwGO) an.
Sie liegt im überwiegenden Interesse eines Beteiligten, weil … (Begründung)
bzw.: Sie liegt im öffentlichen Interesse, weil … (Begründung)

Rechtsbehelfsbelehrung
Gegen diese Maßnahme können Sie innerhalb eines Monats schriftlich (oder zur Niederschrift) Widerspruch bei der Schule einlegen.

Mit freundlichen Grüßen

Unterschrift

7. Unterrichtung / Belehrung des Kollegen (Disziplinarmaßnahme)

Schule
– Der Schulleiter –
Adresse

Ort, Datum

Gegen Empfangsbestätigung:
Herrn
Studienrat Karl Rotte
Im Hause

Sehr geehrter Herr Rotte,

ich unterrichte Sie hiermit darüber, dass ich wegen des Verdachts eines Dienstvergehens (§ X, Landesbeamtengesetz) am tt.mm.jjjj ein

Disziplinarverfahren

gegen Sie eingeleitet habe. Dabei wird Ihnen zur Last gelegt, am tt.mm.jjjj (Wiedergabe des Vorgangs, der den Verdacht rechtfertigt).

Gleichzeitig belehre ich Sie darüber, dass es Ihnen freisteht, nicht zur Sache auszusagen oder sich mündlich oder schriftlich zu dem Vorwurf zu äußern.
Während des Verfahrens können Sie jederzeit einen Bevollmächtigten oder Beistand hinzuziehen.
Für eine mündliche Äußerung setze ich eine Frist von zwei Wochen, für eine schriftliche Äußerung beträgt die Frist einen Monat. Die Frist beginnt mit dem Erhalt dieses Schreibens.
Falls es Ihnen aus zwingenden Gründen unmöglich sein sollte, die oben genannten Fristen einzuhalten, bitte ich um unverzügliche Mitteilung unter Angabe der Gründe.

Mit freundlichen Grüßen

Unterschrift

8. Ladung eines Kollegen zur Anhörung (Disziplinarmaßnahme)

Schule
– Der Schulleiter –
Adresse

Ort, Datum

Gegen Empfangsbestätigung:
Herrn
Studienrat Karl Rotte
Im Hause

Sehr geehrter Herr Rotte,

in dem gegen Sie laufenden Disziplinarverfahren haben Sie fristgemäß am tt.mm.jjjj erklärt, sich mündlich zu dem gegen Sie erhobenen Vorwurf zu äußern.

Ich lade Sie deshalb zu Ihrer

Anhörung am Mittwoch, dem tt.mm.jjjj,
und zwar um 15.00 Uhr,
x-Schule, Raum z.

Auch bei dieser Anhörung steht es Ihnen frei, sich von einem Bevollmächtigten oder Beistand unterstützen zu lassen.

Sollte es Ihnen aus zwingenden Gründen unmöglich sein, zu dem angesetzten Termin zu erscheinen, bitte ich um unverzügliche Mitteilung unter Angabe der Gründe.
Sollten Sie ohne ausreichende Begründung nicht zu der Anhörung erscheinen, gehe ich davon aus, dass Sie sich zu dem gegen Sie erhobenen Vorwurf nicht äußern wollen. Das Verfahren wird dann ohne Ihre Anhörung fortgesetzt.

Mit freundlichen Grüßen

Unterschrift

9. Kenntnisnahme Datenschutz

Schule
– Der Schulleiter – oder
– Der Datenschutzbeauftragte –
Adresse

Ort, Datum

Verpflichtungserklärung zum Datengeheimnis

Hiermit bestätige ich, … (Name des Kollegen), dass ich das Merkblatt meiner Schule zum Datenschutz erhalten und zur Kenntnis genommen habe.

Ich bin auf die allgemeinen Bestimmungen des Landesdatenschutzgesetzes und auf die spezielle Regelung im Landesschulgesetz hingewiesen worden.

Mir ist bekannt, dass die Schule nur die zur Aufgabenerfüllung notwendigen Daten erheben, verarbeiten, bekannt geben und speichern darf.

Die Weitergabe von Schüler- oder Elterndaten an Privatpersonen ist nur mit ausdrücklicher Zustimmung der Betroffenen möglich.

Ich wurde darauf hingewiesen, dass ich das Datengeheimnis auch während Beurlaubungen und nach Beendigung meiner Tätigkeit zu wahren habe.

Die möglichen dienstrechtlichen, strafrechtlichen und zivilrechtlichen Folgen eines Verstoßes sind mir bekannt.

Ich verpflichte mich, die gesetzlichen und untergesetzlichen Bestimmungen (Verordnungen und Erlasse) zum Datenschutz in der Schule einzuhalten.

Eine Kopie dieser Verpflichtungserklärung wurde mir ausgehändigt.

…………………………	…………………………	…………………………
Unterschrift Leiter der Dienststelle	Ort und Datum	Unterschrift des Verpflichteten

– Original zur Personalakte
– Kopie und Merkblatt für den / die Unterzeichner / in

10. Merkblatt zur Verpflichtungserklärung (gemäß LDSG)

Grundrecht auf informationelle Selbstbestimmung

Dieses Grundrecht jedes Einzelnen, über die Bekanntgabe und Verwendung seiner Daten selbst zu bestimmen, ist auch in der Landesverfassung und im Schulgesetz verankert. Das Recht kann jedoch eingeschränkt werden, soweit die Erfüllung des Bildungsauftrags, Fürsorgeaufgaben oder Erhebungen zur Förderung der Schulqualität es erfordern. Dabei haben Schüler und Eltern einen Anspruch darauf, dass die Schule mit ihren personenbezogenen Daten sorgsam umgeht.

Folgen für die Schule

Jede Verarbeitung personenbezogener Daten durch die Schule darf nur mit Einwilligung der Betroffenen oder auf Grundlage einer Rechtsvorschrift erfolgen. Diese finden sich im Landesschulgesetz und den daraus abgeleiteten Verordnungen und Erlassen. Zur Verarbeitung zählen das Erheben, Speichern, Verändern, Übermitteln, Nutzen, Sperren und Löschen von personenbezogenen Daten.
Der Datenschutz gilt unabhängig davon, in welcher Form (Dateien oder Akten) sie gespeichert sind und ob es sich um automatisierte (elektronische) oder nicht automatisierte (manuelle) Verfahren handelt.
Der Datenschutz erstreckt sich nicht nur auf in Dateien gespeicherte Daten, sondern auch auf Klassenbücher, Konferenzprotokolle, Zeugnislisten und Schulhefte.
Innerhalb der öffentlichen Verwaltung ist die Weitergabe (Übermittlung) von Daten nur unter gewissen Voraussetzungen zulässig. Die Weitergabe an Außenstehende ist an besonders strenge Bedingungen geknüpft und nur zulässig, wenn allein durch die Übermittlung die Aufgabe der Schule oder des berechtigten Empfängers erfüllt werden kann.
Unrichtige oder unzulässig erhobene Daten sind zu berichtigen bzw. umgehend zu löschen, nicht mehr benötigte Daten sind nach den dafür geltenden Fristen zu löschen. Die Schule hat eine Aufklärungspflicht gegenüber den Betroffenen.
Wenn Daten erhoben werden, sind die Betroffenen über Zweck, Art und Umfang der Verarbeitung zu informieren. Dabei ist auch auf die Rechtsvorschriften, die Freiwilligkeit von Auskünften und die möglichen Folgen von Auskunftsverweigerungen aufzuklären.

Rechte der Betroffenen

Schüler und ihre Eltern müssen wissen, welche Daten über sie gespeichert sind und woher diese Daten stammen. Auch haben sie das Recht auf Einsicht in die gesammelten Daten. Dieses Recht wird bei minderjährigen Schülern durch die Erziehungsberechtigten ausgeübt. Schüler und Eltern können sich jederzeit an den Landesbeauftragten für den Datenschutz wenden.
Bei Schäden, die aufgrund eines Verstoßes gegen die datenschutzrechtlichen Vorschriften eingetreten sind, besteht Anspruch auf Schadensersatz. Für denjenigen, der den Verstoß verschuldet hat, kommen zudem dienst- und/oder strafrechtliche Konsequenzen in Betracht.

11. Belehrung Hygieneverordnung

Die folgenden Regeln sind nur das absolut notwendige Minimum. Weitere Informationen finden sich in der Lebensmittelhygieneverordnung (LMHV) des jeweiligen Bundeslandes. Diese ist über das Gesundheitsamt (Abteilung Lebensmittelkontrolle) erhältlich und auch im Internet einzusehen.

Die elf wichtigsten Regeln

1. Wer Lebensmittel in den Schulbereich bringt, ist auch für deren sachgemäße Lagerung (Kühlung) bzw. Verarbeitung verantwortlich.
2. Häufig Hände waschen, insbesondere nach Toilettenbesuch!
3. Lebensmittel nicht mit den Händen anfassen, sondern mit Zangen usw.!
4. Angebotene Lebensmittel mit Spuckschutz (aus Plexiglas) versehen!
5. Vorsicht bei rohen Eiern! Nur frische Eier verwenden. Aufgeschlagene Eier möglichst schnell durchgaren oder kühl lagern!
6. Vorsicht bei tiefgekühltem Fleisch und besonders bei rohem Geflügel! Auftauflüssigkeit nicht an andere Lebensmittel kommen lassen!
7. Vorsicht bei Hackfleisch! Produkte wie Frikadellen nicht während des Festes herstellen, sondern zu Hause durchgaren und dann kühlen!
8. Gegarte Lebensmittel müssen durchgegart sein, nicht innen noch roh!
9. Rohe Fleisch- und Wurstwaren, Cremes, Milchprodukte und Mayonnaisen gehören **ständig** in den Kühlschrank. Speisen nicht der Sonne aussetzen!
10. Rohware muss getrennt von verzehrfertiger Ware gelagert werden!
11. Warm verzehrte Speisen sind **durchgängig** warm zu halten (mindestens 65 °C) und nicht länger als drei Stunden vorrätig zu halten!

✂ ....

Ich bestätige, die oben aufgeführten Informationen zur Hygiene bei Schulfesten erhalten und gelesen zu haben. Falls ich Lebensmittel mitbringe, werde ich mich daran halten. Falls ich für die Organisation verantwortlich bin, werde ich diese Regeln weiterleiten.

....

Ort, Datum Unterschrift

X. Stichwortverzeichnis

Abhilfeprüfung 170
Abordnung 83
Abstimmung 52
Affekthandlungen 32
Alimentation 78
Amtswalter 65
Anfechtungsklage 170
Anhörung 93
Antrag 50
Ausgangsvermutung 26
Auslegung 24
Außenhaftung 140
Beratungspflicht 103
Bereitschaftsdienst 79
Beurlaubung 80
Beurteilung
  Besprechung 94
  Eröffnung 94
Beurteilungsbeitrag 93
Beurteilungsentwurf 93
Beweisanregung 113
Beweisantrag 113
Beweisaufnahme 113
Bildungsprivileg 205
Datenschutzbeauftragter 197
Dienstaufsichtsbeschwerde 168
Dienstenthebung 119
Dienstfahrt 145
Dienstvergehen 88, 106
Dienstvorgesetzter 102
Disziplinarverfahren 106
Disziplinarvorgesetzter 102
Dringlichkeitsantrag 40
eigenwirtschaftliche Tätigkeiten 139
Eintrittsgeld 204
Erlass 15
Ermächtigung 15
Ermessen 18
Ermittlungen 151
Ermittlungsführer 112
Fachaufsichtsbeschwerde 168
Fachschaft
  Leiter 100
Fahrlässigkeit 30
Freiplätze 66
Freizeit 68
Friedenspflicht 122
Gefährdungshaftung 136
Gefahrerhöhung 137
Gegenantrag 51
Gegenrede 55
geheime Wahl 47
Geschäftsführung ohne Auftrag 70
Geschenke 75
Geständnis 153
Gesundheitsdaten 199
Glaubwürdigkeit 153
Haftpflichtversicherung 136
Handyverbot 225
Hausordnung 221
inhaltliche Bewertungsfehler 215
Initiativantrag 40
Innenhaftung 140
Internet 207
Intranet 208
Klassenfahrt
  Freizeit 68
  überraschender Rücktritt 68
konkludentes Handeln 201
Konkurrentenklage 98
Koordinatoren 101
Körperverletzung
  gefährliche 157
Lebensmittel 147
Legalitätsprinzip 107
Leistungsklage 169
Letztentscheidungsrecht 125
Mehrarbeit 78
Milderungsgründe 117
Monatsgespräch 127

Normzweck 25
Notenbesprechung 201
Nothilfe 28
Notkompetenz 154
Notwehr 28
Notwehrexzess 29
öffentliches Interesse 155
Ordnungsruf 37
Personalakte 76
Personalrat
  Ausschluss eines Mitglieds 130
  Kostenerstattung 128
  Mitbestimmung 123
  Mitwirkung 123
Personalversammlung 130
personenbezogene Daten 198
private Lebensführung 144
Protokoll 41
Prüfungsrecht 211
Rechtfertigungsgrund 28, 114
Rechtsbehelfe
  förmliche 169
  formlose 167
Rechtsmittelbelehrung 165
Rechtswidrigkeit 28, 161
Regulierungsvollmacht 138
Remonstration 102
Resolution 50
Rettfähigkeit 143
Rückkommensantrag 52
Schadensminderungspflicht 137, 138
Schluss der Debatte 55
Schuld 29, 162
Schuldfähigkeit 31
Schulfahrten 59
Schulfriede 223
Schulordnung 221
Schulzweck 223
Schutzbehauptung 153
Schweigepflicht 121
Schwimmbad 66
Schwimmerlass 143
Selbstreinigungsverfahren 110
sofortige Vollziehung 154
Stimmengleichheit 51
Subsumtion 22
Teilzeitbeschäftigung 82
überraschender Rücktritt 68
Umsetzung 85
Unfall, Definition 139
Unfallversicherung 136
Unterrichtsgang 142
Verbotsirrtum 32, 115
Verfahrensmängel 212
Verfügung 16
Vergessen 29
Verhältnismäßigkeit 166
Verjährung 110
vermögenswerter Vorteil 66
Verschwiegenheitspflicht 75
Versetzung 83
Vorführlizenz 207
Vorgesetzter 102
  Schulleiter als 74
vorläufiger Rechtsschutz 171
Waffe 156
Wahlen 45
Wahrnehmung berechtigter Interessen 114, 200
Wesentlichkeitsprinzip 15
Wortentzug 37
Zapfenstreich 61
Zuweisung 83